东兴中国沿边开放开发研究院策划

2018
中国沿边开放发展年度报告

Annual Report 2018
Open Development of Chinese Border Regions

主　编　李光辉
副主编　竺彩华(常务)　江瑞平
　　　　桑百川　黄大慧

中国财经出版传媒集团
经济科学出版社
Economic Science Press

图书在版编目（CIP）数据

2018中国沿边开放发展年度报告/李光辉主编.
—北京：经济科学出版社，2018.12
ISBN 978-7-5141-0295-6

Ⅰ.①2… Ⅱ.①李… Ⅲ.①沿边开放-研究报告-中国-2018 Ⅳ.①F125

中国版本图书馆CIP数据核字（2018）第278305号

责任编辑：宋　涛
责任校对：杨　海
责任印制：李　鹏

2018中国沿边开放发展年度报告
主　编　李光辉
副主编　竺彩华（常务）　江瑞平
　　　　桑百川　黄大慧
经济科学出版社出版、发行　新华书店经销
社址：北京市海淀区阜成路甲28号　邮编：100142
总编部电话：010-88191217　发行部电话：010-88191522
网址：www.esp.com.cn
电子邮件：esp@esp.com.cn
天猫网店：经济科学出版社旗舰店
网址：http://jjkxcbs.tmall.com
北京季蜂印刷有限公司印装
787×1092　16开　23.75印张　550000字
2018年12月第1版　2018年12月第1次印刷
ISBN 978-7-5141-0295-6　定价：68.00元
（图书出现印装问题，本社负责调换。电话：010-88191510）
（版权所有　侵权必究　打击盗版　举报热线：010-88191661
QQ：2242791300　营销中心电话：010-88191537
电子邮箱：dbts@esp.com.cn）

中国沿边开放发展年度报告
编撰委员会

主　　任：李光辉

编撰委员会（按姓氏笔画排列）：
　　　　　　王玉主　江瑞平　李计广　李晨阳　全　毅
　　　　　　宋德玲　竺彩华　范祚军　郭延军　桑百川
　　　　　　黄大慧　章海源　笪志刚

前　言

沿边地区的开发开放、经济发展是随着我国的改革开放进展不断推进的。沿边地区的开放首先是从发展边境贸易开始的，党的十届三中全会以后，边境贸易出现恢复的态势。1981年吉林省恢复了与朝鲜的边境贸易，1982年国务院批准了恢复对苏联的边境贸易，我国重新开放了黑龙江的黑河、绥芬河、同江对苏口岸，其后，我国沿边地区的口岸陆续开放，边境贸易不断恢复。1981~1991年，我国的边境贸易处于恢复阶段，规模较小，如1982~1987年的五年间，边境贸易累计只有1.5亿美元；1992年，国务院出台了《关于进一步开展与原苏联各国经贸关系的通知》，给予了一些优惠政策，同时又批准设立14个边境经济合作区和14个开放城市，沿边地区的开发开放进入了快速发展阶段；1996年国务院出台了《关于边境贸易有关问题的通知》，对边境贸易政策进行了调整，沿边地区的开发开放进入调整期；2008年10月出台了《国务院关于促进边境地区经济贸易发展问题的批复》，用财政转移支付的办法替代了现行的边境小额贸易的"两减半"税收优惠政策，提高了边境地区边民互市进口免税额度，从3000元人民币提高到8000元人民币，边境贸易发展进入从波动逐渐趋于稳定时期；从2013年起，国务院先后出台了《关于加快沿边地区开发开放若干意见》《沿边地区开发开放规划》《关于支持沿边重点地区开发开放若干政策措施的意见》《关于加大边民支持力度促进守边固边的指导意见》，把沿边地区的开发开放上升到国家战略。在四个文件中，第一次系统地将沿边地区的开发开放从战略的高度进行阐述、定位，同时，在原来政策的基础上，形成了对沿边地区开发开放政策支持体系。特别是2013年"一带一路"倡议的提出，使沿边地区从改革开放的末梢变为前沿，沿边地区的开放发展成为国家战略的重点。党的十九大以来，我国对区域发展和对外开放进行了全新的顶层设计，制定了新的区域发展和对外开放战略，如区域协调发展战略和乡村振兴战略、推动形成全面开放新格局等。特别提出"加大力度支持革命老区、民族地区、边境地区、贫困地区加快发展，强化举措推进西部大开发形成新格局"。这些顶层设计和新发展战略为沿边地区发展带来了难得的历史机遇。2018年又恰逢改革开放四十周年，中国迎来了改革开放再出发的新时代。继续深化改革、扩大开放，向改革开放要活力、要动力，是新时代高质量发展的内在要求，沿边地区的开发开放也必须以开放型经济体制改革为动力，大胆创新、大胆试验、勇于探索，在新时代的召唤下，推进沿边地区改革开放不断深化、经济发展水平不断提升，通过构建开放型经济体系，实现边疆稳定、人民幸福、边境繁荣。

站在新的历史起点上,沿边地区如何抓住机遇,实现弯道超车、构建开放型经济新体系、真正成为我国新一轮改革开放的前沿等诸多问题需要我们去思考、研究。要清醒地认识到,虽然改革开放以来,沿边地区经济社会发展获得了长足进步,但由于地处偏远、基础条件差、历史欠账多、建设成本高、周边环境影响大等多方面因素,沿边地区仍然面临许多特殊困难和问题,是我国全方位对外开放的薄弱环节。"竹外桃花三两枝,春江水暖鸭先知"。战略地位的提升、政策春风的沐浴,固然为沿边地区的发展提供了难得的历史机遇,但真正要变开放末梢为开放前沿、实现跨越式发展,沿边地区还有很长的路要走,还有很多的问题需要解决。我们希望通过每年一度的年度报告,找到沿边地区发展存在的不足,找到解决问题的办法和突破口,为沿边地区的开发开放提供决策参考,为沿边地区构建开放型经济体系做出贡献。

本报告是我们这个团队研究沿边地区开发开放的成果,也是我国第一本以年度报告的形式出版的有关沿边地区开放发展的文献。今后我们将每年出版一本,希冀对沿边地区的开放发展起到引领作用。我们将以沿边地区的经济发展、开放开发、产业培育、城市发展等前瞻性问题为核心,潜心研究,努力将沿边地区的开发开放推向更高水平,使其真正成为中国改革开放的前沿。

本报告分为三篇。第一篇为总报告,旨在为中央和地方的政策制定者、企事业单位决策者以及相关领域的研究者提供关于中国沿边开发开放的基础数据、基本事实、趋势判断和政策建议。第二篇为专题研究,旨在与读者分享有关专家对中国沿边开放发展问题的深度剖析。第三篇为地方篇,旨在分享沿边各地区发展经验。

由于时间关系,本报告可能会存在一些问题,还希望大家给予批评指正,使我们的研究能够得到进一步提升。

编 者
2018 年 11 月 5 日

内容摘要

改革开放以来,沿边地区经济社会发展取得了长足进步,但由于地处偏远、基础条件差、历史欠账多、建设成本高、周边环境影响大等多方面因素,沿边地区仍然面临许多特殊困难和问题,是我国全方位对外开放的薄弱环节。目前,我国沿边地区分布有72个国家级口岸、14个沿边开放城市、7个重点开发开放试验区、17个边境经济合作区,沿边开放发展格局已经形成。进入新时代,在我国积极推动形成全面开放新格局、加强一带一路建设的背景下,沿边地区要抓住机遇,提高开放水平,构建开放型经济体系,变开放末梢为开放前沿,积极深化与毗邻国家的双边经贸合作,实现沿边地区的跨越式发展。

一、世界经济发展与中国对外开放

当前,世界经济处于新旧动能转换期,整体上呈现外生政策刺激效果减弱、内生经济增长动力不足的特点,再加上贸易保护主义的冲击,世界经济持续低迷振荡。其中,美国经济呈短期提速与长期滞胀风险并存态势。虽然短期内受特朗普税改政策、大宗商品价格上涨等因素驱动,2017年美国经济增速恢复至2.27%,但税改政策以及与美国各贸易伙伴的贸易战等贸易保护主义措施长期内将推高美国企业成本,从而对GDP增速的影响将转向负面,且作为美国主导产业的服务业未见有新的内生增长驱动力。得益于积极宏观经济政策与结构性改革,欧元区开始强劲复苏,于2017年首次回归2%~3%的常规GDP增速区间,成为推动全球经济复苏的一股强劲力量。中国由于在人工智能等新科技革命中占有一席之地,因此长期经济增长仍然向好。2017年实现了6.9%的经济增速。但目前仍面临传统经济动能失速所带来的经济增长放缓、资本投入对GDP增长贡献率下降、三大需求端疲软等困境。新兴经济体由于受美元周期的影响,加上自身经济的结构性问题,正面临货币贬值危机。其中阿根廷比索、土耳其里拉、巴西雷尔亚、俄罗斯卢比以及人民币等货币兑美元汇率的贬值幅度较大。

1978年中共十一届三中全会后,中国开启了改革开放的历史征程,推动经济迅速发展。如今,中国已经成为世界第二大经济体、第一大工业国、第一大货物贸易国、第一大外汇储备国,在贸易、投资、自贸区建设等领域取得巨大成就。尽管全球贸易保护主义抬头、各国经贸摩擦加剧,但经济全球化是不可扭转的时代潮流,中国仍然会坚持对外开放的基本国策。中共十九大报告强调坚持推动构建人类命运共同体，推动形成全面开放新格局。在2018年博鳌亚洲论坛上，习近平主席明确表态，中国开放的大门不会关闭，只会越开越大。2018年11月5日，世界上第一个以进口为主题的国家级展会——中国国际进口博览会在上海开幕，来自130多个国家的3600多家企业参展。举办中国国际进口博览会，是中国着眼于推动新一轮高水平对外开放作出的重大决策，也是中国主动向世界开放市场的重大举措。

经过20世纪80年代和90年代初的改革开放实践，我国的对外开放形成了经济特区——沿海开放城市——沿海经济开放区——沿江和内陆开放城市——沿边开放城市这样一个多层次、多形式、全方位开放的新格局。当前沿边开放发展已经上升到国家重要战略，成为"一带一路"倡议和中央周边外交战略的重要组成部分，沿边地区要从改革开放和经济发展的末梢向前沿转变。

二、周边国家形势及其对外开放政策

周边国家的政治、经济与社会发展状况与中国沿边开放发展密切相关。进入21世纪以来，中国周边国家的政治、经济与社会发展形势出现了新的变化，原来的周边外交政策难以应对新的形势。一些国家的政治转型与地区大国博弈对中国造成的影响，不利于地区的稳定，例如美国加强在亚太地区的战略投入，引起地区矛盾的激化，使得中国周边外交工作面临的复杂性增加。当前，中国周边14个国家中，有些国家实行君主立宪与多党民主制，有些国家实行社会主义制度，还有一些国家正在从长期军人执政向多党议会制民主政体转变。近些年来，周边一些国家的政治转型与政治局势变得剧烈动荡，政治民主化日益成为一种政治时尚。总体来看，目前俄罗斯、蒙古国和朝鲜内部政治局势相对稳定；东南亚地区国家内部政治局势不够稳定，且部分国家政局出现动荡；南亚地区国家内部政治局势相对稳定，且均与中国保持着良好的政治外交关系；中亚地区内部发展不稳定，现阶段哈萨克斯坦、塔吉克斯坦和吉尔吉斯斯坦发展相对良好，政局比较稳定，但由于该地区主要依靠能源收入，国防能力较弱，政府机构廉政建设和运作效率存在问题，加上周边大国在中亚地区的博弈，使得该地区外部环境错综复杂。

当前，周边14个国家面临的世界经济环境和国内经济环境仍较为有利，经济依旧保持平稳发展。在世界经济逐步复苏的情况下，内外部需求也开始增强，2017年大部分国家经济增速比上年略有增加，周边14个国家2017年平均经济增长率为5.57%。尽管世界经济逐步稳定增长，外部需求总体上开始增加，但大多数周边国家和地区2017年的出口并未出现高速增长。其中，老挝、越南出口增长最快，分别增长21.1%和9%。出口增长较低的国家是哈萨克斯坦和俄罗斯，分别增长-20.1%和-17.4%。其他国家和地区增长幅度处于可控的波动范围内。同时，受到周期性国内需求萎缩的影响，多数国家的进口增长都呈现负增长，仅有尼泊尔、巴基斯坦、朝鲜和越南的进口增长为正。从绝对量上来看，印度、俄罗斯和越南的进出口总额明显高于其他国家，占据周边地区对外贸易的主导地位，印度和俄罗斯是传统贸易大国，对外贸易体量自然大，而越南作为一个发展中国家，对外贸易体量却与印度、俄罗斯等大国相差不大，可见其未来对外贸易发展潜力巨大。

周边地区社会发展基本上稳定和谐，但也面临着日益尖锐的社会问题和社会矛盾。首先是失业问题，塔吉克斯坦、吉尔吉斯斯坦和阿富汗等中亚地区国家的失业率长期居高不下。其次，周边地区周期性地爆发恶性袭击事件，表明其当前面临的公共安全形势不仅极其严峻，而且呈现出更加复杂化的趋势。最后，周边国家罢工、示威频发，也大大影响了社会安定。

三、沿边地区开放发展现状

我国沿边地区包括广西、云南、西藏、新疆、甘肃、内蒙古、黑龙江、吉林、辽宁等9省区138个边境县（旗、市）和58个团场，与14个国家接壤，陆地边境线长达2.28万公里。沿边地区能源资源十分丰富，种类多，储量大，沿边9省区中内蒙古、新疆等省区均为我国矿产资源大省。

最近几年沿边地区经济增速出现趋缓迹象。2010~2013年，沿边136[①]个边境县的地区生产总值从5519.49亿元上升到8796.34亿元，增长率达59.37%，沿边地区经济增长速度高于全国41.79%的增速。2013~2016年，沿边地区生产总值从8796.34亿元上升到9146.4亿元，仅增长3.98%，增速明显低于全国30.72%的增速，占全国的比重也从2013年的1.55%下降到1.23%。

近年来，沿边地区人均收入大幅提高，人民生活得到较大改善。2010~2016年，沿边9省区城镇居民人均可支配收入从15980元提高至29001元，增长率达81.5%，高于全国城镇居民人均可支配收入75.9%的增长速度；但与全国平均水平33616元相比，沿边省区的城镇人均收入绝对水平仍相对较低，比全国少4615元。2010~2016年，沿边9省区农村居民人均可支配收入从5207元提高至10444元，增长率达为100.56%，低于全国平均108.9%的增长速度；与全国农村居民人均可支配收入12363元相比，少了1919元。

沿边地区对外贸易涨跌互现。其中，边民互市贸易明显上升，2016年全国互市贸易总额约为140亿美元，其中广西就占到70%以上，达100.44亿美元；2017年，我国互市贸易进出口总额为126亿美元，比上年略有下降，其中，广西依旧在全国沿边省区遥遥领先，达93.75亿美元，占全国74.4%。边境小额贸易从2001年的41.2亿美元增至2013年的452.7亿美元，扩大了近11倍。但2016年我国9省区的边境小额贸易大幅回落至330亿美元，比2013年下降幅度高达27%。2017年虽有所回暖，达到

---

① 不包括霍尔果斯市和阿拉山口市。

388亿美元，但仍不及2013年的水平。沿边地区边境小额贸易总体为顺差。2013年贸易顺差额为178.99亿美元，2016年顺差额扩大为194.73亿美元。沿边地区外贸发展格局也有所变化。内蒙古、辽宁、吉林、黑龙江和广西5个省（区）的边境小额贸易占本省/区对外贸易的比重有所下降，云南、西藏和新疆则有不同程度的提升。

沿边省/区的国际投资活动远不及东部沿海地区，且利用外商直接投资要远高于对外直接投资。2016年和2017年，沿边9省区利用外资金额明显下降，分别只有162.9亿美元和176亿美元，比2013年下降了2/3和64%；同时，在全国利用外资中的占比也下降到了12.9%和13.4%。2010~2016年，全国对外直接投资从601.8亿美元迅速上升至1812.3亿美元，上涨了2.01倍；同期沿边地区则从33.2亿美元上升至99.6亿美元，涨幅接近全国水平。

边境经济合作区、跨境经济合作区、沿边重点开发开放试验区是目前我国沿边开放发展最重要的三大载体平台。截至2017年底，国务院在沿边7省区共批准设立了17家边合区；与周边国家正式设立了2家跨境经济合作区，分别为中国哈萨克斯坦霍尔果斯国际边境合作中心和中国老挝磨憨—磨丁经济合作区。自2012年起，我国陆续在西南沿边地区、内蒙古沿边地区以及东北沿边地区设立了七个重点开发开放试验区，分别为广西东兴、广西凭祥、云南瑞丽、内蒙古满洲里、内蒙古二连浩特、云南勐腊（磨憨）和黑龙江绥芬河—东宁重点开发开放试验区。

实施沿边开放政策以来，沿边9省区边境口岸建设取得较快发展。据统计，我国共分布着72个经国家批准对外开放的边境口岸。其中铁路口岸有11个，公路口岸有61个。2016年铁路口岸进出口货运量达4269.77万吨，出入境人员达69.45万人次，出入境运输工具达4.15万列次；公路口岸进出口货运量达8093.87万吨，出入境人员达3951.52万人次，出入境运输工具达800.03万列次。

加强次区域合作，不仅有利于推动我国与周边邻国深化互利共赢的合作关系，而且对加快我国沿边地区经济发展具有十分重要的现实意义。目前，我国参与的国际次区域合作主要包括大湄公河次区域经济合作、澜沧江—湄公河合作、图们江国际次区域合作、中亚国际次区域合作、中越"两廊一圈"国际次区域合作等。其中，澜湄合作机制最富有成效。

四、我国沿边地区开放发展中存在的主要问题

自我国实施沿边开放战略以来，沿边地区经济、社会等各方面均有了较大的发展，但是由于历史、自然、社会等多方因素，沿边地区的发展水平与沿海地区甚至许多内陆地区相比仍存在较大的差距，无论是沿边地区的社会发展水平和当地人民的生产生活条件，还是基础设施、脆弱的生态环境都无法使当地经济实现良性循环发展，影响了沿边地区经济发展和人民生活水平提升，也不利于我国巩固边疆。

第一，沿边地区地广人稀，人才匮乏。沿边地区土地面积占全国的1/5以上，人

口却仅占我国总人口的1.78%。更严重的是沿边地区人口流失和人口老龄化问题十分严重，守边固边面临严峻挑战。

第二，经济发展较为滞后，表现在：(1)经济发展规模相对较小，2016年我国沿边地区生产总值9146.4亿元，仅占全国的1.23%，且全国占比与2013年的1.55%相比，还下降了0.32个百分点。(2)三次产业结构较为落后，2016年，沿边地区第一、第二、第三产业增加值占生产总值的比重分别为20%、40%和40%，与全国三次产业比重8.6%、39.8%和51.6%相去甚远。(3)人均指标普遍低于全国平均水平，2016年沿边地区人均生产总值37729.41元，远低于全国53777.4元的人均水平。沿边地区人均地方财政收入2711.5元，远低于全国的11542.91元的人均水平。沿边地区人均全社会消费品零售总额12483.03元，远低于全国24033.69元的人均水平。沿边地区人均全社会固定资产投资额37453.88元，也低于全国43860.65元的人均水平。

第三，贸易发展较不平衡。边境小额贸易不仅在我国对外贸易中的比重较低，且最近几年除了广西略有增长，其他省区都大幅萎缩，导致边境小额贸易在我国对外贸易中的比重从1.09%降至0.9%。2016年，广西、新疆和内蒙古三省区边境小额贸易额分别为118.87亿美元、110.44亿美元和31.47亿美元，占全国边境小额贸易的79%。目前，全国经批准且正在运营的互市贸易区（点）共计74个，分布在我国7个边境省份。边民互市贸易虽然在最近几年得到了快速发展，但由于受自然环境、历史形成以及周边国家经济发展水平等因素影响，各地互市贸易发展很不平衡，南方边境省市（广西、云南）的互市贸易发展规模普遍高于北方边境省市。2017年，我国互市贸易进出口总额为126亿美元，其中，广西就占到全国的74.4%。

第四，基础设施相对薄弱。沿边地区基本上都处于边远地区，地理环境较差，大都处于山区或荒漠草原地带，由于历史原因，沿边地区的经济长期处于封闭状态，开发建设严重滞后于全国经济发展，交通、电力、口岸等基础设施建设非常薄弱，虽然国家也逐渐重视沿边地区经济发展，在资金方面投入了一定规模，但与沿边地区实际发展水平、对外开放的客观需要还相差甚远。

第五，体制机制制约，主要表现为：边境管理方面的法制建设还不完善、外事管理体制不适应加大对周边国家开放的实际需求、国际道路运输管理体制也需要完善、"大通关"在现实工作中很难协调、政策效果不尽如人意等。

第六，周边环境复杂多变。近年来，我国致力于加强与周边国家的关系，本着"与邻为善、以邻为伴""安邻、睦邻、富邻"的原则，积极推进一些问题的解决，并取得了比较大的成绩。但是，应该看到，由于我国周边国家的复杂性由来已久，国际形势不断发生变化，加上大国不断介入我国周边国家事务，有些地区还处于冷战阴影的影响下，结果导致中国与周边国家的关系纷繁复杂，常常出现意想不到的事态。

第七，经济发展支撑不足。受制于沿边地区自然条件恶劣、自身经济发展长期比较落后、产业基础薄弱、经济总量小等多种因素影响，沿边地区的经济发展水平与全国其他地区相比，差距仍很大，难以独立支撑自身的发展。

第八，开放意识相对落后。表现为：干部群众的思想观念还比较落后，开放意识、创新意识、市场意识还不够强；一些制约发展，影响投资创业的体制、机制问题还没有根本解决，各种配套优惠政策有待加紧完善；招商引资工作进展缓慢，措施不多等。

五、沿边地区加快开放发展的潜力和机遇

一方面，沿边地区加快发展的潜力巨大，主要表现在自然资源和生态环境优势、已有的开放发展平台优势、与周边国家已有的合作机制优势以及与周边国家产业合作优势四个方面。

另一方面，沿边地区也迎来了难得的加快发展机遇，主要表现为构建全面开放新格局的战略机遇、国家实施"一带一路"倡议的战略机遇、国家实施"区域协调发展"的战略机遇、国家实施"乡村振兴"的战略机遇以及全面深化改革将释放的更多改革红利。

六、加快沿边开放步伐的重要意义

第一，加快沿边开放步伐是实现周边外交战略目标的主要抓手。
第二，加快沿边开放步伐是推进国家"一带一路"倡议的重要支撑。
第三，加快沿边开放步伐是落实兴边富民行动"规划"的有力保障。
第四，加快沿边开放步伐是构建开放型经济新体制的应有之义。
第五，加快沿边开放步伐是促进沿边地区经济发展的内在要求。

七、周边国家沿边开放发展经验借鉴

周边国家沿边开发开放的成功经验的借鉴可以为我国沿边开发开放的战略制定提供经验借鉴，对加速推进沿边开放的步伐，尽快实现沿边开发开放总体目标也将起到一定的作用。主要经验包括：(1) 确定地区发展战略；(2) 布局边境中心城市；(3) 实施相关优惠政策；(4) 重视载体建设，支持经济发展；(5) 加快基础设施建设；(6) 稳定边境地区人口。

八、我国沿边开放发展的现有政策梳理

目前，国家对沿边地区的政策支持主要包括以下几个方面：
(1) 实施兴边富民行动计划，实现稳边安边兴边的政策；

(2) 给予边境地区边民互市进口一定的免税额度；
(3) 加大对边境贸易发展的财政支持力度；
(4) 加大边境地区公共基础设施建设，提升基本公共服务水平；
(5) 加大金融支持力度；
(6) 实施差异化扶持政策，促进特色优势产业发展；
(7) 完善贸易政策；
(8) 提高投资便利化水平；
(9) 支持边境园区的发展；
(10) 支持边境口岸建设。

九、加快沿边开放步伐的总体思路

指导思想：高举中国特色社会主义伟大旗帜，以邓小平理论、"三个代表"重要思想和科学发展观为指导，深入贯彻党的十八大和十八届三中全会关于"构建开放型经济体系，创新开放模式，促进沿边开发开放"和"统筹双边、多边、区域、次区域开放合作，推动同周边国家互联互通"的战略部署，紧密结合"一带一路"倡议，充分发挥沿边地区独特的资源优势、地缘优势和区位优势，充分利用"两个市场、两种资源"，对接国际规则体系，瞄准未来产业发展趋势，打造国际化营商环境，培育沿边地区发展开放型经济的产业支撑，构建具有沿边地区竞争优势的产业链、价值链和供应链。

基本原则：(1) 统筹兼顾、互利共赢；(2) 突出重点、循序渐进；(3) 政府引导，企业推动；(4) 创新驱动、转型发展。

战略目标：(1) 扩大开放，构建开放型经济体系的新高地；(2) 带动发展，形成引领经济可持续增长的新引擎；(3) 利益共享，打造周边"命运共同体"的重要平台；(4) 培育新优势，构建沿边特色产业链。

十、加快沿边开放步伐的政策建议

(一) 通关和人员往来

(1) 推进人员往来便利化。
(2) 创新通关方式。
(3) 简化车辆出入境管理。
(4) 促进劳务合作。

（二）投资贸易

（1）支持加工贸易发展。
（2）加强海关特殊监管区域建设。
（3）研究设立跨境经济合作区。
（4）探索建立自由贸易园区。

（三）产业发展

（1）实施差别化产业政策。
（2）支持承接产业转移。
（3）加强产业项目用地保障。

（四）旅游发展

（1）简化边境旅游过境手续。
（2）积极发展跨境旅游。
（3）扩大旅游购物消费。
（4）加强旅游支撑能力建设。

（五）基础设施建设

（1）加强沿边铁路和对外通道建设。
（2）完善沿边公路网络。
（3）支持边境口岸开放和建设。
（4）提升航空通达能力。

（六）财税优惠

（1）加大中央财政转移支付力度。
（2）加强国家专项资金支持。
（3）实行差别化补助政策。
（4）加大税收优惠。
（5）享受西部开发政策。

（七）金融支持

（1）优化金融机构布局。
（2）完善金融服务功能。
（3）拓宽企业融资渠道。
（4）创新保险业务。
（5）加强国际金融合作。

目　录

第一篇　总　报　告

一、世界经济发展与中国对外开放 ………………………………………… 3
二、周边国家形势及其对外开放政策 ……………………………………… 42
三、沿边地区开放发展现状 ………………………………………………… 104
四、我国沿边地区开放发展中存在的主要问题 …………………………… 126
五、沿边地区加快开放发展的潜力和机遇 ………………………………… 143
六、加快沿边开放步伐的重要意义 ………………………………………… 149
七、周边国家沿边开放发展经验借鉴 ……………………………………… 153
八、我国沿边开放发展的现有政策梳理 …………………………………… 167
九、加快沿边开放步伐的总体思路 ………………………………………… 174
十、加快沿边开放步伐的政策建议 ………………………………………… 178

第二篇　专题研究

新时代的中国—东盟关系：新成就、新动力、新趋向 ……… 江瑞平　王海峰　187
新形势下对沿边开发开放的新认识和新思考 …………………… 李光辉　198
"一带一路"倡议与我国沿边开放发展新格局
　　——来自东部沿海地区的视角 ………………………… 全　毅　王春丽　204
丝绸之路经济带建设与新疆开放发展新思路
　　——来自东部沿海地区的视角 ………………………… 全　毅　刘京华　227
新时代沿边口岸发展存在的主要问题与对策 …………………… 竺彩华　251
发挥新海关新职能　全力助推沿边开放发展 …………………… 温　韧　265
云南瑞丽、广西东兴国家重点开发开放试验区考察报告 ……… 刘让群　270

第三篇 地 方 篇

写好向边向海文章　开拓创新先行先试：构建东兴全方位开放发展

　　格局 ······ 周世军　283

发挥一带一路五大支点作用　争当沿边开发开放排头兵 ······ 陈建林　289

新思想领航　开启东兴口岸经济新征程

　　——东兴模式六大特色产业发展设想 ······ 李　健　295

提升通关效率　助力东兴口岸经济发展 ······ 陈　晓　301

东兴市经济社会发展概况 ······ 东兴市发展和改革局　306

贸工互动　促进产业聚集发展 ······ 东兴市工业和信息化局　309

加强跨境金融工作创新　推动沿边金融改革

　　——中越（人民币与越盾）跨境金融结算现状分析和建议 ······ 东兴市金融办　314

东兴市边境贸易发展现状及对策 ······ 东兴市商务局　319

东兴市旅游产业发展现状及对策 ······ 东兴市旅游局　326

附录：2013～2016年沿边9省区边境县（市、旗）经济发展情况表 ······ 331

后记 ······ 360

第一篇

总 报 告

一、世界经济发展与中国对外开放

(一) 世界经济发展面临的新形势

1. 新旧动能转换导致世界经济持续低迷振荡

长期宏观经济增长归根到底是由科技和产业革命所推动,根据陈漓高等(2009)[1]和周金涛[2]的观点,学界和业界的观点都较为统一——2007年美国次贷危机引发的全球金融危机是第五次经济长波(康波)的第一次衰退冲击,其深层的原因是作为本轮康波的核心驱动力的信息技术创新及信息产业发展态势停滞。习近平总书记也认为,宏观世界经济发展到今天,上一轮科技和产业革命所提供的动能已经接近耗尽,加上既有世界经济治理机制遭遇困境,共同构成了世界经济复苏动力不足、有效需求不振的原因。而众多各界关注的经济问题诸如增长乏力、失业率上升、贸易和投资放缓、实体经济低迷、金融杠杆率居高不下、国际金融和大宗商品市场波动等一系列问题都只是其表象。许多国家的非常规政策行为,如负利率政策、英国脱欧以及特朗普政府贸易保护主义政策的出台都与传统经济动能的失速导致的这些经济困境密不可分[3]。

自上一轮经济长波衰退期起点2007年移动互联网开始兴起,第三次工业革命核心的互联网技术的应用也接近尾声。而与此同时,以大数据和云计算技术为基础的第四次工业革命方兴未艾,虽然在一些领域得以产业化应用,但是技术的尚不成熟还不能支撑"万物互联""智能制造"等全产业链生产效率的颠覆性突破升级,这造成了后金融危机时代世界经济缓慢复苏、振荡前行的主旋律。

如图1-1所示,世界经济自2008~2009年金融危机以来,2010年虽有大幅回升,此后却由于欧债危机的发酵导致危机深化而呈现持续低迷的态势,在中美财政刺激措施、英国摆脱欧盟泥淖等政策性因素作用下又于2016年开始有所回升。但总体来说,后金融危机时代世界经济呈现外生政策刺激效果减弱、内生经济增长动力不足的特点:(1)政策空间越发缩小。财政刺激政策导致政府债务不断积压而逼近危机爆发点,即

---

[1] 陈漓高、齐俊妍、韦军亮:《第五轮世界经济长波进入衰退期的趋势、原因和特点分析》,载《世界经济研究》2009年第5期,第3~11页。
[2] 周金涛:《重磅:再轮回与再平衡:2016年周期运行和大类资产报告》,Wind金融终端数据库,2016年3月16日。
[3] 习近平在瑞士达沃斯国际会议中心出席世界经济论坛2017年年会开幕式上作题为《共担时代责任 共促全球发展》的主旨演讲,2017年1月17日。

使激进到零、负利率等非常规的货币政策也逐渐收效甚微。(2) 世界劳动参与率不断走低(见图1-2)。2008年金融危机以来,由于生育率低迷、老龄化加深以及制造业衰落等因素,高收入国家劳动力伤疤难以弥合,在参与率保持相对稳定的情况下,其劳动力数量逐年递减。而中、低收入国家则陷入人口红利消失、社会动荡、市场分割等困境,导致劳动力参与率下降近2%。(3) 私人消费和投资疲软[①],固定资产投资回报率下降。如图1-3、图1-4所示,虽然总固定资产占GDP比已经恢复到金融危机前水平甚至更高,但是对GDP的贡献却逐年降低。而这也反映了全要素生产率的不断下降,力证了传统经济增长动能失速的根本动因。

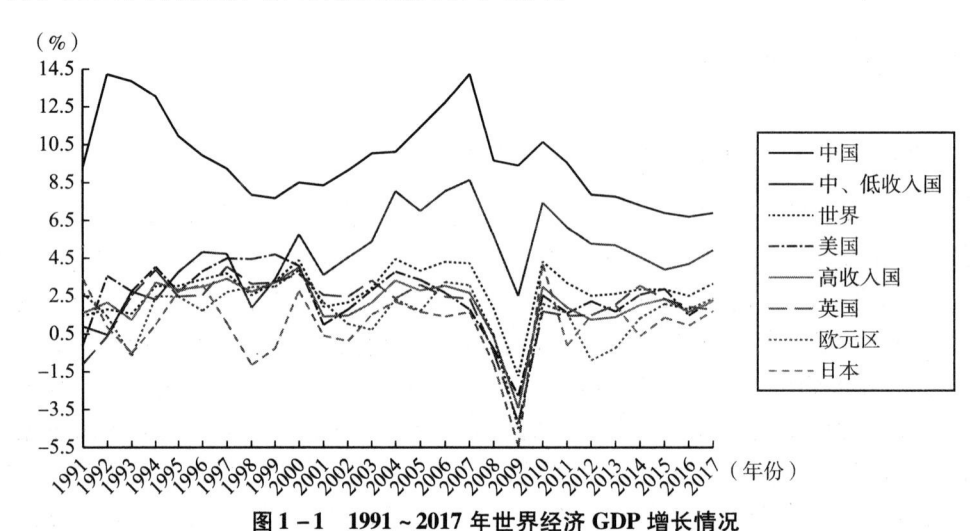

图 1-1 1991~2017 年世界经济 GDP 增长情况

资料来源:世界发展指数数据库,http://databank.worldbank.org/。

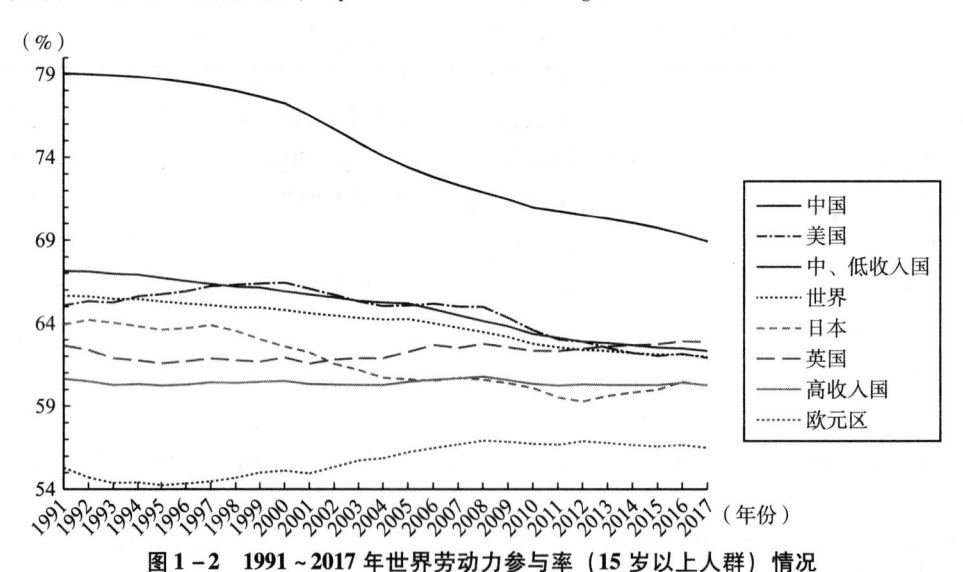

图 1-2 1991~2017 年世界劳动力参与率(15 岁以上人群)情况

资料来源:世界发展指数数据库,http://databank.worldbank.org/。

---

① IMF:《世界经济展望》,2018 年 7 月 16 日。

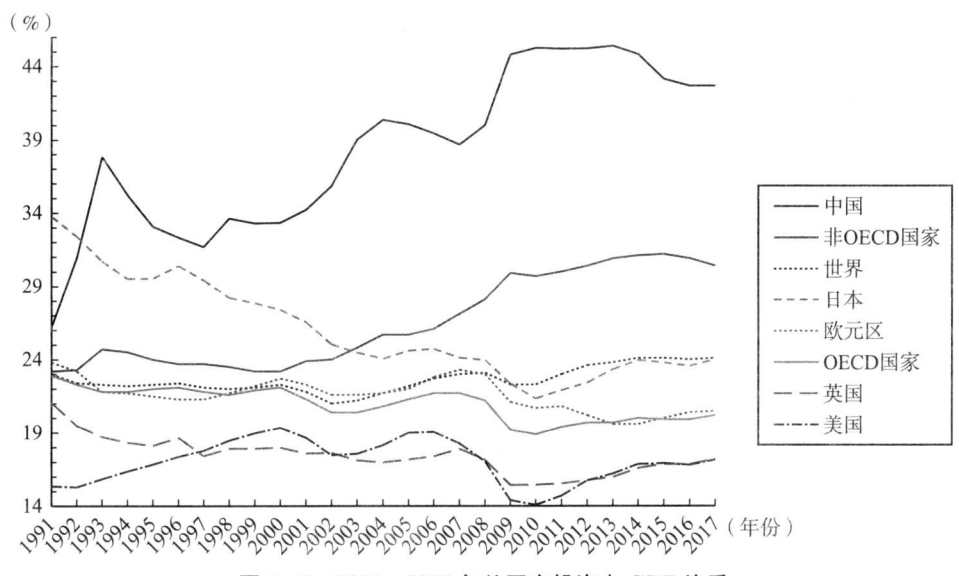

图1-3 1991~2017年总固定投资占GDP比重

资料来源：BVD-EIU各国宏观经济指标数据库，https://eiu.bvdep.com/countrydata/ip。

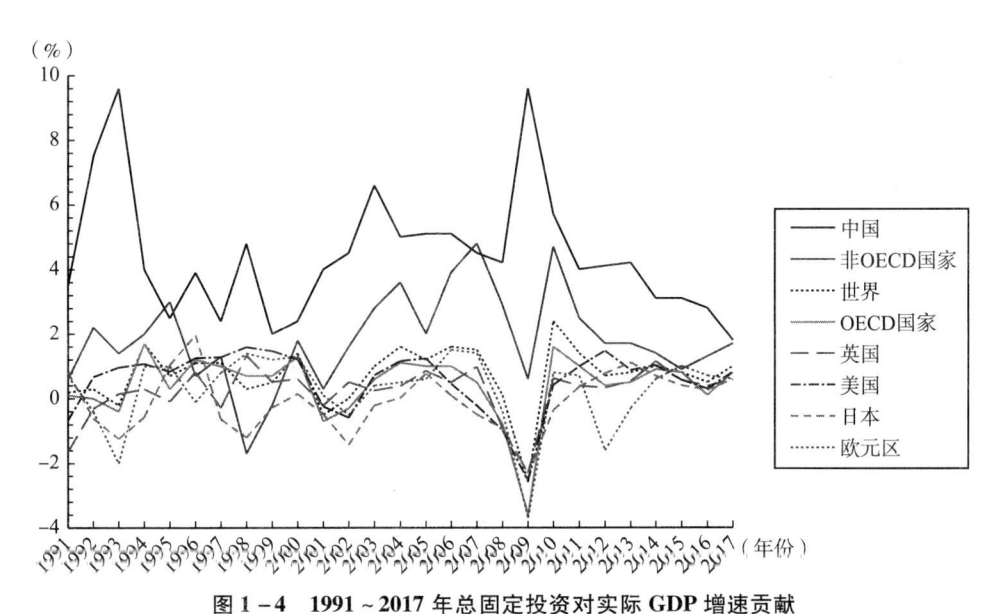

图1-4 1991~2017年总固定投资对实际GDP增速贡献

资料来源：BVD-EIU各国宏观经济指标数据库，https://eiu.bvdep.com/countrydata/ip。

传统经济增长动能的衰微集中表现在传统制造业和房地产业的衰颓，而这颓势是作为上一轮经济长波核心驱动力的信息技术、互联网经济所难以扭转挽回的。互联网对于实体经济的助推作用集中表现为其脱媒功能，即通过将企业间、企业与市场和消费者的联系数字化，使企业能够从上游研发生产到下游分销全面减少和改进不必要或重复低效的中间环节，从而降低交易成本、提高资源配置效率，最终提升生产效益和消费者体验。脱媒功能对崭新业态形成的促进作用至少表现在以下四个方面：（1）通过对超大体量数据的实时处理与分析可以获得对市场更精准的预测能力，从而根据这一预测进行前瞻性的研发；二是通过"众包"平台广泛收集客户等外部人员的创意。二者都可以大大减少不适应市场需求的低效研发，减少企业研发成本、提高研发效益。(2) 减少信息传递环节，企业与消费者能直接产生互动，一方面使企业获得更敏锐的市场感知能力，提高物流供应能力；另一方面让消费者参与产品功能和质量的改进环节，获得新型营销竞争手段。可以在传统制造业如汽车、家电、手机等工业产品上增加网络软硬件模块，实现用户远程操控、数据自动采集分析、社交互动等功能，将极大地改善工业品的使用体验。(3) 上下游企业间、企业与雇员间联系数字化使得企业资源整合能力、资源配置效率得到显著提升。(4) 通过电子商务、"线上+线下"等方式提供的更广范围的市场、更高效的分销渠道和更高品质的售后服务可以加快传统制造厂商的产品价值实现速度和资本等要素的周转速度。它是人工智能、物联网、新能源、新材料、生物医药等领域新科技、产业革命的技术基础，但难以取代新科技、产业革命给全产业链乃至人们生存生活方式带来的颠覆性突破和变化。

人们对于新科技、产业革命的愿景和设想已经十分成熟，即以大数据和云计算技术为基础，实现人机交互、万物互联、智能制造等新业态，在工业研发制造、医疗、金融、安防、教育、家居和农业等完全产业链和生活方面全面替代人力以降低人工成本、提升生产效率。但是受限于 GPU 运算和网络传输速度、脑科学研究等的瓶颈，当前仍处于弱人工智能阶段（图1-5展示了科学家和产业界专家普遍归纳的人工智能发展的三个阶段及各阶段所能解决的问题和能得以实现的应用），只是在图像识别、简单人机交互、语言识别和智能搜索等一些初级智能领域技术已经成熟，并得到商业化应用。正是由于传统经济增长动能的失速，而新经济增长动能仍在缓慢酝酿，形成了后金融危机时代世界经济低迷振荡的内生动因，更何况还有贸易保护主义、民族主义等逆全球化的外生社会、政治等方面因素。下面将从探析各发达经济体、新兴市场和发展中国家的宏观经济及政策、制造业和金融等角度，来探讨其短期经济发展形势，从而作为中国沿边开放发展的宏观背景。

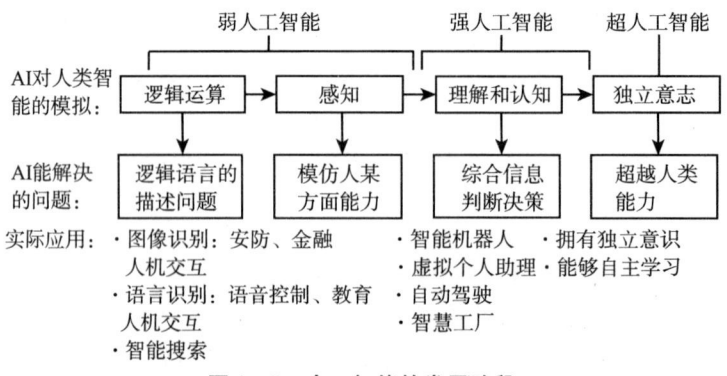

图1-5 人工智能的发展阶段

资料来源：(1) 海通证券研究所：《智能化时代，"人工智能+"的盛宴》，慧博智能策略终端数据库，2016年4月19日。
(2) 符建：《下一个时代是人工智能》，慧博智能策略终端数据库，2016年7月11日。

2. 美国经济呈短期提速与长期滞胀风险并存态势

如图 1-1 所示,与世界总体经济发展态势较为一致,2010 年美国一改 2008 年、2009 年负增长而恢复到正常的 2%~3% 增速区间,2016 年受就业走低、内需疲弱和投资未有起色等因素影响,经济增速达到 1.49% 的后金融危机时代最低点,2017 年 GDP 增速恢复至 2.27%,开始步入强劲复苏的小周期。2017 年末又通过了《减税与工作法案》(The Tax Cuts and Job Act) 的税改法案,该旨在降低美国企业和个人实际有效税率的法案成为短期内美国经济进一步加速复苏的最大动力之一。美国经济分析局数据显示,受税改影响,美国个人所得税实际有效税率已由 2017 年底的 12.1% 降至 11.7%,该因素已对个人消费支出形成明显提振,或拉动实际 GDP 同比增速约 0.3 个百分点。

此外,受大宗商品尤其是原油价格上涨的影响,2017 年 8 月美国制造业 PMI 达到了 61.3 (见图 1-6),创下了 2003 年以来的新高,使得美国经济复苏程度超过预期。近年来,美国页岩油气技术有了较大突破,而且自 2014 年就放开了出口政策,但由于彼时油价较低,油气行业投资低迷,而近两年油价大幅上涨时,相关行业的投资开始增加,而且在美国石油产量持续不断创新高的情况下,油气运输出现了较大瓶颈,因此也带动了管道运输等行业。从美国工业生产指数和耐用品出货量来看,采矿业、天然气运输业以及初级金属等与大宗商品相关的工业指数和出货量增长最为明显,这也印证了此次美国的经济复苏是由大宗商品牛市所拉动的。

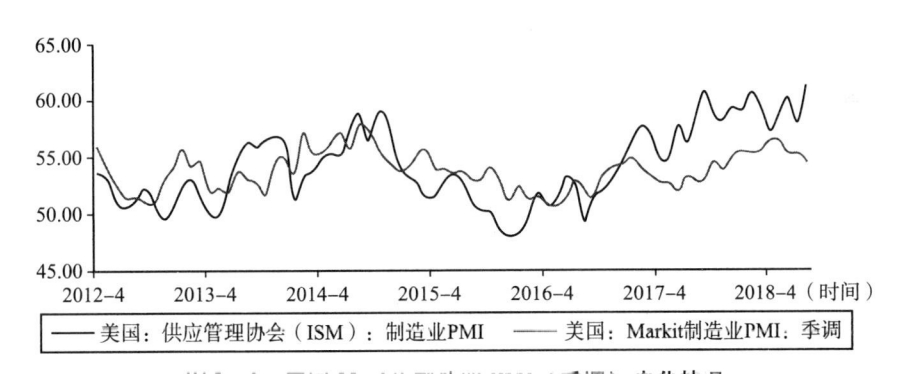

图 1-6 美国 Markit 制造业 PMI (季调) 变化情况

资料来源:Wind 金融终端数据库,广发证券发展研究中心。

原油等大宗商品的价格上涨也带来了原油和输入型的通胀,带动美国 CPI 同比由 2.1% 升至 2.9% (见图 1-7),意味着美国正处于美林时钟定义的"过热阶段"。虽然短期内受特朗普税改政策、大宗商品价格上涨等因素驱动,美国经济自 2017 年开始有强劲复苏趋势,但正如美国经济研究局学者及产业内专家等的一致观点认为,税改政策以及与美国各贸易伙伴的贸易战等贸易保护主义措施长期内将推高美国企业成本,从而对 GDP 增速的影响将转向负面。且美国是以服务业为主导,非制造业 PMI 与美国实际 GDP 同比增速相关性更强 (见图 1-8),而服务业未见有新的内生增长驱动力。

美国 Sentix 投资信心指数等重要经济领先指标的回落（见图 1-9）印证了这一观点。

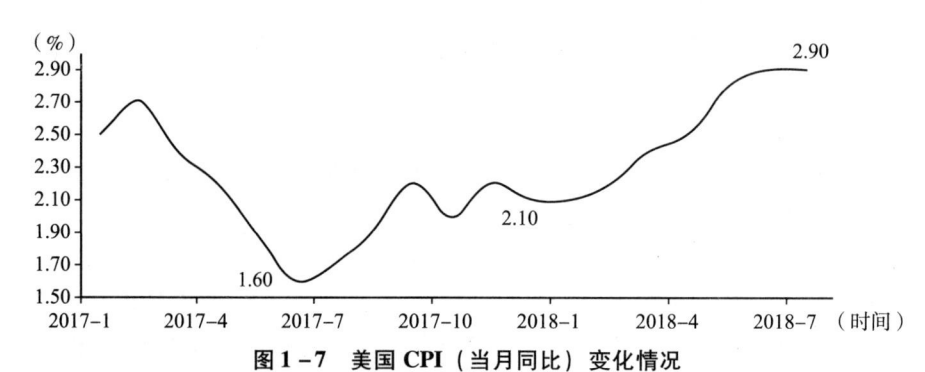

图 1-7　美国 CPI（当月同比）变化情况

资料来源：Wind 金融终端数据库，广发证券发展研究中心。

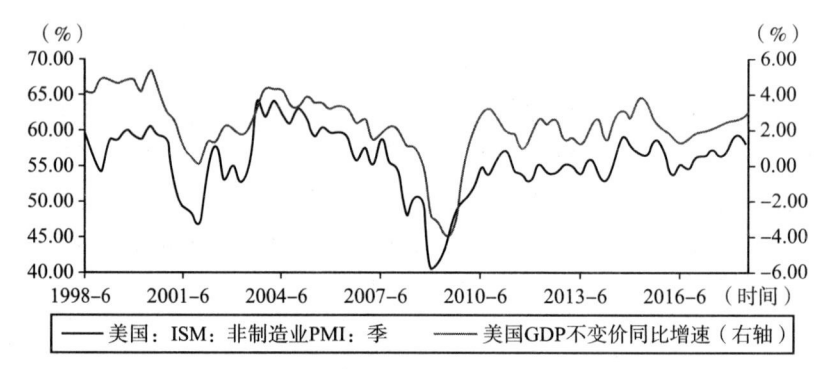

图 1-8　美国 ISM 非制造业 PMI 与美国实际 GDP 同比增速

资料来源：Wind 金融终端数据库，广发证券发展研究中心。

图 1-9　美国 Sentix 投资信心指数变化情况

资料来源：Wind 金融终端数据库，广发证券发展研究中心。

3. 欧元区经济强劲复苏得益于积极宏观经济政策与结构性改革

如图 1-1 所示，2008 年金融危机以来，欧元区经济又遭遇欧债危机的发酵而在

2012年、2013年连续呈现经济负增长,此后受宽松的货币政策、适度的财政扩张政策、近年来边缘国家实施的结构性改革以及欧元区政治风险的大幅降低等因素的推动,欧元区开始强劲复苏,于2017年首次回归2%~3%的常规GDP增速区间,成为推动全球经济复苏的一股强劲力量。

2008年7月开始欧央行管理委员会决定增加信贷支持,同年10月委员会决议增加长期再融资操作(LTRO)的频率和规模。2009年通过较低的固定利率招标程序共提供了6140亿欧元的1年期LTRO,2011年12月21日和2012年2月29日分别就3年期LTRO进行了两轮招标,固定利率低至1%。2012年3月又启动总计2178亿欧元的证券市场计划。2013年2月欧央行出台可提前还贷政策,到2013年6月27日已偿还占比59%的当初向市场注入的流动性净投放。但在之后,其通胀数据惨淡(是其于2014年6月首次实行负利率政策的主要原因之一)。图1-10展示了欧元区核心四国2007年1月至2017年2月的调和消费者物价指数(HICP)同比变化情况,数据趋势与政策的变动非常吻合,两轮LTRO和证券市场计划政策的出台到提前放贷期间CPI恰好处在高于2%目标利率的高位,随着非常规货币政策的退出,CPI又滑落甚至在1%以下低位爬行。正是在这一背景下,欧央行于2014年6月首次出台负利率政策。

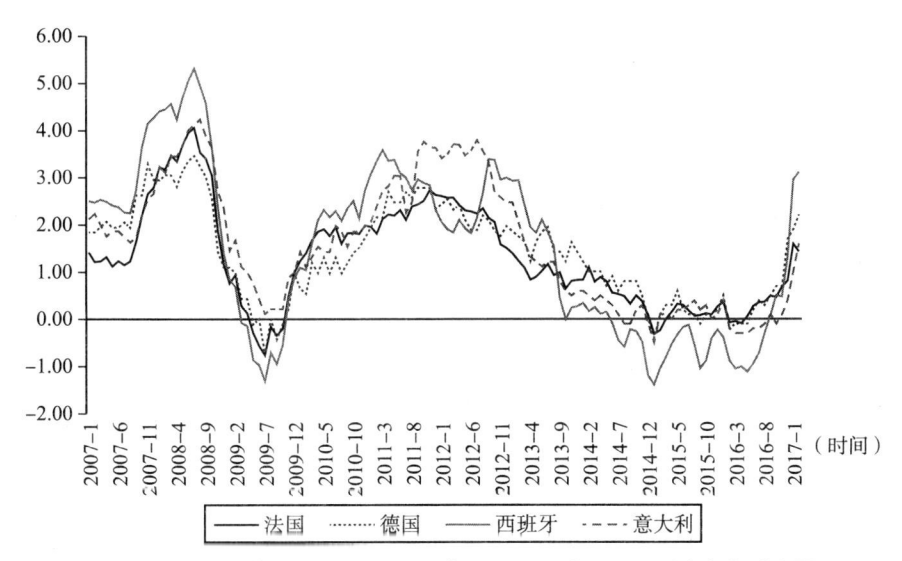

图1-10 欧元核心区2007~2017年2月月平均HICP同比变化时序图

资料来源:EIUCountrydata, https://eiu.bvdep.com/countrydata/ip。

宽松的货币政策为金融机构和实体经济部门提供了一个较为宽松的融资环境,不断推动资产价格上涨。经过三年多的量化宽松、存款负利率操作和提供低利息贷款等非常规货币政策,欧元区终于脱离了通货紧缩的风险,图1-11的相关性检验证实了非常规货币政策对市场利率的影响比常规货币政策影响更强(斜率更大)。虽然欧元区通胀率仍然低于2%的目标通胀率(见图1-12),但这是经济全球化、网购经济的兴起("经济亚马逊化")、民众通胀预期太过稳定以及2008年经济危机之后员工不敢提加薪要求等因素导致,而并非经济仍处于通缩状态的标志。

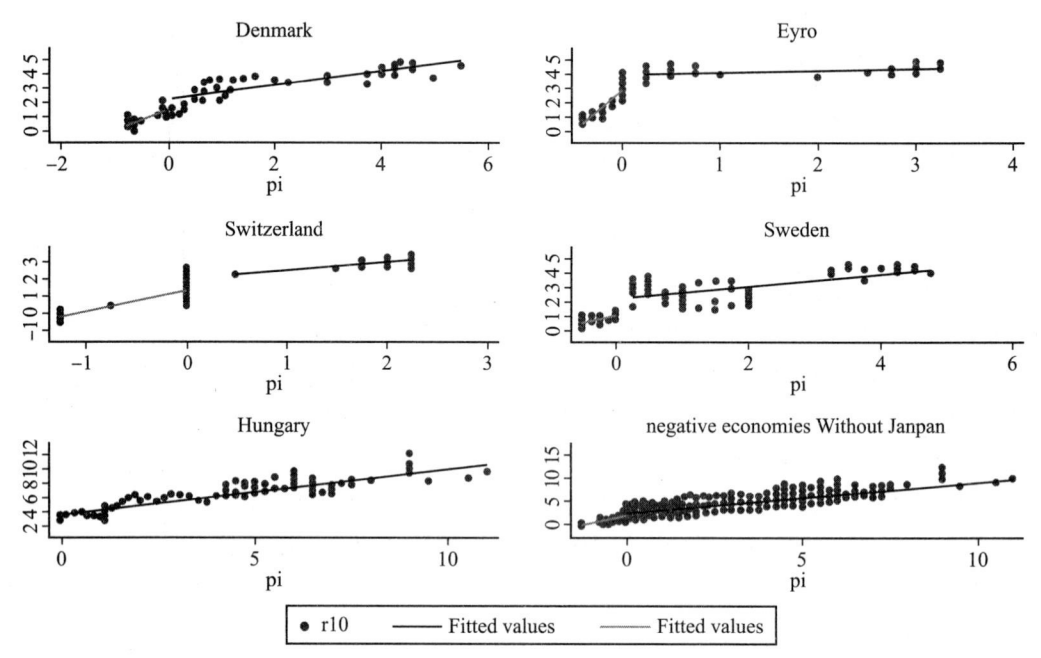

图 1-11 欧元区负利率经济体政策利率与市场利率线性回归和分段线性拟合图

资料来源:EIUCountrydata,欧元区、美国、瑞士及匈牙利央行。

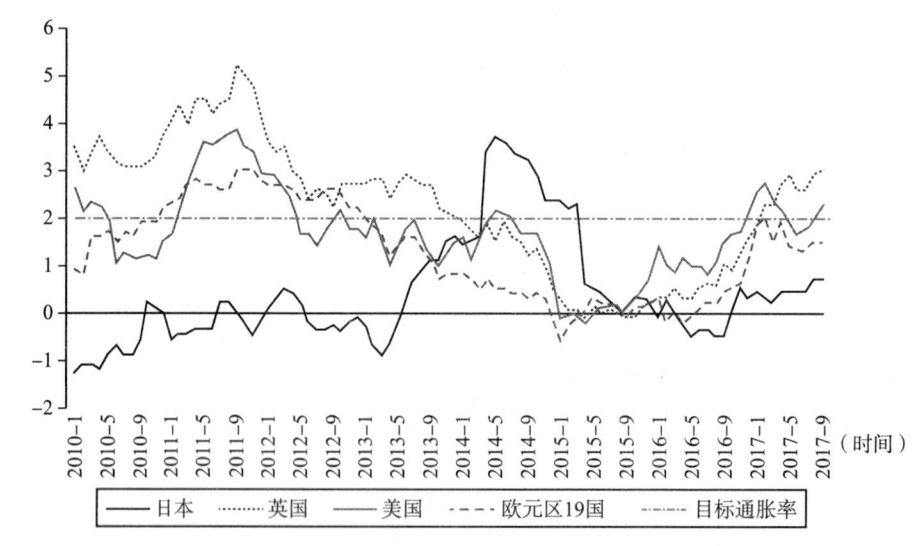

图 1-12 欧元区与其他经济体通胀水平比较

资料来源:OECD,浙商证券研究所。

得益于欧元区经济的强劲复苏和低利率环境(利息支付较少),2017 年欧元区赤字预计从 2016 年的 1.5% 减少到 1.1%。这也给了欧元区实施扩张财政政策的空间。面对经济危机中债务飙升的紧急状况，为了维护金融稳定和防范传染性风险，欧元区国家首先采取了财政整固的政策。2014年和2015年欧元区采取了中立的财政政策，而2016年转为轻微扩张的财政政策，2017年变为中等程度扩张的财政政策。中等程度的财政扩张政策为欧元区经济复苏注入强心针，刺激经济快速增长。在目前货币政策实施受限（对经济刺激效果越发不显著）的情况下，适度扩张的财政政策刺激经济增长的效果较为明显。

结构性改革在短期内可能会带来一些成本，但是可以增强经济体产品市场和劳动力市场的灵活性，使经济体变得更有弹性和更有韧性，大大提高在面对冲击时的抗压能力，从而在中长期中保持稳健的增长。2010年以来爱尔兰、西班牙、葡萄牙和意大利对各自的劳动力市场进行了大刀阔斧的改革，这些改革效果开始显现。经济增长提速带动就业，失业率逐渐回落。

与此同时，欧元区失业人数虽然不断稳步下降，但失业率仍高于危机前水平（见图1-13），这也说明了欧元区此次强劲复苏与世界经济整体处于旧增长动能失速、新动能还未成熟的大背景并未相悖。

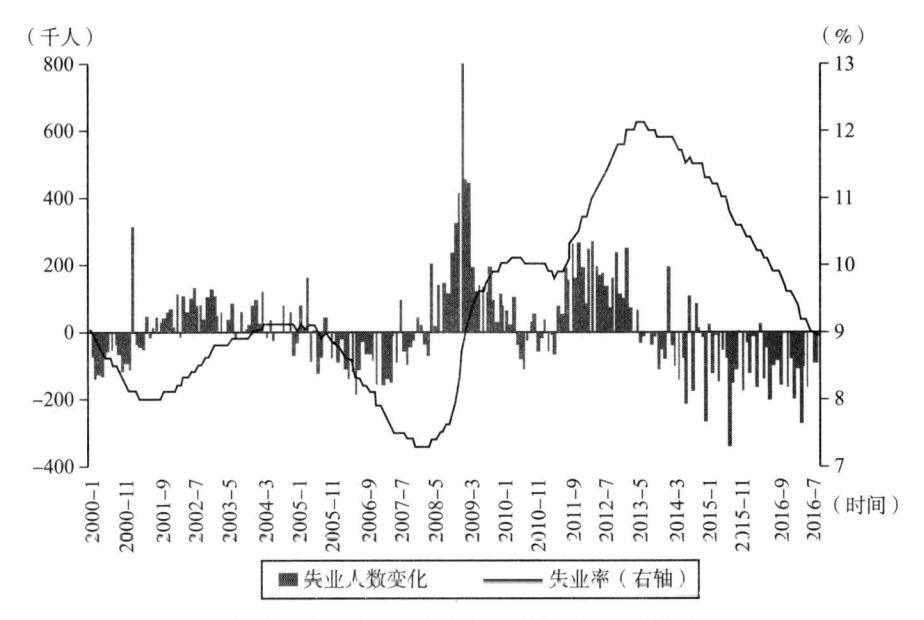

图1-13 欧元区失业人数变动与失业率情况

资料来源：Wind，浙商证券研究所。

4. 其他新兴经济体因自身结构性原因正面临汇率危机

2018年3月底以来美元指数持续反弹，主要新兴市场货币兑美元的汇率均有不同程度的下跌。其中阿根廷比索、土耳其里拉、巴西雷尔亚、俄罗斯卢比以及人民币等货币兑美元汇率的贬值幅度较大。新兴经济体正面临货币贬值危机，除了受美元周期影响，新兴经济体都有自身结构性因素。发生货币贬值危机的国家往往存在高外债、高通胀、高赤字、贸易逆差严重、经济结构单一、政局不稳,以及地缘政治风险较大等问题。

(1) 土耳其。土耳其货币贬值危机的根源在于经济基本面的恶化,虽然土耳其经济增速较高,2018年一季度GDP同比增速高达7.36%,但土耳其经济增长主要受积极财政政策和积极货币政策的推动,而缺乏劳动参与率、全要素生产率、科技创意创新等内生增长动力。因而在经济维持高增速的同时也造成通货膨胀严重、贸易赤字严重、债务高企等问题。如图1-14所示,2018年初以来土耳其通胀率持续高于10%,2018年7月土耳其CPI同比增速高达15.85%,创2004年1月以来新高,远超土耳其央行5%的通胀目标水平。

图1-14 土耳其CPI同比

资料来源:Wind,新时代证券研究所。

此外,土耳其一直以来都存在贸易逆差,自2002~2017年期间面临连续16年的经常账户逆差。2017年第四季度,土耳其经常账户逆差占本国名义GDP的比率高达6.8%。对外贸易的入不敷出依靠借外债来弥补,2018年一季度土耳其外债总额多达4667亿美元,土耳其外债/GDP比例高达55%。而土耳其的外汇储备远远不足以偿付大量的外债,截至2018年3月,土耳其外债总额是外汇储备的5.4倍之多。连年的贸易赤字引发市场对土耳其偿债能力的质疑,叠加全球利率回升加重土耳其债务负担,进一步加剧土耳其资本外逃,令土耳其里拉大幅贬值。

(2) 阿根廷。阿根廷经济积弊已久,存在高外债、高通胀等问题。外债负担方面,阿根廷外债和融资需求自2017年下半年开始明显扩大,2018年3月阿根廷外债总额达2537.41亿美元。相对于巨额的外债,阿根廷的外汇储备明显不足。截至2017年底,阿根廷外汇储备仅有498.92亿美元,仅为外债总额的21.3%。随着美联储持续渐进加息,美元资产成本提升,加剧阿根廷的债务负担。除此之外,阿根廷经济主要依靠出口,经济贸易结构较为单一。2018年阿根廷由于干旱气候导致其大豆大面积减产,对主要依靠出口红利的阿根廷经济造成一定影响。

(3) 巴西。作为拉美第一大经济体巴西,在强美元周期、美元持续走高的情况下,巴西货币也出现较大幅度的贬值。巴西雷亚尔大幅贬值的外部原因是美元的强势以及美联储加息预期提升。而真正导致巴西货币大幅贬值的内部因素，则是巴西经济增长前景黯淡以及国内政治不稳定等问题。2018年5月由于油价大幅上涨，引发巴西卡车司机罢工等一系列罢工潮，使巴西国内主要产业陷入瘫痪，经济严重受损。巴西中央银行8月15日报告显示，巴西二季度经济活动指数环比下降0.99%，表明市场对巴西经济前景的预期也在不断下调。尽管巴西央行2018年连续降息2次，并通过拍售外汇掉期合约干预汇市，但仍未有效遏制雷亚尔的持续贬值。

（4）印度。除了美元强周期背景外，印度自身经济存在高贸易赤字的问题。持续扩大贸易逆差给印度经济带来极大的压力，是导致印度卢比遭受重创的原因之一。受油价上涨的影响，2018年7月印度贸易逆差扩大至180亿美元，为5年多以来的最高水平。由于印度依靠进口来满足约80%的能源需求，因此油价波动对印度经济的冲击较大。并且随着油价的大幅反弹，令投资者对新兴市场经济基本面的担忧提升，进一步加剧了印度卢比的贬值。

印度对外债务总额持续扩大，截至2018年3月，印度对外债务总计为5296.72亿美元，其外债占GDP之比接近20%，是全球外债最多的新兴市场经济体之一。尽管印度外汇储备也连年扩大，截至2017年底，印度外汇储备为3851.04亿美元，但印度外债总额占外汇储备之比约为128%，目前的外汇储备尚不足以偿付其对外债务（见图1-15）。

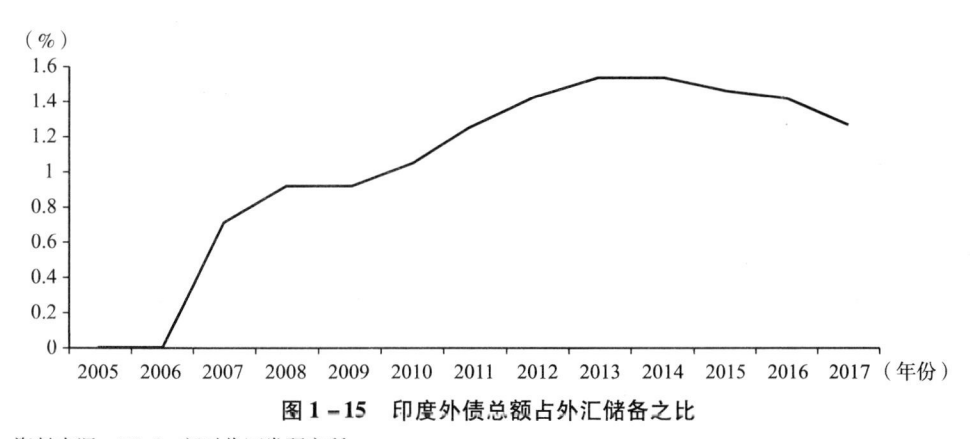

图1-15 印度外债总额占外汇储备之比

资料来源：Wind，新时代证券研究所。

（5）俄罗斯。2018年以来俄罗斯卢布贬值幅度接近15%，尤其是在2018年4月俄罗斯股市和汇率双双遭遇困境后，俄罗斯卢布加速贬值；之后经历一段时间的震荡，在7月底由于美国对俄罗斯的制裁，俄罗斯卢布贬值幅度再度扩大。从经济基本面来看，俄罗斯通胀相对温和，2018年7月俄罗斯CPI同比增速为2.5%，尚不存在通胀过热的情况；外债压力相对较小，俄罗斯外债总额占GDP的比率为33%；外汇储备相对充足，截至2017年底，俄罗斯外汇储备占GDP的比率接近22%；此外，自2000年以来，俄罗斯经常账户余额持续为正，仅在2013年三季度和2017年三季度曾出现经常账户逆差。相较于前面所述的几个国家，俄罗斯经济基本面相对稳健，但俄罗斯卢布仍在近期贬值明显,截至8月17日,美元兑卢布汇率收报66.8932。卢布贬值一方面是由于美元指数走高导致资本外流;另一方面很重要的原因则是地缘政治风险因素。

8月8日,美国国务院宣布,因2018年3月俄罗斯前特工斯克里帕尔在英国中毒事件,美国决定制裁俄罗斯,相关制裁将于8月22日前后生效。美方官员称,几乎所有俄罗斯国有企业都将受制裁波及,包括禁止美国向俄罗斯出口数亿美元的武器、电子器件以及航空设备等。由于担心美国可能加大对俄罗斯的限制力度,俄罗斯卢布在之后大幅贬值。若美国扩大对俄罗斯的制裁措施,一方面会对俄罗斯的原油出口造成影响(俄罗斯经济对能源生产和出口的依赖严重,而美国的制裁和俄罗斯的反制措施将严重损害俄罗斯原油的出口,进而对俄罗斯经济造成冲击);另一方面则会对市场情绪造成较大的影响,增加投资者在俄罗斯投资的风险,限制俄罗斯的国际融资,进一步加剧了俄罗斯的资本流出和货币的贬值压力。

5. 中国经济发展形势

与世界处于新科技、产业革命前夕的总体情形一致,由于中国属于人工智能等新科技革命的主要前沿阵地之一,长期经济增长仍然向好。但目前仍面临传统经济动能失速所带来的经济增长放缓、资本投入对GDP增长贡献率下降、三大需求端疲软等困境。下面将首先明确中国在经济周期中所处的具体位置,再探析当前所面临的主要经济困境。

(1)房地产业和传统制造业动能的衰微。康波是经济的长期波动,确定中国在经济周期中更具体的位置需要考察朱格拉中波周期。朱格拉周期经过创立发展已经被学界和业界普遍接受定义为产业周期,改革开放后的中国被一致认为经历了三轮朱格拉周期:1981~1990年以满足人们基本物质生活的消费品产业发展为标志的第一轮周期,1990~1999年以轻工制造业发展为主要推动力的第二轮周期和2000~2009年主要由房地产和传统重化工业驱动的第三轮周期[1][2]。如图1-16所示,中国GDP增速数据的波动与三轮周期时间的划分非常吻合,即每轮周期始末点GDP增速都处于波谷状态。因此直观而言,三轮周期的时间划分是令人信服的。

房地产业和传统工业对GDP增速的贡献正逐渐下降(1990~2015年资本投入与2003~2015年房地产投资和传统工业分别对GDP增速的贡献所占比重如图1-17所示)。根据对房地产业及传统工业(按《国民经济行业分类(GB/T 4754-2011)》的分类,包括采矿业、制造业、建筑业与电力、燃气及水的生产和供应业)投资的衡量,出于数据的可得性,本部分采用某行业固定资产投资额在全社会固定资产投资总额中的占比作为其对资本增速贡献的占比。1990年以来资本投入对GDP增长的贡献占比长期处于50%以上,再次印证了中国经济靠投资拉动的事实。其中,传统工业和房地

---

[1] 安宇宠:《朱格拉周期》,载《宏观经济管理》2013年第4期,第79页。
[2] 刘晨明、宋雪涛:《被神话的朱格拉周期》,慧博智能策略终端数据库,2017年。

图1-16 中国GDP增速

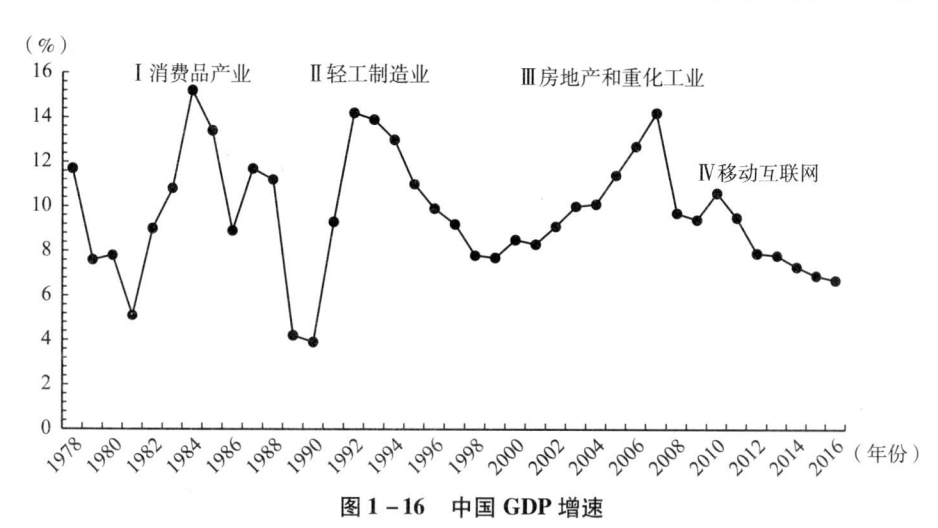

资料来源：国家统计局国家数据库。

产业的投资对GDP增长的贡献占比处于40%～50%区间，在2008年金融危机政府紧急启动大规模刺激政策后贡献率进一步攀升，可见其作为国民经济发展的主要驱动产业名副其实。而房地产投资对GDP增长贡献长期处于15%～20%区间，2012年达到峰值20.99%，与房地产增加值核算之间存在显著差异，其原因是房地产作为大类商品，对上下游进而整个产业链都有辐射带动作用，因而虽然其自身创造的增加值在GDP中占比不突出，但其通过大量资本投入对GDP的增长起到重要推动作用。

由图1-17观察到，2009年以后，房地产投资对GDP增长贡献率的显著跃升看似与之前所述2009年作为房地产驱动的第三轮朱格拉周期终点相违背，尤其是包括房地产和传统制造业的投资占总体投资长期处在50%～60%之间，对GDP增长贡献率更是占比过半，但是由资本投入的产出与资本存量之比即资本回报率的数据（见图1-18）却显示出自2007年之后资本投入的回报率从23.17%开始持续大幅下降，最低点2014年只有14.00%。这可以说明1999～2007年区间内，由于传统工业与房地产资本投资对GDP增长的贡献率和总资本回报率都非常显著，所以应该可以认为传统工业与房地产是这一时期内对GDP增长的主要推动产业；至于2008年以后传统工业与房地产资本投资对GDP增长的贡献率显著上升而总资本回报率却有大幅下降的阶段，进一步考察2009年前后房地产实际完成投资增速和实际GDP增速的相关关系（见图1-19），证明2009年作为房地产业驱动GDP增长的分水岭是合理的。

（2）中国经济困境主要来自三大需求端的疲软。供需失衡是当前我国经济运行的主要特征。一方面，供给侧的工业生产相对旺盛，企业盈利稳步增长，表现出相当的韧性；另一方面，需求端的"三驾马车"均出现不同程度的下滑，经济增长前景堪忧。在宏观经济政策阴晴不定的大背景下，中国经济所表现出来的"韧性"很大程度上是因为受到"三大幻觉"持续干扰导致。

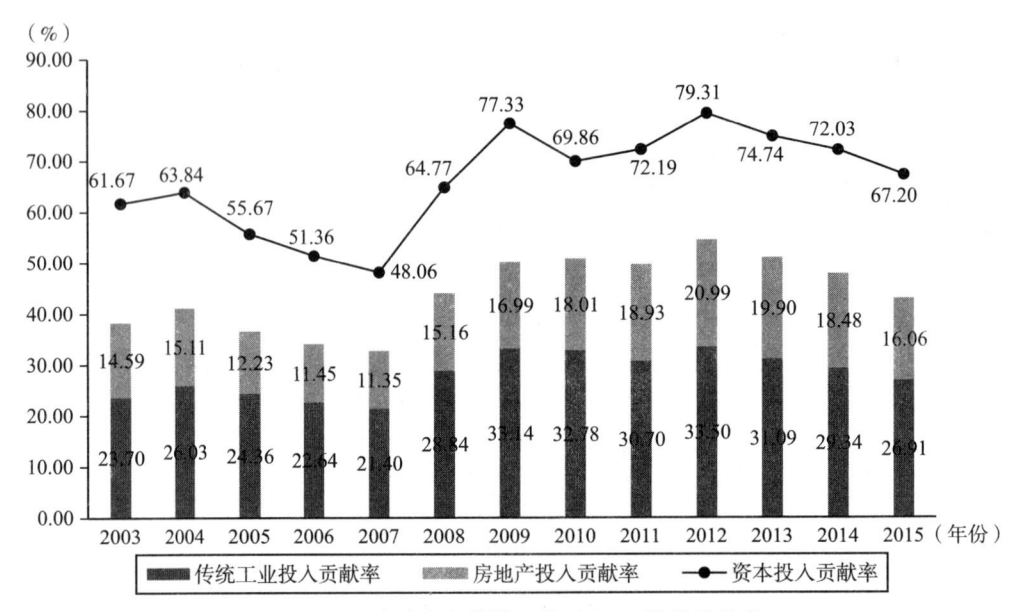

图 1-17 房地产和传统工业对 GDP 增长贡献率

资料来源：《中国国内生产总值核算历史资料（1952~1995）》、《中国国内生产总值核算历史资料（1952~2004）》、中国历年统计年鉴、全国各省市统计年鉴。

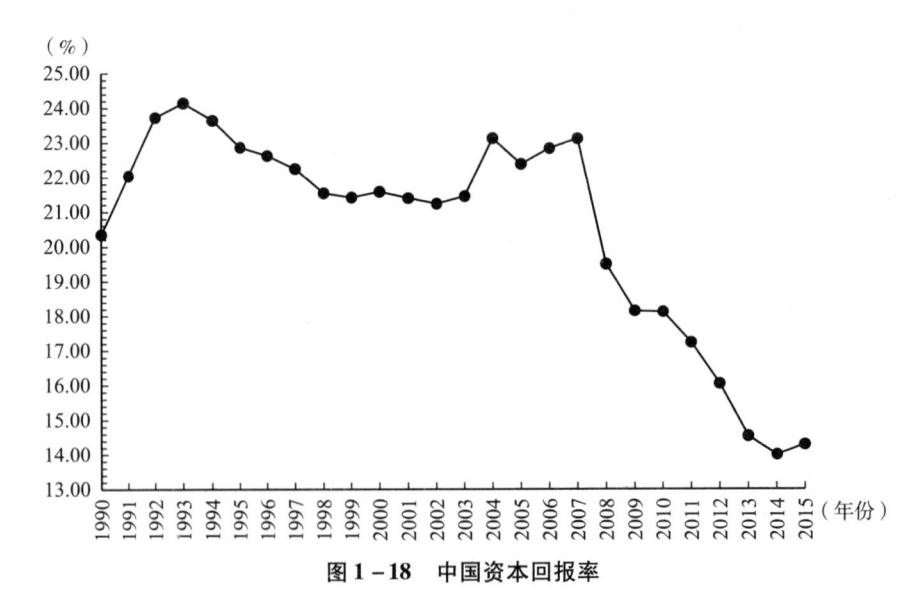

图 1-18 中国资本回报率

资料来源：《中国国内生产总值核算历史资料（1952~1995）》、中国历年统计年鉴。

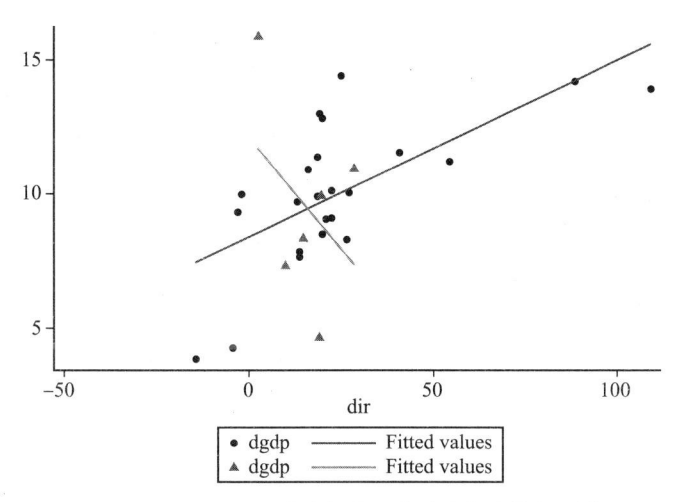

图 1-19　实际 GDP 增速与实际房地产投资的相关关系

注："圆点"形状的数据样本点为 1988~2009 年，回归结果呈显著正相关关系。"三角"形状的数据样本点 2010~2015 年，样本量虽然不足以支撑显著性判断，但其直观的负相关关系已能说明问题。

资料来源：《中国国内生产总值核算历史资料（1952~1995）》、中国历年统计年鉴。

"价格幻觉"（Price Illusion）：供给侧改革压缩部分行业的产能，带动 PPI 走出长时间的通缩，价格冲击导致上游企业盈利大幅改善。价格走高必然推动供给响应，供改行业企业产能利用率上升，供改与非供改行业产出增速缺口出现收敛，工业生产整体呈现出繁荣的幻觉。在供给侧改革的价格冲击之下，供改行业[①]与非供改行业的产出增速（以工业增加值增速表示，下同）出现明显分化。2016 年开始，供给侧改革压缩产能，供改行业平均产出增速大幅下滑，并于 2016 年底降至最低点。不过，2018 年以来，供改和非供改行业产出增速从分化走向收敛。一方面，由于供给侧改革在压缩产能方面力度减弱，产能利用率上升，供改行业产出增速逐渐回升；另一方面，非供改行业受到需求趋势下行的影响，产出增速开始下滑。二者的收敛是一个自然修复的过程。

"盈利幻觉"（Profit Illusion）：工业企业盈利修复与利润高增长，掩盖了行业结构上的矛盾。供给侧改革带来的价格冲击改善了部分上游行业的盈利能力，但很大程度上是以抬高其他中下游行业的成本为代价。这种价格结构性扭曲导致了上游行业对中下游行业利润的侵蚀，使得上游企业和中下游企业盈利出现分化。一方面，上游原材料价格明显上升，供改行业盈利获得明显改善。2016 年以来，随着供给侧改革的全面推进，上游原材料价格暴涨，供改行业销售利润率开始持续上涨。2018 年 6 月，供改行业销售利润率上升至 6.73%，大幅高于 2012~2015 年均值（4.33%）并首次超越了非供改行业（6.41%）。另一方面，供给侧改革产生的价格扭曲使得中下游企业盈利受

---

① 供改行业为受供给侧改革影响的行业，包括煤炭开采、黑色矿开采、有色矿开采、非金属矿开采、造纸、石化炼焦、化工、化纤、黑色冶炼、有色冶炼、非金属矿物制品等行业。非供改行业为除上述 11 个行业外的其他 29 个行业。

到侵蚀。2012~2015年，非供改行业平均销售利润率保持在6.83%的较高水平，远高于供改行业的平均销售利润率。但2016年以来，供给侧改革持续推进使得上游原材料价格迅猛上升，而中下游一般制造业产成品的价格升幅有限，企业盈利受到挤压。2018年6月，非供改行业销售利润率滑落至6.41%，其中机械装备制造业受到的影响尤为明显。

"统计幻觉"（Data Illusion）：工业生产数据的高增长，一个重要原因是"幸存者偏差"（Survival Bias）所产生的"统计幻觉"。在计算同比增速时，统计局很可能对基期数据进行了回溯调整，将部分因供给侧改革和环保限产而规模缩减或是退出生产的企业剔出样本。"幸存"的企业承接了原属于被淘汰企业的部分订单，使得可比口径之下生产指标的同比增速"看起来很美"。一个典型的证据是，2017年以来统计局公布的规模以上工业企业生产数据，例如，工业企业利润和主营业务收入，与依据其公布的利润和收入的绝对数计算的同比增速之间存在明显的裂口，背离逐渐加大。国家统计局每年定期对规模以上（主营业务收入2000万元及以上）工业企业的样本进行调整，因此部分因供给侧改革和环保限产导致规模缩减或是退出生产的企业将不再纳入统计局的计算样本。2016年初至2018年中，供改行业企业单位数减少超过1.1万家，缩减幅度达11.1%。其中钢铁、煤炭企业数量缩减的幅度分别超过50%、30%。而在此期间，非供改行业企业单位数上升了约1500家，升幅约为0.5%。

（二）中国对外开放总体态势

1978年中共十一届三中全会后，中国开启了改革开放的历史征程，推动经济迅速发展。如今，中国已经成为世界第二大经济体、第一大工业国、第一大货物贸易国、第一大外汇储备国，在贸易、投资、自贸区建设等领域取得巨大成就。尽管全球贸易保护主义抬头、各国经贸摩擦加剧，但经济全球化是不可扭转的时代潮流，中国仍然会坚持对外开放的基本国策。中共十九大报告强调坚持推动构建人类命运共同体，推动形成全面开放新格局。在2018年博鳌亚洲论坛上，习近平主席明确表态，中国开放的大门不会关闭，只会越开越大。

1. 贸易发展状况

（1）总体趋势。

①货物贸易。2001年中国加入世界贸易组织后，中国对外货物贸易迅速增长，出口额从2660.98亿美元增加到22633.29亿美元，进口额从2435.53亿美元增加到18418.89亿美元。中国出口的全球占比从2001年的4.30%增长到2017年的12.76%，进口的全球占比从3.80%增长到10.26%。除2009年金融危机外，2002~2011年，中国货物贸易出口和进口均实现两位数的增速，2012年后，中国经济逐渐步入新常态，进入经济转型关键期，重视扩大内需，货物贸易进出口增速下降。2015年和2016年，由于国际经济总体复苏乏力、外需低迷、国际大宗商品价格大幅下跌、中国经济发展

进入新常态、国内经济面临较大的下行压力，中国货物贸易进、出口为负增长。2017年，世界经济温和复苏带动外部需求有所回暖，国内经济稳中向好为进口增长奠定基础，大宗商品价格同比上涨推动进口值快速增长，"一带一路"倡议稳步推进开拓新兴市场，众多因素共同推动中国货物贸易进出口结束了两年负增长的态势，实现了恢复性增长（见表1-1）。

表1-1　　　　　　　　　　　中国货物贸易发展状况　　　　　　　　单位：亿美元；%

年份	出口 金额	出口 年增速	出口 全球占比	进口 金额	进口 年增速	进口 全球占比
2001	2660.98	6.78	4.30	2435.53	8.23	3.80
2002	3255.96	22.36	5.01	2951.70	21.19	4.43
2003	4382.28	34.59	5.77	4127.60	39.84	5.31
2004	5933.26	35.39	6.43	5612.29	35.97	5.92
2005	7619.53	28.42	7.25	6599.53	17.59	6.12
2006	9689.78	27.17	7.99	7914.61	19.93	6.41
2007	12204.56	25.95	8.70	9561.16	20.80	6.72
2008	14306.93	17.23	8.86	11325.67	18.45	6.88
2009	12016.12	-16.01	9.57	10059.23	-11.18	7.93
2010	15777.54	31.30	10.31	13962.47	38.80	9.05
2011	18983.81	20.32	10.35	17434.84	24.87	9.47
2012	20487.14	7.92	11.08	18184.05	4.30	9.76
2013	22090.05	7.82	11.65	19499.90	7.24	10.30
2014	23422.93	6.03	12.35	19592.33	0.47	10.30
2015	22734.68	-2.94	13.76	16795.66	-14.27	10.06
2016	20976.32	-7.73	13.09	15879.25	-5.46	9.79
2017	22633.29	7.90	12.76	18418.89	15.99	10.26

资料来源：UNCTAD。

②服务贸易。中国服务贸易出口从2001年333.34亿美元增长到2017年2280.90亿美元，在全球所占比重从2.19%提升到4.26%，而中国服务贸易进口发展速度更快，从2001年392.67亿美元增长到2017年4675.89亿美元，全球占比从2.55%提升至9.02%。服务贸易出口与货物贸易出口呈现相似增长历程，均是在2009年、2015年和2016年为负增长，2002～2011年为高速增长，随后增速放缓，2017年实现恢复性增长。服务贸易进口仅在2009年为负增长，其余年份均是正增长，但近3年的增速明显放缓（见表1-2）。

表 1-2　　　　　　　　　　中国服务贸易发展状况　　　　　　　　单位：亿美元；%

年份	出口 金额	出口 年增速	出口 全球占比	进口 金额	进口 年增速	进口 全球占比
2001	333.34	9.54	2.19	392.67	8.98	2.55
2002	397.45	19.23	2.43	465.28	18.49	2.87
2003	467.60	17.65	2.47	553.06	18.87	2.97
2004	649.13	38.82	2.82	727.21	31.49	3.26
2005	784.69	20.88	2.95	839.71	15.47	3.22
2006	940.71	19.88	3.14	1008.38	20.09	3.45
2007	1254.47	33.35	3.50	1291.26	28.05	3.74
2008	1453.43	15.86	3.61	1563.97	21.12	3.99
2009	1225.63	-15.67	3.41	1459.79	-6.66	4.18
2010	1783.39	45.51	4.55	1934.01	32.49	5.04
2011	2010.47	12.73	4.56	2478.44	28.15	5.78
2012	2015.76	0.26	4.44	2813.00	13.50	6.31
2013	2070.06	2.69	4.28	3306.08	17.53	6.99
2014	2191.41	5.86	4.22	4328.83	30.94	8.43
2015	2186.34	-0.23	4.43	4355.41	0.61	8.98
2016	2095.29	-4.16	4.22	4520.97	3.80	9.28
2017	2280.90	8.86	4.26	4675.89	3.43	9.02

资料来源：UNCTAD。

（2）区域分布。

① 货物贸易。中国货物贸易出口主要目的地一直为亚洲地区，占中国总出口的近一半份额，但总体而言，出口的区域分布在逐渐分散。中国出口到非洲和大洋洲地区的货物贸易占总出口的份额有所增加，分别从 2001 年的 2.24% 和 1.53% 增长到 2017 年的 4.16% 和 2.25%，出口到美洲和欧洲地区的货物贸易份额均是先增后减再增的变动过程，最终实现小额增加。在亚洲区域，东亚是主要的出口目的地，但占据的份额逐渐降低，从 2001 年的 41.50% 减少到 2017 年的 25.42%，东南亚区域的重要性逐年提升，占中国的出口份额从 6.91% 增长到 12.37%，中亚、南亚和西亚地区所占份额也均有上升。在美洲区域，北美是中国最主要的出口目的地，但南美及中美地区占据的中国出口份额也呈现出增加的态势（见表 1-3）。

表1-3　　　　　　　　　中国货物贸易出口区域分布　　　　　　　　单位：%

地区	2001年	2005年	2009年	2012年	2015年	2016年	2017年
亚洲	53.10	48.09	47.29	49.18	50.18	49.64	48.65
中亚	0.18	0.69	1.39	1.04	0.77	0.86	0.95
南亚	1.92	2.53	4.14	4.00	4.93	5.35	5.52
东亚	41.50	34.53	28.55	29.70	27.33	26.57	25.42
西亚	2.59	3.08	4.35	4.47	4.95	4.65	4.38
东南亚	6.91	7.27	8.85	9.97	12.20	12.21	12.37
美洲	24.75	26.03	24.60	25.15	25.12	25.10	26.07
北美	21.69	22.96	19.89	18.59	19.34	19.70	20.36
南美及中美	2.80	2.85	4.42	6.29	5.45	5.13	5.48
非洲	2.24	2.44	3.96	4.16	4.76	4.39	4.16
北非	0.66	0.85	1.32	1.11	1.23	1.23	1.05
欧洲	18.37	21.75	22.07	19.32	17.72	18.55	18.86
大洋洲	1.53	1.69	2.07	2.19	2.22	2.26	2.25

资料来源：UNCTAD。

中国货物贸易进口主要来源区域为亚洲，其次是欧洲和美洲地区。中国自亚洲区域进口货物占总进口的份额呈现先增后减的趋势，从2001年的60.83%增长到2005年的66.90%，后下降至2017年的52.81%，虽然占比仍然超过一半，但总体而言，集中度最终是下降了。在亚洲区域，中国货物贸易进口来源以东亚和东南亚地区为主。中国自东亚地区进口的份额也出现了相同的趋势，份额最终由2001年46.07%下降至2017年30.23%。东南亚地区所占份额总体呈增长趋势，从2001年9.53%增加到2017年13.85%。在美洲区域，中国自南美及中美地区进口的比重呈现较为明显的增长趋势，占中国总进口的份额从2001年2.68%增加到2017年7.36%。大洋洲地区也呈现类似增长趋势（见表1-4）。

表1-4　　　　　　　　　中国货物贸易进口区域分布　　　　　　　　单位：%

地区	2001年	2005年	2009年	2012年	2015年	2016年	2017年
亚洲	60.83	66.90	60.03	57.11	56.84	49.02	52.81
中亚	0.42	0.53	0.68	1.36	0.90	0.76	0.85
南亚	1.94	2.65	2.83	2.61	1.97	1.87	2.23
东亚	46.07	48.58	41.44	35.55	37.11	29.38	30.23
西亚	2.86	3.77	4.46	6.82	5.29	4.65	5.65
东南亚	9.53	11.36	10.61	10.77	11.58	12.36	13.85

续表

地区	2001年	2005年	2009年	2012年	2015年	2016年	2017年
欧洲	19.45	14.61	16.11	15.76	17.42	18.08	18.90
美洲	15.17	12.57	15.31	15.52	16.55	16.12	17.73
北美	12.42	8.53	8.93	8.64	10.42	9.67	10.32
南美及中美	2.68	3.96	6.30	6.81	6.09	6.41	7.36
非洲	1.97	3.19	4.31	6.23	4.18	3.57	4.34
北非	0.51	0.67	1.00	0.68	0.24	0.15	0.27
大洋洲	2.58	2.73	4.24	5.04	4.93	5.08	6.22

资料来源：UNCTAD。

② 服务贸易。中国主要的服务贸易伙伴是中国香港和美国，2016年分别占中国服务贸易出口的28.68%和14.96%，占进口的19.45%和19.55%。日本和韩国也是中国服务贸易的重要伙伴，两者在中国服务贸易出口和进口所占比重之和接近11%。此外，中国服务外包产业分布较广，截至2017年底，我国服务外包的业务范围已经遍及五大洲200多个国家和地区，服务外包执行额超亿元的国家和地区达到130个。"一带一路"倡议的实施深化了中国与沿线国家服务外包产业的合作，我国与沿线国家加强了在信息技术、工业设计、工程技术等领域的服务外包合作，执行额达到1029.3亿元，首次突破1000亿元，同比增长27.7%[①]（见表1-5）。

表1-5　　　　中国服务贸易主要出口目的地与进口来源地　　　　单位：%

国家或地区	出口 2015年	出口 2016年	进口 2015年	进口 2016年
巴西	0.32	0.26	0.82	0.76
中国香港	30.40	28.68	19.66	19.45
中国澳门	2.32	1.95	1.24	1.35
中国台湾	2.82	3.20	2.98	2.46
法国	1.68	1.79	2.58	2.20
德国	3.51	3.80	3.82	3.87
印度	0.42	0.45	0.35	0.35
日本	5.38	5.49	6.66	6.60
韩国	5.00	5.11	4.28	4.34
俄罗斯	0.55	0.70	1.28	1.48

① 商务部：《商务部服贸司负责人谈2017年我国服务贸易有关情况》，2018年2月5日。

续表

国家或地区	出口		进口	
	2015年	2016年	2015年	2016年
南非	0.28	0.31	0.38	0.25
英国	3.21	3.42	4.63	4.89
美国	15.16	14.94	18.57	19.55

资料来源：UNCTAD。

(3) 贸易结构。

①货物贸易。中国货物贸易出口一直以机械及运输设备、杂项制品和制成品为主，分别占2017年货物贸易出口的45.69%、26.09%和17.45%。2001~2017年，机械及运输设备、杂项制品和制成品具体的出口占比数值有所波动，机械及运输设备占比有所上升，杂项制品占比稍下降，但三者加总的数值在85%~90%之间。其中，机电产品和传统劳动密集型产品一直是中国货物贸易出口的主体，2017年机电产品出口8.95万亿元，增长12.1%，占中国出口总值的58.4%，传统劳动密集型产品合计出口3.08万亿元，增长6.9%，占出口总值的20.1%[①]（见表1-6）。

表1-6　　　　　　　　　　中国货物贸易出口结构　　　　　　　　　　单位：%

SITC类别	2001年	2003年	2005年	2007年	2009年	2011年	2013年	2015年	2017年
食品及活动物	4.80	4.00	2.95	2.52	2.71	2.66	2.52	2.56	2.78
饮料及烟类	0.33	0.23	0.16	0.11	0.14	0.12	0.12	0.15	0.14
非食用原料	1.57	1.15	0.98	0.75	0.68	0.79	0.66	0.61	0.66
矿物燃料、润滑油及相关原料	3.16	2.54	2.31	1.71	1.70	1.70	1.53	1.23	1.25
动植物油、脂及蜡	0.04	0.03	0.04	0.03	0.03	0.03	0.03	0.03	0.03
化学成品及有关产品	5.02	4.47	4.69	4.95	5.16	6.04	5.41	5.70	5.84
制成品	16.47	15.75	16.95	18.05	15.38	16.83	16.38	17.27	17.45
机械及运输设备	35.66	42.85	46.23	47.36	49.19	47.55	47.06	46.66	45.69
杂项制品	32.74	28.77	25.48	24.34	24.88	24.16	26.21	25.70	26.09
未分类产品	0.22	0.22	0.21	0.18	0.14	0.12	0.08	0.10	0.07

资料来源：UNCTAD。

中国货物贸易进口一直以机械及运输设备为主，所占比重在36%~47%之间波动。制成品所占份额呈下降趋势，从2001年占比排名第二的17.22%下降到2017年占比排

---

① 《海关总署介绍2017年全年进出口情况》，中国政府网，2018年1月12日。

名第五的 8.68%。资源型产品所占进口份额呈上升趋势,非食用原料的进口占比从 2001 年 9.09% 增加到 2017 年 15.25%,矿物燃料、润滑油及相关原料从 7.17% 增加到 13.44%。2017 年,能源资源性产品进口稳定增长,原油、铁矿砂、天然气进口量分别增加 10.1%、5% 和 26.9%[①](见表 1-7)。

表 1-7 中国货物贸易进口结构 单位:%

SITC 类别	2001 年	2003 年	2005 年	2007 年	2009 年	2011 年	2013 年	2015 年	2017 年
食品及活动物	2.04	1.44	1.42	1.20	1.47	1.65	2.14	3.01	3.38
饮料及烟类	0.17	0.12	0.12	0.15	0.19	0.21	0.23	0.34	0.36
非食用原料	9.09	8.27	10.64	12.33	14.00	16.34	14.69	12.49	15.25
矿物燃料、润滑油及相关原料	7.17	7.07	9.69	10.99	12.33	15.82	16.16	11.82	13.44
动植物油、脂及蜡	0.31	0.73	0.51	0.78	0.77	0.67	0.56	0.48	0.55
化学成品及有关产品	13.18	11.87	11.78	11.24	11.14	10.36	9.72	10.16	10.61
制成品	17.22	15.48	12.30	10.76	10.71	8.62	7.61	8.00	8.68
机械及运输设备	43.94	46.72	44.01	43.16	40.60	36.19	36.45	40.68	36.92
杂项制品	6.19	8.00	9.22	9.13	8.45	7.31	7.07	7.89	7.48
未分类产品	0.69	0.31	0.30	0.26	0.33	2.84	5.37	5.13	3.34

资料来源:UNCTAD。

②服务贸易。中国服务贸易出口的主要产品由旅游服务转变为其他服务,旅游服务的出口占比从 2005 年 37.33% 下降为 2017 年 17.01%,其他服务的出口占比从 26.04% 上升为 56.20%,服务贸易出口结构在逐渐优化。交通、旅游和建筑是三大传统服务,三者出口占比之和由 2005 年 60.30% 下降为 2017 年 43.77%。在其他服务中,其他商业服务为主要出口产品,近 7 年占服务贸易总出口的比重均在 25% 以上;电信、计算机及信息服务出口占比呈增长趋势,从 2005 年 2.96% 上升为 2017 年 12.17%。个人、文化和娱乐服务、保险、金融、知识产权在中国服务贸易总出口中所占比重均未超过 3%,且增速较为缓慢(见表 1-8)。

表 1-8 中国服务贸易出口结构 单位:%

类别	2005 年	2007 年	2009 年	2011 年	2013 年	2015 年	2017 年
产品相关服务	16.96	15.89	17.59	13.20	11.23	11.00	10.52
制造服务	16.96	15.89	17.59	13.20	11.23	9.35	7.92
维修服务	—	—	—	—	—	1.65	2.60

---

① 《海关总署介绍 2017 年全年进出口情况》,中国政府网,2018 年 1 月 12 日。

续表

类别	2005年	2007年	2009年	2011年	2013年	2015年	2017年
交通	19.66	24.97	19.23	17.69	18.19	17.65	16.27
旅游	37.33	29.68	32.37	24.11	24.96	20.57	17.01
其他服务	26.04	29.46	30.81	45.01	45.62	50.78	56.20
建筑	3.30	4.29	7.72	7.32	5.15	7.62	10.49
保险	0.70	0.72	1.31	1.50	1.93	2.28	1.77
金融	0.19	0.18	0.29	0.42	1.54	1.07	1.62
知识产权	0.20	0.27	0.35	0.37	0.43	0.50	2.09
电信、计算机及信息服务	2.96	4.40	6.29	6.92	8.26	11.79	12.17
其他商业服务	17.89	18.91	13.99	28.04	27.65	26.71	26.98
个人、文化和娱乐服务	0.17	0.25	0.08	0.06	0.07	0.33	0.33
政府服务	0.63	0.44	0.77	0.37	0.59	0.49	0.75

注：—表示数据缺失。
资料来源：UNCTAD。

中国服务贸易进口的主要类别由其他服务转变为旅游服务，其他服务所占份额由2005年40.20%下降为2017年25.11%，旅游服务由25.91%上升到54.49%。交通服务、保险服务和其他商业服务均呈现下降趋势，在服务贸易总进口中占比分别由2005年33.89%、8.57%和19.59%下降为2017年19.88%、2.23%和9.16%（见表1-9）。

表1-9　　　　　　　　　　　中国服务贸易进口结构　　　　　　　　　单位：%

类别	2005年	2007年	2009年	2011年	2013年	2015年	2017年
产品相关服务	0.01	0.01	0.04	0.08	0.02	0.34	0.52
制造服务	0.01	0.01	0.04	0.08	0.02	0.04	0.04
维修服务	—	—	—	—	—	0.30	0.49
交通	33.89	33.51	31.90	32.46	28.53	19.59	19.88
旅游	25.91	23.07	29.94	29.29	38.89	57.36	54.49
其他服务	40.20	43.41	38.11	38.18	32.55	22.71	25.11
建筑	1.93	2.25	4.02	1.50	1.18	2.34	1.83
保险	8.57	8.26	7.75	7.96	6.68	2.02	2.23
金融	0.19	0.43	0.44	0.30	1.12	0.61	0.35
知识产权	6.34	6.34	7.58	5.93	6.36	5.06	6.11
电信、计算机及信息服务	2.65	2.55	3.04	2.03	2.31	2.58	4.10
其他商业服务	19.59	22.79	14.52	19.85	14.31	9.08	9.16
个人、文化和娱乐服务	0.18	0.12	0.19	0.16	0.24	0.43	0.59
政府服务	0.74	0.66	0.58	0.43	0.36	0.59	0.74

资料来源：UNCTAD。

2. 投资发展状况

（1）总体趋势。

从流量的角度，2001~2017年，中国吸收外商直接投资呈增长趋势，从468.78亿美元增加到1363.20亿美元，从世界第四大投资目的地发展成第二大投资目的地，全球占比从6.07%增长为9.53%。中国对外直接投资从2001年68.85亿美元增加到2016年1961.49亿美元，全球占比从1.01%提高到13.31%，虽然2017年对外投资金额下降为1246.30亿美元，全球占比下降为8.72%，但非理性对外投资得到切实有效遏制，对外投资合作实现健康规范发展①。从存量的角度，中国吸收外商直接投资呈现增长态势，全球占比从2001年2.72%提高到2017年4.73%，全球排名从第8位上升到第4位。中国对外直接投资也呈现增长态势，全球占比从2001年0.48%增长到2017年4.81%，全球排名从第24位上升到第8位（见表1-10）。

表1-10　　　　中国利用外商直接投资和对外直接投资状况　　　单位：亿美元；%

年份	外商直接投资 流量	全球占比	对外直接投资 流量	全球占比	外商直接投资 存量	全球占比	对外直接投资 存量	全球占比
2001	468.78	6.07	68.85	1.01	2031.42	2.72	346.54	0.48
2002	527.43	8.94	25.18	0.51	2165.03	2.95	371.72	0.51
2003	535.05	9.72	28.55	0.54	2283.71	2.50	332.22	0.36
2004	606.30	8.75	54.98	0.61	2454.67	2.33	447.77	0.41
2005	724.06	7.63	122.61	1.47	2720.94	2.38	572.06	0.48
2006	727.15	5.18	176.34	1.30	2925.59	2.08	750.26	0.50
2007	835.21	4.41	265.06	1.22	3270.87	1.82	1179.11	0.63
2008	1083.12	7.29	559.07	3.28	3780.83	2.45	1839.71	1.15
2009	950.00	8.06	565.29	5.13	4730.83	2.58	2457.55	1.28
2010	1147.34	8.36	688.11	5.01	5878.17	2.90	3172.11	1.51
2011	1239.85	7.91	746.54	4.77	7118.02	3.39	4247.81	1.98
2012	1210.80	7.69	878.04	6.41	8328.82	3.64	5319.41	2.33
2013	1239.11	8.69	1078.44	7.81	9567.93	3.86	6604.78	2.65
2014	1285.00	9.60	1231.20	9.76	10852.93	4.28	8826.42	3.51
2015	1356.10	7.06	1456.67	8.98	12209.03	4.76	10978.65	4.30
2016	1337.10	7.16	1961.49	13.31	13546.13	4.90	13573.90	5.06
2017	1363.20	9.53	1246.30	8.72	14909.33	4.73	14820.20	4.81

资料来源：UNCTAD。

---

① 商务部：《商务部合作司负责人谈2017年全年对外投资合作情况》，2018年1月16日。

(2)区域分布。

①外商直接投资。中国外商直接投资主要来自亚洲地区,且外商直接投资来源分布的集中度提高。2001~2016年,来自亚洲地区的外商直接投资占比呈增长趋势,从2001年63.17%上升到2016年78.44%,来自拉丁美洲的比重先扬后抑,从2001年13.46%上升到2002年28.20%,又减少至2016年9.70%,来自北美洲的外资比重也从2001年10.87%下降至2016年2.46%。在亚洲区域,来自中国香港的投资比重上升,从2001年35.66%增长到2016年64.65%,占亚洲对中国直接投资的比重从56.45%增加到82.43%,而来自日本和中国台湾的投资比重均下降。在北美洲地区,美国是中国外商直接投资的重要来源地,但它在中国吸收外资总额中占比逐渐降低,从2001年9.46%减少到2016年1.89%(见表1-11)。

表1-11　　　　　　　中国实际利用外商直接投资来源　　　　　　单位:%

区域分布	2001年	2004年	2006年	2008年	2010年	2012年	2014年	2016年
亚洲	63.17	62.05	55.67	60.98	73.38	77.60	82.51	78.44
中国香港	35.66	31.33	32.11	44.41	57.28	58.69	67.97	64.65
日本	9.28	8.99	7.30	3.95	3.86	6.58	3.62	2.46
新加坡	4.57	3.31	3.59	4.80	5.13	5.64	4.87	4.80
韩国	4.59	10.30	6.18	3.39	2.55	2.72	3.32	3.77
中国台湾	6.36	5.14	3.39	2.05	2.34	2.55	1.69	1.56
非洲	0.70	1.28	1.93	1.81	1.21	1.24	0.85	0.89
欧洲	9.57	7.91	9.06	5.91	5.60	5.63	5.60	7.49
英国	2.24	1.31	1.15	0.99	0.67	0.37	0.62	1.07
德国	2.59	1.75	3.14	0.97	0.84	1.30	1.73	2.15
法国	1.14	1.08	0.61	0.64	1.17	0.58	0.60	0.69
拉丁美洲	13.46	14.92	22.47	22.62	12.79	9.12	6.45	9.70
北美洲	10.87	8.21	5.85	4.28	3.80	3.42	2.72	2.46
加拿大	0.94	1.01	0.67	0.59	0.60	0.39	0.30	0.21
美国	9.46	6.50	4.55	3.19	2.85	2.33	1.98	1.89
大洋洲及太平洋岛屿	2.16	3.26	3.59	3.43	2.20	2.03	1.58	1.01

资料来源:中国国家统计局。

②对外直接投资。从流量的角度,中国对外直接投资主要集中在亚洲地区,但2016年分布集中程度较2008年低。中国对亚洲直接投资占中国对外直接投资的比重从77.89%下降到66.41%,其中,中国香港所占比重从69.12%下降到58.24%。中国对欧洲和拉丁美洲投资的份额由1.57%和6.58%上升为5.45%和13.88%。北美洲占中国对外投资的份额呈增长态势,从0.65%上升到10.38%,这主要是源于中国对美国直

接投资的增长,投资份额占比从 0.83% 增加到 8.66%。2017 年流向欧洲的投资 184.6 亿美元,创历史最高值,同比增长 72.7%;流向非洲的投资 41 亿美元,同比增长 70.8%。对"一带一路"沿线国家的直接投资流量为 201.7 亿美元,同比增长 31.5%,占同期中国对外直接投资流量的 12.7%[1](见表 1-12)。

表 1-12　　　　　　　　中国对外直接投资流量分布　　　　　　　单位:%

区域分布	2008 年	2009 年	2010 年	2011 年	2012 年	2013 年	2014 年	2015 年	2016 年
亚洲	77.89	71.48	65.24	60.94	73.78	70.11	69.03	74.40	66.41
中国香港	69.12	62.98	55.96	47.76	58.36	58.25	57.56	61.64	58.24
印度尼西亚	0.31	0.40	0.29	0.79	1.55	1.45	1.03	1.00	0.74
新加坡	2.77	2.50	1.63	4.38	1.73	1.88	2.29	7.18	1.62
越南	0.21	0.20	0.44	0.25	0.40	0.45	0.27	0.38	0.65
非洲	9.82	2.55	3.07	4.25	2.87	3.13	2.60	2.04	1.22
欧洲	1.57	5.93	9.82	11.05	8.01	5.52	8.80	4.89	5.45
英国	0.03	0.34	0.48	1.90	3.16	1.32	1.22	1.27	0.75
德国	0.33	0.32	0.60	0.69	0.91	0.84	1.17	0.28	1.21
法国	0.06	0.08	0.04	4.66	0.18	0.24	0.33	0.23	0.76
俄罗斯	0.71	0.62	0.83	0.96	0.89	0.95	0.51	2.03	0.66
拉丁美洲	6.58	12.96	15.31	15.99	7.03	13.31	8.57	8.66	13.88
北美洲	0.65	2.69	3.81	3.32	5.56	4.54	7.48	7.36	10.38
加拿大	0.01	1.08	1.66	0.74	0.91	0.94	0.73	1.07	1.46
美国	0.83	1.61	1.90	2.43	4.61	3.59	6.17	5.51	8.66
大洋洲	3.49	4.39	2.75	4.44	2.75	3.39	3.52	2.66	2.66
澳大利亚	3.38	4.31	2.47	4.24	2.47	3.21	3.29	2.33	2.13

资料来源:中国国家统计局。

　　从存量的角度,中国对外直接投资仍以亚洲地区为主,尤其是中国香港,其存量占比超过中国对外直接投资总存量的一半。中国对非洲投资存量逐渐下降,占比从 4.24% 降至 2.94%,这主要是源于中国对南非投资存量的减少。中国对美国直接投资存量上升,占比从 1.30% 增加至 4.46%,这也带动中国对北美洲地区直接投资存量占比从 1.99% 增加到 5.56%。中国在欧洲直接投资存量上升,从 2.79% 增加到 6.42%,但对英国、法国和德国直接投资存量占比增长缓慢,且份额较小(见表 1-13)。

---

[1] 商务部:《商务部举办〈2017 年度中国对外直接投资统计公报〉新闻发布会》,2018 年 9 月 28 日。

表 1-13　　　　　　　　　　　　中国对外直接投资存量分布　　　　　　　　　　　单位：%

区域分布	2008年	2009年	2010年	2011年	2012年	2013年	2014年	2015年	2016年
亚洲	71.38	75.50	71.92	71.43	68.51	67.74	68.09	70.04	67.00
中国香港	62.97	66.94	62.75	61.57	57.60	57.09	57.77	59.83	57.52
新加坡	1.81	1.98	1.91	2.50	2.33	2.23	2.34	2.91	2.46
印度尼西亚	0.30	0.33	0.36	0.40	0.58	0.71	0.77	0.74	0.70
中国澳门	0.85	0.75	0.70	0.63	0.55	0.45	0.45	0.52	0.50
越南	0.28	0.30	0.31	0.30	0.30	0.33	0.32	0.31	0.37
非洲	4.24	3.80	4.11	3.82	4.08	3.96	3.67	3.16	2.94
南非	1.66	0.94	1.31	0.96	0.90	0.67	0.67	0.43	0.48
欧洲	2.79	3.53	4.95	5.76	6.95	8.05	7.86	7.62	6.42
英国	0.46	0.42	0.43	0.60	1.68	1.79	1.45	1.51	1.30
德国	0.46	0.44	0.47	0.57	0.58	0.60	0.66	0.54	0.58
法国	0.09	0.09	0.08	0.88	0.74	0.67	0.96	0.52	0.38
俄罗斯	1.00	0.90	0.86	0.89	0.92	1.15	0.99	1.28	0.96
拉丁美洲	17.52	12.45	13.83	12.99	12.82	13.04	12.02	11.51	15.26
北美洲	1.99	2.11	2.47	3.17	4.79	4.33	5.43	4.75	5.56
加拿大	0.69	0.68	0.82	0.88	0.95	0.94	0.88	0.78	0.94
美国	1.30	1.36	1.54	2.12	3.21	3.32	4.31	3.72	4.46
大洋洲	2.07	2.61	2.71	2.83	2.84	2.88	2.93	2.92	2.82

资料来源：中国国家统计局。

（3）投资结构。

①外商直接投资。中国实际利用外商直接投资结构由集中分布向分散分布不断调整，结构不断优化。2005年，70.37%的外商直接投资流向制造业，随后，该比重逐渐降低至2016年28.17%。在此期间，科学研究、技术服务和地质勘查业、信息传输、计算机服务和软件业、批发和零售业、租赁和商务服务业吸收外商直接投资的比重呈增长趋势，分别从0.56%、1.68%、1.72%和6.21%增加到5.17%、6.70%、12.60%和12.80%。房地产业吸收外资所占比重呈现先增后减的趋势。2017年，高技术产业实际吸收外资同比增长61.7%，占比达28.6%，较2016年底提高了9.5个百分点。高技术制造业实际使用外资665.9亿元，同比增长11.3%，其中，电子及通信设备制造业、计算机及办公设备制造业、医疗仪器设备及仪器仪表制造业同比增长7.9%、71.1%和28%。高技术服务业实际使用外资1846.5亿元，同比增长93.2%。其中，信息服务、科技成果转化服务、环境监测及治理服务同比分别增长162%、41%和133.3%[①]（见

---

① 商务部：《商务部外资司负责人谈2017年全年全国吸收外资情况》，2018年1月16日。

表 1 - 14)。

表 1 - 14　　　　　　　　中国实际利用外商直接投资结构　　　　　　　单位：%

行业分布	2005 年	2007 年	2009 年	2011 年	2013 年	2015 年	2016 年
农、林、牧、渔	1.19	1.24	1.59	1.73	1.53	1.21	1.51
采矿	0.59	0.65	0.56	0.53	0.31	0.19	0.08
制造	70.37	54.65	51.95	44.91	38.74	31.32	28.17
电力、燃气及水的生产和供应	2.31	1.43	2.35	1.83	2.07	1.78	1.70
建筑	0.81	0.58	0.77	0.79	1.04	1.23	1.97
交通运输、仓储和邮政	3.00	2.68	2.81	2.75	3.59	3.32	4.04
信息传输、计算机服务和软件	1.68	1.99	2.50	2.33	2.45	3.04	6.70
批发和零售	1.72	3.58	5.99	7.26	9.79	9.52	12.60
住宿和餐饮	0.93	1.39	0.94	0.73	0.66	0.34	0.29
金融	0.36	0.34	0.51	1.65	1.98	11.85	8.17
房地产	8.98	22.86	18.66	23.17	24.49	22.96	15.60
租赁和商务服务	6.21	5.37	6.75	7.23	8.81	7.96	12.80
科学研究、技术服务和地质勘查	0.56	1.23	1.86	2.12	2.34	3.59	5.17
其余行业	1.27	2.00	2.79	2.99	2.21	1.68	1.21

资料来源：中国国家统计局。

②对外直接投资。中国对外直接投资的行业分布也在逐渐调整，从批发和零售业，租赁和商务服务业，交通运输、仓储和邮政业，采矿业向租赁和商务服务业、制造业，批发和零售业，信息传输、计算机服务和软件业偏移。2007 年，中国对外直接投资流入批发和零售业，租赁和商务服务业，交通运输、仓储和邮政业，采矿业的比重分别为 24.92%、21.15%、15.34% 和 15.33%，为比重最高的四个行业。2016 年，中国对外直接投资流入比重最高的四个行业为租赁和商务服务业，制造业，批发和零售业，信息传输、计算机服务和软件业，数值分别为 33.54%、14.81%、10.65% 和 9.51%，而交通运输、仓储和邮政业，采矿业的流入比重降为 0.86% 和 0.98%。2017 年，中国对外直接投资涵盖国民经济的 18 个行业大类，其中流向商务服务、制造、批发零售、金融领域的投资超过百亿美元，占比在八成以上；存量规模超过千亿美元的行业有 6 个，分别是租赁和商务服务业、批发和零售业、信息传输/软件和信息技术服务业、金融业、采矿业和制造业，占到中国对外直接投资存量的 86.3%[1]（见表 1 - 15）。

---

[1] 商务部：《商务部举办〈2017 年度中国对外直接投资统计公报〉新闻发布会》，2018 年 9 月 28 日。

表 1–15　　　　　　　　　中国对外直接投资流量结构　　　　　　　　单位：%

行业分布	2007年	2009年	2011年	2013年	2015年	2016年
农、林、牧、渔	1.03	0.61	1.07	1.68	1.77	1.68
采矿	15.33	23.60	19.35	23.00	7.72	0.98
制造	8.02	3.96	9.43	6.67	13.72	14.81
电力、燃气及水的生产和供应	0.57	0.83	2.51	0.63	1.47	1.80
建筑	1.24	0.64	2.21	4.05	2.56	2.24
交通运输、仓储和邮政	15.34	3.66	3.43	3.07	1.87	0.86
信息传输、计算机服务和软件	1.15	0.49	1.04	1.30	4.68	9.51
批发和零售	24.92	10.85	13.83	13.58	13.19	10.65
住宿和餐饮	0.04	0.13	0.16	0.08	0.50	0.83
金融	6.29	15.45	8.13	14.01	16.64	7.61
房地产	3.43	1.66	2.64	3.67	5.35	7.77
租赁和商务服务	21.15	36.22	34.29	25.09	24.89	33.54
科学研究、技术服务和地质勘查	1.15	1.37	0.95	1.66	2.30	2.16
居民服务和其他服务	0.29	0.47	0.44	1.05	1.10	2.77
文化、体育和娱乐	0.02	0.03	0.14	0.29	1.20	1.97
其余行业	0.05	0.02	0.38	0.18	1.04	0.83

资料来源：中国国家统计局。

3. 自贸区建设状况

多边谈判受阻促使双边、区域贸易协定迅速发展，截至2018年9月30日，向WTO通报的区域贸易协定数为675个，其中，实际生效的数量为461个。自由贸易区数量不断增加的同时，自由贸易区谈判涵盖议题快速拓展，具体议题除了传统FTA所涉及的边界措施如关税、市场准入之外，还特别关注各种边界后措施的磋商，包括企业社会责任、环保、劳工、政府采购、公平竞争等，自由化水平显著提高。

中国自由贸易区建设着眼于同毗邻国家和地区建立自由贸易区，并向"一带一路"沿线推进，同时注重逐步提升已有自由贸易区的自由化水平。目前，中国已经签署了16个自由贸易协定，其中有2个为升级协定。正在谈判的自由贸易区有13个，其中有2个为第二阶段谈判，2个为升级谈判。正在研究的自由贸易区有10个，其中有2个为升级谈判研究（见表1–16）。

表 1-16　　　　　　　　　　　　中国自由贸易区建设现状

已签署协议的自由贸易区		正在谈判的自由贸易区		正在研究的自由贸易区	
协定名称	签署时间	协定名称	启动时间	协定名称	启动时间
中国—东盟	2002 年 11 月	中国—海合会	2004 年 7 月	中国—哥伦比亚	2012 年 5 月
内地与港澳更紧密经贸关系安排	2003 年 6 月	中国—挪威	2008 年 9 月	中国—斐济	2015 年 11 月
中国—巴基斯坦	2006 年 11 月	中国—巴基斯坦第二阶段谈判	2011 年 3 月	中国—尼泊尔	2016 年 3 月
中国—智利	2008 年 4 月	区域全面经济伙伴关系协定	2012 年 11 月	中国—巴新	2016 年 7 月
中国—新西兰	2008 年 4 月	中日韩	2012 年 11 月	中国—孟加拉	2016 年 10 月
中国—新加坡	2008 年 10 月	中国—斯里兰卡	2014 年 9 月	中国—加拿大	2017 年 2 月
中国—秘鲁	2009 年 4 月	中国—新加坡升级谈判	2015 年 11 月	中国—蒙古国	2017 年 5 月
中国—哥斯达黎加	2010 年 4 月	中国—以色列	2016 年 3 月	中国—秘鲁升级	2017 年 5 月
中国—冰岛	2013 年 4 月	中国—新西兰升级谈判	2017 年 4 月	中国—瑞士升级	2017 年 5 月
中国—瑞士	2013 年 7 月	中国—毛里求斯	2017 年 12 月	中国—巴勒斯坦	2017 年 11 月
中国—韩国	2015 年 6 月	中国—摩尔多瓦	2017 年 12 月		
中国—澳大利亚	2015 年 6 月	中国—韩国第二阶段谈判	2017 年 12 月		
中国—东盟升级	2015 年 11 月	中国—巴拿马	2018 年 6 月		
中国—格鲁吉亚	2017 年 5 月				
中国—智利升级	2017 年 11 月				
中国—马尔代夫	2017 年 12 月				

注：内地与港澳更紧密经贸关系安排后续还于 2004 年签署了补充协议，于 2017 年 6 月，大陆与香港在其框架下达成经济技术合作协议和投资协议。中国与毛里求斯自由贸易协定谈判已于 2018 年 9 月 2 日结束，尚未签署。

资料来源：中国自由贸易区服务网，2018 年 9 月 28 日。

随着区域贸易谈判的兴起，中国对自由贸易区建设的重视程度也逐渐提升。2007年，中共十七大报告将自由贸易区建设上升为国家战略，提出实施自由贸易区战略，加强双边多边经贸合作。2012年，中共十八大报告进一步提出，统筹双边、多边、区域次区域开放合作，加快实施自由贸易区战略，推动同周边国家互联互通。2015年，国务院印发的《关于加快实施自由贸易区战略的若干意见》提出，在近期，积极推动与中国周边大部分国家和地区建立自由贸易区，使中国与自由贸易伙伴的贸易额占中国对外贸易总额的比重达到或超过多数发达国家和新兴经济体水平；在中长期，形成包括邻近国家和地区、涵盖"一带一路"沿线国家以及辐射五大洲重要国家的全球自由贸易区网络，使中国大部分对外贸易、双向投资实现自由化和便利化。2017年，中共十九大报告提出支持多边贸易体制，促进自由贸易区建设，推动建设开放型世界经济。同时,中国通过提升货物贸易开放水平、扩大服务业对外开放、放宽投资市场准入、加强知识产权保护等方式提高自由贸易区建设的开放水平,提升与新一代国际经贸规则对接的能力。

(三) 沿边开放发展战略定位

经过20世纪80年代和90年代初的改革开放实践,我国的对外开放形成了经济特区——沿海开放城市——沿海经济开放区——沿江和内陆开放城市——沿边开放城市这样一个多层次、多形式、全方位开放的新格局。当前沿边开放发展已经上升到国家重要战略,成为"一带一路"倡议和中央周边外交战略的重要组成部分。

1. 沿边开放发展战略

(1) 提出背景。我国拥有2.28万公里的内陆边境线,从广西壮族自治区北部湾到辽宁省的鸭绿江,共有9个内陆边疆省区,28个地级市,138个县(区)同14个周边国家陆路接壤。沿边地区土地面积合计197万平方公里,总人口2650万人,分别占全国的20.8%和2%。但大多是经济比较落后的民族地区。据统计局统计,到20世纪80年代中后期,民族自治地方的现汇收入和现汇支出占全国比重均不足2%,实际利用外资仅占全国比重的1%,而此期间,由于经济特区的建立,沿海城市的开放,使得4个经济特区以及东部沿海14个城市经济增长迅猛,东部沿海和民族地区经济差距逐渐增大。

为了缩小经济差距,使民族地区摆脱贫困,国家将"沿边开放战略"作为我国整体对外开放战略的组成部分并加以实施。1992年,国务院陆续批准了珲春、黑河、绥芬河、满洲里等13个城市为沿边开放城市,加上辽宁的丹东,共批准了14个国家级边境经济合作区,享受特殊优惠政策,标志着我国沿边开放全面启动。

沿边开放,即沿边地区依靠自己的地缘、自然资源和劳动力资源优势,有计划、有步骤地走向世界参加国际的交换和竞争,大力发展外向型经济,发展同内陆周边国家的双边合作和多边合作。对促进我国沿边地区经济的腾飞,促进区域性经济合作和亚洲地区的和平与稳定,具有十分重要的意义。

所谓沿边开放战略(又称内陆边疆地区开放战略),系指我国同14个周边国家陆路接壤的9个内陆边疆省(区)和生产建设兵团的58个边境团场的对外开放战略。这9个边疆省(区)所毗邻的国家社会经济不断进步、对外经贸合作不断加强,区域化、集团化趋势不断发展,同我国关系正常化,睦邻友好关系日益推进。利用这种良好的国际经济环境,发挥同周边国家在经贸、人文等方面长期交往的历史传统及边界毗邻的地缘优势,辅以宽松优惠的政策。

(2) 沿边开放发展的现状和制约。沿边地区自国家推行沿边开发开放战略以来,对外贸易成果显著,地区经济状况得到很大的提升。第一,对外贸易发展迅速。东北地区进出口金额由1993年的143.25亿美元迅猛增长到2008年的1088.97亿美元,突破 1000 亿美元的大关,再增长到 2014 年的 1792.8 亿美元,较之 1993 年增长了 11.5 倍。新疆、广西、云南等地,2016 年的进出口总额较之 1993 年的进出口总额,分别增长了 24 倍、22 倍和 16 倍。其他地区对外贸易额均显著提升(见图 1-20)。

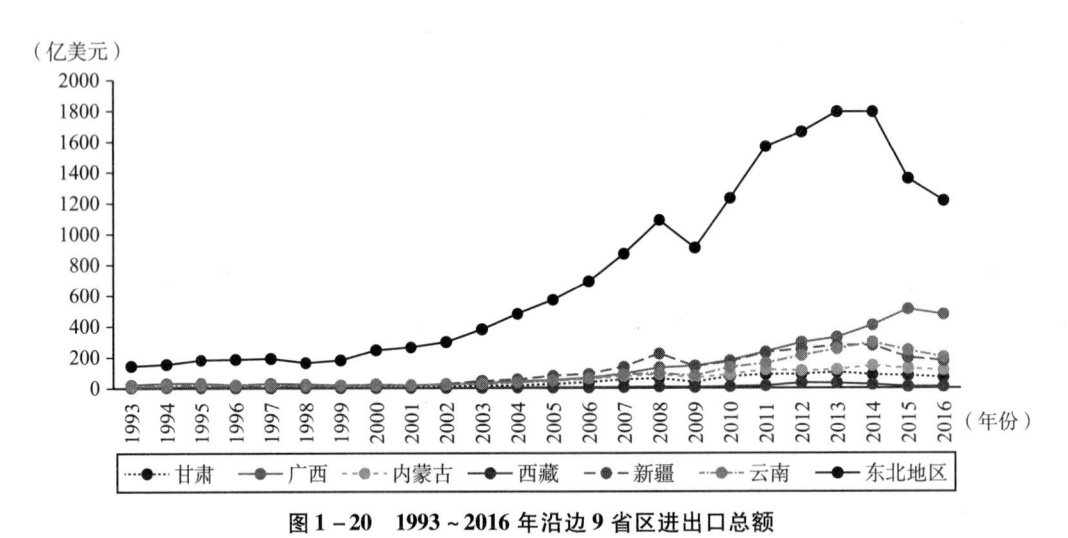

图 1-20 1993~2016 年沿边 9 省区进出口总额

注:沿边 9 省区:广西壮族自治区,云南省,西藏自治区,新疆维吾尔自治区,甘肃省,内蒙古自治区,黑龙江省,吉林省,辽宁省。

资料来源:国家统计局。

第二,外商投资持续发展,投资质量得到提高,投资结构不断改善。沿边 9 省区的外商投资总额由 1998 年 819.44 亿美元迅速增加到 2016 年的 4144.23 亿美元,其中大约 70% 的外商投资是投向东北地区,其次是广西、云南、内蒙古自治区等地。内蒙古自治区吸收外商投资增速最快,2016 年吸收外商投资达到 410.8 亿美元,是 1998 年的 18.9 倍。云南省吸收外资增长较为显著,2016 年吸收外资 330.05 亿美元,是 1998 年吸收外资 41.83 亿美元的 7.9 倍。广西壮族自治区吸收外资也一直呈上升趋势,由 1998 年 119.72 亿美元增长到 2016 年的 437.2 亿美元(见图 1-21)。

但是,同沿海相比,我国内陆周边地区的经济大都处在较低的水平。自 1992 年实行沿边开发开放战略以来,沿边地区对外贸易年均增速超过 12%,但是进出口总额占比不到 10%。而沿海 5 省(上海市、江苏省、浙江省、福建省、广东省)进出口总额占比约为 70%,年均总额是沿边地区的 10 倍左右。沿边地区吸收外商投资也仅占全国吸收外商投资金额的 10%,而沿海 5 省吸收外商投资金额占比高达 60%。我国对外开放总体上呈现出"东强西弱、海强边弱"的状况(见图 1-22)。

沿边地区开放水平落后于沿海地区,受到诸多因素的制约。第一,地理位置偏远,基础设施建设滞后,交通、通讯以及能源方面都落后于经济发展;第二,历史上周边环境动荡不安,对社会经济造成了很大的影响,经济基础薄弱,生产力水平较低,特色优势产业体系尚未形成;第三,投资贸易便利化水平不高、对外贸易总体规模偏小;第四,人才匮乏,教育水平相对较低,思想观念较为落后。这使沿边重点地区的经济社

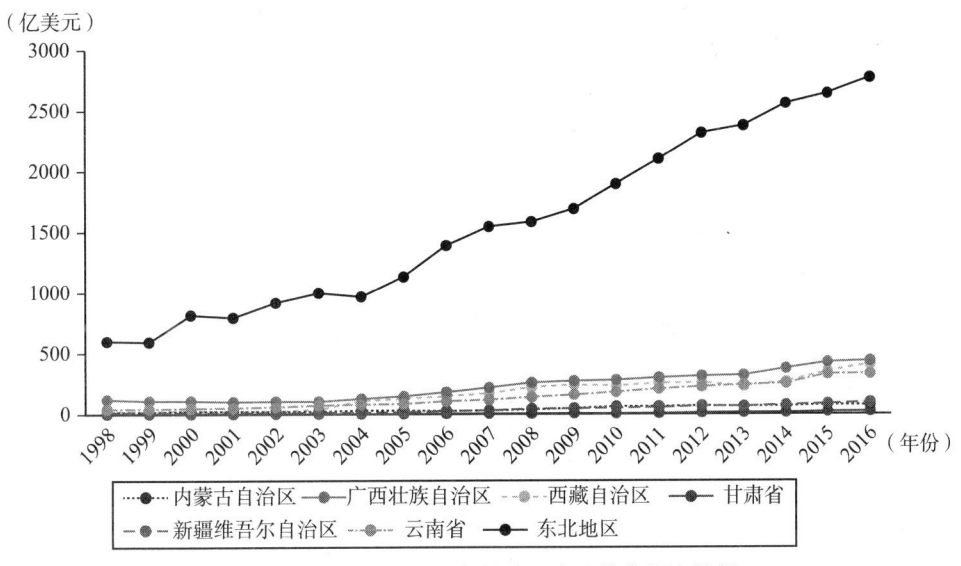

图 1-21　1998~2016 年沿边 9 省区外商投资总额

资料来源：国家统计局。

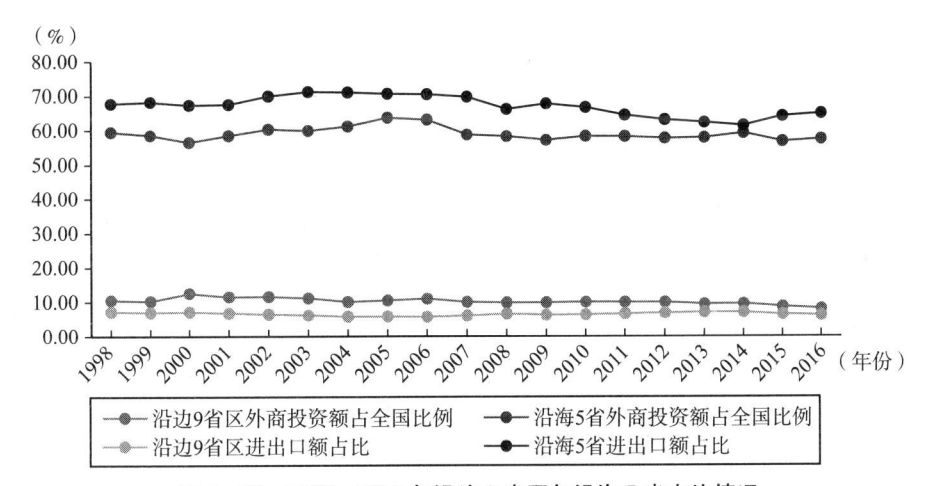

图 1-22　1998~2016 年沿边 9 省区与沿海 5 省占比情况

资料来源：国家统计局。

会发展与东部沿海地区甚至很多内陆地区相比仍有较大差距，辐射带动作用的发挥受到影响。

虽然受制约的因素是多方面的，但开放度不够、外向型经济薄弱，则是一个十分重要原因。沿海经济之所以获得迅速发展，主要得益于沿海开放战略的实施，得天独厚的地理条件和国家给予的优惠政策，得益于参与国际市场的交换和合作。相反，由于政治上、思想认识上和政策上的一些原因，沿边地区未能在同邻国的国际分工和合作中发挥自己的优势与潜力，丧失了许多发展良机。因此，进一步加快沿边地区的开放发展对推动沿边地区经济发展和周边国家建立良好关系至关重要。

（3）新时期加快沿边开放的必要性。国家实施沿边开发开放战略，使边境贸易得到快速发展，沿边地区经济水平稳步提升，为沿边地区的经济发展注入了新鲜血液，带来了持久动力。但由于沿边开发开放尚未解决的深层次矛盾和外部环境不确定性影响相互交织，沿边开发开放优势还没有得到充分发挥，东西部经济发展差距逐渐增大。沿边地区产业结构不合理，外向型产业发展有待进一步加快；基础设施不完善，对外通道建设有待进一步加强；开放层次不高，合作潜力有待进一步释放；社会事业发展不平衡，基本公共服务能力有待进一步提高；体制机制创新不足，政策支持体系有待进一步健全。

加之国际形势复杂多变，国际金融危机深层次影响依然存在，中国对外经济关系日益复杂，对外经贸摩擦与矛盾凸显，吸引外资面临更激烈的竞争，同时受到地缘政治、美国"亚太再平衡"战略①以及后来的"印太战略"等外部不利因素的影响，都对沿边地区对外经贸往来的稳定发展存在极大的不确定性，沿边开发开放亟待进一步推进。

随着"一带一路"建设的推进和全方位对外开放格局的逐步形成，沿边地区正由开放的末梢变为开放的前沿。推进"一带一路"建设，完善东西共济、海陆并举的全方位对外开放新格局，必须补上沿边开放这块短板。加快沿边地区开发开放，不仅是全方位对外开放的要求，而且对于保障国家安全、深化次区域合作、促进民族团结和边疆稳定具有特殊重要的意义。

2. 党中央对沿边开放发展的战略定位

（1）提出沿边开发开放战略。1992年，国家在实施沿海开放的基础上，实施了沿边开放的战略，开放了黑河市、绥芬河市、珲春市、满洲里市、二连浩特市、伊宁市、塔城市、博乐市、瑞丽市、畹町市、河口市、凭祥市、东兴市等沿边城市，兴办经济开发区，享受特殊优惠政策，这是我国加快对外开放步伐的重大步骤，标志着我国沿边开放进入了一个新的发展阶段②。

这一阶段，党中央对沿边开放的战略定位主要是：积极发展边境贸易，加强与周边地区的贸易合作，大力促进沿边地区对外经贸往来；建设开放型经济，促进内陆边疆地区外引内联的发展；引进国外先进技术，提高企业技术水平和产业质量，形成产业关联度大、有较强应变能力和竞争能力的优势产业、外向产业；提高开发自然资源程度，加速边疆民族地区潜在的自然资源优势全面转化为现实的经济优势；学习和借鉴国外先进的管理经验，结合社会主义市场经济体制的要求，推动内陆边疆地区经济体制改革的深化；加强与周边国家其他领域的合作，促进沿边地区市场与周边国家市场沟通一体化，扩大我国在国际上的影响，提高我国国际地位。

（2）第二轮沿边开发开放战略。以党的十七大提出"提升沿边开放"为标志，我国开始了第二轮沿边开放。党的十七大报告提出要沿边地区提升沿边开放，加快自由贸易区战略实施。2010年6月，《关于深入实施西部大开发战略的若干意见》正式出

---

① 国务院发展研究中心课题组：《对外开放新战略》，载《国际贸易》2010年第8期，第4~9页。
② 马飚：《邓小平特区建设思想与沿边开放战略》，载《求是》1994年第9期，第33~35页。

台，明确提出积极建设广西东兴、云南瑞丽、内蒙古满洲里三个重点开发开放试验区以及喀什、霍尔果斯两个特殊经济区和吉林珲春国际合作示范区，继续加强重点边境口岸城镇建设，促进边境经济合作区发展，形成沿边开放的重要窗口。深入实施"引进来"和"走出去"战略，充分利用国际国内两个市场、两种资源，深化同周边国家合作发展。这表明沿边开放已由开放口岸到开放城市，再到经济合作区和边境贸易区，逐步向纵深发展，初步形成了沿边对外开放的基本框架。

这一时期，党中央的战略定位是：注重基础设施建设，着力提升发展保障能力；注重生态建设和环境保护，着力建设美好家园和国家生态安全屏障；注重经济结构调整和自主创新，着力推进特色优势产业发展；注重社会事业发展，着力促进基本公共服务均等化和民生改善；注重体制机制创新，着力扩大对内对外开放，推动沿边地区经济又好又快发展和社会和谐稳定，努力实现全面建设小康社会。

（3）新时期的沿边开发开放。党的十八大报告提出"创新开放模式，促进沿海内陆沿边开放优势互补，形成引领国际经济合作和竞争的开放区域"，拉开了沿海、内陆、沿边"三位一体"开放格局序幕。2013年党的十八届三中全会提出了"加快我国沿边开放速度，进一步扩大内陆沿边开放程度，大力发展我国和周边国家的基础设施建设，建立和周边国家的互联互通基础设施建设，全力打造新形势下的丝绸之路经济带，进一步推进海上丝绸之路贯通建设，打造我国全方位开放格局"。这标志着沿边开放从对外开放布局的末梢提升到对外开放的前沿，沿边开发开放战略提升到一个全新的高度。2015年，《国务院关于支持沿边重点地区开发开放若干政策措施的意见》正式颁布，明确提出沿边开发开放是确保边境和国土安全的重要屏障，正在成为实施"一带一路"倡议的先手棋和排头兵，在全国改革发展大局中具有十分重要的地位。

新时期党中央对沿边开发开放的战略定位[①]为：

实现稳边安边兴边，构筑边境和国土安全屏障。加大对边境地区民生改善的支持力度，鼓励边民自力更生发展生产，提升基本公共服务水平；加强沿边重点地区基层公共文化建设，弘扬社会主义核心价值观；提升边境地区国际执法合作水平，构筑边境国土安全屏障。

切实贯彻创新、协调、绿色、开放、共享的发展理念，大力推动重点开发开放试验区、沿边国家级口岸、边境城市、边境经济合作区和跨越经济合作区的建设，深化我国与周边国家和地区合作的重要平台，加强互联互通。

推进"一带一路"建设，加强基础设施互联互通。加快推动"一带一路"重要开放门户和跨境通道建设以及国内沿边地区铁路公路网络的建设，完善边境城市航空口岸能力建设和口岸基础设施建设，有序推动口岸对等设立与扩大开放，打造"智慧边境线"。

改革体制机制，增强经济发展动力。加大简政放权力度，促进沿边口岸扩大开放；提高贸易和投资便利化水平，支持对外贸易转型升级，引导服务贸易加快发展，完善

---

① 《国务院关于支持沿边重点地区开发开放若干政策措施的意见》。

边民互市贸易,扩大投资开放领域,建立健全投资合作机制,为社会经济发展增强新的动力。

实施差异化扶持,促进沿边特色优势产业发展。实行差别产业政策,设立沿边重点地区产业发展(创业投资)基金,促进地区特色优势产业发展,更好承接国内外产业转移。提升旅游开放水平,积极发展跨境旅游合作区,建设边境旅游试验区,促进边境旅游繁荣发展,与周边地区共处共荣。

3. 沿边各地区开放发展的战略定位

为了积极响应国家沿边地区开发开放战略,沿边各地区相应出台了本地区开发开放规划,并且针对各地区的特点以及优势,制定了相应的战略定位及规划目标。

(1)黑龙江和内蒙古东北部地区沿边开放战略定位。黑龙江和内蒙古东北部地区占地面积70.7万平方公里,是我国对俄罗斯及东北亚开放的重要窗口,且具备雄厚的工业基础和明显的区位优势,因而此地区的战略定位主要围绕推进基础设施建设进行内外对接,构筑外向型产业体系以及加强生态建设和环境保护为着力点进行定位。

——我国沿边开放新高地。充分利用独特的区位优势和现有的合作基础,赋予对外开放先行先试政策,转变发展方式,创新开放体制机制,改善开放政策环境,打造我国与俄罗斯及东北亚开放合作的重要平台。

——我国面向俄罗斯及东北亚开放的重要枢纽站。以跨境通道和口岸建设为重点,加快铁路、公路、航空、水运、管道交通基础设施建设,形成对接俄罗斯、辐射东北亚、内联国内腹地的综合交通运输体系,建设功能配套、衔接紧密、快速便捷的国际大通道。

——我国沿边重要经济增长区域。发挥区域比较优势,提高科技进步和自主创新能力,加强国际国内产业分工与合作,做大做强优势特色产业,构筑外向型产业体系,建设全国重要的商品粮生产、绿色食品加工、重大装备制造和能源资源保障供应基地。

——我国东北地区重要生态安全屏障。加强森林、草原、河湖、湿地生态系统保护和建设,加大重点流域和重点区域环境整治力度,加快界河治理和黑土地整治,大力发展循环经济,保障东北地区生态安全[①]。

(2)广西壮族自治区沿边开放战略定位。广西沿海沿江沿边,是我国唯一与东盟国家既有陆地接壤又有海上通道的省份,是共建"一带一路"、打造中国—东盟自由贸易区升级版、构建我国西南中南地区开放发展新的战略支点。广西的沿边开放兼有边海双重特性,因此,以推动"一带一路"建设、大力推行口岸建设、发展经济合作带以及形成开放型特色产业体系为战略定位,成为国家开放发展模式的示范。

——中国—东盟合作新高地。主动服务国家周边外交战略,充分发挥广西与东盟国家路海相邻优势,提高与越南等东盟国家互联互通水平,创新合作方式,拓展合作领域,打造跨境产业链、价值链,积极推动中国—东盟自由贸易区升级版的落实,促

---

① 《黑龙江和内蒙古东北部地区沿边开发开放规划》,2013年8月。

进边境区域共同发展与繁荣稳定,成为对东盟开放合作的前沿,形成中国—东盟合作新高地。

——边境口岸经济合作圈。依托广西北部湾经济区,重点建设面向越南等东盟国家的沿边经济合作带,统筹推动边境口岸开放与开发,建立边境口岸合作机制,促进贸易物流无障碍通关,健全产业转移、重大项目服务等合作机制,深化广西沿边各口岸之间以及与越南毗邻口岸的务实合作,推动边境线口岸联动发展、有序发展、合规发展和可持续发展,形成优势互补、互惠互荣、和谐稳定的边境口岸经济合作圈。

——沿边开放型特色产业体系。综合利用沿边开发开放试验区、跨境经济合作区、国际经济合作园区等沿边开发开放载体,积极承接东部地区产业转移,依托农业、林业、旅游与矿产资源优势,大力推动进出口加工、现代特色农业、商贸、金融、口岸物流、跨境文化旅游等产业的发展,打造中国—东盟农产品自由贸易示范区、铝产品生产加工基地以及文化旅游与农业合作示范区,逐步形成辐射带动滇黔桂以及越南周边地区经济发展的沿边经济合作带。

——我国西南地区的生态屏障。依据沿边地区自然条件和资源环境承载能力,科学布局构建产业体系,推动土地、资源、能源节约利用,加强生态环境保护,推动广西实现边境地区可持续发展[①]。

(3) 云南省沿边开放战略定位。云南省具有"东连黔桂,北经川渝,南接越老达泰柬,西接缅甸连印巴"的天然地理位置优势,是我国面向南亚、东南亚、中东、南欧和非洲5大区域开放的交通枢纽和战略要道,且其具有丰富的旅游资源和较为完善的配套设施,因此将发挥区位优势、发展跨境合作以及打造睦邻友好的边境区域为战略定位基点,大力推动沿边开放开发,形成全方位开放新格局。

——面向南亚东南亚的辐射中心。聚焦政策沟通、设施联通、贸易畅通、资金融通、民心相通,构建面向南亚东南亚的重要枢纽。依托基础设施网络建设的基础,推进与周边国家的互联互通,建设高效便捷的现代物流体系,将云南省打造成我国面向东南亚国家的物流枢纽,同时推进中缅、中泰、中老的能源和电力通道建设,构建面向南亚东南亚的辐射中心和战略交通要道。

——经济走廊建设的排头兵。充分发挥区位优势,主动融入"一带一路"和孟中印缅经济走廊以及中国—中南半岛经济走廊建设规划,加强与老挝、缅甸、泰国等周边国家的互联互通,创新和完善贸易投资、金融合作等机制,促进贸易和投资自由化便利化。推动沿边地区与周边国家民间友好交往,创新援助方式,充分发挥沿边民间交往和侨务资源优势,积极推动"一带一路"建设,当好经济走廊建设的排头兵。

——西部地区外向型特色产业基地。主动承接发达地区过剩产能产业扩张转移,依托国内国外两个市场,推动以能源资源开发利用、高原特色农业及农产品加工、国际商贸物流、边境和跨境旅游等为代表的特色优势产业快速发展,促进资源优势转化为产业优势和经济优势,打造我国西南辐射东南亚的产业基地,中国内地与东南亚国

---

① 《广西省壮族自治区人民政府关于支持沿边重点地区开发开放的实施意见》。

家之间的进出口加工、国际物流、文化旅游等产业的合作基地。

——我国沿边开发开放和跨境经济合作的示范区。以边境旅游、跨境物流、过境贸易、跨境金融、进出口加工等外向型产业为重要抓手,建成面向东南亚的区域性进出口加工基地、商贸服务基地、物流配送基地。以园区为引领,搭建开放平台,积极探索新途径、新模式,以便为我国其他跨境经济合作区的建设积累经验、提供示范。

——我国西南地区稳定安全的战略屏障。加强沿边地区与周边国家人文交流,夯实交流合作的社会民意基础。深化区域合作,提升沿边地区开发开放层次,拓展交流领域,促进科技与经济发展及对外开放的深度融合。完善涉外治安防控体系,加大管边控边能力建设投入,打造"智慧边境线",稳定安全的战略屏障[1]。

(4) 新疆沿边经济带开放战略定位。新疆沿边经济带是建设丝绸之路经济带的前沿阵地和桥头堡,是国家的安全屏障,也是新时期西部大开发战略的重要落脚点,在我国经济、政治、文化、社会、生态和国防建设中具有特殊战略地位。因此,新疆沿边经济带以建设"丝绸之路经济带"的重要支撑、积极推进向西开放以及国家安全屏障为战略定位点,切实当好建设"丝绸之路经济带"的主力军。

——"丝绸之路经济带"建设的重要支撑。加快基础设施建设,尤其是国际大通道建设,着力发展优势突出的现代产业集群,加强水资源利用与生态环境保护等重大举措,加强新疆沿边地区与我国内陆地区,"与丝绸之路经济带"有关国家和区域的互补合作,提高相关国家与地区间的经济一体化程度,使沿边经济带成为"丝绸之路经济带"建设中的重要纽带与关键节点,为"共同建设丝绸之路经济带"宏伟构想的实现提供重要支撑。

——我国推进向西开放的前沿地带。在经济开发模式、行政管理体制、口岸管理体制、园区开发体制、社区管理机制、人才选拔任用机制、兵地融合模式等方面,实施综合配套的体制机制改革和创新,为我国新一轮扩大沿边开发开放探索新途径、积累新经验。加强与国内广大腹地的联系和合作,形成连接内地,面向周边,辐射中亚、西亚、南亚以及欧洲,全方位、多层次、宽领域的对外开放格局,营造有利于我国充分利用战略机遇期实现和平发展的国际大环境。

——国家安全的战略屏障。积极落实睦邻、安邻、富邻国策,以实现边疆地区的发展和经济繁荣,促进民族关系的和谐发展,压缩"三股势力"的境外活动空间,巩固边疆地区的安全和稳定。深化沿边地区开发开放,扩大对外经贸往来,促进中华民族文化向中亚、南亚、西亚乃至欧洲国家的传播,为和平发展提供软实力支撑,有效发挥边疆沿边经济带的国家安全战略屏障作用。

——民族团结和共同繁荣发展的示范区。妥善处理各民族间的关系,在沿边地区形成经济繁荣、民族团结、生活富裕、社会安定的和谐局面,与周边国家发展好邻居、好伙伴关系,共生共处共荣,以经济发展促进边境稳定、民族团结、周边和谐,将新疆打造成为睦邻、安邻、富邻的示范区[2]。

---

[1] 《云南省人民政府关于印发云南省沿边地区开发开放规划(2016~2020年)的通知》。
[2] 《新疆沿边经济带开发开放发展战略研究报告》,2014年3月。

4. 新时期加快沿边开发开放的重大意义

沿边地区是我国深化与周边国家和地区合作的重要平台，是体现我国与邻为善、与邻为伴、睦邻安邻富邻的重要窗口，是古老丝绸之路沿线的重要区域。加快沿边开放步伐，推进沿边重点地区与周边国家深化合作是推进"一带一路"建设的重要内容，也是构建东西共济、海陆并举的全方位对外开放新格局的内在要求，有利于完善我国区域开放格局，协同推动沿海、内陆、沿边开放，全面提高对外开放水平[1]。沿边重点地区与周边国家长期友好往来，有着良好的合作基础和巨大的合作潜力，正在成为推进"一带一路"建设的主力军。

加快沿边开发开放步伐，有利于发展沿边地区口岸经济，促进我国对外贸易转型升级和外向型产业的迅速发展。能够加快工农生产发展和活跃国内市场，优化出口产业结构和商品结构，提高出口商品的国际竞争力。推进沿边地区成为新的区域经济增长动力，进而推动全国区域协调发展，形成开放型经济新格局。

加快沿边开发开放步伐，有利于沿边地区特色产业体系的形成。我国沿边地区都具有丰富的能源和资源，可以立足当地的资源禀赋优势和地缘特色，大力发展优势产业，推进产业合理布局，拓展开放合作领域，更好的承接国内外产业转移，打造各地区独特的产业亮点，增强沿边地区开放型产业支撑。

加快沿边开发开放步伐，有利于推动我国金融开放与人民币国际化进程。以沿边地区为金融创新与开放的先头军，积极进行金融产品和服务创新，提升金融服务水平，能够将人民币与周边国家货币的特许兑换业务范围扩大到边境贸易，提升兑换服务水平，并且促进沿边重点地区与周边国家人民币双向贷款业务，对人民币国际化进程起到积极的推动作用。

加快沿边开发开放步伐，有利于少数民族地区经济繁荣发展、民族团结、社会稳定、边境安全。[2] 我国边境地区大多为少数民族聚居区。在各方面影响因素综合作用下，少数民族地区长期以来经济发展相对落后。帮助上述民族地区加速发展经济是我国民族政策原则之一，也是新时期民族工作的根本任务。沿边开发开放水平的提高，以开放带动发展，改变少数民族地区落后现状，经济快速发展，进而为实现民族团结、边疆稳定和边境安全奠定了物质基础。

加快沿边开发开放步伐，有利于巩固国家安全和增强国家软实力。沿边开发开放能够巩固边疆安全，缩小地区差距，提升中国对外开放质量；带动周边国家经济发展，促进中国与周边国家政策沟通、设施联通、贸易畅通、民心相通，建立互利共赢合作机制，共同繁荣发展，提升中国国际影响力和国际地位；更好地推动"一带一路"的建设和"向西开放"的进程，承担国际责任，展现负责的大国形象，营造良好的外部环境。

---

[1] 国家发改委、商务部有关负责人就《国务院关于支持沿边重点地区开发开放若干政策措施的意见》答记者问，http://www.ndrc.gov.cn/xwzx/xwfb/201601/t20160111_771029.html。
[2] 周林洁、李光辉：《沿边开放进入新一轮热潮》，载《国际经贸观察》2011年第8期，第64~66页。

二、周边国家形势及其对外开放政策

（一）周边国家政治、经济、社会发展形势

中国的周边环境复杂多样，进入21世纪以来，中国周边国家的政治、经济与社会发展形势出现了新的变化，原来的周边外交政策难以应对新的形势。周边一些国家的政治转型与地区大国博弈对中国造成的影响，不利于地区的稳定，例如美国加强在亚太地区的战略投入，引起地区矛盾的激化，使得中国周边外交工作面临的复杂性增加。周边国家的经济与社会发展状况与中国沿边对外开放发展密切相关，对周边国家政治、经济和社会发展形势的分析为中国沿边地区的进一步开放发展提供了有益参考。

1. 周边地区政治形势

中国周边国家大多是发展中国家，都面临着政治民主化问题，自20世纪80年代以来一些国家就已经开始了政治民主化的进程。近些年来，周边一些国家的政治转型与政治局势变得剧烈动荡，政治民主化日益成为一种政治时尚。当前，中国周边14个国家中，有些国家实行君主立宪与多党民主制，有些国家实行社会主义制度，还有一些国家正在从长期军人执政向多党议会制民主政体转变。

（1）东北亚地区周边国家。主要有俄罗斯、蒙古国和朝鲜，其政治体制及政治局势如下：俄罗斯，在1993年以全民投票方式通过了俄罗斯新宪法后，确立了总统共和制度和三权分立的宪法原则。自普京执政以来，俄罗斯通过加强和完善各项法规，逐渐形成了由"政权党"统一俄罗斯党，立法和行政机关互相协作，总统控制全局的政治结构和党派联盟[1]。2018年3月，普京以独立候选人身份参选，并以76.3%的支持率成功获得连任。朝鲜，把主体思想作为朝鲜劳动党和国家的指导思想，从金正日到金正恩，已历经三代。主体思想的核心在于对领袖的个人崇拜和绝对服从，要求思想上确立主体，政治自主、经济独立和国防自卫[2]。蒙古国，在缺少本土化改革方案的情形下，模仿东欧激进模式，从政治领域进行政治体制改革，将一党制改为多党制，同时引进选举制度，确立了三权分立的议会民主制。此外，在经济领域进行大规模私有化改革，以市场经济体制替代了原来的中央计划经济体制，迅速地踏入资本主义国家

---

[1] 丁佩华：《俄罗政治体制改革论析》，载《世界经济研究》2003年第7期，第84~88页。
[2] 朴英爱、巴殿君：《朝鲜的体制现状与走势分析》，载《社会科学战线》2013年第4期，第182~187页。

行列①。自独立以来，蒙古国就开始模仿苏联进行政治经济改革，1990年蒙古国执政党宣布自愿放弃宪法规定的领导地位，通过《蒙古人民共和国政党法》正式确立了多党制，并于同年7月举行了第一次多党派的自由民主选举。1992年蒙古国通过了《蒙古国宪法》将国名改为"蒙古国"，更改国旗、国徽，宣布放弃社会主义制度，正式实行多党制。2017年蒙古国第七届总统大选结束后，蒙古国民主党候选人哈勒特马·巴图勒嘎击败蒙古国人民党的米耶贡布·恩赫包勒德，成功当选为新一任蒙古国总统。

目前，俄罗斯、蒙古国和朝鲜内部政治局势相对稳定。中俄在政治方面一直拥有高度一致的利益契合点，双方在政治、经济和安全领域的合作逐步走向成熟，双边关系牢固、不易受局势影响。朝鲜半岛的紧张局势随着朝美、朝韩会晤的顺利开展也得到缓解，在朝鲜多次重申接受中国和俄罗斯的主张后，朝鲜政治局势日益朝对中国有利的方向发展。尽管巴特图勒嘎是依靠打民族主义牌获得选举胜利，但考虑到蒙古国仅有中国和俄罗斯两个邻国，且蒙古国对中国的外贸依存度极高，因此巴图勒嘎不会继续盲目地依靠民族主义，而是更务实地处理中蒙关系。特别是在中蒙两国确定中国"一带一路"倡议与蒙古国"草原之路"战略对接后，维护和推进中蒙关系不断向前发展，将成为蒙古国新任领导人未来的政策选择方向。

（2）东南亚地区周边国家。主要包括缅甸、老挝和越南，这些国家所处地理位置十分重要，是中国西出太平洋进入印度洋的重要关口，因而在中国沿边地区开放的战略设计中具有极其重要的地位，其政治体制和政治局势如下：缅甸，自独立后其政治体制变革经历了四个时期，分别是以西方式议会民主制为主的吴努时期，吴奈温领导的社会主义建设时期，苏貌与丹瑞独裁时期和吴登盛民主化改革时期。现阶段新颁布了宪法，成立人民议会，取消革命委员会，实行总统制，最高行政机关为部长会议②。2015年，缅甸人民再次通过投票决定自己的政府和领导人，缅甸全国民主联盟在大选中赢得了全国70%左右的选票，获得了"压倒性胜利"。2018年3月，在缅甸前总统吴廷觉突然辞职后，缅甸议会选举温敏为该国新总统。老挝，以社会主义制度为基本政治制度，实行一党制，人民革命党是其唯一政党。2016年，"亲越"的国家副主席本扬·沃拉吉当选老挝人民革命党中央委员会总书记。越南，反对实行西方模式的多党制或两党制，并通过修改宪法，进一步确定共产党的领导地位。越南共产党领导层的权力结构相对分散，形成了"四驾马车"为驱动的权力架构，即党的总书记、国家主席、总理以及国会主席这四大最高权力机构之间相互制衡的局面③。2016年1月，越共第十二届中央委员会正式选出新任中央总书记，现任领导人阮富仲将继续留任总书记职位。

（3）南亚地区周边国家。主要国家包括有印度、巴基斯坦、不丹、尼泊尔等，其政治体制和政治局势如下：巴基斯坦，自独立之初便将国家的政治体制确立为议会民

---

① 魏力苏：《试析蒙古国政治经济转型的原因、特点及结果》，载《科学经济社会》2015年第1期，第83~86页。
② 刘元慧：《缅甸政治体制变迁对缅甸经济及中缅经贸关系的影响》，北京理工大学，2016年。
③ 许斌：《新世纪越南政治体制改革研究》，聊城大学，2017年。

主制，但尚未得到真正的实施。其政府体制经常变化，时而内阁制，时而总统制，还有将近一半的时间为军人政权。2004年，穆沙拉夫获得了议会两院和四省议会的投票，成为巴基斯坦的总统，其身份得以合法化。随着"9·11"事件、阿富汗战争、印巴局势紧张等一系列重大事件的发生，穆沙拉夫总统的威信得到提升，国内对其反对声音大大减少，民众支持率明显提高。在国际上，穆沙拉夫政府也获得越来越多的认可，对外形象也得到改善，尤其是随着印巴关系的逐渐缓和，外界对巴基斯坦的信心在显著增强。2018年，正义运动党（PTI）候选人阿尔维当选巴基斯坦第13任总统。印度，其政治体制为议会民主制，旨在建成一个主权的世俗民主共和国[1]。2014年，莫迪领导的印度人民党击败印度国民大会党，莫迪成为总理。自莫迪上任来，印度人民党继续保持扩张的势头，执政的地方政府数量不断增加。2014年，印度人民党领导的全国民主联盟在联邦院中仅占61席，而包括国大党在内的强硬反对派有113席，使得印度人民党在征地、劳工、税收改革问题上屡屡受挫。2017年联邦院改选后，印度人民党仅在联邦院就占有58个席位，全国民主联盟的总席位也增加到80个，使得莫迪政府在联邦政治中的权力进一步加强。尽管莫迪上台后推行的一系列经济改革计划引起印度反对派的不满，罢工抗议时有发生，但是印度人民仍然对莫迪及其政府充满了信心，莫迪在独立以来历任总理中的排名仅次于英迪拉·甘地和瓦杰帕伊。2018年3月，莫迪所在的人民党在印度人口最多的北方邦取得了压倒性胜利，为莫迪在印度议会争取到更多席位，这有助于莫迪的改革立法计划实施，为莫迪赢得2019年印度全国大选奠定了坚实基础。不丹，自20世纪50年代废除奴隶制度后，不丹国王开启了自上而下式的政治民主化改革，最终于2008年进行了大选并颁布宪法，实现了从绝对君主制向多党民主制度的转变[2]。不丹于2018年9月举行大选第一轮投票，亲印度的人民民主党（PDT）意外落败，繁荣进步党（DPT）和协同党（DNT）进入10月18日的下轮投票。尼泊尔，国王特里布文于1951年发表了具有划时代意义的王室声明，保证"人民政府将按照全民投票产生的制宪议会制定的民主宪法来运行"，承诺将在尼泊尔建立议会民主制[3]。尼泊尔在2008年进行首次总统大选，第一任总统为亚达夫。班达里于2015年担任第二任总统，也是尼泊尔历史上第一位女性总统。2018年3月13日，在尼泊尔首都加德满都举行的议会投票中，尼泊尔现任总统班达里再次当选为总统。

总体而言，南亚地区国家内部政治局势相对稳定，且均与中国保持着良好的政治外交关系。巴基斯坦政局形势经历了从动荡不安向平稳地过渡，由于国内安全和治安形势仍然欠佳，仍要继续加强治安管理工作，其作为中国唯一的"全天候战略伙伴"，是中国在南亚的战略支柱；印度则保持与中国愈加务实的发展伙伴关系；尼泊尔与其余体量较小的国家一样，都与中国保持比较良好的关系。但是，南亚地区国家间，尤其是印巴两国关系极不稳定，虽然两国领导人都有努力改善双方关系的努力，但只要

---

[1] 唐孟生：《巴基斯坦与印度政治制度比较》，载《南亚研究》2001年第2期，第23~30页。
[2] 杨思灵：《不丹政治民主化：问题及前景》，载《东南亚南亚研究》2013年第3期，第24~29页。
[3] 王宗：《尼泊尔民主运动与王权政治的衰落》，载《解放军外国语学院学报》2008年第4期，第123~128页。

牵涉到克什米尔问题，两国关系又会变得紧张。因此，中国在推进沿边开放时，在加强与南亚地区其他国家的合作，特别是与印度的合作时，也必须处理好与巴基斯坦的关系，只有这样南亚才会是最有可能突破的区域。

（4）中亚地区周边国家。主要有哈萨克斯坦、吉尔吉斯斯坦、塔吉克斯坦和阿富汗等国家，其政治体制和政治局势如下：哈萨克斯坦，自1991年独立后，其宪法规定哈萨克斯坦是"民主的、非宗教的和统一的国家"，为总统制共和国。总统集大权于一身，是决定国家对内对外政策基本方针并在国际关系中代表哈萨克斯坦的最高国家官员，是人民与国家政权统一、宪法不可动摇性、公民权利和自由的象征与保证[1]。2007年，哈萨克斯坦通过了宪法修正法案，规定其政治体制由总统制转向总统议会制，授权第一任总统纳扎尔巴耶夫可以无限制地连任。同时，规定政府的组建应建立在议会多数党派的基础上，总理由总统与议会党团协商并取得多数议员同意的条件下获得任命。纳扎尔巴耶夫凭借多年的执政经验和极高的民众声望，有望在新一届选举中再次连任总统，从而使得哈萨克斯坦独立以来的政治、经济和社会政策继续保持稳定，有利于该国的持续发展。吉尔吉斯斯坦，在政治体制建设上经历了从照搬西方模式到注意本国特点、重视社会保障和法制建设的过程，当前其政治体制基本上根据西方三权分立原则构建[2]。宪法规定实行多党制，并明确规定各政党在宪法和法律范围内活动，阿卡耶夫总统也把多党制作为民主制的重要原则。自2005年"颜色革命"推翻阿卡耶夫后，2010年再次发生了充满暴力的、非常的政治事变，巴基耶夫与阿卡耶夫一样，同样被全国性的反政府浪潮推翻了政权，整个吉尔吉斯斯坦存在南北分裂的可能性，政治局势十分复杂。在阿塔姆巴耶夫于2011年当选第三任总统后，也遭遇不少政治挑战。直到2016年下半年，社民党才与"吉尔吉斯斯坦党"和"统一党"组成相对稳定的执政联盟，并推举社民党候选人热恩别科夫出任总理，权力架构才趋于稳定。塔吉克斯坦，在1994年宪法中就明确规定"国家权力以立法权、执行权、司法权分立原则为基础"。在政治体制方面，从一党制转为多党制。党与国家的关系也发生了明显变化，政党不再直接处理国家事务，对社会和政治生活的影响主要通过议会和政府等机构体现出来，党派干政的渠道趋于固定化[3]。现任总统拉赫蒙自1992年担任国家最高领导人以来，已经成功连任3届。拉赫蒙的出色执政赢得了民众的广泛支持，在2006年总统选举中，拉赫蒙获得了79.3%的选票，在2013年的选举中以获83.6%的选票再次当选总统至今。阿富汗，旨在建立一个政教分离的、单一制的、总统制的民主共和国。2018年阿富汗前财长阿什拉夫·加尼在大选中获胜，成为阿富汗新任总统，意味着阿富汗重建后的首次权力移交取得重要成果。

中亚地区内部发展不稳定。现阶段哈萨克斯坦、塔吉克斯坦和吉尔吉斯斯坦发展相对良好，政局比较稳定，但由于该地区主要依靠能源收入，国防能力较弱，政府机

---

[1] 方志涛：《哈萨克斯坦政治制度发展现状及其影响因素分析》，载《伊犁师范学院学报》（社会科学汉文版）2016年第3期，第57~61页。

[2] 王林兵、雷琳：《吉尔吉斯斯坦议会制政体建构面临四大困境》，载《新疆大学学报》（哲学·人文社会科学版）2014年第3期，第94~98页。

[3] 张晓慧：《塔吉克斯坦政治转型研究》，新疆大学，2004年。

构廉政建设和运作效率存在问题。不稳定的政局与脆弱的国防能力,加上周边大国在中亚地区的博弈,使得该地区外部环境错综复杂。

2. 周边地区经济发展形势

当前,周边14个国家面临的世界经济环境和国内经济环境仍较为有利,经济依旧保持平稳发展。在世界经济逐步复苏的情况下,内外部需求也开始增强,2017年大部分国家经济增速比上年略有增加,周边14个国家2017年平均经济增长率为5.57%。

(1) 周边地区经济保持中高速增长。在后金融危机时代,多数周边国家和地区经济都逐渐从2016年的回落中调整过来,经济都逐渐步入稳定、较快增长轨道,总体上经济均保持中高速增长。从国家层面来看(见图2-1),2017年经济增长率最高的尼泊尔为7.5%,俄罗斯增速最低,为1.54%,经济大国印度经济增长6.6%,其他国家和地区(除阿富汗和俄罗斯以外)经济增长也都在4%以上。从绝对量来看(见图2-2),2017年印度的经济规模最大,约2.6万亿美元,俄罗斯次之,约1.6万亿美元。其余国家由于人口稀少,经济基础薄弱,尽管近几年的经济增速较高,但经济总量仍很低。

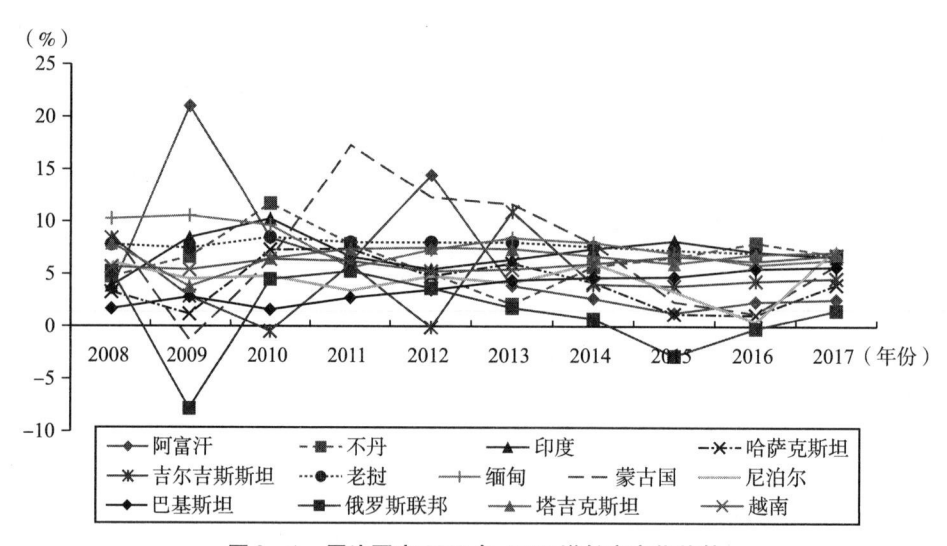

图2-1 周边国家2017年GDP增长率变化趋势

资料来源:世界银行。

(2) 周边国家和地区的进出口出现疲软。尽管世界经济逐步稳定增长,外部需求总体上开始增加,但大多数周边国家和地区的出口并未出现高速增长。其中,老挝、越南出口增长最快,分别增长21.1%和9%(见表2-1)。出口增长较低的国家是哈萨克斯坦和俄罗斯,分别增长-20.1%和-17.4%。其他国家和地区增长幅度处于可控的波动范围内。同时,可能受到周期性国内需求萎缩的影响,多数国家的进口增长都

(亿美元)

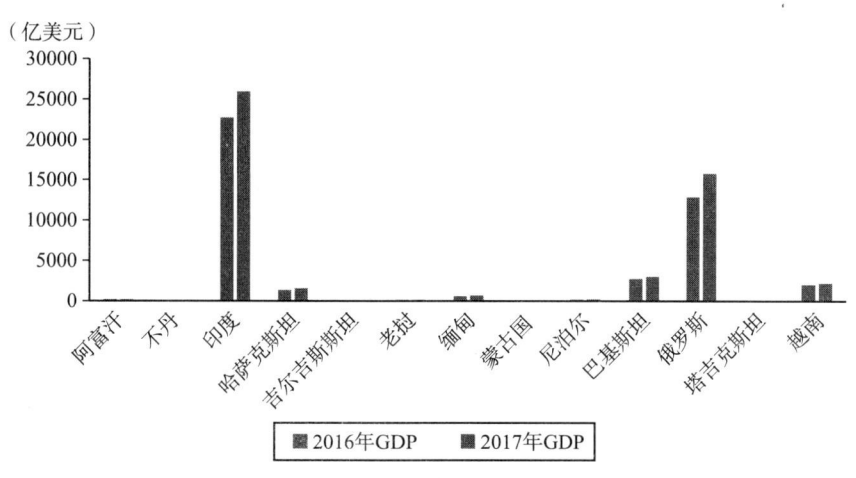

图 2-2 周边国家 2016 年 GDP 和 2017 年 GDP

资料来源：世界银行。

呈现负增长，仅有尼泊尔、巴基斯坦、朝鲜和越南的进口增长为正。从绝对量上来看，印度、俄罗斯和越南的进出口总额明显高于其他国家，占据周边地区对外贸易的主导地位，印度和俄罗斯是传统大国，对外贸易体量自然大，而越南作为一个小国，对外贸易体量却与印度、俄罗斯等大国相差不大，可见其未来对外贸易发展潜力巨大。

表 2-1 周边国家进出口增长速度 单位：亿美元；%

国家	2015 年进口	2015 年出口	2016 年进口	2016 年出口	进口增速	出口增速
阿富汗	77.23	5.71	65.34	5.96	-15.4	4.4
不丹	10.61	5.49	10.02	5.25	-5.5	-4.5
印度	3928.66	2674.44	3612.08	2641.44	-8.1	-1.2
哈萨克斯坦	305.68	459.56	253.77	367.37	-17.0	-20.1
吉尔吉斯斯坦	40.72	14.76	40.00	15.73	-1.8	6.6
老挝	52.33	27.69	47.39	33.52	-9.4	21.1
缅甸	168.85	114.29	157.05	118.31	-7.0	3.5
蒙古国	37.98	46.69	33.58	49.16	-11.6	5.3
尼泊尔	66.52	7.21	89.35	6.96	34.3	-3.4
巴基斯坦	437.95	220.89	468.47	203.75	7.0	-7.8
朝鲜	48.20	41.50	48.50	43.20	0.6	4.1
俄罗斯联邦	1930.19	3414.19	1915.88	2818.51	-0.7	-17.4
塔吉克斯坦	34.36	8.91	30.31	8.99	-11.8	0.9
越南	1656.10	1620.65	1748.04	1765.81	5.6	9.0

资料来源：世界银行。

（3）通货膨胀压力趋缓。2016年，周边国家和地区按消费者价格指数衡量的通货膨胀平均上涨4.94%，比2017年下降0.44%。其中，哈萨克斯坦的通货膨胀率最高，为14.5%，通货膨胀率最低的吉尔吉斯斯坦仅为0.42%。俄罗斯、尼泊尔、缅甸等国的消费者价格水平均超过6%，处于较高水平，其余大多数国家通货膨胀率处于较低水平（见图2-3）。周边国家通货膨胀压力趋缓的原因主要有：尽管周边国家保持着中高速的经济增长，但相较于上年增幅不大，因而内部需求变动不大；此外，周边大部分国家的进口需求呈现负增长，表明其国内需求没有出现扩张，因而国内的消费者价格水平并未大幅上涨。

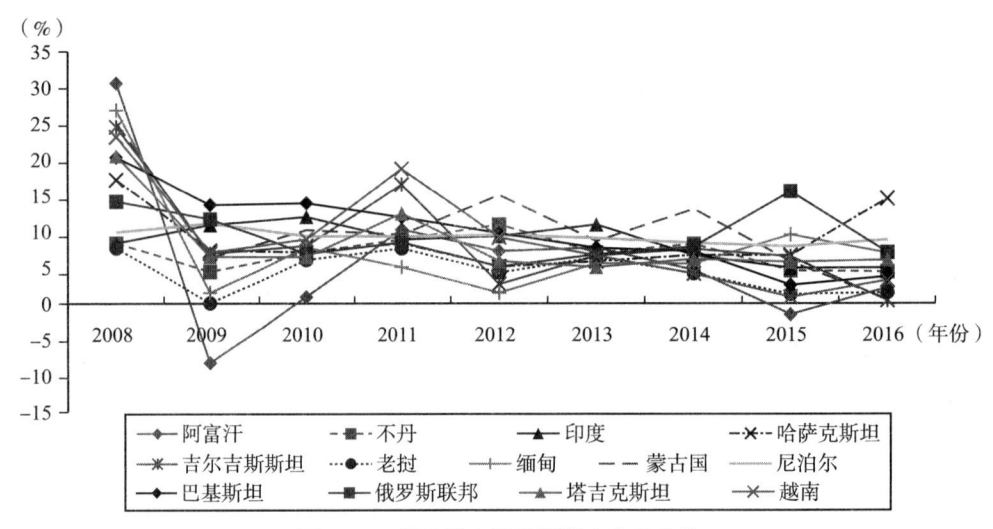

图2-3 周边国家通货膨胀率变化趋势

资料来源：世界银行。

3. 周边地区社会发展形势

周边地区经济发展逐渐步入稳定时期，社会发展基本上稳定和谐。然而，中高速的经济增长并不意味着实现社会稳定，也不能自动解决和调节社会矛盾。各国在保持GDP持续平稳增长的同时，也面临着日益尖锐的社会问题。

（1）贫困率有所下降，但失业问题仍需重视。周边地区大部分国家一直重视扶贫工作，并制定了相应的减贫计划。自2008年以来，各国的减贫工作已经取得了明显进展，贫困率（按每天1.90美元衡量的贫困人口比例）一直在下降。根据世界银行的统计，从2008年至今，印度、巴基斯坦和塔吉克斯坦的贫困人口比例降幅超过了10%，贫困人口的减少对经济发展和社会稳定十分有利。尽管减贫计划效果显著，但贫困人口比例偏高的问题仍然存在，周边地区的平均贫困率为7%，其中老挝的贫困人口比例高达22.7%，而俄罗斯的贫困人口比例最低，仅为0.1%。

从失业方面看，2008~2017年，周边地区大部分国家的失业率总体来看较为平稳，巴基斯坦的失业率波动幅度较大。由图2-4可以进一步看出，塔吉克斯坦、吉尔吉斯斯坦和阿富汗等中亚地区国家的失业率长期居高不下，而东南亚国家缅甸、老挝和越南的失业率均保持较低水平，这在一定程度上反映了当前全球产业转移对东南亚地区带来的正面社会效应。

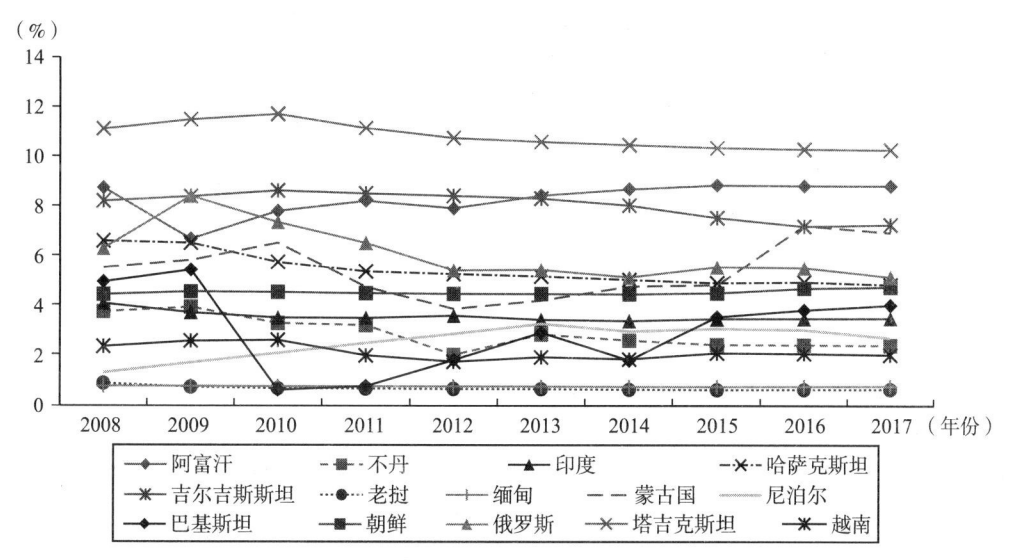

图 2-4　周边地区总失业人数占劳动力总数的比例

资料来源：世界银行。

（2）社会基本稳定，但公共安全仍面临挑战。周边地区周期性地爆发恶性袭击事件，表明其当前面临的社会安全形势不仅极其严峻，而且呈现出更加复杂化的趋势。动荡的安全局势，为后金融危机时代各国的经济发展与对外开放带来了新的挑战。

当前各国已着手在政治领域树立中央政府权威，打击腐败和结束内部纷争，巩固当前政权的合法性；在经济方面，积极发展自身经济实力，以实现减少贫困和稳定社会的目标；在文化方面，加强国内各民族的国家认同感，重点协调伊斯兰教与现代化的关系，以实现民族和解；在军事方面，致力于建设隶属于政府的强有力的军队，以维持政权稳定。尽管各国的反恐工作已经取得重大进展，但恐怖主义、宗教极端势力与分裂势力仍持续困扰周边地区的安全与稳定。中亚地区长期以来的恐怖主义、毒品运输等问题持续泛滥，给地区安全带来不利影响。尤其是阿富汗，在美国和北约部队开始从阿富汗大规模撤军后，留下巨大的"权力真空"，地区安全问题更加严重。东南亚地区的缅甸作为世界第二大鸦片生产地，毒品走私也成为影响东南亚地区安全的一大因素。南亚地区同样面临着恐怖主义、宗教极端主义和分离势力的威胁，中国在南亚建设的中巴经济走廊、孟中印缅经济走廊都不同程度地受到恐怖主义和分裂势力的威胁。因此，周边国家的公共安全问题是中国推进沿边开放时必须要考虑的重要问题。

此外，周边国家罢工、示威频发，影响社会安定。2015 年，受到国际制裁和能源价格下跌的影响,俄罗斯各地罢工抗议事件频繁发生。2018年5月,为了反对印度银行协会管理层提出的仅加薪2%的计划,将近100万名银行雇员进行了为期2天的全国性罢工,致使全国公共部门银行业务中断。同年7月20日,印度又有超过900万卡车司机自20日开始无限期罢工,要求降低柴油价格和联邦公路费。此外,在越南、缅甸等国家,近两年对中资企业的大规模罢工也频繁发生。因此,各国政府需要关注公共安全问题,进一步改进提高执政能力,建立合理的工资制度、社会维稳制度等,只有保持社会的基本稳定才能实现经济增长和发展。

(二) 周边国家对外开放现状及政策

1. 阿富汗对外开放现状及政策

(1) 对外开放现状。

①总体情况(见表2-2)。

表2-2　　　　　　　　　2017年阿富汗贸易状况排名

		进口排名	出口排名
货物贸易	计欧盟内部贸易	107	156
	不计欧盟内部贸易	81	129
服务贸易	计欧盟内部贸易	119	160
	不计欧盟内部贸易	92	133

资料来源:WTO统计数据库。

②货物贸易情况(见表2-3、表2-4)。2017年,阿富汗货物进、出口额分别为77.00亿美元和7.80亿美元,同比增长18%和31%,占全球货物贸易的份额分别为0.04%和0。2010~2017年,进、出口额年均分别增长6%和10%。

表2-3　　　　　　　　2017年阿富汗货物进出口按商品结构划分

	进口占比	出口占比
农产品	23.6%	73.3%
工业制成品	24.6%	6.6%
能源和矿产品	16.0%	1.1%
其他产品	35.8%	19.0%

资料来源:WTO统计数据库。

表2-4　　　　　2017年阿富汗货物进出口按国别（地区别）结构划分

进口来源地	进口占比	出口目的地	出口占比
伊朗	19.4%	巴基斯坦	47.5%
巴基斯坦	18.3%	印度	38.6%
中国	16.7%	伊朗	3.2%
哈萨克斯坦	9.5%	土耳其	2.0%
乌兹别克斯坦	6.1%	伊拉克	1.9%

资料来源：WTO统计数据库。

③服务贸易情况（见表2-5）。2017年，阿富汗服务贸易进、出口额分别为15.16亿美元和3.24亿美元，同比增长22%和-10%，占全球服务贸易的份额分别为0.03%和0.01%。

表2-5　　　　　　2017年阿富汗服务贸易进出口按类别划分

	进口占比	出口占比
运输	74.9%	8.1%
旅行	6.9%	0.2%
其他商业服务	17.5%	91.7%
货物相关服务	0.7%	0

资料来源：WTO统计数据库。

(2) 对外贸易政策。

①贸易组织。阿富汗参加的国际经贸组织包括：南亚区域合作联盟（SAARC）、南亚自由贸易区（SAFTA）、经济合作组织（ECO）、中亚区域经济合作计划组织（CAREC）、中亚和南亚运输和贸易论坛等。阿富汗于2015年12月正式加入世界贸易组织（WTO）。此外，阿富汗是上合组织观察员国，也在申请上海合作组织正式成员。

②进口政策。阿富汗海关对进口货物进行检验，但检验检疫设备和技术落后。目前基本只针对食品、药品、饮料、服装进行检验检疫。

③服务政策。阿富汗银行和金融机构只对本国企业或个人贷款，不向外资企业和外国人贷款。

阿富汗允许外资企业在当地银行开设账户，对合法换汇、汇款等没有限制。但携大额现金出境（2万美元以上）须提前向海关申报。

④投资政策。阿富汗政府重视并渴望进行经济重建，对外资实行国民待遇原则，不限制外商投资方式及持股比例，但仍缺乏系统的优惠政策。

阿富汗总体投资状况不佳，世界银行《2017年营商环境报告》，阿富汗排名183/190；透明国际组织2017年报告，阿富汗清廉指数排名169/176；联合国《2016年人类发展报告》，阿富汗名列169/188。

2. 巴基斯坦对外开放现状及政策

（1）对外开放现状。

①总体情况（见表2-6）。

表2-6　　　　　　　　2017年巴基斯坦贸易状况排名

		进口排名	出口排名
货物贸易	计欧盟内部贸易	47	68
	不计欧盟内部贸易	30	47
服务贸易	计欧盟内部贸易	62	88
	不计欧盟内部贸易	43	61

资料来源：WTO统计数据库。

②货物贸易情况（见表2-7、表2-8）。2017年，巴基斯坦货物进、出口额分别为577.46亿美元和215.69亿美元，同比增长23%和6%，占全球货物贸易的份额分别为0.32%和0.12%。2010~2017年，进、出口额年均分别增长6%和0。

表2-7　　　　　　2017年巴基斯坦货物进出口按商品结构划分

	进口占比	出口占比
农产品	16.4%	19.5%
工业制成品	59.2%	78.2%
能源和矿产品	23.9%	2.2%
其他产品	0.6%	0.0%

资料来源：WTO统计数据库。

表2-8　　　　2017年巴基斯坦货物进出口按国别（地区别）结构划分

进口来源地	进口占比	出口目的地	出口占比
中国	26.8%	欧盟（28）	34.3%
阿联酋	13.1%	美国	16.3%
欧盟（28）	10.0%	中国	6.9%
美国	4.9%	阿富汗	6.4%
沙特	4.8%	阿联酋	4.0%

资料来源：WTO统计数据库。

③服务贸易情况（见表2-9）。2017年，巴基斯坦服务贸易进、出口额分别为

92.24亿美元和39.00亿美元,同比增长10%和4%,占全球服务贸易的份额分别为0.18%和0.07%。

表2–9　　2017年巴基斯坦服务贸易进出口按类别划分

	进口占比	出口占比
运输	42.0%	25.0%
旅行	19.1%	9.1%
其他商业服务	38.2%	65.8%
货物相关服务	0.7%	0.2%

资料来源:WTO统计数据库。

(2) 对外贸易政策。

①技术性贸易壁垒。巴基斯坦的包装要求通常遵循食品法典委员会(Codex)规则。不过,巴基斯坦要求散装进口的精炼植物油需要重新包装。

②进口政策。巴基斯坦在2017财年预算中将关税种类从5个减少到4个,最高关税税率从25%降低到20%。

巴基斯坦实施最惠国待遇的平均关税为14.3%,而其加入WTO的平均关税为60%。

在汽车行业等关键产业,巴基斯坦仍保持高关税。

有报告指出,巴基斯坦海关估价缺乏一致性。此外,巴基斯坦在海运单据方面也存在与现行贸易规则不合理的规定。

③政府采购。巴基斯坦是WTO政府采购协定的观察员。

④知识产权保护。近年来,巴基斯坦致力于实施《2012年巴基斯坦知识产权组织(IPO – Pakistan)法》的关键条款。但巴基斯坦的假冒和盗版活动仍然很猖獗,特别是在制药、印刷材料、光学媒体、数字内容和软件领域。

⑤服务障碍。巴基斯坦允许外国投资服务业且没有股权上限,但不包括航空、银行、农业和媒体等特定领域。

外国银行如果没有全球一级预付资本(股本和留存收益超过50亿美元),或者不是来自巴基斯坦是其成员的区域集团和协会的成员(如经济合作组织和南亚区域合作协会),就必须以当地公司的身份在巴基斯坦开展银行业务,持股比例上限为49%。

3. 不丹对外开放现状及政策

(1) 对外开放现状。

①总体情况(见表2–10)。

表 2-10   2017 年不丹贸易状况排名

		进口排名	出口排名
货物贸易	计欧盟内部贸易	172	160
	不计欧盟内部贸易	145	133
服务贸易	计欧盟内部贸易	179	174
	不计欧盟内部贸易	152	147

资料来源：WTO 统计数据库。

②货物贸易情况（见表 2-11、表 2-12）。2017 年，不丹货物进、出口额分别为 10.00 亿美元和 5.90 亿美元，同比增长 0 和 12%，占全球货物贸易的份额分别为 0.01% 和 0。2010～2017 年，进、出口额年均分别增长 2% 和 -1%。

表 2-11   2017 年不丹货物进出口按商品结构划分

	进口占比	出口占比
农产品	17.9%	8.1%
工业制成品	63.1%	50.6%
能源和矿产品	18.9%	40.6%
其他产品	0.1%	0.6%

资料来源：WTO 统计数据库。

表 2-12   2017 年不丹货物进出口按国别（地区别）结构划分

进口来源地	进口占比	出口目的地	出口占比
印度	78.8%	印度	93.7%
欧盟（28）	4.7%	孟加拉国	4.1%
韩国	3.1%	欧盟（28）	0.9%
中国	2.5%	日本	0.4%
日本	2.4%	尼泊尔	0.4%

资料来源：WTO 统计数据库。

③服务贸易情况（见表 2-13）。2017 年，不丹服务贸易进、出口额分别为 2.03 亿美元和 1.58 亿美元，同比增长 7% 和 10%，占全球服务贸易的份额均为 0。

表2-13　　　　　　　　　　2017年不丹服务贸易进出口按类别划分

	进口占比	出口占比
运输	28.3%	30.4%
旅行	29.9%	65.3%
其他商业服务	39.4%	4.2%
货物相关服务	2.4%	0.0%

资料来源：WTO统计数据库。

(2) 对外贸易政策。

①贸易组织。不丹是南亚自由贸易区（SAFTA）、环孟加拉湾多领域经济技术合作倡议（BIMSTEC）成员，2008年与印度签署自由贸易协定。此外，不丹是WTO观察员，正准备申请加入WTO。

2014年9月15日，不丹递交了加入"简化和协调海关手续国际公约组织"（也称为修订版京都公约，RKC）的申请书，同年12月15日，京都公约在不丹正式实施。

②重要外贸政策。近年来，不丹逐步放开在贸易、工业和金融方面的限制，允许外国资本投资包括旅游业在内的国内经济。

4. 朝鲜对外开放现状及政策

（1）对外开放现状（见表2-14）。2017年朝鲜对外贸易总额（朝韩贸易除外）为55.5亿美元，同比减少15.0%。货物出口总额为17.7亿美元，同比减少37.2%。2017年，朝鲜货物进口总额为37.8亿美元，同比增长1.8%。

表2-14　　　　　　　　　　2017年朝鲜主要进、出口产品　　　　　　　　　单位：亿美元

主要出口产品	金额	占比	主要进口产品	金额	占比
矿产品	6.46	36.4%	纤维制品	8.0	21.2%
纤维制品	5.85	33.0%	机械、电机	6.12	16.2%
动物性产品	1.65	9.3%	矿产品	4.23	11.2%
植物性产品	1.10	6.2%	维持及配制食品（유지및조제식품）	2.97	7.9%
钢铁、金属制品	0.9468	5.3%	塑料、橡胶	2.94	7.8%

资料来源：《2017年朝鲜对外贸易动向》，韩国贸易投资振兴公社，2018年。

在朝鲜对外贸易中，中国是朝鲜最大贸易伙伴，双边贸易额为52.6亿美元，占比为94.75%（见表2-15）。

表 2-15　　　　　　　　　　2017 年朝鲜前十大贸易伙伴

贸易伙伴	贸易额占比	贸易伙伴	贸易额占比
中国	94.75%	巴基斯坦	0.20%
俄罗斯	1.4%	中国香港	0.17%
印度	0.99%	墨西哥	0.12%
菲律宾	0.35%	埃塞俄比亚	0.11%
斯里兰卡	0.21%	莫桑比克	0.11%

资料来源：《2017 年朝鲜对外贸易动向》，韩国贸易投资振兴公社，2018 年。

（2）对外贸易政策。

①贸易组织。朝鲜参加的贸易组织或协定包括：东盟地区论坛（ARF）、国际粮农组织（FAO）、77 国集团（G-77）、国际民航组织（ICAO）、联合国工发组织（UNIDO）、国际农业开发基金（IFAD）、国际海事组织（IMO）、国际电信联盟（ITU）、联合国贸发会议（UNCTAD），联合国世界旅游组织（UNWTO）等。

②重要外贸政策。金正恩主政以来，朝鲜在推动贸易发展中坚持以下五个方针：一是多元化方针和多样化原则。"多元化"方针涉及：给予生产部门出口权，但受到国家分配指标约束；重点拓展俄罗斯、东南亚及西欧市场。"多样化"原则是指开展多样化贸易，如加工贸易等。二是多出口多赚外汇方针。三是发展进口贸易的方针。区分进口产品优先水平，集中使用外汇。四是贸易价格一元化方针。即统一出口价格，防止低价出口。五是增强对外贸易企业的自主权。

③知识产权。朝鲜是《保护工业产权巴黎公约》《商标国际注册马德里协定》《商标国际注册马德里议定书》及世界知识产权组织的成员。

④服务政策。朝鲜允许外国企业在朝鲜的工业、农业、通信、金融等多个领域进行投资，但禁止或限制设立影响国家安全和风俗的以出口资源为目的的项目等①。

朝鲜规定，在外资企业批准证书规定的期限内（一般为 1 年），投资资金必须全部到位，特殊情况可以延长不超过 1 年，否则主管部门可以吊销批准证书。

朝鲜尚无对外籍劳务许可的具体规定，但原则上不允许无特殊技能的外国劳动力入境工作，外国企业雇用外籍职工需与中央投资主管部门达成协议。

5. 俄罗斯对外开放现状及政策

（1）对外开放现状。

①总体情况（见表 2-16）。

---

① 联合国已对朝鲜实施进出口、劳务输出、金融等方面的制裁。

二、周边国家形势及其对外开放政策

表2-16　　　　　　　　2017年俄罗斯贸易状况排名

		进口排名	出口排名
货物贸易	计欧盟内部贸易	20	16
	不计欧盟内部贸易	14	11
服务贸易	计欧盟内部贸易	16	26
	不计欧盟内部贸易	10	14

资料来源：WTO统计数据库。

②货物贸易情况（见表2-17、表2-18）。2017年，俄罗斯货物进、出口额分别为2377.88亿美元和3531.16亿美元，同比增长24%和25%，占全球货物贸易的份额分别为1.32%和1.99%。2010~2017年，进、出口额年均分别增长-1%和-2%。

表2-17　　　　　　2017年俄罗斯货物进出口按商品结构划分

	进口占比	出口占比
农产品	13.5%	8.8%
工业制成品	75.2%	21.8%
能源和矿产品	2.9%	62.9%
其他产品	8.3%	6.5%

资料来源：WTO统计数据库。

表2-18　　　　　2017年俄罗斯货物进出口按国别（地区别）结构划分

进口来源地	进口占比	出口目的地	出口占比
欧盟（28）	35.6%	欧盟（28）	44.4%
中国	21.2%	中国	10.8%
美国	5.6%	白俄罗斯	5.4%
白俄罗斯	5.0%	土耳其	5.1%
日本	3.4%	韩国	3.4%

资料来源：WTO统计数据库。

③服务贸易情况（见表2-19、表2-20）。2017年，俄罗斯服务贸易进、出口额分别为872.22亿美元和569.46亿美元，同比增长20%和15%，占全球服务贸易的份额分别为1.72%和1.08%。

表2-19　　　　　　2017年俄罗斯服务贸易进出口按类别划分

	进口占比	出口占比
运输	16.3%	34.8%
旅行	35.6%	15.7%
其他商业服务	45.9%	43.6%
货物相关服务	2.2%	5.8%

资料来源：WTO统计数据库。

表2-20　　　　　　2017年俄罗斯服务贸易进出口按国别（地区别）划分

进口来源地	进口占比	出口目的地	出口占比
欧盟（28）	49.9%	欧盟（28）	39.7%
美国	5.5%	美国	6.8%
瑞士	3.5%	瑞士	6.5%
土耳其	3.0%	中国	3.9%
中国	2.8%	哈萨克斯坦	3.7%

资料来源：WTO统计数据库。

（2）对外贸易政策。2017年8月，俄罗斯按照入世承诺实施了新一轮年度关税减让。

①技术性贸易壁垒。技术法规以及相关的产品测试和认证要求是向俄罗斯出口工业和农产品的主要障碍。

②进口政策。2017年6月和10月，俄罗斯两次对2014年8月6日发布的禁止从美国、欧盟、加拿大、澳大利亚等国进口牛肉、猪肉、家禽、水果等农产品的清单做了修改，并将禁令延长1年至2018年12月31日。

③出口政策。俄罗斯仍对240种产品征收出口关税，如油籽、化肥和木制品。

④政府采购。俄罗斯2013年5月成为WTO政府采购协议的观察员，并于2017年6月提交了《政府采购协定》。

⑤知识产权保护。俄罗斯知识产权保护存在较多问题，如网络盗版、未能向知识产权执法部门提供足够的资源、假冒商品制造和贸易以及缺乏透明度。

⑥服务贸易壁垒。2017年7月，俄罗斯政府限制外国服务提供商进入其在线视频市场。

俄罗斯尚未修法以履行其入世承诺，即取消仅向药店和专门商店销售生物活性物质的限制。

俄罗斯司法部拟立法禁止外资拥有法律公司。

俄罗斯禁止外国银行在境内设立分行。

尽管俄罗斯将保险行业的外资上限从25%提高到50%，但在发放执照等问题上缺乏透明度，阻碍了外国投资进入市场。

⑦投资壁垒。腐败问题仍是俄罗斯投资壁垒，一些国际公认的腐败指数显示，俄罗斯在减少腐败方面进展甚微。

6. 哈萨克斯坦对外开放现状及政策

（1）对外开放现状。

①总体情况（见表2-21）。

表2-21　　　　　　　2017年哈萨克斯坦贸易状况排名

		进口排名	出口排名
货物贸易	计欧盟内部贸易	65	49
	不计欧盟内部贸易	44	32
服务贸易	计欧盟内部贸易	59	75
	不计欧盟内部贸易	41	49

资料来源：WTO统计数据库。

②货物贸易情况（见表2-22、表2-23）。2017年，哈萨克斯坦货物进、出口额分别为293.05亿美元和483.42亿美元，同比增长15%和32%，占全球货物贸易的份额分别为0.16%和0.27%。2010～2017年，进、出口额年均分别增长-1%和-3%。

表2-22　　　　　2017年哈萨克斯坦货物进出口按商品结构划分

	进口占比	出口占比
农产品	12.2%	6.0%
工业制成品	77.3%	17.6%
能源和矿产品	9.6%	76.4%
其他产品	0.9%	0.0%

资料来源：WTO统计数据库。

表2-23　　　2017年哈萨克斯坦货物进出口按国别（地区别）结构划分

进口来源地	进口占比	出口目的地	出口占比
俄罗斯	39.1%	欧盟（28）	50.2%
欧盟（28）	19.6%	中国	12.0%
中国	16.0%	俄罗斯	9.3%
美国	4.3%	瑞士	6.4%
乌兹别克斯坦	2.5%	乌兹别克斯坦	2.6%

资料来源：WTO统计数据库。

③服务贸易情况（见表2-24）。2017年，哈萨克斯坦服务贸易进、出口额分别为107.16亿美元和61.99亿美元，同比增长-2%和2%，占全球服务贸易的份额分别为0.21%和0.12%。

表2-24　　　　　　　2017年哈萨克斯坦服务贸易进出口按类别划分

	进口占比	出口占比
运输	14.9%	57.1%
旅行	16.7%	28.7%
其他商业服务	63.8%	13.3%
货物相关服务	4.5%	0.9%

资料来源：WTO统计数据库。

（2）对外贸易政策。

①技术性贸易壁垒。哈萨克斯坦在2017年实施欧亚经济联盟（EAEU）车辆技术法规，新规是为EAEU汽车工业创造有利条件的技术壁垒。

除采用EAEU的进口要求外，哈萨克斯坦要求卫生用品等商品销售之前必须获得国家注册证书。

近期，涉及农业生物技术产品的俄罗斯—哈萨克斯坦—白俄罗斯关税同盟（CU）法规已经在哈萨克斯坦生效。

②进口政策。哈萨克斯坦在2016年和2017年降低了额外关税，截至2017年12月1日，共有2475个关税税率低于关税同盟共同对外关税（CU CET）。

根据哈萨克斯坦2016年11月的税法修正案于2017年2月生效，所有外国酒类产品进口商在发货前必须提供担保。

2017年10月，哈萨克斯坦制定了家禽和牛肉进口关税配额（TRQs）分配的新规则，明确政府机构的期限和权限划分。

③出口政策。哈萨克斯坦仍然禁止出口轻质馏分油、煤油、汽油、木材和废纸，对轻馏分油的禁令可能在2019年解除。

④政府采购。2016年10月，哈萨克斯坦成为WTO《政府采购协定》的观察员，并计划于2019年开始谈判，加入《政府采购协定》。

2016年1月28日，哈萨克斯坦国家福利基金和国有控股公司Samruk-Kazyna批准了新的采购规则，并于2017年7月生效。新规取消了对当地商品和服务提供者的部分优惠待遇，但是对供应商投标资格提出要求。

⑤服务政策。哈萨克斯坦同意到2018年5月，除主要电信运营商哈萨克斯坦电信外，取消外国所有权限制。

2017年1月1日，哈萨克斯坦外籍劳动力配额和工作许可规定修正案生效。

7. 吉尔吉斯斯坦对外开放现状及政策

（1）对外开放现状。

①总体情况（见表2-25）。

表2-25　　　　　　　　2017年吉尔吉斯斯坦贸易状况排名

		进口排名	出口排名
货物贸易	计欧盟内部贸易	130	139
	不计欧盟内部贸易	103	112
服务贸易	计欧盟内部贸易	147	135
	不计欧盟内部贸易	120	108

资料来源：WTO统计数据库。

②货物贸易情况（见表2-26、表2-27）。2017年，吉尔吉斯斯坦货物进、出口额分别为44.81亿美元和17.91亿美元，同比增长12%和14%，占全球货物贸易的份额分别为0.02%和0.01%。2010~2017年，进、出口额年均分别增长5%和0。

表2-26　　　　　　2017年吉尔吉斯斯坦货物进出口按商品结构划分

	进口占比	出口占比
农产品	13.4%	11.3%
工业制成品	69.7%	22.7%
能源和矿产品	10.8%	9.5%
其他产品	6.1%	56.5%

资料来源：WTO统计数据库。

表2-27　　　　2017年吉尔吉斯斯坦货物进出口按国别（地区别）结构划分

进口来源地	进口占比	出口目的地	出口占比
中国	33.4%	瑞士	27.4%
俄罗斯	26.4%	哈萨克斯坦	16.5%
哈萨克斯坦	13.1%	俄罗斯	14.7%
欧盟（28）	6.7%	欧盟（28）	13.8%
土耳其	5.0%	乌兹别克斯坦	8.2%

资料来源：WTO统计数据库。

③服务贸易情况（见表2-28）。2017年，吉尔吉斯斯坦服务贸易进、出口额分别为8.63亿美元和8.41亿美元，同比增长-16%和1%，占全球服务贸易的份额分别为

0.02%和0.02%。

表2-28　　2017年吉尔吉斯斯坦服务贸易进出口按类别划分

	进口占比	出口占比
运输	39.4%	19.9%
旅行	44.7%	51.9%
其他商业服务	16.0%	28.2%
货物相关服务	0.0%	0.0%

资料来源：WTO统计数据库。

(2) 对外贸易政策。

①贸易协定。吉尔吉斯斯坦是中亚较早的WTO成员方，并给予WTO成员方及签订双边协定国家最惠国待遇，对其他国家产品加倍征收进口关税，其中零关税的商品增收10%的进口关税。此外，吉尔吉斯斯坦对"欧亚经济共同体"其他成员实行特殊的关税优惠：进口商品免征关税；增值税实行目的地征收制度。

②重要外贸政策。吉尔吉斯斯坦外贸基本法律依据是《对外贸易法》《海关法》《许可证法》等。2014年1月，吉尔吉斯斯坦出台了新的《自由经济区法》，规范对外资的优惠政策。

③服务政策。吉尔吉斯斯坦对外资企业实行国民待遇，对外国投资者无行业限制，但也无特殊行业或地区鼓励政策。外资企业在吉尔吉斯斯坦境内自由经济区经营期间，免缴进出口关税及其他税费。

外国职业工作人员的工作许可证总有效期不得超过2年，外国个体企业主不得超过3年。

④其他。吉尔吉斯斯坦缺乏外资优惠政策，现有政策落实不力。

8. 老挝对外开放现状及政策

(1) 对外开放现状。
①总体情况（见表2-29）。

表2-29　　2017年老挝贸易状况排名

		进口排名	出口排名
货物贸易	计欧盟内部贸易	124	116
	不计欧盟内部贸易	97	91
服务贸易	计欧盟内部贸易	149	134
	不计欧盟内部贸易	122	107

资料来源：WTO统计数据库。

②货物贸易情况（见表2-30、表2-31）。2017年，老挝货物进、出口额分别为51.00亿美元和39.50亿美元，同比增长8%和18%，占全球货物贸易的份额分别为0.03%和0.02%。2010~2017年，进、出口额年均分别增长14%和12%。

表2-30　　　　　　　　2017年老挝货物进出口按商品结构划分

	进口占比	出口占比
农产品	10.0%	26.2%
工业制成品	56.8%	23.7%
能源和矿产品	13.6%	40.7%
其他产品	19.6%	9.4%

资料来源：WTO统计数据库。

表2-31　　　　　　2017年老挝货物进出口按国别（地区别）结构划分

进口来源地	进口占比	出口目的地	出口占比
泰国	61.9%	中国	36.1%
中国	18.2%	泰国	31.3%
越南	10.1%	越南	17.2%
日本	2.2%	欧盟（28）	5.0%
韩国	2.0%	印度	2.8%

资料来源：WTO统计数据库。

③服务贸易情况（见表2-32）。2016年，老挝服务贸易进、出口额分别为6.19亿美元和8.30亿美元，同比增长-3%和-2%，占全球服务贸易的份额分别为0.01%和0.02%。

表2-32　　　　　　　2016年老挝服务贸易进出口按类别划分

	进口占比	出口占比
运输	6.7%	9.7%
旅行	87.1%	85.9%
其他商业服务	6.2%	4.4%
货物相关服务	0.0%	0.0%

资料来源：WTO统计数据库。

（2）对外贸易政策。

①贸易协定。老挝是东南亚国家联盟（ASEAN）区域贸易协定的缔约国。2017年11月，包括老挝在内的东盟国家与中国香港签署了自由贸易协定。老挝正在参加由16

个成员组成的区域全面经济伙伴关系谈判。

②进口政策。老挝实施最惠国待遇的平均税率为10%，到2023年所有入世承诺生效时，老挝的平均最惠国关税将达到18.4%。

老挝自2013年开始实施增值税制度。

老挝拟对某些商品（如汽车）征收消费税，以恢复根据WTO和东盟协定征收关税所造成的收入损失。

自2017年2月签署WTO贸易便利化协定（TFA）以来，老挝已开始起草2017～2022年贸易便利化路线图和行动计划。

2017年末，老挝工商部表示，已将非关税措施（NTMs）总数减少到250项以下。

③知识产权保护。老挝市场上仍然有假冒和盗版商品。2017年11月，老挝国会批准了对《知识产权法》的新修正案，但截至2017年12月，该法律的最终草案尚未公开。

④服务贸易。2017年11月，老挝国民议会通过了《国家支付法》。

⑤投资壁垒。腐败、合同执行困难、司法体系不完善、监管重叠且常常矛盾以及金融服务渠道有限等问题仍是老挝的投资环境问题。

9. 蒙古国对外开放现状及政策

（1）对外开放现状。

①总体情况（见表2-33）。

表2-33　　　　　　　　　2017年蒙古国贸易状况排名

		进口排名	出口排名
货物贸易	计欧盟内部贸易	131	100
	不计欧盟内部贸易	104	75
服务贸易	计欧盟内部贸易	105	127
	不计欧盟内部贸易	78	100

资料来源：WTO统计数据库。

②货物贸易情况（见表2-34、表2-35）。2017年，蒙古国货物进、出口额分别为43.36亿美元和62.01亿美元，同比增长29%和26%，占全球货物贸易的份额分别为0.32%和0.12%。2010～2017年，进、出口额年均分别增长4%和11%。

表2-34　　　　　　　2017年蒙古国货物进出口按商品结构划分

	进口占比	出口占比
农产品	15.4%	7.5%
工业制成品	63.4%	4.7%

续表

	进口占比	出口占比
能源和矿产品	20.6%	72.4%
其他产品	0.6%	15.4%

资料来源：WTO 统计数据库。

表 2 – 35   2017 年蒙古国货物进出口按国别（地区别）结构划分

进口来源地	进口占比	出口目的地	出口占比
中国	31.1%	中国	79.0%
俄罗斯	25.8%	欧盟（28）	17.8%
欧盟（28）	11.2%	俄罗斯	1.1%
日本	9.9%	新加坡	0.3%
韩国	5.9%	日本	0.3%

资料来源：WTO 统计数据库。

③服务贸易情况（见表 2 – 36）。2017 年，蒙古国服务贸易进、出口额分别为 21.77 亿美元和 10.03 亿美元，同比增长 3% 和 26%，占全球服务贸易的份额分别为 0.04% 和 0.03%。

表 2 – 36   2017 年蒙古国服务贸易进出口按类别划分

	进口占比	出口占比
运输	29.1%	33.8%
旅行	24.4%	39.4%
其他商业服务	45.7%	26.3%
货物相关服务	0.8%	0.5%

资料来源：WTO 统计数据库。

(2) 对外贸易政策。

①贸易协定。蒙古国是 WTO 成员方，蒙古国与 39 个国家签订了"避免双重征税协定"，与 39 个国家签订了"相互促进和保护投资协议"双边条约。2015 年 2 月，蒙古国与日本签署两国经济合作协定，蒙古国还向美国提出签订 FTA 的请求。

②重要外贸政策。截至 2017 年 9 月，蒙古国无专门的经贸主管部门，对外经贸合作由外交部下属经济合作局负责，矿产等具体领域贸易由各主管部门负责。

③投资政策。蒙古国对外商提供国民待遇，除法律法规禁止从事的生产和服务行业外，都允许外商投资。

2015 年 2 月，蒙古国议会通过新《自由区法》，但多个经济区均处于起步或规划阶段。

④其他。蒙古国法律环境相对较差、政策多变,执行政策存在随意性。蒙古国部分企业和商人经营能力不强、信誉度较低,对外承诺和协议常缺乏执行力。

蒙古国对外资企业实行两年一度的综合税务检查,对偷税漏税行为处罚严厉。

蒙古国政府部门办事耗时较长、成本较高。

10. 缅甸对外开放现状及政策

(1) 对外开放现状。

①总体情况(见表2-37)。

表2-37　　　　　　　　2017年缅甸贸易状况排名

		进口排名	出口排名
货物贸易	计欧盟内部贸易	82	80
	不计欧盟内部贸易	57	55
服务贸易	计欧盟内部贸易	91	85
	不计欧盟内部贸易	65	58

资料来源：WTO统计数据库。

②货物贸易情况(见表2-38、表2-39)。2017年,缅甸货物进、出口额分别为165.00亿美元和133.00亿美元,同比增长5%和12%,占全球货物贸易的份额分别为0.09%和0.08%。2010~2017年,进、出口额年均分别增长19%和6%。

表2-38　　　　　　　2017年缅甸货物进出口按商品结构划分

	进口占比	出口占比
农产品	19.6%	40.8%
工业制成品	68.3%	29.9%
能源和矿产品	12.1%	29.2%
其他产品	0	0.1%

资料来源：WTO统计数据库。

表2-39　　　　　2017年缅甸货物进出口按国别(地区别)结构划分

进口来源地	进口占比	出口目的地	出口占比
中国	31.8%	中国	38.9%
新加坡	15.2%	泰国	19.4%
泰国	11.3%	欧盟(28)	10.9%

续表

进口来源地	进口占比	出口目的地	出口占比
日本	5.5%	日本	6.5%
马来西亚	5.2%	新加坡	5.3%

资料来源：WTO统计数据库。

③服务贸易情况（见表2-40）。2016年，缅甸服务贸易进、出口额分别为28.80亿美元和36.88亿美元，同比增长21%和-3%，占全球服务贸易的份额分别为0.06%和0.08%。

表2-40　　　　　　　　　2016年缅甸服务贸易进出口按类别划分

	进口占比	出口占比
运输	60.4%	7.8%
旅行	1.3%	59.0%
其他商业服务	29.0%	21.6%
货物相关服务	9.4%	11.6%

资料来源：WTO统计数据库。

（2）对外贸易政策。

①技术性贸易壁垒。缅甸在2016年公布了"虫害风险评估条例"，并于2017年1月1日生效，要求在植物产品获准进入缅甸之前提供更多信息。

②进口政策。缅甸是世贸组织及东盟成员之一。但缅甸的WTO关税表只涵盖了该国商品关税的18%。缅甸的总体单一平均约束关税为83.3%，而平均适用关税约为5.6%。农产品的平均约束税率为102.9%左右，而适用的平均关税税率为8.6%左右。

缅甸商务部内的贸易理事会负责监督对商务部禁止进口商品清单的修订，清单包括色情物品、毒品以及印有佛像、缅甸宝塔和缅甸国旗的物品等。

③政府采购。缅甸在2017年1月发布了新的采购程序，要求公开招标采购价值超过1000万缅元（约7400美元）的货物、服务和建筑服务。

④知识产权保护。缅甸于2018年1月向议会提交了四份关于商标、专利、工业设计和版权的知识产权法草案。

⑤服务贸易壁垒。外国银行获准在缅甸开展业务，但只能向外国公司提供存款账户、营运资金融资、贸易融资和外汇交易等服务，且不允许提供以缅元计价的贷款。

2016年，缅甸通过了《缅甸投资法》，2017年4月该法实施细则正式生效，但在关键方面仍存在不确定性。

缅甸在2017年发布了负面投资清单，列出了9个禁止投资的行业；12个只允许国内投资的行业；22个需要合资的行业。

缅甸通过了新的公司法，于2018年8月生效。新法将"外国公司"的定义改为由外国公司或外国人拥有35%以上所有权的公司。

⑥其他。缅甸包括柚木、宝石、木材、野生动物和麻醉品在内的产品走私较为严重。

缅甸的腐败现象在一些领域仍然很常见。2016年的腐败感知指数中，缅甸在透明国际排名中位列136/176。

11. 尼泊尔对外开放现状及政策

（1）对外开放现状。

①总体情况（见表2-41）。

表2-41　　　　　　　　2017年尼泊尔贸易状况排名

		进口排名	出口排名
货物贸易	计欧盟内部贸易	93	158
	不计欧盟内部贸易	68	131
服务贸易	计欧盟内部贸易	118	116
	不计欧盟内部贸易	91	89

资料来源：WTO统计数据库。

②货物贸易情况（见表2-42、表2-43）。2017年，尼泊尔货物进、出口额分别为105.00亿美元和7.50亿美元，同比增长18%和8%，占全球货物贸易的份额分别为0.06%和0。2010~2017年，进、出口额年均分别增长11%和-2%。

表2-42　　　　　　2017年尼泊尔货物进出口按商品结构划分

	进口占比	出口占比
农产品	19.5%	28.0%
工业制成品	55.8%	65.1%
能源和矿产品	14.9%	1.5%
其他产品	9.7%	5.3%

资料来源：WTO统计数据库。

表2-43　　　　　2017年尼泊尔货物进出口按国别（地区别）结构划分

进口来源地	进口占比	出口目的地	出口占比
印度	65.0%	印度	56.7%
中国	12.6%	欧盟	13.3%

续表

进口来源地	进口占比	出口目的地	出口占比
欧盟（28）	3.4%	美国	11.2%
阿联酋	1.7%	土耳其	6.4%
阿根廷	1.3%	中国	3.0%

资料来源：WTO统计数据库。

③服务贸易情况（见表2-44）。2017年，尼泊尔服务贸易进、出口额分别为15.91亿美元和13.83亿美元，同比增长28%和30%，占全球服务贸易的份额分别为0.03%和0.03%。

表2-44　　　　　　　2017年尼泊尔服务贸易进出口按类别划分

	进口占比	出口占比
运输	33.4%	6.4%
旅行	49.4%	45.5%
其他商业服务	17.2%	48.1%
货物相关服务	0	0

资料来源：WTO统计数据库。

（2）对外贸易政策。

①贸易协定。尼泊尔是WTO成员方，还是南亚区域合作联盟（SAARC）的创始国，尼泊尔于2006年1月1日签署南亚自由贸易区协定，各成员承诺在2016年前达到相同的关税水平。

尼泊尔2004年加入孟加拉湾多领域技术经济合作组织，承诺2017年前实现成员间自由贸易。

②重要外贸政策。尼泊尔制订《贸易政策（2015）》，措施包括：为贸易促进创造有利环境；加大增值产品出口；提高贸易产品和服务竞争力；推进国内贸易和国际贸易有机结合。

③进、出口政策。尼泊尔政府1992年制定了部分禁止进出口的商品目录及部分限量出口的商品目录，并对限量出口的商品实行许可证管理。目前，尼泊尔政府正在积极减少目录商品的数量。

尼泊尔对大部分出口商品不征关税，仅对少部分初级产品征收关税，出口商品收入不征所得税；对生产环节的一切税赋出口时予以退还；对进料加工复出口的产品，免除原材料进口环节一切税收。

尼泊尔海关在进口环节主要征收五种税费：基本关税、调节税、海关服务收费、地方发展税及增值税。

④服务政策。尼泊尔吸引外资的政策尚不完善,现有优惠政策也无法充分落实,外资企业和本地企业的待遇区别不大。尼泊尔现有11个工业区,除基础设施完备外,并没有特殊政策。

尼泊尔是劳务输出国家,原则上仅为具备尼泊尔人没有专长或经验的外籍人员发放签证,但审批流程和时间较长。

⑤其他。尼泊尔的写字楼等基础设施不够健全。

尼泊尔的电力、水、燃料以及建材供应紧张。

12. 塔吉克斯坦对外开放现状及政策

(1) 对外开放现状。

①总体情况（见表2-45）。

表2-45　　　　　2017年塔吉克斯坦贸易状况排名

		进口排名	出口排名
货物贸易	计欧盟内部贸易	144	147
	不计欧盟内部贸易	117	120
服务贸易	计欧盟内部贸易	158	166
	不计欧盟内部贸易	131	139

资料来源：WTO统计数据库。

②货物贸易情况（见表2-46）。2017年,塔吉克斯坦货物进、出口额分别为27.00亿美元和12.00亿美元,同比增长-11%和33%,占全球货物贸易的份额分别为0.01%和0.01%。2010~2017年,进、出口额年均增长均为0。

表2-46　　　2017年塔吉克斯坦货物进出口按国别（地区别）结构划分

进口来源地	进口占比	出口目的地	出口占比
乌兹别克斯坦	28.8%	俄罗斯	37.4%
俄罗斯	16.2%	欧盟（28）	35.3%
乌克兰	13.1%	乌兹别克斯坦	14.1%
哈萨克斯坦	12.8%	瑞士	10.4%
欧盟（28）	12.8%	哈萨克斯坦	0.8%

资料来源：WTO统计数据库。

③服务贸易情况（见表2-47）。2017年,塔吉克斯坦服务贸易进、出口额分别为5.33亿美元和2.47亿美元,同比增长46%和6%,占全球服务贸易的份额分别为0.01%和0。

表 2-47　　　　　　　2017年塔吉克斯坦服务贸易进出口按类别划分

	进口占比	出口占比
运输	58.8%	74.9%
旅行	0.8%	3.1%
其他商业服务	40.0%	3.1%
货物相关服务	0.4%	18.9%

资料来源：WTO统计数据库。

(2) 对外贸易政策。

①贸易组织。塔吉克斯坦是WTO成员方，此外还加入了上海合作组织、中亚区域经济合作组织、欧亚经济共同体以及独联体八国自由贸易区协定。塔吉克斯坦正在谋求加入欧亚经济同盟。

②重要外贸政策。近年来，塔吉克斯坦奉行开放的对外经济政策，改善投资环境，寻求国际社会援助。

③进、出口政策。塔吉克斯坦仍有较多商品受许可证、配额限制，如金、铝、棉花、烟草、皮革等出口商品及小麦、面粉、铝矾土等进口商品。

塔吉克斯坦针对对外投资合作项下的进口设备免税清单有缩小的趋势。

④服务政策。塔吉克为劳动力过剩的国家，对外籍工作人员居留政策严格，实行工作许可证和签证双重制度。

塔吉克斯坦尚无开发区、出口加工区等，但自由经济区享有优惠关税和税收制度等。

塔吉克斯坦虽无禁止外国投资者以二手设备出资开展投资合作，但实际上，若使用二手设备，审批难度较大。

⑤其他。塔吉克斯坦政府部门办事效率较低，执法过程随意性较大，吸引外资政策的执行力不稳定。

塔吉克斯坦未签署《承认及执行外国仲裁裁决公约》（纽约公约），不承认国际仲裁裁决。

13. 印度对外开放现状及政策

(1) 对外开放现状。
①总体情况（见表2-48）。

表 2-48　　　　　　　　　　2017年印度贸易状况排名

		进口排名	出口排名
货物贸易	计欧盟内部贸易	11	20
	不计欧盟内部贸易	7	14

续表

服务贸易		进口排名	出口排名
	计欧盟内部贸易	10	8
	不计欧盟内部贸易	6	4

资料来源：WTO 统计数据库。

②货物贸易情况（见表 2-49、表 2-50）。2017 年，印度货物进、出口额分别为 4472.41 亿美元和 2983.76 亿美元，同比增长 24% 和 13%，占全球货物贸易的份额分别为 2.48% 和 1.68%。2010~2017 年，进、出口额年均分别增长 4% 和 4%。

表 2-49　　　　　　　　2017 年印度货物进出口按商品结构划分

	进口占比	出口占比
农产品	8.1%	12.8%
工业制成品	51.7%	70.5%
能源和矿产品	30.0%	13.8%
其他产品	10.2%	2.9%

资料来源：WTO 统计数据库。

表 2-50　　　　　2017 年印度货物进出口按国别（地区别）结构划分

进口来源地	进口占比	出口目的地	出口占比
中国	16.6%	欧盟（28）	17.4%
欧盟（28）	10.4%	美国	16.1%
美国	5.7%	阿联酋	9.6%
阿联酋	4.9%	中国香港	5.0%
沙特	4.6%	中国	4.2%

资料来源：WTO 统计数据库。

③服务贸易情况（见表 2-51）。2017 年，印度服务贸易进、出口额分别为 1533.78 亿美元和 1833.59 亿美元，同比增长 15% 和 14%，占全球服务贸易的份额分别为 3.02% 和 3.47%。

表 2-51　　　　　　　　2017 年印度服务贸易进出口按类别划分

	进口占比	出口占比
运输	37.2%	9.3%
旅行	12.0%	14.9%

续表

	进口占比	出口占比
其他商业服务	50.4%	75.6%
货物相关服务	0.4%	0.2%

资料来源：WTO统计数据库。

(2) 对外贸易政策。

①技术性贸易壁垒。2017年9月1日，印度工商部要求所有进口玩具都要使用印度国家检测认证委员会（NABL）认可的合格评定机构进行检测。

2017年9月11日，印度食品安全和标准局（FSSAI）发布了《2017年食品安全与标准（非指定食品及食品配料审批）条例》，但产品审批途径仍不透明。

根据印度电信工程中心（TEC）发布的《电信设备强制性测试与认证法令》，2018年10月1日起，在印度市场生产、进口、分销或销售的所有电信产品都需要通过TEC认证（MTCTE）。

②进口政策。印度的关税制度中，约束税率（即在WTO规则下一般不能超过的税率）与最惠国之间存在明显差距。根据WTO数据，印度平均约束关税为48.5%，而其2016年的最惠国平均关税为13.4%。

印度对鲜花（60%）、天然橡胶（70%）等许多其他商品保持很高关税，还实施了包括退税、减免税等复杂的进口计划。

2017年7月，印度实施了商品和服务税（GST）制度，不过关税（或"基本关税"）仍单独对进口产品进行评估。

2017年7月，印度全国贸易便利化委员会（NTFC）制定了贸易便利化路线图。

③政府采购。印度是WTO政府采购协议的观察员，仍缺乏全面、一致的政府采购政策。

2017年，印度内阁批准一项公共采购政策，鼓励采购印度本国产品，以推动"印度制造"。

2017年6月，印度工业政策和促进部（DIPP）发布通知，要求对国产电子产品（包括医疗设备）和网络安全软件产品进行优先采购。

④出口补贴。印度政府2015~2020年的对外贸易政策（FTP）主要集中在增加印度的商品和服务出口，将印度在世界出口中所占份额提高到3.5%。

印度尚未制定取消出口补贴的时间表。

⑤知识产权保护。2017年4月，印度宣布版权局将与知识产权上诉委员会（IPAB）合并，但仍缺乏有效的版权委员会。

⑥服务贸易壁垒。外国参与专业服务受到严重限制，且被完全禁止从事法律服务。

⑦其他障碍。2017年2月13日，印度国家药品价格管理局（NPPA）宣布了一项针对所有在印度销售的冠状动脉支架的价格控制命令，强制要求新技术产品与旧技术产品以相同价格出售。

因印度贾瓦哈拉尔·尼赫鲁国家太阳能任务（JNNSM）的本地内容要求（LCRs）不符合 WTO 多项要求，2018 年 1 月 23 日，印度要求成立 WTO 合规小组，以确定受到质疑的措施是否已符合要求。

14. 越南对外开放现状及政策

（1）对外开放现状。

①总体情况（见表 2-52）。

表 2-52　　　　　　　　2017 年越南贸易状况排名

		进口排名	出口排名
货物贸易	计欧盟内部贸易	25	27
	不计欧盟内部贸易	18	20
服务贸易	计欧盟内部贸易	44	55
	不计欧盟内部贸易	29	35

资料来源：WTO 统计数据库。

②货物贸易情况（见表 2-53、表 2-54）。2017 年，越南货物进、出口额分别为 2115.18 亿美元和 2143.23 亿美元，同比增长 21% 和 21%，占全球货物贸易的份额分别为 1.17% 和 1.21%。2010~2017 年，进、出口额年均分别增长 14% 和 17%。

表 2-53　　　　　　　2017 年越南货物进出口按商品结构划分

	进口占比	出口占比
农产品	12.1%	14.7%
工业制成品	76.7%	82.4%
能源和矿产品	9.2%	2.8%
其他产品	2.0%	0.0%

资料来源：WTO 统计数据库。

表 2-54　　　　　　2017 年越南货物进出口按国别（地区别）结构划分

进口来源地	进口占比	出口目的地	出口占比
中国	28.6%	美国	21.8%
韩国	18.4%	欧盟（28）	19.3%
日本	8.6%	中国	12.4%
中国台湾	6.4%	日本	8.3%
欧盟（28）	6.4%	韩国	6.5%

资料来源：WTO 统计数据库。

③服务贸易情况（见表2-55）。2016年，越南服务贸易进、出口额分别为167.93亿美元和129.86亿美元，同比增长3%和7%，占全球服务贸易的份额分别为0.33%和0.25%。

表2-55　　　　　　　　　2016年越南服务贸易进出口按类别划分

	进口占比	出口占比
运输	48.8%	20.2%
旅行	30.6%	68.2%
其他商业服务	20.6%	11.5%
货物相关服务	0.0%	0.0%

资料来源：WTO统计数据库。

(2) 对外贸易政策。

①贸易协定。越南目前与欧盟、欧亚经济联盟、智利、日本和韩国签订了自由贸易协定。越南是全面与进步跨太平洋伙伴关系协定（CPTPP）成员，并正与其他国家就自由贸易协定谈判，越南还参与了区域全面经济伙伴关系谈判。

②技术性贸易壁垒。越南的新《药品法》于2017年1月生效。

2017年10月，越南发布了116/2017/ND-CP法令，收紧了汽车制造、组装、进口和服务以及汽车保修的条件，于2018年1月1日生效。

根据2017年第04/2017/QD-TTg号决议，从2018年开始，越南将要求所有少于7座或超过9座的车辆都要有能源标签，并符合最低能效标准。

2018年2月2日，越南通过了《食品安全法》第15号法令，取代了2012年颁布的原《第38号法令》。

③进口政策。越南禁止某些产品的商业进口，包括某些儿童玩具、二手消费品等。

2017年1月，工业和贸易部（MOIT）取消第6139/QD-BCT决定，允许所有公司参与大米的出口。同年7月，工业和贸易部（MOIT）印发通知07/2017/TT-BCT，取消部分肥料的进口许可。

自2017年7月起，第54号法令允许外国制药公司设立进口实体，但仍对仓储、分销和许可提出了要求。

2017年11月，越南颁布了第125号法令。该法令将最惠国待遇免征关税的国家从3133个增加到3282个，还将二手乘用车的关税提高了1倍等，于2018年1月1日生效。

④知识产权保护。越南的网络盗版和假冒商品在互联网和实体市场销售的现象仍较为严重。

⑤服务贸易壁垒。越南允许外国企业参与电信行业，但根据部门的不同，股权限制也有所不同。2017年6月，MIC取消了"通告1469/CVT-GCKM"，该规定设定了外国运营商的高漫游率。

(三) 中国与周边国家双边关系发展

1. 阿富汗伊斯兰共和国

(1) 政治关系。阿富汗是我国重要的周边邻国与传统睦邻友好邻邦，两国友好关系历史悠久，是"丝绸之路经济带"上的重要国家。1950年1月，阿富汗承认中华人民共和国，是最早承认新中国的民族主义国家之一。1955年1月20日，中阿正式建交。2001年阿和平重建以来，两国关系保持健康平稳发展。2012年，中阿两国建立战略合作伙伴关系。近年来，双方高层互访频繁政治互信不断加深，经贸合作进展顺利，在国防、安全、文教、卫生等领域合作良好。中国政府一直积极支持、推动和参与阿富汗重建进程。同时，阿富汗政府积极响应中国政府提出的"一带一路"建设倡议。

(2) 经贸关系。中国是阿富汗的重要贸易伙伴。2016年中国同阿富汗两国的进出口贸易总额为43600万美元，同比增长16.6%，其中中国向阿富汗出口额为43100万美元，同比增长19.2%，中国从阿富汗进口额为453万美元，同比下降61.5%。中国在对阿富汗贸易多年来一直存在着巨额的顺差且这种局面在短时期内难以扭转（见图2-5）。中国对阿富汗出口产品主要为机电、五金、纺织、日用品、轻工类等，而从阿富汗进口的商品主要为初级产品如牛羊皮、地毯等。自2015年起，中方宣布将对阿富汗97%的税目产品给予零关税待遇。据阿富汗中央统计局统计，在2017年中国连续四年保持阿富汗第三大贸易伙伴国的地位，仅次于巴基斯坦与伊朗。[①]

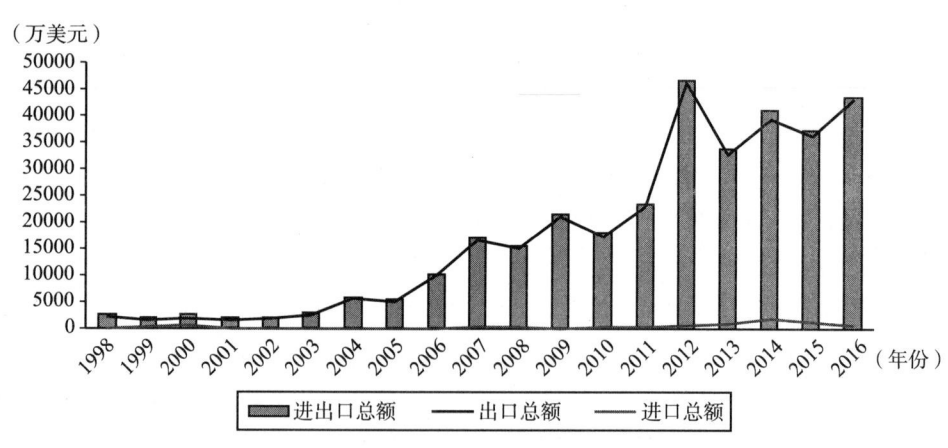

图2-5 1998~2016年中国同阿富汗进出口额

资料来源：国家统计局，http://www.stats.gov.cn/。

双边投资方面，阿富汗是世界上最不发达的国家之一，严重依赖外援，所以阿富

---

① 商务部：《中对外投资合作国别（地区）指南：阿富汗伊斯兰共和国（2017版）》。

汗对中国的直接投资一直处在最低水平。由于阿富汗连年战乱，安全形势堪忧，交通、通讯技术设施不健全，在世界银行发布的《2018年营商环境报告》中，阿富汗的营商环境在全球190个经济体中排名第183位，营商环境较差，所以近年来中国对阿富汗的投资较少，只有在2008年与2011年有较大的投资（见图2-6）。目前，中国对阿富汗投资的主要项目是阿姆河盆地油田项目和埃纳克铜矿项目。阿富汗对于中国未来的投资吸引力主要来源于品种多储量大的能源矿产资源开发与利用阿富汗特殊地理位置发展过境运输贸易、构建联通东南西北地区的能源资源运输通道。

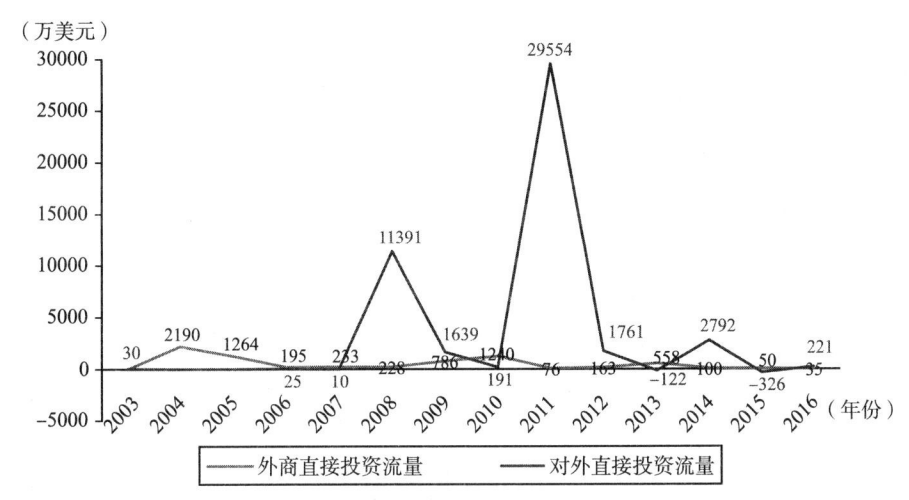

图2-6　2003~2016年中国对阿富汗直接投资流量与利用阿富汗直接投资流量对比

资料来源：国家统计局，http://www.stats.gov.cn/。

劳务合作方面，据中国商务部统计，2016年中国企业在阿富汗承包工程完成营业额4058万美元，相比前两年有所回升；承包工程劳务工人36人比上年减少60%（见表2-56）。

表2-56　2011~2016年中国与阿富汗劳务合作情况统计

年份	承包工程完成营业额（万美元）	承包工程派出人数（人）	承包工程年末在外劳务人员（人）
2011	5805	318	521
2012	15553	106	367
2013	43242	93	47
2014	1630	35	31
2015	1133	90	49
2016	4058	36	17

资料来源：中国商务部。

2. 巴基斯坦

（1）政治关系。巴基斯坦是与中国山水相连的好邻居、好伙伴、好朋友、好兄弟，也是"一带一路"上重要的支点国家。1951年5月，中巴两国正式建立外交关系。建交以来，两国在和平共处五项原则的基础上发展睦邻友好和互利合作关系，进展顺利。2005年4月，温家宝总理访巴，双方签署"中巴睦邻友好合作条约"，宣布建立更加紧密的战略合作伙伴关系。2006年两国先后签订《中巴自由贸易协定》和《中巴经贸合作五年发展规划》，为两国深化经贸合作提供了制度性安排。2013年5月，李克强总理应邀访问巴基斯坦时，中巴双方发表《中华人民共和国和巴基斯坦伊斯兰共和国关于深化两国全面战略合作的联合声明》并提出正式建设中巴经济走廊。建设中的中巴经济走廊也成了"一带一路"倡议的重大和旗舰项目。在国际事务中，中巴双方相互扶持，积极配合，共同维护亚洲地区的和平与稳定。

（2）经贸关系。贸易方面，一直以来中巴经贸合作发展良好。1998~2016年中国同巴基斯坦进出口总额总体保持上升趋势，年均增长率为18.42%。除2009年外，其余各年两国进出口总额均有增长。2016年中国与巴基斯坦的进出口贸易总额为191.47亿美元，同比增长1.21%，增长速度有所下降。其中，中国对巴基斯坦的出口额为172.34亿美元，同比增长24.14%；中国从巴基斯坦进口额为19.13万美元，同比下降22.72%。中国在与巴基斯坦的双边贸易中贸易存在着长期顺差（见图2-7）。中国对巴基斯坦的出口产品种类多样，主要出口商品包括机械设备、钢铁及其制品、化学品、电子电器、计算机与通讯产品、肥料和农产品等。其中机械设备近40%且机电产品出口所占的比重逐年上升。巴基斯坦对中国主要出口商品包括纺织品、食品、皮革及其制品、矿石等。目前，中国已经成为巴基斯坦的第一大贸易伙伴、第一大进口来源国与第二大出口目的地。

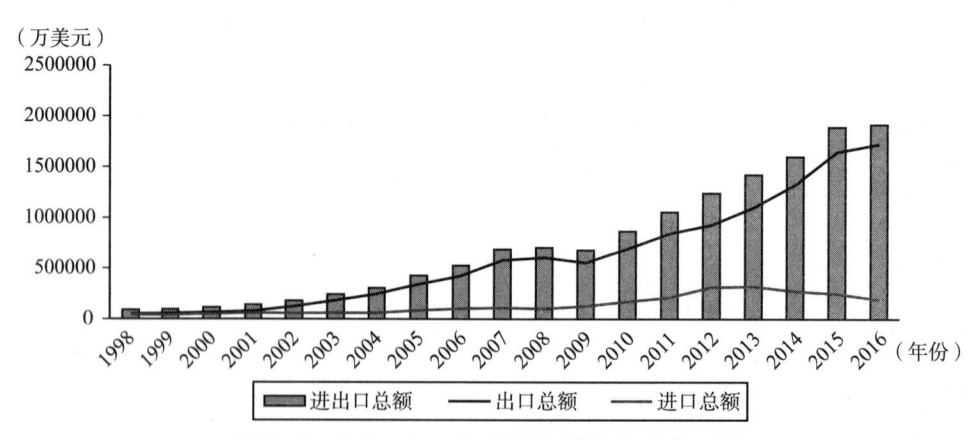

图2-7 1998~2016年中国同巴基斯坦进出口额

资料来源：国家统计局，http://www.stats.gov.cn/。

双边投资方面，中国在2007年以前对巴基斯坦投资较少。2007年中国移动收购巴基斯坦 Paktel 移动通讯并陆续投入数亿美元改扩建网络设施;2014 年中巴经济走廊能源领域首个火电项目在卡拉奇奠基,中国对巴基斯坦的投资流量在 2007 年与 2014 年有两次波峰。中国也在 2014 年成为巴基斯坦第一大外商投资来源国。2016 年随着中巴经济走廊的推进,中国对巴基斯坦直接投资流量为 63300 万美元,较上年有所回升。目前中国企业在巴基斯坦的主要投资项目包括:中国移动 CMPAK 移动通讯公司、联合能源巴基斯坦分公司等。① 巴基斯坦经济上不发达,以农业为主,对中国的直接投资较少(见图 2-8)。

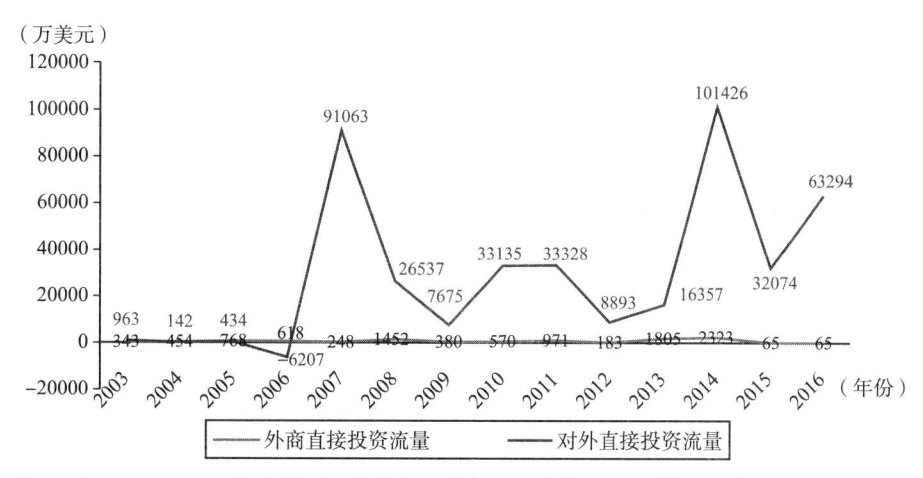

图 2-8 2003~2016 年中国对巴基斯坦直接投资流量与利用巴基斯坦直接投资流量对比
资料来源:国家统计局,http://www.stats.gov.cn/。

劳务承包方面,巴基斯坦是中国在全球最重要的工程对外承包市场之一。近年来,越来越多中国企业进入巴基斯坦,积极参与巴基斯坦的通讯、油气勘探、电力、水利、交通等领域的项目实施,成果显著。据中国商务部统计,近年来中国企业在巴基斯坦完成营业额稳步增长,2011~2016 年平均增长率为 25%,其中 2016 年中国企业在巴基斯坦完成营业额 7.27 亿美元,同比增长 40.8%。承包工程派出人数与年末在外劳务人员逐年增长,2016 年承包工程派出人员 11830 人,年末在巴劳务人员 14582 人(见表 2-57)。

表 2-57　　　　　2011~2016 年中国与巴基斯坦劳务合作情况统计

年份	承包工程完成营业额 (万美元)	承包工程派出人数 (人)	承包工程年末在外劳务人员 (人)
2011	237277	3606	4395
2012	277832	4204	5411
2013	370093	3541	5586
2014	424619	5122	7481

---

① 商务部:《中对外投资合作国别(地区)指南:巴基斯坦(2017 版)》。

续表

年份	承包工程完成营业额（万美元）	承包工程派出人数（人）	承包工程年末在外劳务人员（人）
2015	516289	6292	9038
2016	726809	11830	14582

资料来源：中国商务部。

3. 不丹

（1）政治关系。不丹位于中国和印度之间喜马拉雅山脉东段南坡，是一个典型的藏文化国家，与中国山水相连、地缘相近、人文相亲，历史联系悠久。由于诸多因素的作用与影响，尽管中国与不丹关系发展良好，但两国没有建立正式的外交关系。不丹也是周边国家中唯一一个没有与中国建交的国家。近年来，中不两国在政治、经济、文化以及国际问题等方面进行了一系列的接触与合作，关系进一步发展。在国际上，中不两国相互支持对方的政策主张，保持着良好的合作。在台湾、西藏、人权等问题上，不丹积极支持中国的主张，先后在联合国人权大会上和世界卫生大会上连续支持中国挫败反华、涉台提案。中国也积极支持不丹为维护国家主权与基本生存利益而进行的种种努力，支持不丹提高自身国际地位的渴望与诉求。

（2）经贸关系。在经济上，中国与不丹两国进行以边贸为主的商业往来，两国相互没有直接投资。2001~2016年，中国同不丹进出口总额波动较大，年均增长率为7.77%。2016年中国与不丹的进出口贸易总额为498万美元，同比下降41.2%，连续3年持续下降。其中，中国对不丹的出口额为485万美元，同比减少40.3%；中国从不丹进口额为13万美元，同比下降62.8%。中国在与不丹的双边贸易中贸易存在着顺差（见图2-9）。不丹出口中国的产品主要为虫草、红景天等高原药材，中国出口到不丹的商品主要以日用品为主。①

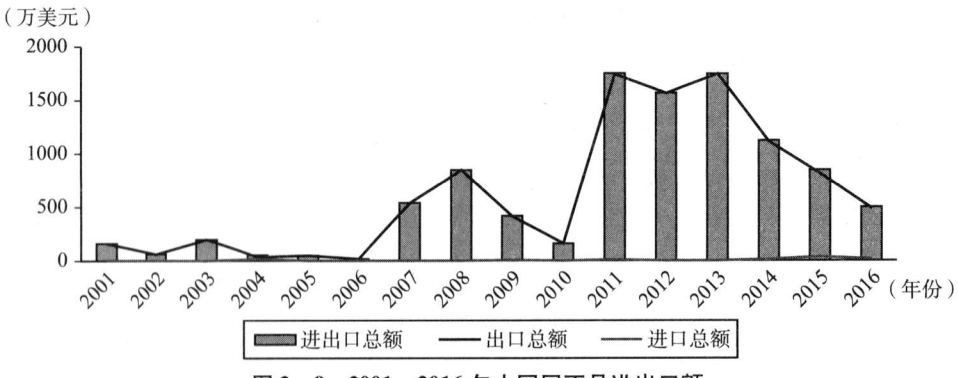

图2-9 2001~2016年中国同不丹进出口额

资料来源：国家统计局，http://www.stats.gov.cn/。

---

① 陈翔：《中国与不丹关系发展现状与前景探析》，载《国际研究参考》2015年第3期，第15~19页。

4. 朝鲜

（1）政治关系。中朝两国1949年10月6日建交，朝鲜是同新中国最早建交的国家之一。中国与朝鲜唇齿相依，有着悠久的交往历史，在地缘政治上具有重要的意义。冷战结束以后，中国与朝鲜保持友好交流传统，成了战略合作伙伴关系。一直以来中国非常关注朝鲜国内形势与其经济的恢复与发展，并为使其保持稳定而开展经济援助和经济合作。但从2006年起，朝鲜先后进行了6次核试验，引起的地区安全和外交等一系列问题，引起了国际社会的强烈谴责。联合国安理会也通过决议，采取一系列制裁措施，在一定程度上影响了中朝两国的关系。中国在半岛问题中力求与朝鲜用对话协商的方式维护半岛稳定。2018年9月朝鲜承诺实现半岛无核化，朝鲜领导人访问中国，中朝关系回暖，中国与朝鲜之间的友好关系将成为东北亚地区稳定与繁荣的重要基石。

（2）经贸关系。贸易方面，中朝经贸合作在2013年以前一直保持良好，中国同朝鲜的进出口总额总体呈上升趋势，2014年开始下降，2016年又有所回升，1998~2016年年均增长率为13.6%。2016年中国与朝鲜的进出口贸易总额为565300万美元，同比增长2.58%。其中，中国对朝鲜的出口额为308100万美元，同比增长4.68%；中国从朝鲜进口额为257200万美元，同比上涨0.19%。中国在与朝鲜的双边贸易中贸易保持长期顺差（见图2-10）。中国自朝鲜进口的商品主要为非针织服装、矿砂、水产品等。中国对朝鲜出口主要为机电设备、锅炉机械、车辆及零配件、塑料及制品、化学纤维等。由于半岛局势紧张，中朝双边贸易受到影响。2016年4月起中国执行联合国安理会对朝鲜制裁的各项决议相继禁止向朝鲜进口煤炭、铁、各种矿石、航空燃料、核导生化两用物项和技术清单，禁止自朝进口铜、镍、银等物品。并且，在2017年相继停止自朝鲜进口煤炭、铁、铅、水海产品、纺织品等。[①]

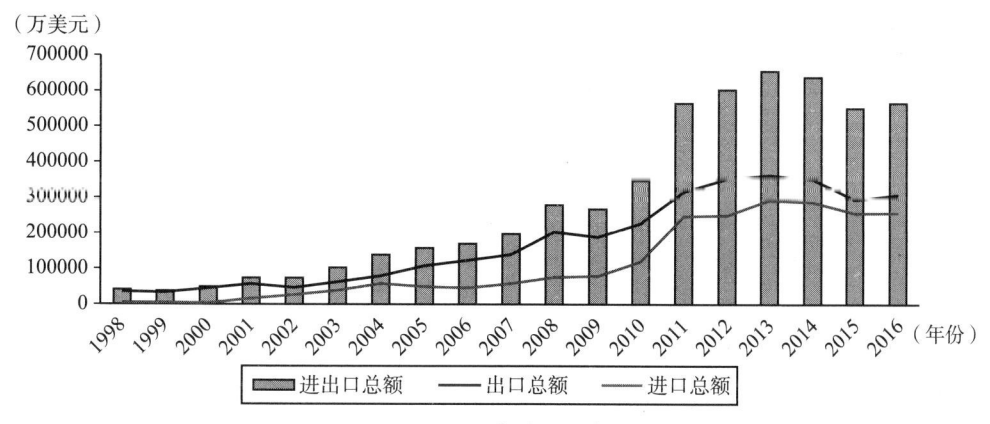

图2-10 1998~2016年中国同朝鲜进出口额

资料来源：国家统计局，http://www.stats.gov.cn/。

---

① 商务部：《中对外投资合作国别（地区）指南：朝鲜（2017年版）》。

自1984年起朝鲜开始吸引外资创办合资合营企业，并相继颁布各项涉外经济法规鼓励与规范利用外资。中国对朝鲜的直接投资在2008年、2011年与2012年有三次较大的增长。从2013年开始中国对朝鲜的直接投资大幅下降（见图2-11）。受到半岛局势的进一步影响，服从联合国安理会的决议，中国商务部发布公告从2017年8月25日起禁止中国企业在朝鲜境内开设新的合资实体，同时禁止朝鲜实体来华新设任何形式的外资企业。并在同年9月28日决定在120天内关闭朝鲜在中国境内的外资企业，关闭中国企业在境外与朝鲜实体设立的企业。①

图2-11 2003~2016年中国对朝鲜直接投资流量与利用朝鲜直接投资流量对比

资料来源：国家统计局，http://www.stats.gov.cn/。

劳务承包方面，承包工程也受到了半岛问题的影响自2013年开始逐步下降。2016年中国企业在朝鲜完成营业额292万美元，同比下降90.9%，承包工程派出人数与年末在外劳务人员数也逐年下降（见表2-58）。

表2-58　　　　　　　2011~2016年中国与朝鲜劳务合作情况统计

年份	承包工程完成营业额（万美元）	承包工程派出人数（人）	承包工程年末在外劳务人员（人）
2011	5610	1458	148
2012	10667	1250	259
2013	12088	638	312
2014	9049	542	666
2015	1832	311	721
2016	292	28	80

资料来源：中国商务部。

---

① 中华人民共和国商务部与中华人民共和国海关总署公告。

5. 俄罗斯

（1）政治关系。中国与苏联两国建交于 1949 年，苏联解体后，1991 年 12 月中俄两国商议解决了两国关系的继承问题。中俄双方一直以来相互友好，与中国保持平等互信的全面战略协作伙伴关系，积极发展在政治、经济、人文、安全等各个领域的合作。中俄 1996 年建立战略协作伙伴关系，2001 年签署《中俄睦邻友好合作条约》，2011 年建立平等信任、相互支持、共同繁荣、世代友好的全面战略协作伙伴关系。2014 年，中俄全面战略伙伴关系进入新阶段，两国关系更加密切，政治互信深化，两国高层频繁交往各个领域务实合作继续深化。2018 年 9 月俄罗斯总统再度访华，会议中两国首脑表示中俄两国愿同各方分享发展机遇，为促进世界发展繁荣做出更大贡献。

在国际问题上，中俄两国在一系列重大国际和地区问题上立场相同或相近，保持密切沟通和合作，中俄原则立场保持一致也是维护地区和全球稳定的重要基础之一。中俄在国际方面的外交合作也为解决地区性全球性紧迫问题提供支持和途径。2017 年 7 月习近平主席访俄期间，两国元首签署并发表《中俄关于当前世界形势和重大国际问题的联合声明》。

（2）经贸关系。中俄两国长期友好，全方位合作不断加强，经贸关系稳定发展。中国是俄罗斯第一大贸易伙伴也是俄罗斯最主要的进口来源国。受 2008 年金融危机与 2014 年俄罗斯金融危机的影响中俄国际贸易在 2009 年与 2015 年均出现了两次明显的下跌。2016 年中国同俄罗斯的进出口贸易总额为 6961600 万美元，同比增长 2.35%，扭转上年下降形势。其中，中国对俄罗斯的出口额为 3735600 万美元，同比增长 7.48%；中国从俄罗斯进口额为 3226000 万美元，同比下降 3.00%；中国对俄罗斯贸易存在顺差 507000 万美元（见图 2-12）。中国对俄罗斯的出口产品种类多样，主要出口商品包括服装、纺织品、鞋、电话、汽车零配件、钢材等。俄罗斯对中国主要出口商品包括于原油、锯材、海产品、原木、煤等产品。[1]

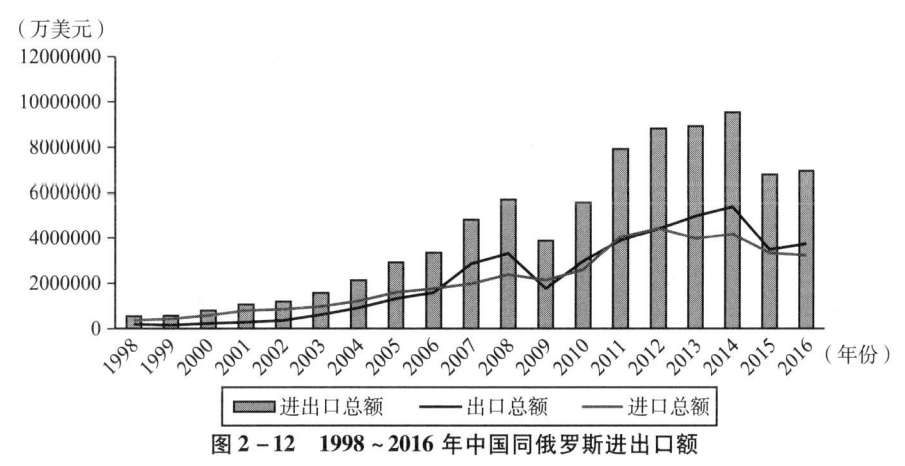

图 2-12 1998~2016 年中国同俄罗斯进出口额

资料来源：国家统计局，http://www.stats.gov.cn/。

---

[1] 商务部：《中对外投资合作国别（地区）指南：俄罗斯（2017 版）》。

中俄两国投资合作不断向前推进。2015年，中国对俄罗斯直接投资快速增长，当年流量296100万美元，创历史最高值，同比增长高达367.3%。由于俄罗斯宏观经济动荡，中国公司在外汇风险提高，对中国在俄罗斯投资带来一定影响，2016年中国对俄罗斯直接投资流量下降为129300万美元（见图2-13）。投资主要分布在能源资源、农林开发、建筑和建材生产、贸易、轻纺、家电、通信服务等领域。金融危机后俄罗斯通过提出推行国有资产私有化，降低外资准入条件，以及一系列优化营商环境的措施吸引外资，在世界银行发布的《2018年营商环境报告》中，俄罗斯的营商环境在全球190个经济体中排名第35位，营商环境较好，未来中俄双方投资合作前景可观。2016年中俄双方确定的66个投资合作优先发展项目也逐步开始实施，其中包括高铁建设、农业产业集群与矿产开发等项目。

图2-13　2003~2016年中国对俄罗斯直接投资流量与利用俄罗斯直接投资流量对比

资料来源：国家统计局，http://www.stats.gov.cn/。

劳务承包方面，中国与俄罗斯长期合作。近年来，中国企业参与俄罗斯的通讯、物流等领域的项目实施。中国企业在俄罗斯完成营业额保持稳定，2011~2016年平均增长率为0.01%，其中2016年中国企业在俄罗斯完成营业额1.48亿美元。承包工程派出人数与年末在外劳务人员稍有回落，2016年承包工程派出1688人，同比下降23%；劳务合作派出1040人，同比下降79%（见表2-59）。

表2-59　　　　　　　2011~2016年中国与俄罗斯劳务合作情况统计

年份	承包工程完成营业额（万美元）	承包工程派出人数（人）	承包工程年末在外劳务人员（人）	劳务合作派出人数（人）	劳务合作年末在外人员（人）
2011	139797	2991	3233	12901	17527
2012	164631	4502	4088	10852	14734
2013	137161	4705	5518	6035	9819

续表

年份	承包工程完成营业额（万美元）	承包工程派出人数（人）	承包工程年末在外劳务人员（人）	劳务合作派出人数（人）	劳务合作年末在外人员（人）
2014	115501	5874	7858	6072	13110
2015	171440	2197	6652	5016	12781
2016	148599	1688	3624	1040	10916

资料来源：中国商务部。

6. 哈萨克斯坦

（1）政治关系。哈萨克斯坦是中国的友好邻邦和全面战略伙伴，是中方建设"丝绸之路经济带"的重要合作对象。1992年1月中国与哈萨克斯坦建交以来，两国关系发展顺利。2005年中哈建立战略伙伴关系。2011年两国发表《中哈关于发展全面战略伙伴关系的联合声明》开始发展全面战略伙伴关系。"一带一路"倡议提出后，哈萨克斯坦积极响应，两国高层交往密切，政治互信不断深化。2014年12月，国务院总理李克强对哈萨克斯坦进行正式访问。访问期间，中哈两国达成依托"一带一路"开展产能合作的战略共识，双方签署了总额达140亿美元的30多个合作协议。2016年中哈签署《"丝绸之路经济带"建设与"光明之路"新经济政策对接合作规划》。2018年6月哈萨克斯坦总统再次应邀访华。建交26年以来中哈关系快速发展，各个领域合作日益密切，深化中哈合作有利于双方构建互利共赢的睦邻友好关系。

（2）经贸关系。现阶段，中国与哈萨克斯坦的经贸合作稳步推进，双方经贸合作已经形成一定规模，进出口贸易总额较高，贸易形势良好。中国已经成为哈方第二大出口市场以及第一大进口来源地。1998~2016年，两国进出口总额波动较大，年均增长率为18.3%。2013年以前增长速度较快，只有2009年受经济危机影响有所下降。2013年后出现明显下滑，进出口总额增速跌幅达72.32%，中国对哈萨克斯坦的逆差规模呈快速下降趋势。2016年中国与哈萨克斯坦的进出口贸易总额为1309800万美元，同比下降8.53%。其中，中国对哈萨克斯坦的出口额为829300万美元，同比下降1.76%；中国从哈萨克斯坦进口额为480500万美元，同比下降17.85%（见图2-14）。中国主要从哈萨克斯坦进口贱金属、矿产品、能源、资源等初级原材料产品。中国对哈萨克斯坦出口商品主要为机电产品、机械设备、塑料橡胶与轻工业产品。①

---

① 姜少敏：《中国与"一带一路"相关国家的经贸关系研究——以哈萨克斯坦为例》，载《教学与研究》2017年第5期，第48~55页。

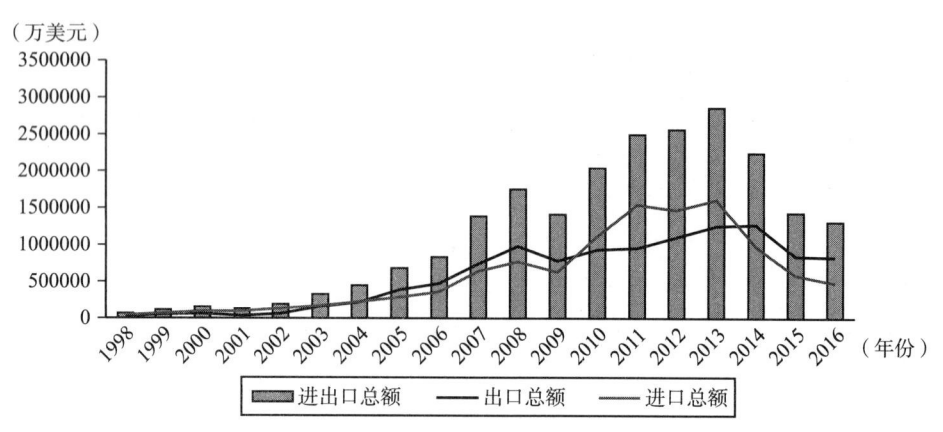

图 2-14　1998~2016 年中国同哈萨克斯坦进出口额

资料来源：国家统计局，http://www.stats.gov.cn/。

双边投资方面，21 世纪在石油经济的帮助下，哈萨克斯坦的经济发展迅速，随着其战略地位的不断提升，中国成为最早开始在哈萨克斯坦进行投资的国家。随着中国和哈萨克斯坦经济往来的增强，我国对哈萨克斯坦的资本输出规模不断上升，其中 2012 年中国对哈萨克斯坦的投资流量最大，投资额达到 299599 万美元。而 2014 年俄罗斯经济衰退与 2015 年国际原油价格暴跌对哈萨克斯坦导致中国对哈萨克斯坦投资减少，直接投资流量为负，2016 年投资流量回升至 48770 万元（见图 2-15）。中国在哈萨克斯坦投资的行业主要涉及建筑、采矿、能源、农业、房地产等。同时随着"丝绸之路经济带"建设与"光明之路"新经济政策的对接合作，中国对哈资本输出规模将不断扩大。①

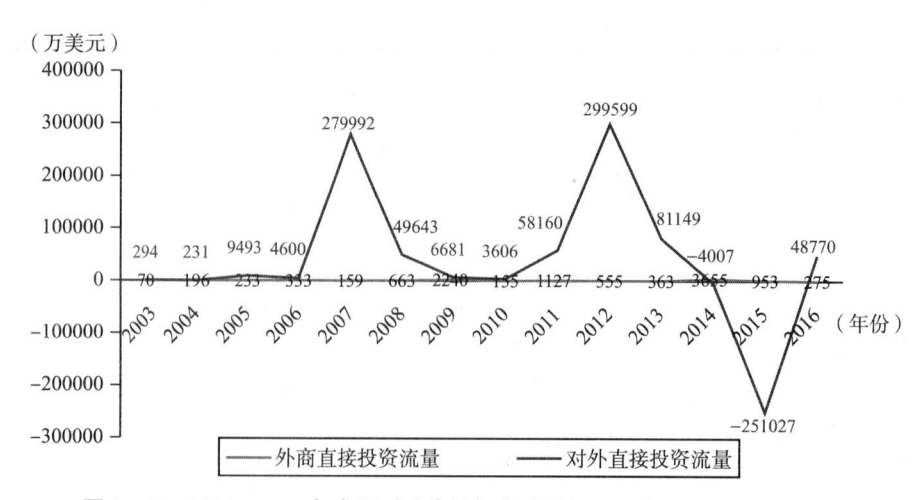

图 2-15　2003~2016 年中国对哈直接投资流量与利用哈直接投资流量对比

资料来源：国家统计局，http://www.stats.gov.cn/。

---

① 李秋娟：《中国与哈萨克斯坦经贸合作面临的新机遇与新挑战》，载《对外经贸实务》2018 年第 9 期，第 29~32 页。

劳务承包方面，近年来中国企业在哈萨克斯坦完成营业额波动上升，2011～2016年平均增长率为17.29%，其中2016年中国企业在塔吉克斯坦完成营业额275779万美元。承包工程派出人数与年末在外劳务人员稍有回落，2016年承包工程派出9550人，同比下降29.72%，年末在外人员7271人，同比下降34.67%（见表2-60）。

表2-60　　　　　　2011～2016年中国与哈萨克斯坦劳务合作情况统计

年份	承包工程完成营业额（万美元）	承包工程派出人数（人）	承包工程年末在外劳务人员（人）
2011	124237	3455	2511
2012	156766	3394	2900
2013	291714	7109	5803
2014	235768	9720	8960
2015	234700	13588	11129
2016	275779	9550	7271

资料来源：中国商务部。

7. 吉尔吉斯斯坦

（1）政治关系。中国与吉尔吉斯斯坦是友好邻邦，两国在1992年1月正式建交。中国与吉尔吉斯斯坦在双边和多边问题上一直相互支持，并在相互谅解的基础上成功解决了边界问题。2013年中国提出共建"丝绸之路经济带"倡议后，吉尔吉斯斯坦表示愿同中国加强各方面合作，并将中吉两国双边关系提升为战略伙伴关系。2015年9月，中吉两国签署五年合作纲要，旨在利用毗邻地区的比较优势，拓宽合作领域，提升合作水平。近年来，中吉两国积极合作，互利共赢，吉尔吉斯斯坦期待深化与中国的战略伙伴关系，在"一带一路"和上海合作组织框架下推动中国与吉尔吉斯斯坦在政治、经济、安全等各个领域的合作。

（2）经贸关系。中国与吉尔吉斯斯坦建交后，经贸关系发展迅速，两国经贸往来以进出口贸易为主。我国是吉尔吉斯斯坦第一大贸易伙伴与第一大进口来源国。中国与吉尔吉斯斯坦双边贸易以中国出口为主，两国的进出口贸易总额经历了快速增长与稳定发展两个阶段。2008年经济危机之前，中吉贸易飞速发展，2009年之后稳定发展，波动幅度较小。2016年中国同吉尔吉斯斯坦的进出口贸易总额为567700万美元，同比增长30.79%，扭转上年下降趋势。其中，中国对吉尔吉斯斯坦出口额为560500万美元，同比增长7.48%；中国从吉尔吉斯斯坦进口额为7124万美元，进口总量较小。中国对吉尔吉斯斯坦贸易存在巨额的顺差且这种顺差在短时期内难以扭转（见图2-16）。中国向吉尔吉斯斯坦主要出口产品有机械设备、电子产品、日常消费品、纺织品、交通工具及医疗设备等。中国自吉尔吉斯斯坦进口的主要为矿产资源及农产品如羊毛、生皮等。

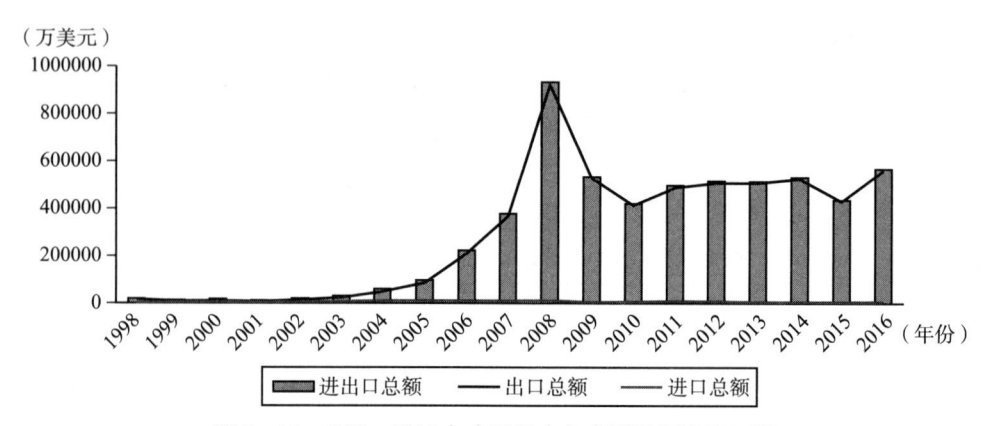

图 2-16　1998~2016 年中国同吉尔吉斯斯坦进出口额

资料来源：国家统计局，http://www.stats.gov.cn/。

投资方面，中国对吉尔吉斯斯坦的投资合作始于 20 世纪 90 年代初期，投资流量呈波动上升趋势。中国对吉尔吉斯斯坦的投资流量在 2013 年达到顶峰，2016 年中国对吉尔吉斯斯坦直接投资流量为 15900 万美元，同比上涨 4.74%（见图 2-17）。目前，中国对吉尔吉斯斯坦的主要投资领域包括矿产开发、贸易、房地产开发与现代种植业开发。2016 年中国成为吉尔吉斯斯坦第一大投资来源国。[①] 中国吸收吉尔吉斯斯坦投资数据暂时缺失。

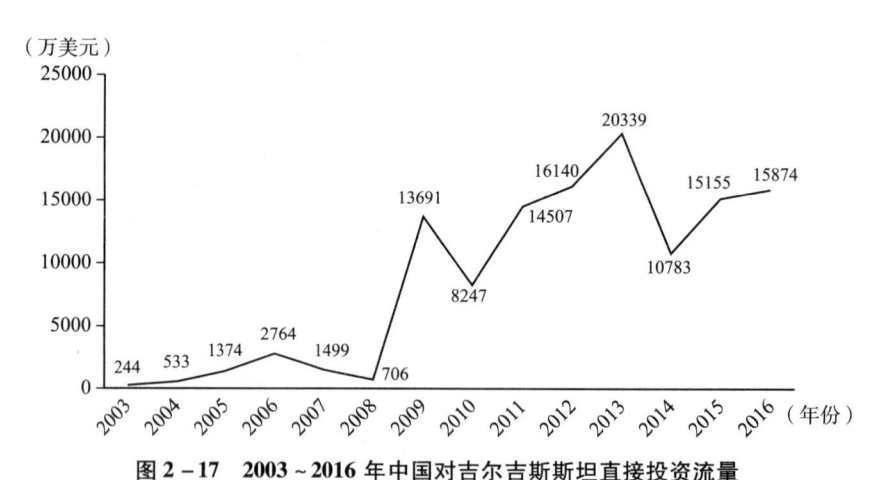

图 2-17　2003~2016 年中国对吉尔吉斯斯坦直接投资流量

资料来源：国家统计局，http://www.stats.gov.cn/。

劳务承包也是中国与吉尔吉斯斯坦经贸往来的重要部分。近年来中国企业在吉尔吉斯斯坦承包工程完成营业额波动上升，2011~2016 年之间平均增长率为 21.67%，其中 2016 年中国企业在吉尔吉斯斯坦完成营业额 55663 万美元，同比上升 1.47%；承包

---

① Muratov Bektur：《吉尔吉斯斯坦经济转型中投资环境及中国对其投资前景的分析》，载《法制与社会》2015 年第 5 期，第 98~99 页。

工程派出1634人，同比下降16.1%，年末在外人员2722人，同比下降22.3%（见表2-61）。中国在吉尔吉斯斯坦劳务承包主要项目为路桥建设。

表2-61　　　　　2011~2016年中国与吉尔吉斯斯坦劳务合作情况统计

年份	承包工程完成营业额（万美元）	承包工程派出人数（人）	承包工程年末在外劳务人员（人）
2011	20874	1575	582
2012	35089	3049	2466
2013	71188	3258	2440
2014	58736	2153	2841
2015	54857	1947	3505
2016	55663	1634	2722

资料来源：中国商务部。

8. 老挝

（1）政治关系。中国与老挝是山水相连的友好邻邦，两国关系长期稳定、彼此信赖。中国和老挝于1961年4月建交。20世纪70年代末至80年代中，双方关系曾出现曲折。1989年以来，中老关系全面恢复和发展，双方在政治、经济、军事、文化、卫生等领域友好交流与合作不断深化，在国际和地区事务中密切协调与合作。2009年9月，两国结成全面战略合作伙伴关系。2017年两国一致同意共同打造中国与老挝具有战略意义的命运共同体。2018年两国高层领导互访频繁，各个领域深入合作，进一步发展政治互信、经济互利的友好邻邦关系。

（2）经贸关系。老挝与中国自古以来就是传统的贸易往来国家，中老经贸关系发展顺利。1998~2016年，两国进出口总额呈先上升后下降的趋势，年均增长率为28.50%。2014年以前中国与老挝的进出口贸易总额一直保持上升趋势，尤其在2008年之后增长速度快速上升，但是在2014年后连续两年下降。2016年中国对老挝的进出口贸易总额为234700万美元，同比下降15.37%。其中，中国对老挝的出口额为9.87亿美元，同比下降19.47%；中国从老挝进口额为135900万美元，同比下降12.13%（见图2-18）。中国从老挝主要进口铜、木材、农产品等，主要出口汽车、摩托车、纺织品、钢材、电线电缆、通信设备、电器电子产品等。

中国企业于20世纪90年代开始赴老挝进行投资。2016年，中国超越越南成为老挝最大的外国直接投资来源国。投资领域涉及水电、矿产开发、农林、房地产、服务贸易、建材、药品生产等。[①] 老挝吸引中国直接投资流量在2014年以前不断快

---

① 段杰、况颖：《中国对外直接投资对大湄公河次区域国家经济发展影响研究》，载《世界地理研究》2018年第4期，第11~20页。

速增加，2008年时由于经济危机有所下降，但之后快速复苏并呈现出快速增长的趋势，2014年后投资流量不断下降。2016年中国对老挝的对外直接投资流量为32758万美元，同比下降36.7%。2016年末中国对老挝直接投资存量为55亿美元（见图2-19）。

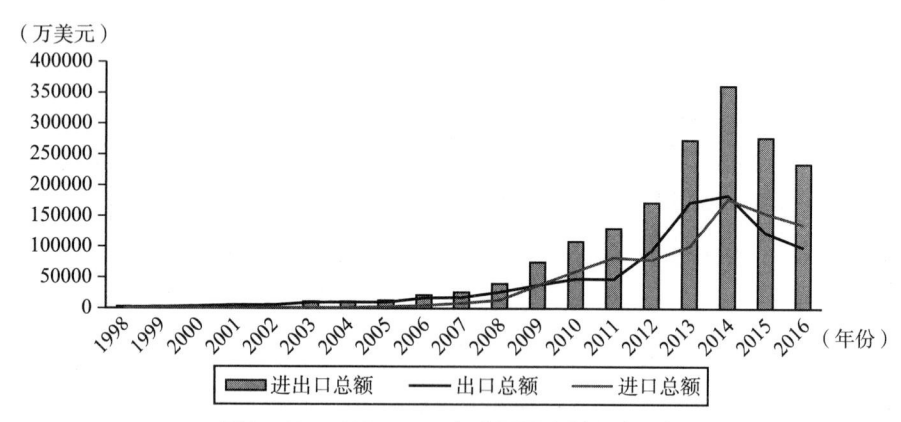

图2-18　1998~2016年中国同老挝进出口额

资料来源：国家统计局，http://www.stats.gov.cn/。

图2-19　2003~2016年中国对老挝直接投资流量与利用老挝直接投资流量对比

资料来源：国家统计局，http://www.stats.gov.cn/。

中国企业在老挝还积极参与劳务和工程承包。近年来中国企业在老挝承包工程完成营业额不断增加，2011~2016年平均增长率为24.4%。2016年，中国在老挝承包完成工程营业额294729万美元，较上年有所下降。承包工程派出人数与年末在外劳务人员有所减少，2016年承包工程派出8747人，年末在外人员9428人（见表2-62）。中国在老挝主要承包工程包括水电站、铁路等。

表 2-62　　　　　　　2011~2016 年中国与老挝劳务合作情况统计

年份	承包工程完成营业额（万美元）	承包工程派出人数（人）	承包工程年末在外劳务人员（人）
2011	98918	6531	7011
2012	190523	9109	8715
2013	196887	11203	10912
2014	232773	11570	13664
2015	321606	11815	10247
2016	294729	8747	9428

资料来源：中国商务部。

9. 蒙古国

（1）政治关系。蒙古国是最早同中国建立外交关系的国家之一，两国于1949年10月16日建立外交关系。建交初期两国关系虽经历过一些曲折，但睦邻友好始终是主流。1951年中蒙两国建立贸易关系。近20年来，两国关系发展迅速，成果显著。2003年中蒙两国建立睦邻互信伙伴关系。2011年建立战略伙伴关系，并在2014年发展为全面战略伙伴关系。"一带一路"倡议也为两国进一步深化合作带来新的动力。目前，中蒙两国关系发展良好，在经济、政治、科技、军事等各个领域进行合作，两国关系达到历史最高水平。

（2）经贸关系。近年两国经贸合作不断扩大，中国已经成为蒙古国最大的贸易伙伴国、最大的出口及进口市场。1998~2016年，两国进出口总额波动上升，年均增长率为17.76%。2014年之前增长速度较快，分别在2009年与2013年有两次下滑。2014年后进出口总额迅速下降。2016年中国与蒙古国的进出口贸易总额为46.11亿美元，同比下降14.07%。其中，中国对蒙古国的出口额为9.89亿美元，同比下降37.06%；中国从蒙古国进口额为34.22亿美元，同比下降4.55%（见图2-20）。中国对蒙古国的进口额大于出口额，2016年末中国对蒙古国的贸易逆差为28.4亿美元。中国对蒙古国主要出口产品包括机械设备、柴油、食品等。中国自蒙古国进口的主要产品包括矿产品、动物毛皮原料及其制成品。

中国是蒙古国最大的投资来源国。投资领域包括矿产、能源、建筑、金融、畜产品加工及餐饮服务等行业。蒙古国吸引中国直接投资流量在2012年以前快速增长，2013年后投资流量不断下降，2015年流量为负值，之后有所回升。2016年中国对蒙古国的对外直接投资流量为7912万美元（见图2-21）。2016年末，中国对蒙古国直接投资存量为383900万美元。

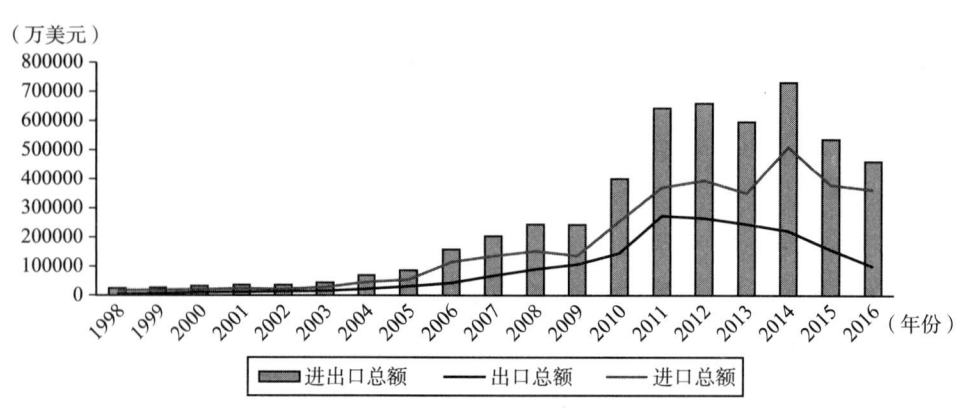

图 2-20 1998~2016 年中国同蒙古国进出口额

资料来源：国家统计局，http://www.stats.gov.cn/。

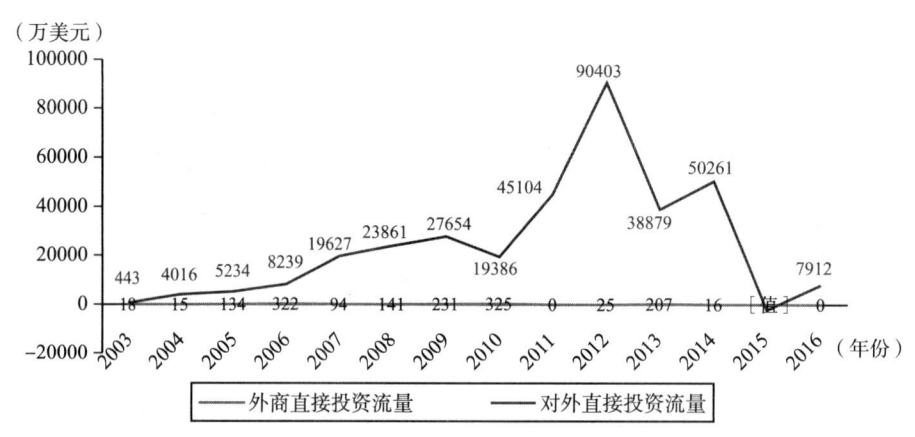

图 2-21 2003~2016 年中国对蒙古国直接投资流量与利用蒙古国直接投资流量对比

资料来源：国家统计局，http://www.stats.gov.cn/。

中国与蒙古国一直保持承包劳务合作，2011~2016 年劳务承包工程完成营业额波动较大，在 2014 年达到顶峰。2016 年，中国在蒙古国承包完成工程营业额 74583 万美元，同比下降 20.22%。承包工程派出人数与年末在外劳务人员不断减少，2016 年承包工程派出 3448 人，年末在外人员 3589 人（见表 2-63）。中国在蒙古主要的承包工程包括水电工程、煤电工程等。[①]

表 2-63　　　　　　2011~2016 年中国与蒙古国劳务合作情况统计

年份	承包工程完成营业额（万美元）	承包工程派出人数（人）	承包工程年末在外劳务人员（人）
2011	65442	10935	7727

---

① 商务部：《中对外投资合作国别（地区）指南：蒙古国（2017 版）》。

续表

年份	承包工程完成营业额（万美元）	承包工程派出人数（人）	承包工程年末在外劳务人员（人）
2012	84063	7896	3821
2013	107163	7951	4297
2014	114102	6701	3791
2015	93484	5363	3875
2016	74583	3448	3589

资料来源：中国商务部。

10. 缅甸

（1）政治关系。中国与缅甸是山水相连的友好邻邦。两国于1950年6月正式建交，建交以来，双边关系不断发展。1960年，中缅两国签署《中华人民共和国和缅甸联邦边界条约》通过友好协商解决历史遗留的边界问题。2011年，中缅确立了全面战略伙伴关系。近年来，中缅两国友好关系继续稳步发展，两国在各领域的交流与合作不断加强，两国高层互访不断。在中国"命运共同体"和"一带一路"的倡议落实中，中缅之间的合作将进一步增强。

（2）经贸关系。中国与缅甸的经贸合作不断发展，合作领域从原来贸易与经济援助扩展到工程承包、投资。目前，中国是缅甸的第一大贸易伙伴，第一大出口市场及第一大进口来源国。1998~2014年两国进出口总额不断上升，年均增长率达27.56%。进出口总额在2014年达到顶峰，且中国对缅甸的进口额首次超过出口额。2014年之后进出口总额不断下降。2016年中国与缅甸的进出口贸易总额为122.86亿美元，同比下降18.63%。其中，中国对缅甸的出口额为81.89亿美元，同比下降15.15%；中国从缅甸进口额为40.98万美元，同比下降26.21%（见图2-22）。中国对缅甸主要出口的出口产品为机械设备、机电产品、纺织品、摩托车配件和化工产品等。缅甸对中国主要出口原木、锯材、农产品和矿产品等。[①]

目前，中国也是缅甸的第一大投资来源国。2006年以前，中国对缅甸的对外直接投资流量较小，之后迅速上升，在2010年投资流量达到顶峰。2016年，中国对缅甸的直接投资流量为287700万美元，同比减少13.27%（见图2-23）。截至2016年末，中国在缅甸的直接投资存量为462000万美元。中国对缅甸的投资领域主要集中在油气资源开发、油气管道建设、资源及矿产开发等。

---

① 孟庆雷、任岩岩、阳茜：《中缅边境贸易发展现状、问题及对策研究》，载《经贸实践》2018年第9期，第36~37页。

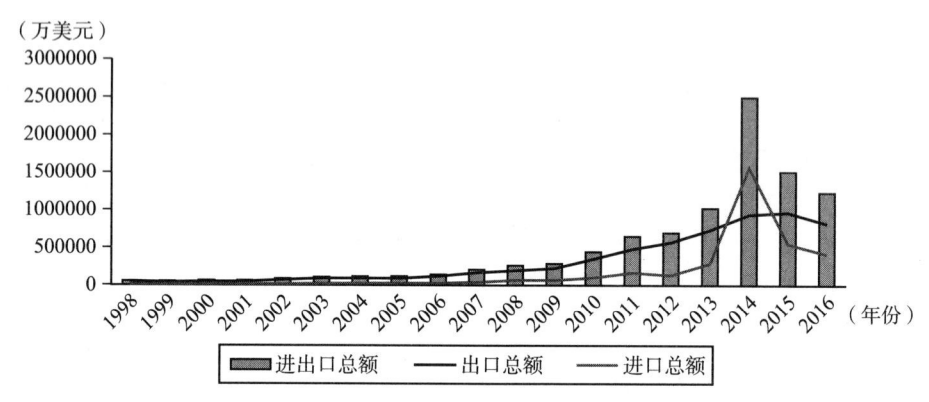

图 2-22　1998~2016 年中国同缅甸进出口额

资料来源：国家统计局，http://www.stats.gov.cn/。

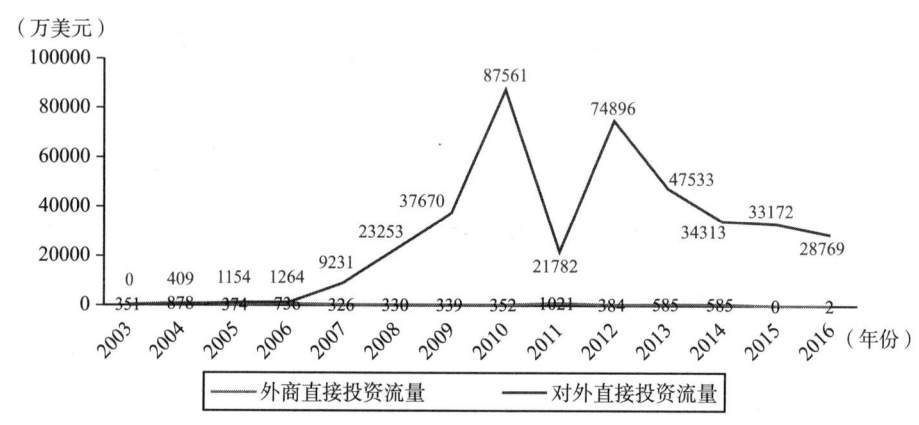

图 2-23　2003~2016 年中国对缅甸直接投资流量与利用缅甸直接投资流量对比

资料来源：国家统计局，http://www.stats.gov.cn/。

劳务合作方面，近年来中国企业在缅甸承包工程合作不断，2011~2016 年承包工程完成营业额平均增长率为 0.06%。2016 年，中国在缅甸承包完成工程营业额 191713 万美元，同比增长 1.183%。承包工程派出人数与年末在外劳务人员不断减少，2016 年承包工程派出 3639 人，年末在外人员 3362 人（见表 2-64）。中国在缅甸主要承包工程包括机场建设、发电厂等。

表 2-64　　　　　　　　2011~2016 年中国与缅甸劳务合作情况统计

年份	承包工程完成营业额（万美元）	承包工程派出人数（人）	承包工程年末在外劳务人员（人）
2011	144684	6612	16012
2012	219811	7290	13374
2013	126126	2373	8701

续表

年份	承包工程完成营业额（万美元）	承包工程派出人数（人）	承包工程年末在外劳务人员（人）
2014	81856	2988	4025
2015	189471	4131	4548
2016	191713	3639	3362

资料来源：中国商务部。

11. 尼泊尔

（1）政治关系。中国与尼泊尔自古以来就是山水相连的友好邻邦，中尼两国有着上千年的交往历史。1955年8月建交以来，中尼传统友谊和友好合作不断发展，两国高层往来密切。2009年中尼两国正式成为世代友好的全面合作伙伴关系。如今，"一带一路"倡议为中尼合作带来了新的机遇，为加深中尼两国友谊与合作，增进双方互信提供了一个新的平台。2017年"一带一路"高峰论坛中，两国元首共同表达了希望进一步积极发展在贸易投资、交通基建、旅游等各个领域的合作愿望。同时，尼泊尔是亚洲基础设施投资银行创始成员国，中尼两国政府于2017年签署关于在"一带一路"倡议下开展合作的谅解备忘录。中尼先后签订贸易、经济技术合作、避免双重征税、交通、我国西藏自治区同尼泊尔通商等协定。中国与尼泊尔在国际事务中保持着良好的沟通与合作，尼泊尔历届政府在涉及西藏、台湾与人权等问题上与中国立场保持一致，中方也为尼泊尔经济社会发展提供力所能及的帮助。

（2）经贸关系。中国与尼泊尔经贸主要包括贸易、投资与工程承包三个方面。近年来，由于市场辐射南亚各个地区，尼泊尔已经成为中国通往南亚市场的重要通道，进出口贸易与过境贸易发展迅速。2014年以前，中尼贸易飞速发展，2009~2014年两国进出口贸易年均增长率高达41.27%，2015年下降之后在2016年有所回升。2016年中国同尼泊尔的进出口贸易总额为88900万美元，同比增长2.77%。两国贸易以中国出口为主，中国对尼泊尔出口额为86600万美元，同比增长4.03%；中国从尼泊尔进口额为2241万美元，进口总量较小。中国对尼泊尔贸易存在巨额的顺差且这种顺差在短时期内难以扭转（见图2-24）。2014年起，中国对尼泊尔的8030种、97%的出口商品享受免税待遇。中国对尼出口商品主要有计算机通讯技术设备、非针织服装、鞋、家具、仪器仪表等。中国从尼进口的主要商品包括贱金属装饰品、皮革、地毯、小麦粉等。[①]

---

① 王小娟、曾思琪：《"一带一路"背景下西藏与印度、尼泊尔、不丹开展经贸合作的对策研究》，载《甘肃科技纵横》2018年第6期，第73~77页。

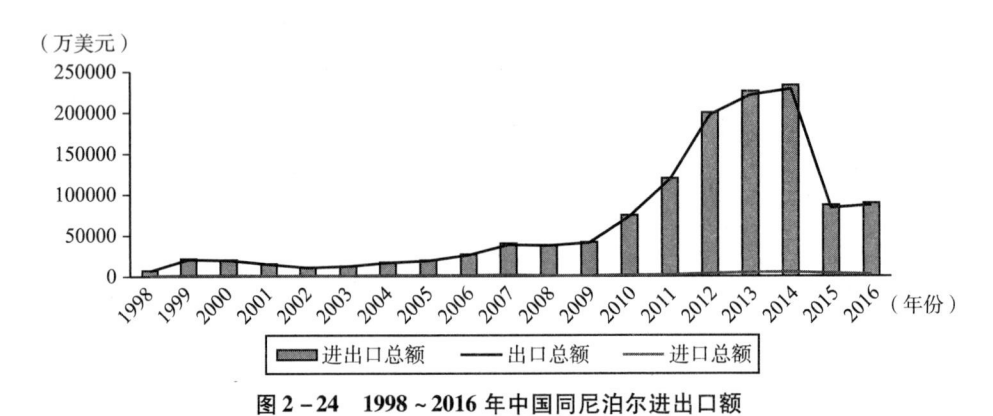

图 2-24　1998~2016 年中国同尼泊尔进出口额

资料来源：国家统计局，http://www.stats.gov.cn/。

双边投资方面，尼泊尔对中国投资一直以来保持在最低水平，而中国对尼泊尔投资不断增加，2012 年后增长速度较快，但 2016 年中国对尼泊尔直接投资流量下降为负值，投资流量为 -4882 万美元（见图 2-25）。截至 2016 年末，中国超越印度成为尼泊尔第一大投资来源国，对尼泊尔直接投资存量为 25000 万美元。[1]

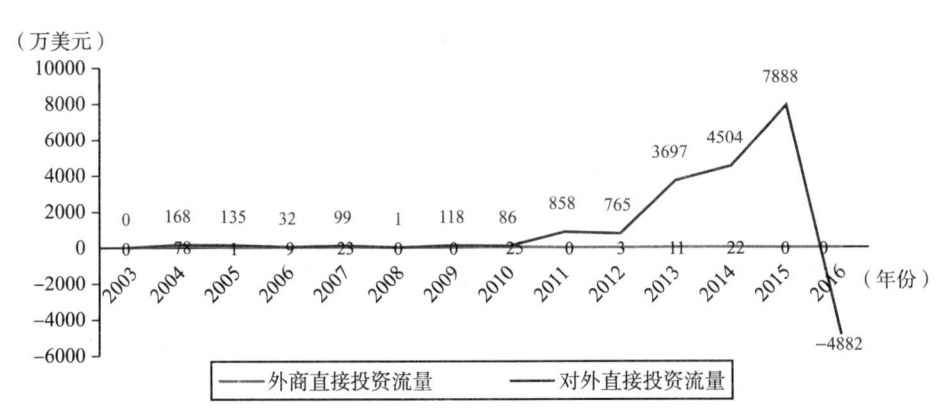

图 2-25　2003~2016 年中国对尼泊尔直接投资流量与利用尼泊尔直接投资流量对比

资料来源：国家统计局，http://www.stats.gov.cn/。

中国在尼工程承包和劳务合作始于 1981 年，两国工程劳务合作不断上升，在 2013 年承包工程完成营业额达到顶峰为 49932 万美元。2014 年开始有所下降，2016 年承包工程完成营业额 22279 万美元，同比下降 11.95%（见表 2-65）。中国在尼泊尔主要承包合作项目包括公路建设、电信设施等。

---

[1] 商务部：《中对外投资合作国别（地区）指南：尼泊尔（2017 版）》。

表 2-65 2011~2016 年中国与尼泊尔劳务合作情况统计

年份	承包工程完成营业额（万美元）	承包工程派出人数（人）	承包工程年末在外劳务人员（人）
2011	19143	763	878
2012	16658	793	940
2013	49932	1277	1162
2014	27283	1538	1883
2015	25302	1150	711
2016	22279	1129	1028

资料来源：中国商务部。

12. 塔吉克斯坦

（1）政治关系。中国与塔吉克斯坦在 1992 年 1 月建交，建交以来，两国关系积极健康、稳步向前发展。2013 年，两国彻底解决历史遗留的边界问题，签署了《中塔睦邻友好合作条约》，建立战略伙伴关系。2014 年起，两国元首开始保持互访。"一带一路"倡议提出后，塔吉克斯坦积极响应，成为全球第一个与中国签订《共同推进"丝绸之路经济带"建设谅解备忘录》的国家。2017 年 8 月两国元首共同确定建立两国全面战略伙伴关系。

（2）经贸关系。中国是塔吉克斯坦仅次于俄罗斯的第二大贸易伙伴。中国与塔吉克斯坦的贸易以中国出口为主，自 2004 年起迅速上升，2008 年后波动上升，2004~2016 年两国进出口总额年均增长率为 19.71%。2016 年中国同塔吉克斯坦的进出口贸易总额为 175600 万美元，同比下降 4.93%。其中中国对塔吉克斯坦出口额为 172500 万美元，同比下降 3.92%；中国从塔吉克斯坦进口额为 3125 万美元，进口总量较小。中国对塔吉克斯坦贸易存在较大顺差（见图 2-26）。中国向塔吉克斯坦出口的商品主要包括纺织品服装、鞋、钢铁及其制品、电气设备机器零件、车辆及其零件等。塔吉克斯坦经济比较落后的出口产品以初级产品为主，包括铝矿、矿砂、农产品如棉花、水果等。

双边投资方面，塔吉克斯坦对中国投资一直维持在最低水平，而中国对塔吉克斯坦的投资不断增加，2011 年后直接投资流量增长速度变大，一直保持着波动上升的趋势。2016 年中国对塔吉克斯坦直接投资流量 27200 万美元，达到历史最高值，同比增长 24.21%。中国对尼泊尔直接投资存量在 2016 年末为 116700 万美元（见图 2-27）。中国企业在塔吉克斯坦投资范围广、深度大，主要投资行业包括基础设施、农业、电力、矿业、水泥、石油天然气、通讯业、房地产、建材及进出口经营等。[1]

---

[1] 韩露、程慧、祁欣、杨超、吴凝、经蕊、韩爽：《塔吉克斯坦投资环境及中塔投资合作》，载《国际经济合作》2017 年第 12 期，第 53~57 页。

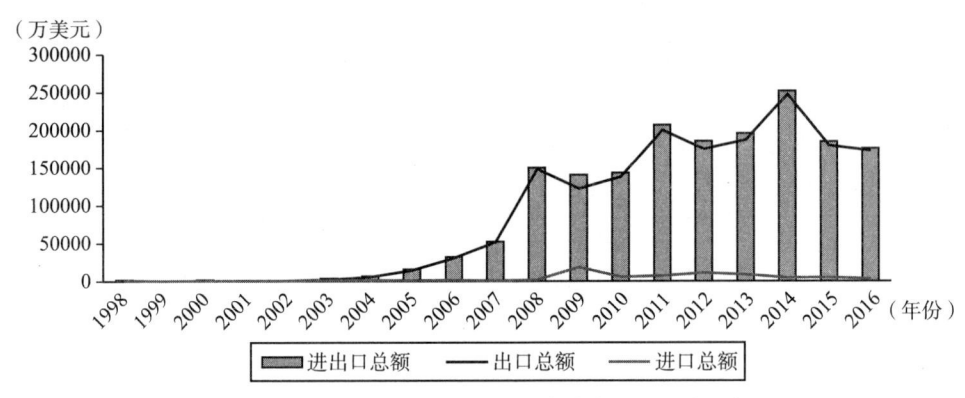

图 2-26　1998~2016 年中国同塔吉克斯坦进出口额

资料来源：国家统计局，http：//www.stats.gov.cn/。

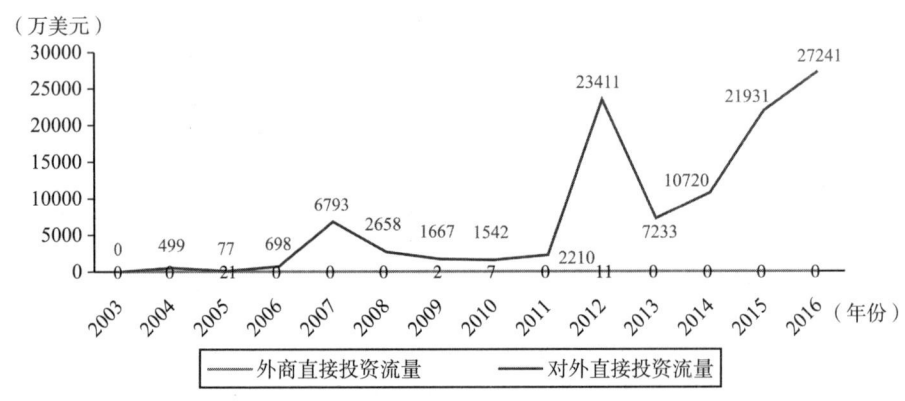

图 2-27　2003~2016 年中国对塔直接投资流量与利用塔直接投资流量对比

资料来源：国家统计局，http：//www.stats.gov.cn/。

承包劳务方面，中国与塔吉克斯坦承包工程合作不断，2011~2016 年承包工程完成营业额不停增长，年平均增长率为 25.44%。2016 年，中国在塔吉克斯坦承包完成工程营业额 70787 万美元，同比增长 9.95%。承包工程派出人数不断增加，2016 年承包工程派出 2194 人，年末在外人员 1327 人（见表 2-66）。中国与塔吉克斯坦主要承包合作工程主要包括路桥建设、工厂建设等。

表 2-66　　　　　　2011~2016 年中国与塔吉克斯坦劳务合作情况统计

年份	承包工程完成营业额 （万美元）	承包工程派出人数 （人）	承包工程年末在外劳务人员 （人）
2011	22792	1060	1413
2012	25244	1199	2070
2013	44456	2032	2306

续表

年份	承包工程完成营业额（万美元）	承包工程派出人数（人）	承包工程年末在外劳务人员（人）
2014	40931	2033	1262
2015	64377	1670	1633
2016	70787	2194	1327

资料来源：中国商务部。

13. 印度

（1）政治关系。中国与印度自古以来就是山水相连的友好邻邦，中印两国有着几千年的友好交流历史。中国与印度在1950年4月正式建交，印度也是中国第一个建交的非社会主义国家。由于边界问题两国在20世纪60年代关系冷淡。1976年双方恢复互派大使后，两国关系逐步改善。2003年双方签署《中印关系原则和全面合作的宣言》。2006年双方发表《联合宣言》，确立深化两国战略合作伙伴关系的十项原则。2013年，中印关系持续稳定发展，双方签订了一系列有关政治经济合作的协议。2014年，中印建立更加紧密的发展伙伴关系。近几年，中国与印度两国高层互访不断，并进一步在深化各个领域合作与发展方面达成共识，增进互信，深化合作。在国际与地区事务中，中国与印度有着广泛共识并保持良好的合作。两国在中印俄三方合作、发展中五国、金砖国家、"基础四国"、多哈回合谈判中保持密切沟通与配合，就国际金融危机、气候变化、能源和粮食安全等重大问题协调立场，共同维护广大发展中国家权益。

（2）经贸关系。中国与印度同为全球经济增长的重要推动力，近年来，两国双边经贸合作持续发展，两国贸易额不断增加。中国在2005~2011年以及2013年后一直为印度的第一大贸易伙伴。1998~2016年，印度进出口总额保持着波动上升的趋势，年均增长率为22.12%。2016年中国同印度的进出口贸易总额为7017900万美元，同比减少1.98%。其中，中国对印度出口额为5741500万美元，同比增长0.32%；中国从印度进口额为1176400万美元，同比下降12.00%（见图2-28）。印度也是中国在南亚最大的贸易伙伴。中国对印度出口商品主要包括机械电气器具、音响设备、有机化学品、钢铁及钢铁制品等。印度对中国主要出口的商品包括金属及其制品、矿产品、化工产品、纺织品、塑料及橡胶等产品。[1]

双边投资方面，中国与印度双边相互投资不断。2010年以前，印度对中国直接投资流量高于中国对印度直接投资流量，一直以来印度对中国的对外投资呈平稳上升趋势。印度对华投资领域主要涉及信息技术、医药制品与生物技术等。2010年后中国对

---

[1] 商务部：《中对外投资合作国别（地区）指南：印度（2017版）》。

印度投资流量猛增，在 2015 年达到顶峰，为 7.05 亿美元。2016 年中国对印度投资流量大幅下降至 9293 万美元（见图 2-29）。中国在印度投资领域包括通讯、家电及轻工业等。①

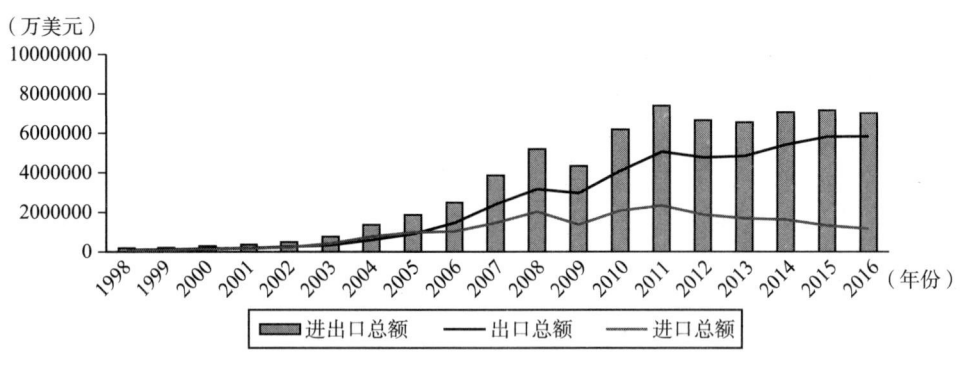

图 2-28　1998~2016 年中国同印度进出口额

资料来源：国家统计局，http://www.stats.gov.cn/。

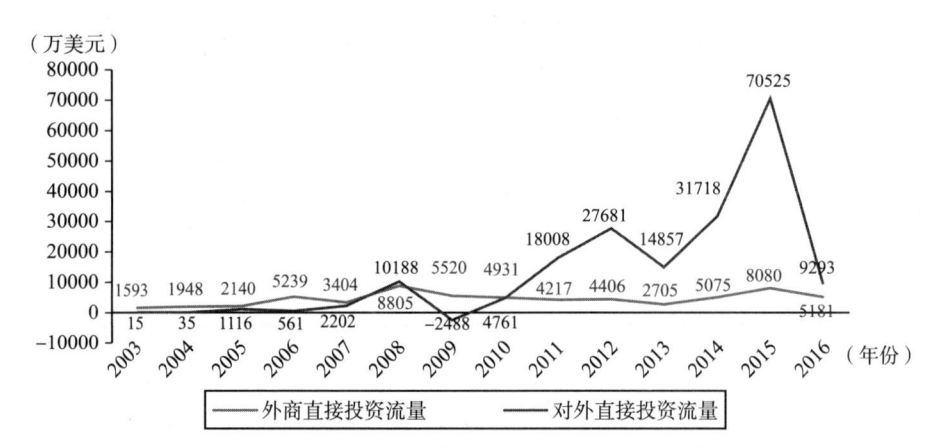

图 2-29　2003~2016 年中国对印度直接投资流量与利用印度直接投资流量对比

资料来源：国家统计局，http://www.stats.gov.cn/。

工程承包方面，中国对印度承包项目涉及较多领域，包括基础设施建设、节能环保、高新技术区，产业园区建设等。2011~2016 年中国在印度承包工程完成营业额不断减少。2016 年中国承包工程完成营业额为 182435 万美元，同比下降 31.8%。同时承包工程派出人数与年末在外劳务人员数也不断减少（见表 2-67）。

---

① 谭港：《"一带一路"背景下中印 FDI 互补性实证分析》，载《中国商论》2018 年第 23 期，第 76~77 页。

表 2-67　　　　　　　2011~2016 年中国与印度劳务合作情况统计

年份	承包工程完成营业额（万美元）	承包工程派出人数（人）	承包工程年末在外劳务人员（人）
2011	744166	3666	4363
2012	669331	2294	3709
2013	528189	1628	2828
2014	253595	1036	1873
2015	267458	926	1491
2016	182435	706	1289

资料来源：中国商务部。

14. 越南

（1）政治关系。中国和越南于 1950 年 1 月建交。建交后中越关系在曲折中发展。1991 年 11 月，双方宣布结束过去，开辟未来，两党两国关系实现正常化。中越关系正常化以来，两党两国关系全面恢复并深入发展，两国领导人保持频繁互访和接触。两国在文化、科技、教育和军事等领域的交流与合作不断向广度和深度发展。两国部门间签署了外交、公安、经贸、科技、文化、司法等各领域合作文件。2000 年，两国发表关于 21 世纪全面合作的《联合声明》，对发展双边友好合作关系做出具体规划。2015 年中国元首访问越南，两国领导人达成了积极推动中国"一带一路"倡议与越南"两廊一圈"的战略对接等一系列重要共识。2017 年双方发表了《中越联合声明》，在深化中越全面战略合作伙伴关系方面达成了重要共识。2018 年两国高层保持互访，为进一步发展两国关系打下基础。

（2）经贸关系。近年来，中国与越南经贸合作不断发展，中国连续 12 年成为越南第一大贸易伙伴。中国与越南进出口贸易总额飞速上升，1998~2016 年中国同越南进出口贸易总额年均增长率为 27.46%。2016 年两国进出口总额在达到历史最高值，为 9827600 万美元，同比增长 2.53%。其中，中国对越南出口总额为 6110400 万美元，同比下降 7.44%；对越南进口额为 3717100 万美元，同比增长 24.60%（见图 2-30）。中国对越南出口商品主要为机电产品、机械设备及零件、面料与纺织纤维、钢铁、矿物燃料以及其他原辅料；越南对中国主要出口矿产燃料及其产品、蔬菜、棉花与水果等农产品、机械器具及零件等。①

---

① 谢学兴、高斌：《中越双边产品内贸易及其影响因素》，载《广西民族大学学报》（哲学社会科学版）2018 年第 4 期，第 167~174 页。

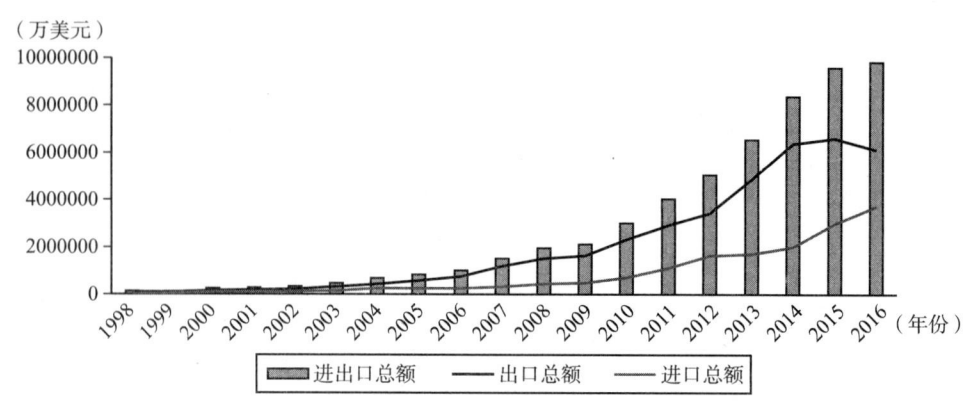

图 2-30 1998~2016 年中国同越南进出口额

资料来源：国家统计局，http://www.stats.gov.cn/。

双边投资方面，越南对中国直接投资流量一直保持在最低水平，而中国对越南的直接投资流量不断上升。2016 年中国对越南直接投资流量为 127900 万美元，在所有对越南投资的国家及地区中排名第四位，中国是越南第八大外资来源国（见图 2-31）。由于越南辐射市场广泛，除了南亚市场外，越南已经打通了通向欧美等重要经济体的贸易通道，中国在越南投资潜力巨大。目前中国在越南投资的主要领域包括加工制造业、房地产与电力生产行业。

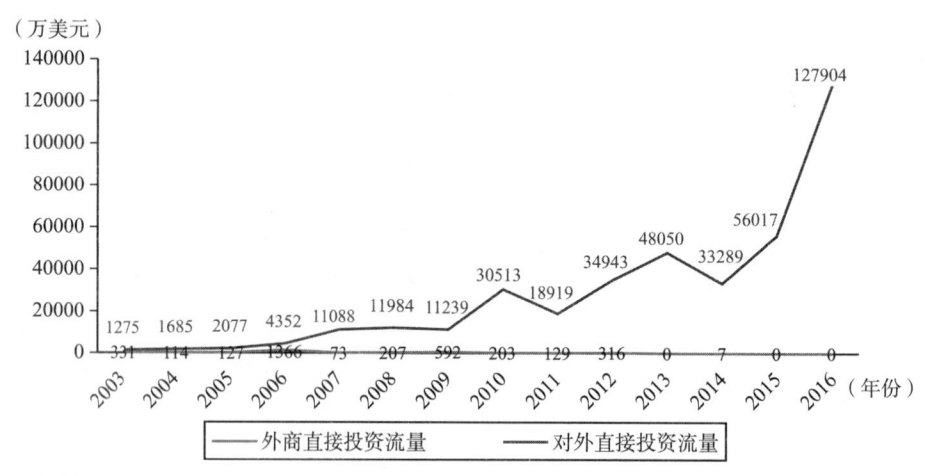

图 2-31 2003~2016 年中国对越南直接投资流量与利用越南直接投资流量对比

资料来源：国家统计局，http://www.stats.gov.cn/。

承包劳务方面，越南是中国在东盟重要的工程承包市场，主要项目包括工厂建设、通信工程、发电厂等。中国在越南承包工程完成营业额呈平稳上升趋势，2011~2016 年年均增长率为 0.01%。2016 年承包工程完成营业额 332394 万美元，承包工程派出人数与年末在外劳务人员不断增加，2016 年承包工程派出人数 4928 人，年末在外劳务人员 8966 人（见表 2-68）。

表 2-68　　　　　　　2011~2016 年中国与越南劳务合作情况统计

年份	承包工程完成营业额（万美元）	承包工程派出人数（人）	承包工程年末在外劳务人员（人）
2011	319342	8752	9358
2012	299763	5377	7310
2013	359283	5746	9542
2014	398439	9878	9132
2015	352317	4933	8521
2016	332394	4928	8966

资料来源：中国商务部。

三、沿边地区开放发展现状

我国沿边地区包括广西、云南、西藏、新疆、甘肃、内蒙古、黑龙江、吉林、辽宁9省区138[①]个边境县（旗、市）和58个团场，与14个国家接壤，陆地边境线长达2.28万公里。9个沿边省区中，辽宁省位于中国东北地区的南部，东南隔鸭绿江与朝鲜相望，包含5个边境县（市）。吉林省东毗邻俄罗斯和朝鲜，与俄罗斯滨海边疆地区接壤，地处中、朝、俄3国交界地带，包含10个边境县（市）。黑龙江省北部、东部以黑龙江、乌苏里江为界，与俄罗斯相望，包含18个边境县（市）。内蒙古自治区北部同蒙古国和俄罗斯联邦接壤，包含19个边境旗（市）。广西壮族自治区面向东南亚，西南与越南比邻，是中国与东盟之间既有陆地接壤又有海上通道的省区，包含8个边境县（市）。云南省毗邻缅甸、老挝和越南，包含25个边境县（市）。西藏自治区西部和南部分别与缅甸、印度、不丹、锡金、尼泊尔等国家和地区接壤，包含18个边境县。甘肃与蒙古国接壤，包含1个边境县。新疆维吾尔自治区与俄罗斯、哈萨克斯坦、吉尔吉斯斯坦、塔吉克斯坦、巴基斯坦、蒙古国、印度、阿富汗8国接壤，是中国面积最大、陆地边境线最长、比邻国家最多的省区，所辖边境县数量也最多，包含32个边境县（市）（见表3-1）。

表3-1　　　　　　　　　　我国沿边地区边境县名单

沿边省区	边境县（市）（138个）
内蒙古自治区（19个）	达尔罕茂明安联合旗、四子王旗、二连浩特市、阿巴嘎旗、东乌珠穆沁旗、苏尼特左旗、苏尼特右旗、满洲里市、额尔古纳市、陈巴尔虎旗、新巴尔虎左旗、新巴尔虎右旗、乌拉特中旗、乌拉特后旗、阿拉善左旗、阿拉善右旗、额济纳旗、阿尔山市、科尔沁右翼前旗
辽宁省（5个）	丹东市振安区、元宝区、振兴区、东港市、宽甸满族自治县
吉林省（10个）	集安市、白山市浑江区、临江市、抚松县、长白朝鲜族自治县 延边朝鲜族自治州：图们市、龙井市、珲春市、和龙市、安图县
黑龙江省（18个）	萝北县、绥滨县、饶河县、密山市、虎林市、鸡东县、嘉荫县、绥芬河市、东宁县、穆棱市、同江市、抚远县、黑河市爱辉区、逊克县、孙吴县、呼玛县、塔河县、漠河县
广西壮族自治区（8个）	防城港市防城区、东兴市、凭祥市、大新县、宁明县、龙州县、靖西县、那坡县

---

① 本报告中关于沿边地区的整体统计数据仅包括136个边境县（旗，市），不包括霍尔果斯市和阿拉山口市。

续表

沿边省区	边境县（市）（138个）
云南省（25个）	澜沧拉祜族自治县、西盟佤族自治县、江城哈尼族彝族自治县、孟连傣族拉祜族佤族自治县、镇康县、沧源佤族自治县、耿马傣族佤族自治县、龙陵县、腾冲县 文山壮族苗族自治州：麻栗坡县、马关县、富宁县 红河哈尼族彝族自治州：绿春县、金平苗族瑶族傣族自治县、河口瑶族自治县 西双版纳傣族自治州：景洪市、勐海县、勐腊县 德宏傣族景颇族自治州：芒市、瑞丽市、盈江市、陇川县 怒江傈僳族自治州：泸水县、福贡县、贡山独龙族怒族自治县
西藏自治区（18个）	洛扎县、错那县、浪卡子县、定结县、定日县、康马县、聂拉木县、吉隆县、亚东县、岗巴县、仲巴县、萨嘎县、噶尔县、普兰县、日土县、札达县、墨脱县、察隅县
甘肃省（1个）	肃北蒙古族自治县
新疆维吾尔自治区（34个）	哈密市、伊吾县、巴里坤哈萨克自治县、和田县、皮山县、温宿县、乌什县、叶城县、塔什库尔干塔吉克自治县 克孜勒苏柯尔克孜自治州：阿图什市、阿合奇县、乌恰县、阿克陶县 昌吉回族自治州：奇台县、木垒哈萨克自治县 博尔塔拉蒙古自治州：博乐市、温泉县、阿拉山口市 伊犁哈萨克自治州：昭苏县、霍城县、察布查尔锡伯自治县、塔城市、额敏县、裕民县、托里县、和布克赛尔蒙古自治县、阿勒泰市、青河县、吉木乃县、富蕴县、布尔津县、福海县、哈巴河县、霍尔果斯市

（一）能源资源富集

我国沿边地区能源资源十分丰富，种类多，储量大，沿边9省区中内蒙古、新疆等省区均为我国矿产资源大省。内蒙古自治区煤炭资源储量极其丰富，仅鄂尔多斯煤田已探明的储量就已占全国总储量的1/10，居内蒙古及全国之首。铬铁、铜、铅、锌、锰、金、银等有色金属和贵重金属也都在全国占有重要地位。新疆也是中国矿产资源最为丰富的省区之一，目前发现的矿产有138种，其中，5种储量居全国首位，25种居全国前5位，40种居全国前10位，23种居西北地区首位。2017年，新疆油田公司在准噶尔盆地附近发现10亿吨级砾岩大油区，已探明储量5.2亿吨，地质储量12.4亿吨，是目前发现的世界最大砾岩油田，相当于可以再造一个克拉玛依油田。东北三省矿产资源支撑着我国东北乃至华北的经济发展，储量最为丰富的矿产资源包括石油、煤矿、天然气、黑色金属、有色金属以及多种非金属类矿产资源。云南地质构造复杂，矿产资源丰富，非金属矿以煤分布最广，金属矿以有色金属矿为主，个旧锡矿、东川铜矿以及钛矿储量在全国名列前茅，有"有色金属王国"之称。广西是中国10个重点有色金属产区之一，其中已探明储量的有色金属矿产达到97种，煤、泥炭、铝、锡、锌、汞、金、钛铁矿、石英砂等20余种矿产在本省储量最大。西藏目前已发现101种矿产资源，查明矿产资源储量的有41种，铬、工艺水晶、刚玉、高温地热、铜、高岭土、菱镁矿、硼、自然硫、云母、砷、矿泉水等12种矿产储量居全国前5位。甘肃已发现各类矿产173种，占全国已知矿种的95%，已探明储量的矿产98种，其中，有27

种矿产的保有储量居全国前五位,其中,镍、钴、铂族(铂、锇、铱、钌、铑、钯)、硒等矿种储量居全国第一,锌、铊、碲居全国第三,铜、镉居全国第四,铅、镁、锑居全国第五。

(二) 经济增速趋缓

我国沿边地区由于地处偏远、基础条件差、历史欠账多、建设成本高、周边环境影响大等多方面因素影响,经济发展基数较小,尤其值得注意的是,最近几年经济增速出现趋缓迹象。从表3-2可以看出,自2010~2013年,沿边138个边境县的地区生产总值从5519.49亿元上升到8796.34亿元,增长率达59.37%,沿边地区经济增长速度高于全国41.79%的增速。在9省区中,西藏沿边地区生产总值增速最快,增长率达224.3%,从2010年的17.37亿元上升至2013年的56.33亿元。沿边地区占全国地区生产总值的比重也有所增长,从2010年的1.38%上升至2013年的1.55%,上升了0.32个百分点。自2013~2016年,沿边136个边境县的地区生产总值从8796.34亿元上升到9146.4亿元,增长率仅为3.98%,沿边地区经济增长速度明显低于全国30.72%的增速,全国占比也从2013年的1.55%下降到1.23%。可见,最近几年沿边地区经济增速趋缓迹象非常明显。

表3-2　　　　沿边9省区138个边境县(市、旗)地区生产总值情况表　　　　单位:亿元

	2010年	2013年		2016年		
		GDP	比2010年增长	GDP	比2013年增长	比2010年增长
全国	401202	568845.2	41.79%	743585.5	30.72%	85.34%
内蒙古边境县	1136.23	1726.98	51.99%	1599.16	-7.40%	40.74%
辽宁边境县	718.75	1061.27	47.65%	517.95	-51.20%	-27.94%
吉林边境县	886.02	1407.08	58.81%	1472.94	4.68%	66.24%
黑龙江边境县	839.15	1268.28	51.14%	1348.93	6.36%	60.75%
广西边境县	380.32	577.34	51.80%	788.45	36.57%	107.31%
云南边境县	684.98	1175.43	71.60%	1584.53	34.80%	131.33%
西藏边境县	17.37	56.33	224.29%	49.84*	-11.52%	186.93%*
甘肃边境县	19.39	43.53	124.50%	18.82	-56.77%	-2.94%
新疆边境县	837.28	1480.1	76.77%	1765.78	19.30%	110.89%
边境县合计	5519.49	8796.34	59.37%	9146.4	3.98%	65.71%
占全国	1.38%	1.55%	—	1.23%	—	—

注:*西藏为2014年数据。
资料来源:根据各省2011年、2014年、2017年统计年鉴整理。

（三）人民收入大幅提高

近年来，沿边地区人均收入大幅提高，人民生活得到较大改善。从城镇居民人均可支配收入看，如表3-3所示，自2010~2016年，沿边9省区城镇居民人均可支配收入从15980元提高至29001元，增长率达81.5%，高于全国城镇居民人均可支配收入75.9%的增长速度；但与全国平均水平33616元相比，沿边省区的城镇人均收入绝对水平仍相对较低，比全国少4615元。其中，内蒙古自治区城镇居民人均可支配收入最高，达32975元，比最低的甘肃25694元高出28%；新疆城镇居民人均可支配收入增速最快，从2010年的13644元上升至2016年的28463元，增长率达108.6%；全部9个省区中，只有广西和吉林的城镇居民人均收入增幅不及全国增幅（76%），分别为66%和72%，分别相差10个和4个百分点；在最近时段（2013~2016年），吉林增幅与全国增幅的差距进一步拉大到5.6个百分点，而广西则缩小至3.2个百分点。

表3-3　　　　　　　　　9省区城镇居民人均可支配收入情况　　　　　　　　　单位：元

	2010年	2013年		2016年		
	人均收入	人均收入	比2010年增长	人均收入	比2013年增长	比2010年增长
全国	19109	26955	41.06%	33616	24.71%	75.91%
内蒙古	17698	25497	44.07%	32975	29.33%	86.32%
辽宁	17713	25578	44.41%	32876	28.53%	85.61%
吉林	15411	22275	44.53%	26530	19.11%	72.15%
黑龙江	13857	19597	41.42%	25736	31.33%	85.73%
广西	17064	23305	36.57%	28324	21.54%	65.99%
云南	16065	23236	44.64%	28611	23.13%	78.10%
西藏	14980	20023	33.66%	27802	38.85%	85.60%
甘肃	13189	18965	43.80%	25694	35.48%	94.82%
新疆	13644	19874	45.66%	28463	43.22%	108.61%
9省区人均	15980	23057	44.29%	29001	25.78%	81.48%

资料来源：根据2011年、2014年和2017年全国以及各省统计年鉴整理。

从农村居民人均可支配收入看，如表3-4所示，自2010~2016年，沿边9省区农村居民人均可支配收入从5207元提高至10444元，增长率达为100.56%，低于全国平均108.9%的增长速度；与全国农村居民人均可支配收入12363元相比，少了1919元。其中，辽宁省的农村居民人均可支配收入最高，达12881元，是唯一高过全国平均水平的沿边省份，比最低的甘肃（7457元）高出72.7%；内蒙古农村居民人均可支配收入增速最快，从2010年的5222元上升至2013年的8596元，增长率达64.6%；全部9

个省区中，辽宁、黑龙江、吉林的农村居民收入增长幅度只有86.5%、90.5%和94.4%，不及全国农村居民人均可支配收入108.9%的增幅，分别相差22.4个、18.4个和14.5个百分点；在最近时段（2013～2016年），辽宁、黑龙江和吉林的增幅与全国的差距都有所缩小，分别为16.6个、16.2个和13个百分点，其中辽宁缩小最明显，此外还新增了内蒙古农村居民人均收入增幅不及全国水平，相差3.9个百分点。

表3-4　　　　　　　　9省区农村居民人均可支配收入情况　　　　　　单位：元

	2010年	2013年		2016年		
	人均收入	人均收入	比2010年增长	人均收入	比2013年增长	比2010年增长
全国	5919	8896	50.30%	12363	38.97%	108.87%
内蒙古	5222	8596	64.61%	11609	35.05%	122.31%
辽宁	6908	10523	52.33%	12881	22.41%	86.46%
吉林	6237	9621	54.25%	12123	26.00%	94.36%
黑龙江	6211	9634	55.11%	11832	22.81%	90.50%
广西	4543	6791	49.47%	10360	52.55%	128.01%
云南	3952	6141	55.39%	9020	46.88%	128.23%
西藏	4139	6578	58.93%	9094	38.25%	119.71%
甘肃	3425	5108	49.15%	7457	45.98%	117.74%
新疆	4643	7296	57.14%	10183	39.57%	119.32%
9省区人均	5207	8022	55.38%	10444	30.19%	100.56%

资料来源：根据2011年、2014年和2017年全国以及各省统计年鉴整理。

（四）对外贸易涨跌互现

边境（沿边）贸易是指边境地区，在一定范围内边民或企业与邻国边境地区的边民或企业之间的货物贸易。有两种形式：一是边民互市贸易，是基于边民个人之间买卖行为的一种贸易方式，两国双方边境居民在规定的开放点或指定的集市上，以不超过规定的金额，买卖准许交换的商品；二是边境小额贸易，指边境地区的外贸公司，与邻国边境地区的贸易机构或企业之间进行的小额贸易。2016年沿边地区对外贸易涨跌互现、喜忧参半。

1. 沿边9省区整体对外贸易不容乐观

如表3-5所示，2016年沿边9省区外贸总额为2266.79亿美元，比2013年的2908.34亿美元下降了22%。9个省区中，只有广西实现了近46%的增长，其余8个省区都有不同程度的下降，其中降幅最大的是西藏，降幅达76.6%；其次为黑龙江，降幅57.5%。辽宁对外贸易在9个省区中居首位，2016年为865.21亿美元；其次是广西,为 478.97 亿美元;最少的是西藏,为 7.78 亿美元。

表 3-5　　　　　　　　2013 年和 2016 年 9 省区对外贸易情况　　　　　单位:亿美元

	2013 年			2016 年			
	总额	进口	出口	总额	总额比 2013 年增长(%)	进口	出口
内蒙古	119.93	79	40.93	117.01	-2.43	72.3	44.71
辽宁	1142.8	497.4	645.4	865.21	-24.29	434.56	430.65
吉林	258.53	190.96	67.57	184.42	-28.67	142.37	42.06
黑龙江	388.8	226.5	162.3	165.3	-57.48	114.9	50.4
广西	328.37	141.42	186.95	478.97	45.86	248.68	230.29
云南	258.29	98.7	159.6	199.99	-22.57	84.17	115.82
西藏	33.19	0.5	32.69	7.78	-76.56	3.08	4.7
甘肃	102.81	56.02	46.79	68.47	-33.40	27.95	40.51
新疆	275.62	52.92	222.7	179.63	-34.83	20.51	159.12
9 省区合计	2908.34	1343.42	1564.93	2266.79	-22.06	1148.51	1118.27

资料来源:根据各省 2014 年、2017 年统计年鉴整理。

2. 边民互市贸易明显上升

1996 年海关总署发布《边民互市贸易管理办法》规定,将"边境地区居民每人每日从边境口岸或从边民互市贸易区(点)内带进的物品,价值在人民币 1000 元以下的,免征进口关税和进口环节税;超过人民币 1000 元不足 5000 元的,对超出部分按《对入境旅客行李物品和个人邮递物品征收进口税办法》规定征税;超出人民币 5000 元的按《中华人民共和国海关进口税则》征收进口关税和进口环节税,并按进出口货物办理有关手续"的规定改为"边民通过互市贸易进口的生活用品(列入边民互市进口商品不予免税清单的除外),每人每日价值在人民币 8000 元以下的,免征进口关税和进口环节税。超过人民币 8000 元的,对超出部分按照规定征收进口关税和进口环节税。"之后,各级地方政府根据要求在边境地区开始设立纳入国家管理的边民互市贸易点。目前,全国经批准且正在运营的互市贸易区(点)共计 74 个,分布在我国 7 个边境省区。

随着地方政府推动边民参与互市贸易的力度不断加大,边民互市贸易在最近几年得到了快速发展。2016 年全国互市贸易总额约为 140 亿美元,其中广西就占到 70% 以上,达 100.44 亿美元,比上年增长 88.7%;云南为 24.12 亿美元,比上年增长 52.6%。2017 年,我国互市贸易进出口总额为 126 亿美元,比上年略有下降。其中,广西依旧在全国沿边省区遥遥领先,达 93.75 亿美元,占全国 74.4%。

广西边民互市贸易发展最为迅速,主要得益于互市贸易方式的创新。过去虽然有国家的"政策红利",但是不少边民仍然生活在贫困线以下。近年来,借助边境小额贷款，通过政府扶持或边民自发组建合作社或互助组扩大交易规模，以整车整柜方式与越南商人进行贸易。同时，为了进一步完善边民互市贸易无纸化通关体系，2016年全国首个智能化便民互市管理系统——边民互市"一指通"系统在广西全面正式启用，大大提升了通关效率，给广大边民带来了更大的经济利益，加之国内对水海产品、水果、坚果等消费品的需求逐步扩大，为边民互市贸易进口带来很大的增长空间，推动了边民互市贸易的快速发展。广西边境贸易过去以边境小额贸易为主、以边民互市贸易为辅的基本格局发生了改变。2016年，广西建立了18个互市产品加工厂，安排近万人就业；同时深入实施"加工贸易倍增计划"和"引资强贸"工程，大力承接加工贸易产业转移，吸引了中电国际、赛尔康、香港利嘉、云芯固定硬盘等世界知名企业和项目落户。2017年，广西边民通过参与互市贸易直接脱贫1.3万余人；边境产业不断夯实，目前广西已初步建成龙州、凭祥、东兴3个边贸扶贫产业园，沿边产业培育出10大类、年产值共100亿余元的跨境加工制造业，提供就业岗位2万多个，实现了边境贸易、跨境加工与扶贫工作互动发展。

3. 边境小额贸易大幅下降

我国边境小额贸易从无到有，一度实现了快速增长，2013年增至452.67亿美元，扩大了近11倍。但之后出现萎缩，如表3-6所示，2016年我国9省区的边境小额贸易大幅回落至330.03亿美元，比2013年下降幅度高达27%。2017年虽有所回暖，达到388亿美元，但仍不及2013年的水平。

表3-6　　　　　2013年和2016年9省区边境小额贸易额情况　　　　单位：亿美元

	2013年				2016年			
	总额	进口	出口	贸易差额	总额	进口	出口	贸易差额
内蒙古*	46.84	36.34	10.5	-25.84	31.47	27.5	3.97	-23.52
辽宁	10.45	3.14	7.31	4.17	6.02	1.48	4.54	3.06
吉林	5.27	1.93	3.33	1.4	2.72	1.54	1.19	-0.35
黑龙江	78.87	32.85	46.02	13.18	26.53	17.23	9.3	-7.93
广西	115.09	10.37	104.72	94.35	118.87	5.17	113.69	108.52
云南	33.34	14.87	18.47	3.6	29.47	11.96	17.51	5.55
西藏*	19.24	0.1	19.14	19.04	4.51	0.04	4.47	4.43
甘肃	—	—	—	—	—	—	—	—
新疆	143.58	37.25	106.33	69.09	110.44	2.74	107.7	104.97
沿边地区合计	452.67	136.84	315.83	178.99	330.03	67.65	262.38	194.73
占沿边9省区比重	15.56%	10.195%	20.18%	—	14.56%	5.89%	23.46%	—
占全国贸易比重	1.09%	0.70%	1.43%	—	0.90%	0.43%	1.25%	—

注：其中*表示内蒙古和西藏2016年为2015年的数据，来源分别为《内蒙古自治区2016年国民经济和社会发展统计公报》和《西藏自治区2016年国民经济和社会发展统计公报》。

资料来源：根据各省区2014年、2017年统计年鉴整理。

沿边地区边境小额贸易总体为顺差。如表3-6所示，2013年贸易顺差额为178.99亿美元，2016年顺差额扩大为194.73亿美元。2016年9省区沿边地区有内蒙古自治区、黑龙江和吉林呈现贸易逆差，逆差额分别为23.52亿美元、7.93亿美元和0.35亿美元，其他各省沿边地区均为贸易顺差，其中，贸易顺差主要来自广西壮族自治区和新疆维吾尔自治区，分别为108.52亿美元和104.97亿美元。

沿边地区外贸发展格局有所变化。如表3-7所示，对内蒙古、辽宁、吉林、黑龙江和广西5个省区来说，边境小额贸易占本省区对外贸易的比重有所下降，其中内蒙古从2013年的39.06%下降到2016年的26.89%，降幅达12个百分点；其次是广西，从35.05%下降到24.82%，降幅为10个多百分点。对云南、西藏和新疆来说，都有不同程度的提升，其中新疆提升幅度最大，从2013年的52.09%提高到2016年的61.48%，增幅达9.5个百分点。

表3-7　　　　2013年和2016年9省区边境小额贸易占本省区对外贸易比重　　　　单位：%

	2013年			2016年		
	总额占比	进口占比	出口占比	总额占比	进口占比	出口占比
内蒙古	39.06	46	25.65	26.89	38.03	8.89
辽宁	0.91	0.63	1.13	0.7	0.34	1.05
吉林	2.04	1.01	4.93	1.48	1.08	2.82
黑龙江	20.28	14.5	28.36	16.05	15	18.46
广西	35.05	7.33	56.01	24.82	2.08	49.37
云南	12.91	15.07	11.57	14.74	14.21	15.12
西藏	57.97	19.8	58.55	57.99	1.28	95.09
甘肃	—	—	—	—	—	—
新疆	52.09	70.38	47.75	61.48	13.34	67.69

注：—表示数据不可得。
资料来源：根据各省2014年和2017年统计年鉴整理。

（五）国际投资一降一升

沿边地区由于经济发展水平相对落后，因此国际投资活动从整体上来看都不太活跃。因数据可获得性原因，在此仅跟踪沿边省区的国际投资活动。总体来看，沿边省/区的国际投资活动不及东部沿海地区，且利用外商直接投资要远高于对外直接投资。

1. 利用外商直接投资大幅下降

沿边9省区2016年利用外商直接投资出现大幅下跌，2017年趋于稳定，略有增长。如表3-8所示，2010年和2013年，沿边9省区利用外资的总额分别达到了342.55亿美元和489.52亿美元，分别占全国利用外资的32.40%和41.63%；其中，辽宁利用外资在沿边省份中独占鳌头，2010年和2013年分别占全国的19.62%和24.70%，吉林、内蒙古和黑龙江也有不俗表现。但到了2016年和2017年，沿边9省区利用外资金额明显下降，分别只有162.93亿美元和176.06亿美元，分别比2013年下降了2/3和64%；同时，在全国利用外资中的占比也下降到了12.9%和13.4%；其中，黑龙江成为吸引外资最多的沿边省份，2016年和2017年分别为59亿美元和58.4亿美元。

表3-8　9省区利用外商直接投资情况　单位：亿美元

	2010年		2013年		2016年		2017年	
	利用外资	全国占比（%）	利用外资	全国占比（%）	利用外资	全国占比（%）	利用外资	全国占比（%）
全国	1057.35	100.00	1175.83	100.00	1260.01	100.00	1310.00	100.00
内蒙古	39.43	3.73	46.45	3.95	39.70	3.15	31.50	2.40
辽宁	207.50	19.62	290.40	24.70	29.99	2.38	53.40	4.08
吉林	41.65	3.94	67.64	5.75	11.54	0.92	12.50	0.95
黑龙江	27.60	2.61	46.40	3.95	59.00	4.68	58.40	4.46
广西	9.12	0.86	7.00	0.60	8.23	0.65	8.23	0.63
云南	13.29	1.26	25.10	2.13	8.67	0.69	9.63	0.74
西藏	0.24	0.02	1.01	0.09	0.64	0.05	0.00	0.00
甘肃	1.35	0.13	0.71	0.06	1.15	0.09	0.44	0.03
新疆	2.37	0.22	4.81	0.41	4.01	0.32	1.96	0.15
9省区合计	342.55	32.40	489.52	41.63	162.93	12.93	176.06	13.44

资料来源：全国数据来自各年国民经济和社会发展统计公报，各省数据来自各省年度统计公报。

2. 对外直接投资稳步上升

沿边地区对外直接投资整体上仍处于较低水平，最近几年虽然发展也较快，但由于之前基数小，在全国的比重依旧偏低。如表3-9所示，2010~2016年，全国对外直接投资从601.82亿美元迅速上升至1812.31亿美元，上涨了2.01倍；同期沿边地区则从33.17亿美元上升至99.61亿美元，涨幅接近全国水平，其中，新疆从0.48亿美元上涨到11.72亿美元，涨幅达23.4倍，在沿边地区居首；2016年，辽宁、内蒙古和云南对外直接投资在沿边地区名列前三；9省区对外直接投资在全国的比重基本维持不变，2010年和2016年均为5.5%左右，其中辽宁占比从3.22%降至1.03%，内蒙古占比从0.13%上升至0.97%。

三、沿边地区开放发展现状

表 3-9　　　　　　　　　　9 省区非金融类对外直接投资情况　　　　　　　　　单位：亿美元

	2010 年		2013 年		2016 年		2017 年	
	对外投资	全国占比（%）	对外投资	全国占比（%）	对外投资	全国占比（%）	对外投资	全国占比（%）
全国	601.82	100.00	927.40	100.00	1812.31	100.00	1583.00	100.00
内蒙古	0.80	0.13	4.09	0.44	17.52	0.97	—	—
辽宁	19.36	3.22	12.95	1.40	18.63	1.03	17.10	1.08
吉林	2.13	0.35	7.52	0.81	2.05	0.11	—	—
黑龙江	2.38	0.40	7.73	0.83	11.83	0.65	—	—
广西	1.87	0.31	0.81	0.09	14.31	0.79	—	—
云南	5.13	0.85	8.30	0.90	15.62	0.86	18.23	1.15
西藏	0.00	0.00	0.00	0.00	0.23	0.01	—	—
甘肃	1.02	0.17	4.32	0.47	7.70	0.43	—	—
新疆	0.48	0.08	3.16	0.34	11.72	0.65	—	—
9 省区合计	33.17	5.51	48.89	5.27	99.61	5.50	—	—

注：—表示数据不可得。
资料来源：各年度《中国对外直接投资统计公报》。

（六）平台建设积极推进

边境经济合作区、跨境经济合作区、沿边重点开发开放试验区是目前我国沿边开放发展最重要的三大载体平台。

1. 边境经济合作区

1992 年，为进一步加快对外开放，发展与周边国家的经贸合作，繁荣沿边少数民族地区经济，国务院做出了开放部分沿边城市，兴办边境经济合作区的重要决定。截至 2017 年底，国务院在沿边 7 省区共批准设立了 17 家边合区，如表 3-10 所示。

表 3-10　　　　　　　　　　边境经济合作区名单

省区	边境经济合作区
内蒙古（2 个）	满洲里边境经济合作区、二连浩特边境经济合作区
辽宁（1 个）	丹东边境经济合作区
吉林（2 个）	珲春边境经济合作区、和龙边境经济合作区
黑龙江（2 个）	黑河边境经济合作区、绥芬河边境经济合作区
广西（2 个）	凭祥边境经济合作区、东兴边境经济合作区
云南（4 个）	畹町边境经济合作区、河口边境经济合作区、瑞丽边境经济合作区、临沧边境经济合作区
新疆（4 个）	伊宁边境经济合作区、博乐边境经济合作区、塔城边境经济合作区、吉木乃边境经济合作区

边境经济合作区已经成为沿边地区经济的重要增长点。从表3-11可以看出，部分边境经济合作区的经济总量达到所在城市的50%以上。边境经济合作区的发展带动了所在口岸、交通等基础设施建设，优化了沿边地区投资环境，加快了所在地的城镇化步伐，不少边境小镇依托边境经济合作区逐步发展成为繁荣现代的口岸城市。

表3-11　　　　　　　　　边境经济合作区地区生产总值情况

名称	所在地	边境经济合作区地区生产总值（亿元）			所在地地区生产总值（亿元）			边境经济合作区占比（%）		
		2015年	2016年	2017年	2015年	2016年	2017年	2015年	2016年	2017年
绥芬河	绥芬河市	20.1	24.1	24.3	132.1	136.9	137.4	15.3	17.6	17.7
黑河	黑河市	8.9	6.6	7.1	447.8	490.0	504.2	2	1.34	1.40
满洲里	满洲里市	72.5	77.6	52.3	225.8	241.6	162.9	32.1	32.1	32.1
二连浩特	二连浩特市	20.6	8.4	4.4	100.7	109.6	101.8	20.5	7.7	4.3
丹东	丹东市	97	62	64	984.9	771	791	9.8	8.0	8.0
珲春	珲春市	90.7	92.6	97.3	142.3	151.0	140.9	63.7	61.3	69.0
和龙	和龙市	—	—	0.2	55.6	58.6	59.9	—	—	0.3
凭祥	凭祥市	22	31.8	38.8	56.9	65.4	76.4	38.7	48.7	50.8
东兴	东兴市	90.3	59.6	62.4	93.1	93.0	104.0	97	64.1	60.0
瑞丽	瑞丽市	23.5	28.4	31.9	77.1	86.1	106.2	30.6	33.0	30.0
畹町	瑞丽市	6	6.8	7.9	77.1	86.1	106.2	7.7	7.9	7.5
河口	河口县	19.1	23.9	28.9	37.3	41.9	52.0	34.8	57.0	56.0
临沧	临沧市	21.7	25.0	28.7	502.1	552.4	604.1	4.3	4.5	4.8
伊宁	伊宁市	35.5	34.7	36.5	209.9	200.4	222.9	16.9	17.3	16.4
博乐	博乐市	37.1	32.0	37.0	113.3	104.1	105.8	32.7	30.7	25.5
塔城	塔城市	11.3	17.9	18.4	87.9	72.4	80.4	12.9	24.7	22.9
吉木乃	吉木乃县	3.5	3.8	3.9	11.2	10.9	12.0	30.9	34.8	32.6

注：和龙边境经济合作区于2015年批复成立，部分统计数据暂无。
资料来源：边境经济合作区、跨境经济合作区发展报告（2018）。

2017年，17个边境经济合作区进出口总额达10535968万元，如表3-12所示。其中，广西、云南两省区较为突出，凭祥、东兴、河口、瑞丽边境经济合作区的进出口额分别达2336342万元、2258617万元、1374465万元和1223100万元，位居全国边境经济合作区前4位。

表 3-12　　　　　　　　　边境经济合作区进出口总额情况

名称	所在地	2017年边境经济合作区进出口总额（万元）
全部		10535968
绥芬河边境经济合作区	绥芬河市	219347
黑河边境经济合作区	黑河市	30287
满洲里边境经济合作区	满洲里市	330813
二连浩特边境经济合作区	二连浩特市	89000
丹东边境经济合作区	丹东市	998758
珲春边境经济合作区	珲春市	769500
和龙边境经济合作区	和龙市	0
凭祥边境经济合作区	凭祥市	2336342
东兴边境经济合作区	东兴市	2258617
瑞丽边境经济合作区	瑞丽市	1223100
畹町边境经济合作区	瑞丽市	147256
河口边境经济合作区	河口县	1374465
临沧边境经济合作区	临沧市	521230
伊宁边境经济合作区	伊宁市	49613
博乐边境经济合作区	博乐市	0
塔城边境经济合作区	塔城市	153266
吉木乃边境经济合作区	吉木乃县	34374

注：和龙边境经济合作区于2015年批复成立，部分统计数据暂无。
资料来源：边境经济合作区、跨境经济合作区发展报告（2018）。

在稳定和扩大对外贸易规模的同时，各边境经济合作区主动融入"一带一路"国际合作，积极推进"五通"，对毗邻国家和周边地区的示范作用不断扩大。广西、云南依托边境经济合作区等开放平台，开展个人跨境贸易人民币结算、中越货币特许兑换和中缅币结算中心建设等金融创新工作，促进了边境两侧的资金融通。黑河边境经济合作区与俄罗斯的资源能源合作、绥芬河依托边境经济合作区开展的口岸建设、临沧边境经济合作区与缅甸地方层面的对接协作，都取得了积极成效。

2. 跨境经济合作区

随着我国沿边开放不断深化，2005年以来，与有着共同发展意愿的毗邻国家，通过友好协商方式，探索建立跨境经济合作区，逐步成为与周边国家创新合作模式、加快沿边开放步伐的重要举措。截至2017年底，我国共与周边国家正式设立2家跨境经济合作区，分别为中国哈萨克斯坦霍尔果斯国际边境合作中心和中国老挝磨憨—磨丁经济合作区。

截至 2018 年 4 月 18 日，中哈霍尔果斯国际边境合作中心正式封关运营 6 周年。6 年来，合作中心经济不断繁荣、业态日渐丰富、功能持续完善。截至 2018 年 3 月，合作中心出入境人数达 1779 余万人次，贸易额 227 余亿元人民币，年均增速分别高达 87% 和 225%。

2017 年，中老磨憨—磨丁经济合作区完成固定资产投资 18.02 亿元；完成招商引资到位资金 11.5 亿元；工业总产值 6.08 亿元，同比增长 68.9%；实现全部利税总额 1.89 亿元，同比增长 70.3%；对外经济贸易总额 149.19 亿元人民币，同比增长 34.23%；出入境人员总数 164.84 万人次，同比增长 17.14%；出入境车辆总数 52.31 万辆次，同比增长 12.76%。

3. 重点开发开放试验区

自 2012 年起，我国陆续在西南沿边地区、内蒙古沿边地区以及东北沿边地区设立了 7 个重点开发开放试验区，分别为广西东兴、广西凭祥、云南瑞丽、内蒙古满洲里、内蒙古二连浩特、云南勐腊（磨憨）和黑龙江绥芬河—东宁重点开发开放试验区。经过多年实践，在一系列优惠政策和体制机制创新改革的双轮驱动下，上述试验区建设取得了重要进展和明显成效。一方面，综合经济实力提升步伐加快，试验区逐步成为沿边地区发展的增长极。在"十二五"期间，2012 年最先设立的广西东兴、云南瑞丽和内蒙古满洲里三个试验区的地区生产总值年均增长分别达到 10.88%、21.43%、8.47%。另一方面，体制机制创新取得重大突破，正在形成沿边省份开放高地。东兴试验区全国第一个国检试验区投入使用，实现关检合作"三个一"（一次申报、一次查验、一次放行）；建成东兴市边民互市贸易结算中心；试验采取"边民 + 合作社（互助组）+ 加工厂 + 金融"的创新模式。瑞丽试验区成立瑞丽中缅货币兑换中心，率先实现缅甸境内人民币跨境支付和中缅银行间电子直汇；瑞丽口岸启动自助通关系统，出入境人员 8 秒即可通关等。试验区的建设与发展为沿边地区带来了生机与活力，成为我国沿边地区经济社会发展的重要支撑，同时也是深化我国与周边国家和地区合作的重要平台。

（七）开放口岸发展迅速

实施沿边开放政策以来，沿边 9 省区边境口岸建设取得较快发展。据统计，我国共分布着 72 个经国家批准对外开放的边境口岸。这些边境口岸作为联结我国与毗邻国家的桥梁纽带，为促进边境地区的开放发展，以及推动我国与周边国家的睦邻友好发挥了积极作用。在 72 个边境口岸中，铁路口岸有 11 个，公路口岸有 61 个。

如表 3 - 13 和表 3 - 14 所示，2014 年，边境口岸进出口货运量达 11247.73 万吨，其中，铁路口岸 4257.2 万吨，公路口岸 6990.53 万吨。2016 年，边境口岸进出口货运量达 12363.64 万吨，比 2014 年增长 9.92%；其中，铁路口岸 4269.77 万吨，比 2014 年增长 0.3%；公路口岸 8093.87 万吨，比 2014 年增长 15.78%。

三、沿边地区开放发展现状

表3-13　2014年和2016年沿边铁路口岸运行统计表

序号	省份	口岸名称	进出口货运量（吨） 2014年	排名	2016年	排名	出入境人员（人次） 2014年	排名	2016年	排名	出入境运输工具（列次） 2014年	排名	2016年	排名
1	内蒙古	满洲里	14497706	1	13957721	1	35626	6	30000	7	8750	2	8869	1
2	新疆	阿拉山口	10872378	2	6512344	4	49259	5	39500	5	11022	1	8379	3
3	内蒙古	二连浩特	8260599	3	9703068	2	232176	2	151800	2	8496	3	8688	2
4	黑龙江	绥芬河	7433311	4	8875453	3	126913	3	184700	1	7383	4	7097	4
5	吉林	珲春	617235	5	1957069	5	2407	10	4200	10	564	9	1330	7
6	广西	凭祥	425934	6	407916	7	58807	4	73275	4	2336	6	1667	6
7	辽宁	丹东	282215	7	134376	10	262033	1	144900	3	1401	7	1263	8
8	吉林	图们	146683	8	161085	9	18368	7	1000	11	285	10	282	11
9	吉林	集安	36399	9	30672	11	13854	8	25389	8	883	8	684	10
10	云南	河口	3522	10	390524	8	266	11	7300	9	41	11	1227	9
11	新疆	霍尔果斯	—	—	567434	6	6309	9	32400	6	2509	5	2032	5
	合计		42571982		42697662		806018		694464		43670		41518	

注：一霍尔果斯铁路口岸于2012年12月22日经国家口岸办批准对外临时开放，正式开放为2016年6月7日。
资料来源：中国海关统计。

表3-14　沿边公路口岸运行统计表：2014年和2016年

序号	省份	口岸名称	进出口货运量（吨） 2014年	排名	2016年	排名	出入境人员（人次） 2014年	排名	2016年	排名	出入境运输工具（列次） 2014年	排名	2016年	排名
1	新疆	霍尔果斯	21490437	1	25575568	1	523189	8	411700	14	69076	15	51668	18
2	内蒙古	千其毛都	14464228	2	15535196	2	412294	11	563118	11	310366	3	463185	3
3	内蒙古	策克	7271370	3	11977688	3	220390	16	299415	18	181515	9	253496	6
4	云南	瑞丽	3631070	4	4143674	4	652631	7	15756480	1	2381126	1	3975104	1
5	云南	腾冲	3012414	5	1585044	10	21434	32	382918	17	135277	12	104674	14
6	广西	友谊关	2905840	6	3197590	5	863827	4	1312630	5	3319	40	109975	13
7	内蒙古	二连浩特	2299607	7	795850	12	1230527	3	1774000	4	435099	2	480158	2
8	云南	河口	1842828	8	2650512	6	2650512	6	3148742	3	143572	11	201809	9
9	新疆	老爷庙	1768004	9	2289251	7	2289251	7	17211	40	38360	19	16562	33
10	云南	磨憨	1582722	10	1585176	9	519297	9	1193977	6	294665	4	369660	4
11	内蒙古	珠恩嘎达布其	978995	11	617086	16	91028	22	92611	31	70332	14	57861	17
12	吉林	南坪	851000	12	1081543	11	583	50	14459	43	45552	17	48049	20
13	黑龙江	绥芬河	656555	13	635469	14	658686	6	814000	9	61679	16	66493	16
14	内蒙古	满洲里	617196	14	621151	15	1415746	2	150400	25	241354	6	168478	10
15	云南	孟定	519375	15	464643	18	126958	21	393731	15	196093	8	235843	7
16	新疆	吐尔尕特	423588	16	422906	17	37747	29	45073	36	26832	23	35607	22
17	新疆	伊尔克什坦	416171	17	427113	19	39922	26	40045	37	27469	22	25608	28
18	新疆	卡拉苏	411000	18	223917	29	28277	31	14681	42	—		12242	37
19	新疆	都拉塔	374297	19	305028	27	32384	30	27598	39	26260	24	21097	30
20	广西	东兴	355626	20	575856	17	3648509	1	6638751	2	303	47	31187	25

三、沿边地区开放发展现状　119

续表

序号	省份	口岸名称	进出口货运量（吨）			出入境人员（人次）				出入境运输工具（列次）			
			2014年	2016年	排名	2014年	排名	2016年	排名	2014年	排名	2016年	排名
21	新疆	吉木乃	353773	350844	25	137887	18	88427	32	6876	37	5879	40
22	吉林	圈河	341385	384700	22	292157	13	440068	13	120020	13	142507	12
23	黑龙江	东宁	312382	277660	28	283174	14	235645	20	34045	20	31631	24
24	云南	天保	285123	332538	26	130650	20	1143094	7	41812	18	83084	15
25	吉林	珲春	281588	416642	21	300512	12	391200	16	17148	27	20872	31
26	辽宁	丹东	283215	1665656	8	262033	15	251500	19	148400	10	154127	11
27	吉林	三合	253345	73239	36	7586	41	8512	46	10004	32	5868	41
28	内蒙古	额布都格	235374	679736	13	32840	29	71261	34	18341	26	50303	19
29	内蒙古	满都拉	211272	380014	24	21228	33	97194	29	14396	29	31984	23
30	新疆	巴克图	184716	138724	32	134739	19	109276	28	16726	28	15527	34
31	吉林	长白	182210	179220	31	3671	43	29542	38	6904	36	12642	36
32	云南	畹町	172399	194988	30	16024	38	718781	10	270337	5	229570	8
33	新疆	塔克什肯	147807	382702	23	64608	24	168461	23	11389	31	13597	35
34	西藏	樟木	139905	3110	50	149738	17	6586	49	29157	21	842	50
35	吉林	古城里	125403	61144	35	1157	46	7947	47	9000	35	3726	47
36	云南	打洛	118537	110822	33	789412	5	1028939	8	232279	7	291551	5
37	广西	龙邦	70332	36952	42	13891	40	145877	27	12	50	3282	48
38	广西	水口	63017	23585	46	19521	36	160795	24	0	51	21828	29
39	新疆	红其拉甫	46500	57530	38	39405	27	13117	44	25883	25	5162	42
40	吉林	临江	35840	45117	40	1024	48	9529	45	3156	41	4652	43

续表

序号	省份	口岸名称	进出口货运量（吨） 2014年	排名	2016年	排名	出入境人员（人次） 2014年	排名	2016年	排名	出入境运输工具（列次） 2014年	排名	2016年	排名
41	吉林	开山屯	37970	41	33116	44	1109	47	7009	48	2733	43	4531	44
42	内蒙古	阿日哈沙特	28238	42	4840	49	38165	28	96224	30	9177	34	17547	32
43	黑龙江	虎林	26496	43	35686	43	14026	39	224773	21	3473	39	4166	46
44	内蒙古	室韦	26115	44	48686	39	2518	44	4599	50	2229	44	4441	45
45	云南	金水河	22852	45	17782	47	5502	42	442880	12	11925	30	30538	26
46	黑龙江	密山	17533	46	15559	48	18811	37	150177	26	2931	42	6509	38
47	吉林	沙坨子	9540	47	29585	45	600	49	3440	51	1198	45	2478	49
48	内蒙古	黑山头	9076	48	42513	41	19956	35	14843	41	5083	38	6144	39
49	新疆	乌拉斯台	1795	49	206	51	264	51	225	54	91	49	52	53
50	西藏	吉隆	807	50	104704	34	17	52	76192	33	92	48	27505	27
51	新疆	红山嘴	458	51	162	52	0	53	946	53	0	51	248	52
52	广西	平孟	0	52	0	54	64980	23	217117	22	0	51	0	54
53	吉林	集安	0	52	0	54	0	53	0	55	0	51	0	54
54	甘肃	马鬃山	0	52	0	54	0	53	0	55	0	51	0	54
55	西藏	普兰	0	52	0	54	0	53	0	55	0	51	0	54
56	新疆	木扎尔特	0	52	0	54	0	53	0	55	0	51	0	54
57	新疆	阿黑土别克	0	52	0	54	0	53	0	55	0	51	0	54
58	云南	勐康	开放未满3年		100636	35	20212	34	58430	35	9490	33	38412	21
59	内蒙古	阿尔山	开放未满3年		19	53	1356	45	1088	52	344	46	350	51
合计			69905330		80938678		18351965		39515234		5752900		8000311	

注：一表示数据不可得；爱店口岸、都龙口岸暂无相关数据。

资料来源：中国海关统计、2017年中国口岸年鉴。

2014年出入境人员达1915.8万人次,其中铁路口岸80.6万人次,公路口岸1835.2万人次。2016年出入境人员达4020.97万人次,比2014年增长109.88%;其中铁路口岸69.45万人次,比2014年下降13.83%;公路口岸3951.52万人次,比2014年大增115.32%。

2014年出入境运输工具达579.66万列次,其中铁路口岸4.37万列次,公路口岸575.29万列次。2016年出入境运输工具达804.18万列次,比2014年增长38.73%;其中铁路口岸4.15万列次,比2014年下降5.03%;公路口岸800.03万列次,比2014年大增39.07%。

2016年铁路口岸进出口货运量达4269.77万吨,出入境人员达69.45万人次,出入境运输工具达4.15万列次。在各铁路口岸中,内蒙古满洲里口岸进出口货运量达1395.77万吨,虽然比2014年的1449.77万吨有所下降,但仍稳居全国第一,比第二名的二连浩特高出425.46万吨,第三、四、五名分别为绥芬河、阿拉山口和珲春口岸。黑龙江绥芬河铁路口岸出入境人员达18.47万人次,超过丹东和二连浩特而成为各铁路口岸中出入境人员最多的口岸。内蒙古满洲里铁路口岸出入境运输工具累计达8869列次,超过二连浩特和阿拉山口而排名第一。

2016年公路口岸进出口货运量达8093.87万吨,出入境人员达3951.52万人次,出入境运输工具达800.03万列次。在各公路口岸中,新疆霍尔果斯口岸进出口货运量达2557.56万吨,稳居全国第一,比第二名的内蒙古甘其毛都高出1004.04万吨,第三、四、五名分别为内蒙古的策克、云南的瑞丽和广西的友谊关口岸。云南瑞丽公路口岸出入境人员达1575.65万人次,超过2014年仍在其之前的广西东兴、内蒙古满洲里和二连浩特、广西友谊关、云南打洛和河口而成为各公路口岸中出入境人员最多的口岸,第二、三、四、五名分别为东兴、河口、二连浩特和友谊关,满洲里公路口岸出入境人员从2014年的排名第2位下降到第25位。云南瑞丽公路口岸出入境运输工具累计达397.51万列次,排名稳居全国第一,比第二名的内蒙古二连浩特高出349.49万列次。

(八)次区域合作进展顺利

加强次区域合作,不仅有利于推动我国与周边邻国深化互利共赢的合作关系,而且对加快我国沿边地区经济发展具有十分重要的现实意义。目前,我国参与的国际次区域合作主要包括大湄公河次区域经济合作、澜沧江—湄公河合作、图们江国际次区域合作、中亚国际次区域合作、中越"两廊一圈"国际次区域合作等。其中,澜湄合作机制最富有成效。

1. 大湄公河次区域合作机制

大湄公河次区域合作机制(GMS)是1992年由亚洲开发银行倡导,由湄公河流域内的缅甸、老挝、泰国、柬埔寨、越南和中国6个国家共同成立的次区域合作机制。

GMS 在 1992 年第一次经济合作会议上确定了"亚行倡导的 GMS 经济合作的总体构架",在 1993 年第二次会议上初步拟订该机制涵盖交通、能源、环境与自然资源管理、人力资源开发、经贸投资和旅游 6 个合作领域。2002 年 11 月 3 日,首次领导人会议在柬埔寨首都金边举行,会议批准了《次区域发展未来十年战略框架》,使次区域合作进入了一个新阶段。在 2008 年举行的第三次领导人会议上,中国提出成立 GMS 经济走廊论坛,得到 GMS 其他国家及亚洲开发银行的支持,同年 6 月,GMS 经济走廊论坛在昆明成立,标志着该区域内各国地缘经济优势迈入了更加全面、更加务实的合作机制中。多年来,在亚洲银行和 GMS 各国的共同支持和努力下,GMS 的各项合作取得了丰硕的成果。尤其,GMS 成员铁路网北连丝绸之路经济带,南连海上丝绸之路,西连孟中印缅经济走廊,因此深化本区域基础设施合作对推动区域经济一体化至关重要。目前,GMS 在推动运输(包括公路和铁路)和贸易便利化方面取得了积极进展。

1996 年,亚洲开发银行发起了一项便利货物及人员跨境流动的技术援助项目,旨在协助 GMS 各国解决跨境运输相关的主要问题。项目研究结果表明,各国公路跨境运输存在严重的货物、人员、车辆流通壁垒,包括:限制别国机动车辆入境,货物倒装的转运作业费用高、耗时长;机动车辆大小、质量、安全条件不统一,驾驶员资格标准不一致;海关、检验检疫过程复杂、关税不一致;运营人员签证不便捷,以上因素导致公路跨境运输通而不畅。因此,亚洲开发银行支持制定了专为便利客货跨境运输的多边法律文件《大湄公河次区域便利货物及人员跨境运输协定》(Greater Mekong Subregion Cross – Border Transport Facilitation Agreement, GMS CBTA, 简称《便运协定》)。该协定包括正文、17 个附件和 3 个议定书,涵盖跨境手续、道路标志、运输价格、海关检查、车辆管理等涉及交通运输领域的便利化措施,旨在实现 6 国之间人员和货物的便捷流动,使交通基础设施投资的硬件与便利客货运输的软件协调发展。1999 年,老挝、泰国和越南政府签订了该协定的正文。柬埔寨、中国、缅甸 3 国分别于 2001 年、2002 年、2003 年加入。2004 年,6 国国内成立便利运输联合委员会。2008 年,我国完成正文和所有附件国内批准的流程。泰国、柬埔寨等国家进程较慢,还有的国家只通过其中部分附件。2015 年底,6 国签署了所有《便运协定》的附件和议定书。2017 年 5 月,我国和泰国签署《关于实施〈便运协定〉"早期收获"的谅解备忘录》,标志着谈判 20 年的跨境运输便利化正在逐步进入试点实施阶段。2018 年 3 月,GMS 六国政府共同签署了《关于实施〈便运协定〉"早期收获"的谅解备忘录》,一旦实施,GMS 各国客货运车辆将可持"GMS 公路许可证"和 TAD 单证在指定路网中实现各 CMS 国家(缅甸除外)之间的自由通行。该协定是我国目前在 GMS 区域内参与公路跨境运输国际交流合作的主要法律文件,也是"一带一路"倡议的重要成果和有力抓手。

此外,GMS 也在加快推动区域内各国铁路基础设施互联互通,实现货物和旅客运输便利化。2012 年召开的 GMS 经济合作第十八次部长级会议决定成立 GMS 铁路联盟,协调域内铁路干线对接,加快推动跨境铁路项目实施,以促进各成员国间的互联互通和经济社会协调发展。2013 年 12 月 GMS 铁路联盟启动组建,2014 年 8 月正式成立。

截至2018年3月，GMS铁路联盟已经召开了三次全体大会。

2. 澜沧江—湄公河合作机制

澜湄合作机制是由中国倡导成立的首个新型周边次区域合作机制，是我国推进周边外交战略的重要举措和积极探索，也是推进建设中国—中南半岛经济走廊的核心机制。

2014年11月，李克强总理在第17次中国—东盟领导人会议上倡议建立澜沧江—湄公河合作机制，得到湄公河流域各国积极响应。2015年11月，在澜沧江—湄公河合作首次外长会议上，各国正式宣告成立"澜沧江—湄公河合作机制"（LMC），并发表了《澜沧江—湄公河合作概念文件》和《澜沧江—湄公河合作首次外长会联合新闻公报》。2016年2月，澜沧江—湄公河合作机制第三次高官会在中国海南省举行，各国就领导人会议相关安排、领导人会议成果文件等进行了讨论。2016年3月23日，澜沧江—湄公河合作机制首次领导人会议在中国海南三亚举行，确定了澜沧江—湄公河合作机制将以政治安全、经济和可持续发展、社会人文为三大合作支柱，优先发展互联互通、产能、跨境经济、水资源和农业减贫五方面的合作，并发表了《澜沧江—湄公河国家产能合作联合声明》。至此，澜沧江—湄公河合作机制正式启动，进入全面推进阶段。在各国努力下，澜湄合作由"培育期"向"成长期"过渡。2017年12月，中柬首批"澜湄合作"专项基金项目签约，双方共签署了涉及宗教发展、旅游培训、改善民生、渔业保护、减贫与城市化、互联互通等领域的16项协议，协议总额约为732万美元。2018年1月，中老首批"澜湄合作"专项基金项目签约，13个项目协议总额约为350万美元，涉及水文监测、工业制造、信息通信、人才培训等多个领域。2018年1月10日，李克强总理赴柬埔寨金边出席澜湄合作第二次领导人会议并对柬埔寨进行正式访问，会议发布《澜湄合作五年行动计划》《澜湄合作第二次领导人会议金边宣言》两份合作文件，发布澜湄合作第二批项目清单和澜湄合作六个优先领域联合工作组报告，为合作机制未来发展注入新动能。

3. 中老缅泰"黄金四角"计划

1993年初，泰国政府正式提出了"黄金四角计划"，倡议在澜沧江下游、湄公河上游的中、老、缅、泰4国毗邻地区建立"黄金四角经济合作区"，以平等互利、共同发展的原则，进行小区域范围的国际经济合作。这一建议得到了中国、缅甸和老挝的积极响应。中国分别于1994年与老挝签订《澜沧江—湄公河客货运输协定》，1997年与缅甸签订《澜沧江—湄公河客货运输协定》，1999年与泰国签署《中泰关于21世纪合作规划的联合声明》，承诺双方将给予"黄金四角"及GMS框架下的次区域合作更大的重视和支持。四国政府在2000年4月签署了《中老缅泰澜沧江—湄公河商船通航协定》，成立实施技术工作组和中老缅泰商船联航合作协调委员会，以协调处理与实施通航协定有关的港口收费、检查收费和航道维护整治等事宜。中老缅泰"黄金四角"合作计划的重点转变为航运合作。

4. 中越"两廊一圈"国际次区域合作

2004年,中越两国总理进行友好互访时发表的联合公报中就明确提出要合作建设"两廊一圈",即"昆明—老街—河内—海防—广宁"经济走廊、"南宁—谅山—河内—海防—广宁"经济走廊和"环北部湾经济圈"。"两廊一圈"国际次区域范围包括我国的云南、广西、广东、海南4省区和越南北方沿海10省市。随后,双方共同成立了中越经济贸易合作联合委员会、广西与越南北部三省联合工作委员会,每年不定期举行合作会谈。主要合作领域为基础设施、制造业、人力资源开发、矿产加工、能源、农业、旅游及北部湾合作。该项合作虽与澜湄次区域合作在空间范围上有部分重合,但在中越两国的授权下,相邻地区的合作更加灵活与自主。2016年,越南批准未来15年国际经济一体化总体战略,并签发《至2020年融入国际社会总体战略和2030年愿景》[①];同年,两国宣布将共同构建"一带一路"和"两廊一圈"建设,加强产能合作与基础设施互联互通合作。迄今,中越在"两廊一圈"规划框架内开展合作,取得了重要成果,尤其我国广西、云南两省区与越南北方省市围绕"两廊一圈"在基础设施互联互通和贸易便利化合作方面取得了明显成效。

5. 大图们次区域合作机制

图们江国际次区域合作是我国参与次区域合作的重要组成部分,旨在推动我国与东北亚国家的合作,以中国的吉林、黑龙江、辽宁、内蒙古四省区为主体,面向俄罗斯、韩国、蒙古国等国开展次区域合作。该合作机制于1992年由联合国开发计划署发起成立。2005年,在联合国开发计划署组织下召开的第8次图们江地区国际合作项目政府间会议上,中、朝、韩、俄、蒙5国一致同意将1995年签署的两个协定和一个备忘录再延长10年,并签署了"大图们江行动计划",将"图们江区域开发"更名为"大图们倡议",将合作区域扩大到包括我国的东北三省和内蒙古、朝鲜罗津经济贸易区、蒙古国的东省省份、韩国的东部沿海城市和俄罗斯滨海边疆区的部分地区。2009年,作为图们江国际合作重要成员国的朝鲜,因核试验退出导致该机制进程受挫。尽管如此,作为大图们倡议成员国,中、俄、韩、蒙4国仍在共同努力,积极推进建立独立的政府间国际合作组织。目前,中、朝、俄3国在相互开放口岸、开辟国际客货航线、国际旅游航线、发展边境贸易和经济合作等方面,进行了一些双边的合作,但缺乏深层次的双边合作和多边合作。

从1992年联合国开发计划署积极倡导图们江区域合作开发项目以来,我国一直高度重视图们江次区域的国际经济合作。1992年,国务院批准出台《图们江下游珲春地区综合开发规划大纲》,确定了中国参加图们江区域合作开发的"三步走"战略:自主开发、联合开发和多国合作开发,并成立了中国图们江地区开发项目协调小组。经国务院批准,相继出台了《中国图们江地区开发规划》《中国图们江区域合作开发规划纲

---

① 《中越联合公报》,中国一带一路网,https://www.yidaiyilu.gov.cn/zchj/sbwj/13556.htm,2018年8月20日访问。

要——以长吉图为开发开放先导区》《关于支持中国图们江区域（珲春）国际合作示范区建设的若干意见》。2015年5月，中共中央、国务院出台《关于构建开放型经济新体制的若干意见》中，将"推进大湄公河、中亚、图们江、泛北部湾等次区域合作"作为构建多双边、全方位经贸合作新格局的重要内容。大图们江地区的国际合作已经经历了二十几年的发展历程，成绩显著。在合作各方的通力协作和积极推动下，图们江区域合作机制不断健全，合作领域不断拓展，合作方式不断创新，图们江区域国际合作开发开放加快了长吉图地区的对外开放进程，改善了这一地区的基础设施环境，提高了这一地区的人民生活水平，促进了这一地区的经济社会全面进步，对这一地区稳定政治局势和改善封闭环境起到了重要和不可替代的作用。但由于复杂的国际环境和周边的实际情况，还有很多重要问题没有解决，服务国家重要战略的作用还没有充分实现，需要不断推进。

6. 中亚国际次区域合作

2000年7月，在"中、俄、哈、蒙阿尔泰区域科技合作与经济发展国际研讨会"上，中国新疆、俄罗斯阿尔泰边疆区和阿尔泰共和国、哈萨克斯坦东哈萨克斯坦州、蒙古科布多省和巴彦乌列盖省，共同签署了《阿尔泰区域合作倡议》，标志着"中、俄、哈、蒙阿尔泰区域科技合作与经济发展"合作机制的正式建立，并逐步形成了由各国每两年轮流承办一次国际研讨会和年度协调委员会工作会议为主要形式的合作机制。2003年4月，中、俄、哈、蒙阿尔泰区域合作国际协调委员会正式成立，从而建立起"四国六方"合作的机制，新疆是该机制的重要参与主体。该机制旨在探索新的合作方式，扩大合作领域，突出区域的共同利益和发挥各自的优势，促进区域的经济繁荣、社会进步和可持续发展。

四、我国沿边地区开放发展中存在的主要问题

自我国实施沿边开放战略以来,沿边地区经济、社会等各方面均有了较大的发展,但是,由于历史、自然、社会等多方因素,我国沿边地区的发展水平与沿海地区甚至许多内陆地区相比仍存在较大的差距,无论是沿边地区的社会发展水平和当地人民的生产生活条件,还是基础设施、当地脆弱的生态环境都无法使当地经济实现良性循环发展,影响了沿边地区经济发展和人民生活水平提升,也不利于我国巩固边疆。因此,分析我国沿边开放过程中面临的问题,将有助于我们更好地制定相应的政策措施,真正实现稳固边疆,与周边国家构筑睦邻友好的合作关系。

(一) 地广人稀人才匮乏

我国沿边地区土地辽阔,但人力资源明显不足。如表 4-1 所示,我国沿边地区土地面积达 1993367 平方公里,占全国土地面积的 1/5 以上,人口为 2650 万人,仅占我国总人口的 2%,沿边地区呈地广人稀的特点。其中,新疆沿边地区土地面积最大,达 664721 平方公里,占沿边地区总面积的 33%。云南沿边地区人口最多,达 693 万人,占沿边地区总人口的 28%。由于甘肃只有一个边境县即肃北蒙古族自治县,因此甘肃省沿边地区 2013 年末总人数最少,仅为 2 万人。在吉林和新疆的边境县,总人口出现下降,2016 年比 2013 年分别下降了 6 万人和 2 万人。事实上,不仅是沿边县(市)人口流失严重,整个沿边地区都面临这一问题。以新疆塔城地区为例,虽然中央对塔城地区的转移支付金额连年增加,但由于当地经济产业发展相对落后,人口流失却依然十分严重。2013 年末地方人口为 98.17 万人,截至 2016 年末地方人口下降至 94.14 万人,仅 3 年绝对人口下降幅度达 4.11%,而同期全国总人口却增长了 1.62%;在流失人口中,青年人流失现象尤为严重,导致不仅企业用工找不到合格工人,当地政府部门也还有很多岗位编制处于空缺状态。又如丹东,也是一个人口不断减少的沿边城市。2010~2016 年,丹东人口持续减少,流失总计达 28%。更为严峻的是出现较为严重的老龄化态势,截至 2016 年底,60 周岁及以上户籍老年人口超过 20%,高于全国 16.7% 的平均水平。2017 年丹东总人口 235.2 万人,比上年减少 2.7 万人。

表 4-1　　　　　　沿边 9 省区 136 个边境县（市、旗）基本情况表　　　单位：平方公里；万人

地区	行政区域土地面积	总人口		
		2013 年末	2016 年末	与 2013 年相比
全国	9600000	136072	138271	2199
内蒙古边境县	610382	174	174	0
辽宁边境县	9407	184	187	3
吉林边境县	37790	202	196	-6
黑龙江边境县	149155	310	325	15
广西边境县	17972	259	268	9
云南边境县	89993	684	693	9
西藏边境县	347199	36	36*	0
甘肃边境县	66748	2	2	0
新疆边境县	664721	568	566	-2
边境县合计	1993367	2419	2447	28
占全国比值	20.76%	1.78%	1.77%	-0.01%

注：表中数据是我国各省边境县指标加总后数值；*表示西藏数据为 2013 年数据，来自 2014 年西藏统计年鉴。
资料来源：根据各省 2017 年统计年鉴整理。

沿边地区受自然禀赋、经济基础落后、产业基础薄弱等因素影响，不但人烟稀少且人才严重匮乏，教育发展落后。几十年来，由于沿边教育设施严重不足、教育资源匮乏等原因，沿边地区的教育发展水平严重滞后于其他地区，不仅人口的平均文化教育程度偏低，各方面人才极度匮乏，招收的大学生，因为沿边地区非常艰苦，面临诸如择偶难、安家难、子女入托难等问题，很多人放弃了工作到沿海等地区另谋职业。沿边地区培养出来的大学生、研究生也很少愿意回到家乡工作，多选择留在大中城市或沿海地区工作。

现代经济的发展越来越依靠人才的竞争，沿边地区与沿海地区在经济发展水平和生活条件方面本来就存在较大的差距，使沿边地区难以为国内优秀人才提供良好的生活工作条件，本地人才外流使本来就人才匮乏的沿边地区更加雪上加霜，许多企业已经出现了人才招聘难、人才储备不足等问题。沿边地区的人口素质和人才匮乏严重制约了当地经济的发展，既无法满足国家对沿边地区开放的要求，更难以保证经济的可持续发展。

（二）经济发展较为滞后

1. 经济发展规模相对较小

近年来随着沿边开放步伐加快，沿边地区经济发展迅速，但与其他地区相比，虽

然沿边地区占据我国1/5以上的疆土，但其经济发展水平较低，经济发展规模仍相对较小。如前面表3-2所示，2016年我国沿边地区生产总值9146.4亿元，仅占全国的1.23%，且全国占比与2013年的1.55%相比，还下降了0.32个百分点。其主要原因就是经济增速趋缓，甚至个别地区出现负增长。2013~2016年，沿边136个边境县的地区生产总值的增长率仅为3.98%，明显低于全国30.72%的增速，其中甘肃、辽宁、西藏和内蒙古沿边地区出现下降，降幅分别为56.77%、51.20%、11.52%和7.40%。

根据表4-2和表4-3，从地方财政收入看，2013年沿边地区地方财政收入为642.47亿元，占全国的0.50%。其中，新疆沿边地区财政收入最高，达132.87亿元，内蒙古、云南、辽宁沿边地区紧随其后，分别为111.95亿元、97.41亿元、88亿元，四省沿边地区财政收入共占全国沿边地区财政收入的67%。2016年沿边地区的财政收入约为691.96亿元，比2013年的642.47亿元上涨了7.7%，远低于全国23.52%的涨幅，占全国的比重也由0.5%降为0.43%。其中，下降最明显的是西藏和辽宁，分别下降50.14%和46.8%，广西和黑龙江也有不同程度的下降；甘肃边境县则实现了4.7倍的增长，吉林和内蒙古边境县也分别实现了63.52%和19.6%的增长。较低的地方财政收入一方面显示了当地经济缺乏活力；另一方面则大大制约了地方公共服务水平和社会保障能力。

从全社会消费品零售总额看，2013年沿边地区全社会消费品零售总额为1771.12亿元，占全国的0.74%，其中，云南、内蒙古、辽宁沿边地区居全国沿边地区前三位，分别为360.03亿元、348.03亿元、340.94亿元，三省沿边地区社会消费品零售总额共占全国沿边地区社会消费品零售总额的59%。2016年沿边地区全社会消费品零售总额为2609.72亿元，比2013年增长47.35%，高于全国39.74%的增幅，占全国的比重也由2013年的0.74%上升到2016年的0.79%。

从全社会固定资产投资看，2013年沿边地区全社会固定资产投资为5988.29亿元，占全国的1.34%。其中，内蒙古、新疆、吉林位居前三，分别为1510.29亿元、1490.67亿元、826.67亿元，三省沿边地区全社会固定资产投资占我国沿边地区的64%。2016年，沿边地区全社会固定资产投资约为9588.81亿元，比2013年增长60.12%，高于全国35.89%的涨幅，占全国的比重也由2013年的1.34%上升到1.58%。

综上，我国沿边地区的各项经济指标占全国的比重均未超过2%，而土地面积却占我国疆土的1/5以上。因此，沿边地区整体经济发展水平较低，大量资源和发展潜力有待进一步开发利用。

2. 三次产业结构不尽合理

如表4-2和表4-3所示，2013年沿边地区第一、二、三产业增加值分别占生产总值的20%、46%和34%，第二产业占比最大，其中，沿边地区工业增加值占生产总值的32%，工业是沿边地区的主要产业。2016年，沿边地区第一、二、三产业增加值占生产总值的比重则为：20%、40%和40%，与2013年相比，第二产业比重下降6个

表4-2　沿边9省区138个边境县（市、旗）经济发展情况：2013年

地区	地区生产总值（亿元）	第一产业（亿元）	第二产业（亿元）	其中：工业（亿元）	第三产业（亿元）	人均生产总值（元）	地方财政收入（亿元）	全社会消费品零售总额（亿元）	全社会固定资产投资（亿元）
全国	568845.20	56957.00	249684.40	210689.40	262203.80	41908.00	129209.60	237810.00	446294.10
内蒙古边境县	1726.98	173.34	1096.72	986.57	456.92	98988.94	111.95	348.03	1510.29
辽宁边境县	1061.27	109.45	506.36	385.78	445.46	57646.24	88.00	340.94	645.97
吉林边境县	1407.08	129.48	795.54	735.67	482.08	69574.92	66.84	312.35	826.67
黑龙江边境县	1268.28	486.60	331.12	—	450.56	40906.02	58.29	—	717.56
广西边境县	577.34	126.91	278.10	236.21	172.21	22298.01	66.60	130.47	476.75
云南边境县	1175.43	328.54	411.53	—	435.36	17172.60	97.41	360.03	3.89
西藏边境县	56.33	5.81	8.89	—	9.40	15678.71	14.12	3.09	260.67
甘肃边境县	43.53	—	—	36.82	—	288330.00	6.38	1.50	55.81
新疆边境县	1480.10	381.78	544.64	363.01	553.68	26075.63	132.87	274.73	1490.67
边境县合计	8796.34	1741.91	3972.90	2744.05	3005.66	36363.55	642.47	1771.12	5988.29
占全国比值	1.55%	3.06%	1.59%	1.30%	1.15%	86.77%	0.50%	0.74%	1.34%

注：全国数据来源于《中国统计年鉴（2014）》，各省及沿边地区合计数据根据各省统计年鉴数据计算。

表4-3 沿边9省区136个边境县（市、旗）经济发展情况：2016年

地区	地区生产总值（亿元）	第一产业（亿元）	第二产业（亿元）	其中：工业（亿元）	第三产业（亿元）	地方财政收入（亿元）	全社会消费品零售总额（亿元）	全社会固定资产投资（亿元）
全国	743585.5	63672.8	296547.7	247877.7	383365	159504.97	332316.3	606465.66
内蒙古边境县	1599.16	179.41	995.65	871.34	641.52	133.93	523.3	1592.61
辽宁边境县	517.95	98.87	159.62	—	259.47	46.81	444.61	355.16
吉林边境县	1472.94	127.04	762.7	2281.48	583.23	109.3	593.5	1469.46
黑龙江边境县	1348.93	540.9	289.91	—	538.55	51.32	—	753.23
广西边境县	788.45	153.51	372.66	314.02	284.5	56.3	176.58	826.29
云南边境县	1584.53	396.02	492.51	—	696	102.07	503.11	1842.94
西藏边境县	49.84**	7.51**	9.7**	—	13.51**	7.04**	5.76**	59.17**
甘肃边境县	18.82	0.52	11.56	10.61	—	36.62*	2.06	70.55
新疆边境县	1765.78	427.51	649.95	380.05	688.31	148.57*	360.8	2619.4*
边境县合计	9146.4	1931.29	3744.26	3857.5	3705.09	591.96	2609.72	9588.81
占全国比值	1.23%	3.03%	1.26%	1.56%	0.97%	0.43%	0.79%	1.58%

注：全国数据来源于《中国统计年鉴2017》，各省及沿边地区合计数据根据各省统计年鉴数据计算。—表示数据不可得，**表示为2014年数据，*表示为2015年数据。

百分点，而第三产业比重则上升了6个百分点。2016年全国三次产业比重为：8.6%、39.8%和51.6%。可见，沿边地区城镇化、工业化水平不高，三次产业结构不尽合理，农业仍是支撑沿边地区经济发展的重要基础，占比远高于全国8.6%的平均水平。沿边地区经济社会发展相对滞后，通道特征明显、总量少、结构单一是产业发展面临的突出问题。

3. 人均指标普遍低于全国平均水平

从经济发展的人均指标看，沿边地区的人均指标普遍低于全国平均水平。如表4-4和表4-5所示，2016年沿边地区人均生产总值37729.41元，远低于全国53777.4元的人均水平。其中，甘肃沿边地区人均生产总值最高，达94100元，甘肃、内蒙古和吉林沿边地区的人均生产总值均高于全国平均指标。沿边地区第一产业人均增加值为7979.18元，除了甘肃所有省/区边境县的第一产业人均增加值都超过全国人均值4604.93元，其中黑龙江沿边地区第一产业人均增加值最高，达16643.08元，其次是内蒙古，达10310.92元。沿边地区第二产业和第三产业人均增加值分别为15489.67元和15324.12元，均低于全国平均水平。9省区中，内蒙古沿边地区第二产业和第三产业人均增加值最高，分别达57221.26元和36868.97元。沿边地区人均地方财政收入达2711.5元，远低于全国11542.91元的水平。沿边地区人均全社会消费品零售总额达12483.03元，远低于全国24033.69元的水平。沿边地区人均全社会固定资产投资额达37453.88元，也低于全国43860.65元的水平。综上，除第一产业人均增加值以外，我国沿边地区的各项人均经济指标均未达到全国平均水平，而沿边地区的土地面积却占我国疆土的1/5以上，显示出其整体经济开发水平较低，蕴含着大量开发潜力。

（三）贸易发展不平衡

沿边地区贸易发展极不平衡，对外开放的层次和水平亟待提高。

1. 边境小额贸易地位下降

边境小额贸易不仅在我国对外贸易中的比重较低，且最近几年除了广西略有增长外，其他省区都大幅萎缩，导致边境小额贸易在我国对外贸易中的地位有所下降。2013年我国边境小额贸易在对外贸易中的比重1.09%，其中，边境小额贸易进口额占全国外贸进口的0.7%，出口额占全国外贸出口的1.43%。2016年，我国边境小额贸易大幅萎缩至330亿美元，比2013年下降幅度高达27%，其中进口下降50.56%，出口下降16.92%；在全国对外贸易中的比重也从1.09%降至0.9%，其中，进口占比从0.7%降至0.43%，进口占比从1.43%降至1.25%。9省区边境小额贸易占其所在省区的对外贸易比重也偏低且略有下降，占比从2013年的15.6%降至2016年的14.56%。在9省区中，新疆边境小额贸易占本省对外贸易比重最大，占比达61.48%。

表4-4　沿边9省区136个边境县(市、旗)经济发展人均指标情况：2013年

地区	地区生产总值(元)	第一产业(元)	第二产业(元)	其中:工业(元)	第三产业(元)	地方财政收入(元)	全社会消费品零售总额(元)	全社会固定资产投资(元)
全国	41908.00	4185.80	18349.43	15483.67	19269.49	9495.68	17476.78	32798.38
内蒙古边境县	98988.94	9962.07	63029.89	56699.43	26259.77	6433.91	20001.72	86798.28
辽宁边境县	57646.24	5948.37	27519.57	20966.30	24209.78	4782.61	18529.35	35107.07
吉林边境县	69574.92	6409.90	39383.17	36419.31	23865.35	3308.91	15462.87	40924.26
黑龙江边境县	40906.02	15696.77	10681.29	—	14534.19	1880.32	—	23147.10
广西边境县	22298.01	4900.00	10737.45	9120.08	6649.03	2571.43	5037.45	18407.34
云南边境县	17172.60	4803.22	6016.52	—	6364.91	1424.12	5263.60	56.87
西藏边境县	15678.71	1613.89	2469.44	—	2611.11	3922.22	858.33	72408.33
甘肃边境县	288330.00	—	—	184100.00	—	31900.00	7500.00	279050.00
新疆边境县	26075.63	6721.48	9588.73	6391.02	9747.89	2339.26	4836.80	26244.19
沿边地区人均值	36363.55	7200.95	16423.73	11343.74	12425.22	2655.93	7321.70	24755.23
占全国比值	86.77%	172.03%	89.51%	73.26%	64.48%	27.97%	41.89%	75.48%

注：全国数据来源于《中国统计年鉴(2014)》，各省及沿边地区合计数据根据各省统计年鉴数据计算。

表 4-5　沿边 9 省区 136 个边境县（市、旗）经济发展人均指标情况：2016 年

地区	地区生产总值（元）	第一产业（元）	第二产业（元）	其中：工业（元）	第三产业（元）	地方财政收入（元）	全社会消费品零售总额（元）	全社会固定资产投资（元）
全国	53777.40	4604.93	21446.85	17926.95	27725.63	11542.91	24033.69	43860.65
内蒙古边境县	91905.75	10310.92	57221.26	50077.01	36868.97	7697.13	30074.71	91529.31
辽宁边境县	27697.86	5287.17	8535.83	—	13875.40	2503.21	23775.94	18992.51
吉林边境县	75150.00	6481.63	38913.27	36279.08	29756.63	5576.53	30280.61	74972.45
黑龙江边境县	41505.54	16643.08	8920.31	—	16570.77	1579.08	—	23176.31
广西边境县	29419.78	5727.99	13905.22	11717.16	10615.67	2100.75	6588.81	30831.72
云南边境县	22864.79	5714.57	7106.93	—	10043.29	1472.87	7259.88	26593.65
西藏边境县	—	—	—	—	—	—	—	—
甘肃边境县	94100.00	2600.00	57800.00	53050.00	—	—	10300.00	352750.00
新疆边境县	31197.53	7553.18	11483.22	6714.66	12160.95	—	6374.56	—
沿边地区人均值	37729.41	7979.18	15489.67	19074.98	15324.12	2711.50	12483.03	37453.88
占全国比值	70.16%	173.27%	72.22%	106.40%	55.27%	23.49%	51.94%	85.39%

注：全国数据来源于《中国统计年鉴（2017）》，各省及沿边地区合计数据根据各省统计年鉴数据计算。

2. 边境小额贸易发展不平衡

从进出口金额来看，2013 年，新疆、广西、黑龙江占据全国边境小额贸易进出口的前三位，分别为 143.58 亿美元、115.09 亿美元和 78.87 亿美元，分别占当年全国边境小额贸易总额的 31.72%、25.42% 和 17.42%，三省区边境小额贸易额共占全国的 74.57%。2016 年，广西超过新疆成为沿边地区边境小额贸易最大的省/区，内蒙古则超过黑龙江进入前三，广西、新疆和内蒙古三省区边境小额贸易额分别为 118.87 亿美元、110.44 亿美元和 31.47 亿美元，占全国边境小额贸易的 79%（见图 4-1）。

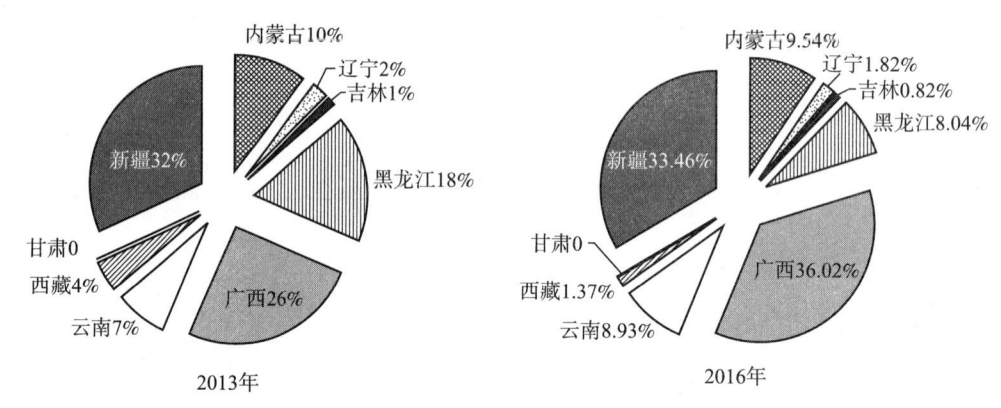

图 4-1　2013 年与 2016 年 9 省区边境小额贸易占比

资料来源：根据各省 2014 年和 2017 年统计年鉴整理。

从进口金额来看，2013 年，新疆、内蒙古、黑龙江占据全国边境小额贸易进口的前三位，进口额分别为 37.25 亿美元、36.34 亿美元和 32.85 亿美元，分别占当年全国边境小额贸易进口总额的 27.22%、26.56%、24%，三省区边境小额贸易进口额共占全国的 73.83%。2016 年，内蒙古、黑龙江和云南进入前三，进口额分别为 27.5 亿美元、17.23 亿美元和 11.96 亿美元，分别占当年全国边境小额贸易进口总额的 40.65%、25.47% 和 17.68%，三省区共占全国的 83.8%（见图 4-2）。

从出口金额来看，2013 年，新疆、广西、黑龙江占据全国边境小额贸易出口的前三位，出口额分别为 106.33 亿美元、104.72 亿美元和 46.02 亿美元，分别占当年全国边境小额贸易出口总额的 33.67%、33.16% 和 14.57%，三省区边境小额贸易出口额共占全国的 81.4%。2016 年，广西、新疆和云南进入前三，出口额分别为 113.69 亿美元、107.7 亿美元和 17.51 亿美元，分别占当年全国边境小额贸易出口总额的 43.33%、41.05% 和 6.67%，三省区边境小额贸易出口额共占全国的 91%（见图 4-3）。

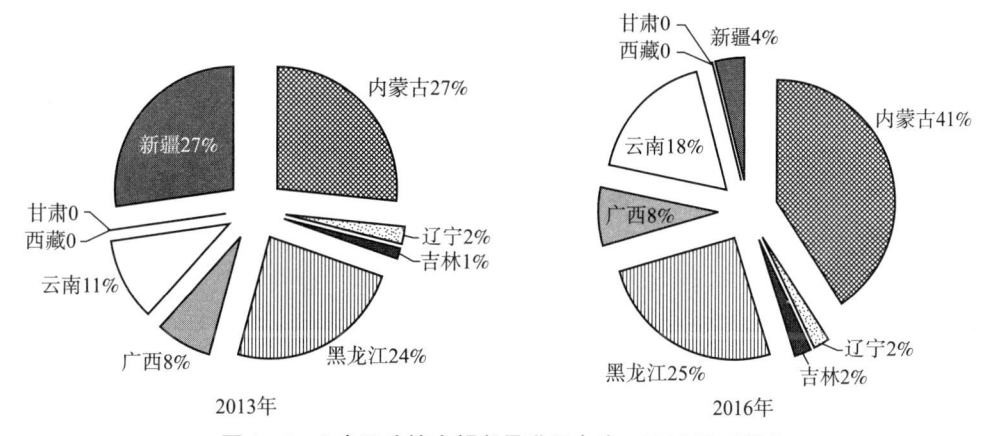

图 4-2 9 省区边境小额贸易进口占比：2013 Vs. 2016

资料来源：根据各省 2014 年和 2017 年统计年鉴整理。

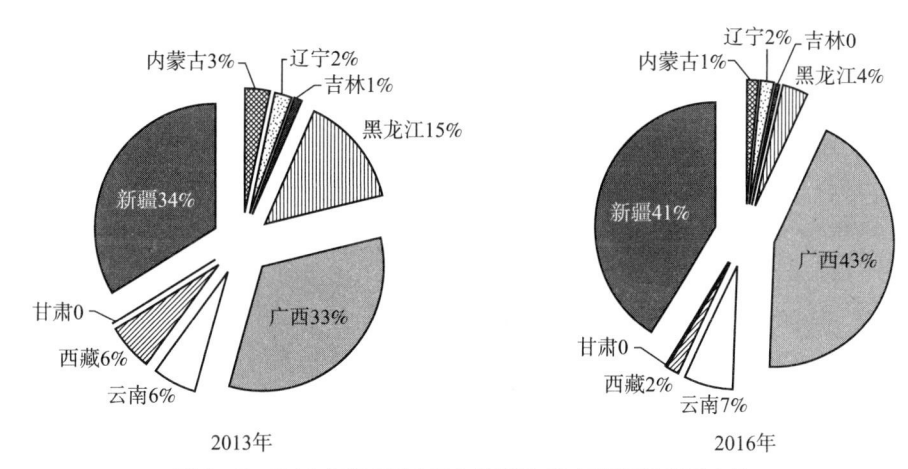

图 4-3 2013 年与 2016 年 9 省区边境小额贸易出口占比

资料来源：根据各省 2014 年和 2017 年统计年鉴整理。

3. 边民互市贸易不平衡

目前，全国经批准且正在运营的互市贸易区（点）共计 74 个，分布在我国 7 个边境省份。边民互市贸易虽然在最近几年得到了快速发展，但由于受自然环境、历史形成，以及周边国家经济发展水平等因素影响，各地互市贸易发展很不平衡，南方边境省市（广西、云南）的互市贸易发展规模普遍高于北方边境省市。以东兴市为例，2014~2016 年，东兴市互市贸易进出口总额同比分别增长了 12%、34%、102.9%，创造了令人瞩目的"加速度"。2016 年全国互市贸易总额约为 140 亿美元，其中广西就占到 70% 以上，达 100.44 亿美元，比上年增长 88.7%。2017 年，我国互市贸易进出口总额为 126 亿美元，比上年略有下降。其中，广西在全国沿边省区遥遥领先，达 93.75 亿美元，占全国的 74.4%。

(四) 基础设施相对薄弱

基础设施落后带来物流配套不完善，集疏能力不强，信息化程度低，不能实现信息共享等问题，直接影响了通关效率。在我国，沿边地区基本上都处于边远地区，地理环境较差，大都处于山区或荒漠草原地带，由于历史原因，沿边地区的经济长期处于封闭状态，开发建设严重滞后于全国经济发展，基础设施建设非常薄弱，虽然国家也逐渐重视沿边地区经济发展，在资金方面投入了一定规模，但与沿边地区实际发展水平、对外开放的客观需要还相差甚远。

第一，交通方面，沿边地区始终未能构建起比较完整的交通网络，无论是铁路，还是公路，其在沿边地区的通车里程和网络密度都很低，铁路仅通达部分过去重要的沿边口岸，且多为普通铁路，沿边地区的高等级公路很少，多数为低等级的公路，与全国的平均水平相比存在一定差距。例如，黑龙江省现有边防公路8800公里，但国家一直没有足够的建设资金和必要的养护资金投入。新规划的国道丹东至阿勒泰公路，在黑龙江境内沿中俄边境黑龙江和乌苏里江段长达2600公里，其中二级以上公路比重仅为65%，难以适应沿边开发开放的发展需要。

第二，电力方面，多年来，无论是中央政府，还是地方政府都非常重视电力供应，投入了一定资金加强电力建设，但是，从实际情况看，沿边城市和口岸的供电情况较好，但农村地区的用电仍面临许多问题，主要是电网简陋、供电保障能力差，有些更为偏远的农村还没有通电。

第三，口岸基础设施方面，大多滞后于当地经济发展，许多口岸都是20世纪80年代末90年代初获准建设开通使用的，由于开放时间较长和投入不足，口岸基础及配套设施比较陈旧和简陋，面临着较为严重的损耗和老化问题，例如，黑龙江省萝北、抚远、漠河等口岸基础设施仍停留在口岸开通时的水平，一些口岸联检查验设施落后，旅客候检场地狭小，通道数量不足，装卸仓储能力不足，口岸出入境运输仍以口岸换装接驳运输为主，直达运输的比例较低，配套设施不齐全，查检机构编制不足，严重影响了通关速度。对于一些大的沿边口岸来说，铁路运力不足、公路路况差成为制约其发展的一个重要因素。以我国的四大铁路口岸（满洲里、绥芬河、二连浩特、阿拉山口）为例，近10年来，这些口岸的进出口货物以年均20%~60%的速度增长，但口岸的基础设施已经无法满足需求，虽然这些口岸也在持续不断进行新建或扩能改造，但建设速度赶不上经济和贸易增长速度，运力不足导致压站现象相当突出，口岸物流通道通行能力已经制约了当地经济发展。

其他还有互市贸易，很多口岸互市点与外界联系只通三级或等外公路，超过半数的互市点没有与国外公路接通，水电公路等基础设施非常简陋。我国界河的我方一侧的堤岸维护也面临资金严重不足，领土损失的情况经常发生，与界河对岸国家高度重视河岸维护形成比较鲜明的对照。

第四，对方口岸的基础设施难以与我国口岸对接，这种"木桶效应"也导致整个通关效率的下降。目前，我国周边均为发展中与新兴经济体，虽然我国口岸在大规模的硬件和资金投入下进行扩建，提高了效率，但是周边国家的口岸基础设施建设大幅滞后，在一定程度上减慢甚至阻碍了与相关国家的经贸往来。尤其是各国基础设施的建设标准不统一，如铁路存在宽轨与窄轨的差异，直接制约着通关效率的改善和贸易的进一步畅通。

以云南陆运口岸为例，其运行中存在以下主要问题：

一是直达运输落实困难。中缅双方尚未正式签订双边汽车运输协定，中缅口岸除瑞丽口岸边境运输可纵深至缅甸地薄（腊成以下20多公里）装卸货物，纵深里程为220公里外，大多数口岸以边境运输为主，不能直达运输。由于中老泰三国未签订《大湄公河次区域便利运输货物及人员跨境运输协定》谅解备忘录，中泰双方需在老挝进行转运；中方车辆在越南境内纵深里程在100公里以内，大部分货物运输在口岸接驳或换装，环节烦琐加大了运输成本，极大地影响了国际道路运输的发展。

二是境外路段公路质量不高、收费高、收费乱。中方企业反映，车辆进入越南、老挝后，由于公路修建质量标准不同，大货车出境后道路不能负荷，在运输中造成问题；此外，存在检查部门多、收费不合理和不透明的情况。而且中方车辆在越方卸货后，需空车返回，不能在对方国家承运货物返回，增加了运输成本。老方境内公路检查没有固定地点，存在多个部门检查和一趟班车被检查多次、乱收费罚款等。

第五，在软性基础设施方面，跨国规则和标准互联互通存在较大难度。从国内角度，贸易畅通涉及众多部门，包括商务、发改、税务、工商、金融、外管、海关、商检等，每个部门都具有复杂严密的规章制度，在处理贸易问题时，各个部门之间相互推诿扯皮，很容易引发所谓的"公用地悲剧"。从国际角度，由于贸易和投资问题涉及众多部门，不同国家在处理贸易问题上存在着千差万别的机构，体制机制复杂性提高了跨国间的沟通难度。其中最典型的就是我和周边国家的查验结果不互认。例如，尽管中越、中老GMS便运协定谅解备忘录规定了"一站式"口岸便利化通关，但到目前，中越、中老联检部门对经口岸出入境人员、货物、车辆仍然查验标准不一，查验手段不一，查验设备不一，并对查验的信息不共享，对查验结果互不认可。

（五）体制机制较为不顺

为了促进沿边地区经济发展，国家于1992年设立14个边境经济合作区并对沿边地区实行优惠政策，沿边地区经济进入了一个比较快的发展阶段。之后，由于2001年我国加入世贸组织，沿边政策必须符合国际贸易规则，为此，国家对沿边政策进行了比较大的调整，原来的优惠支持政策大幅减少，与周边国家的边境贸易受到较大影响，经济发展出现了一定程度的下降。从多年来沿边地区经济发展的实际情况看，国家政策的变化直接影响到沿边地区经济的稳定发展。但是，总体看，沿边地区体制机制不顺，国家在政策制定上尚未形成一套比较完整的沿边开放支持政策体系是沿边地区经济始终未获得稳定发展的重要因素。

第一，边境管理方面的法制建设还不完善。例如，我国至今未出台口岸工作条例等口岸规章、管理办法和建设标准，造成口岸管理存在无法可依、标准不一的状况；也没有以国家法律的形式制定统一的《边境管理法》，导致边境管理部门工作缺乏必要的国家法律依据，给边境管理带来了诸多困难。以云南边境管理为例，云南省共有8个边境州和25个边境县市与缅甸、老挝、越南接壤，现有一类口岸17个、二类口岸7个、边境通道93条、边民互市点110多个，边境小道便道众多，跨国境居住民族有彝族、哈尼族、傣族、壮族、苗族等16个，是我国陆地边境线最长、毗邻国家最多的地区之一。近年来，云南边境地区形成了人财物大流通、口岸大开放和经济大发展的新格局，给边境经济社会发展注入新活力。但随之也出现了一些新情况、新问题，各种案件、事件日益增多，由于缺少边境管理的专项法律作为支撑，在具体事件的处理上面临：一种是处罚过轻，或不予处罚，放纵违法犯罪分子；另一种是处罚过重或某些边管人员因无法律依据而滥处罚，损害当事人的利益，引起不必要的行政诉讼。

第二，外事管理体制不适应加大对周边国家开放的实际需求。例如，由于我国政府对相关管理层面外事出访和外出考察的限制，导致相关管理层对对方国家的管理体制和运行机制变化等不能及时了解，比照我国的管理体制进行交流，常常会出现"不对等"的情况，影响沟通效率。再如，在检验检疫方面，由于缅政府没有对应的检验检疫机构，直接与政府打交道，而根据我国政府运行机制，与缅交涉就需要逐级上报，批下来后再开展工作，但检验检疫工作往往具有突发性，批下来后往往已演化为另外的事件；而我国采取单边管理往往也不能解决问题，由于民众近邻而居，病虫疫病缅方不采取行动仍然不能完全解决我方的疫病问题。

第三，我国国际道路运输管理体制也需要完善。由于目前国际道路运输属中央事权，根据《中华人民共和国道路运输条例》，国际运输实行交通运输部—省交通厅（省运管局）—口岸国际运输管理机构三级管理，而国际道路运输管理机构一直未正式列入口岸联检序列，导致很多口岸陆运管理机构均未进驻口岸联检楼和查验现场，不能很好地履行其职责。

另外，为加强口岸国际道路运输管理工作，云南省道路运输管理局于2010年成立了国际道路运输管理处（2012年8月2日经省编办核定为对外运输处，副处级，编制4人，实际在岗3人），负责管理国际道路运输工作，按照口岸国际道路运输管理机构职责，云南省红河、文山、普洱、保山、临沧、德宏、怒江、西双版纳8个州、市、27个县属边境地区，共有17个公路口岸，除德宏州瑞丽口岸国际道路运输管理站和文山州"中华人民共和国天保口岸国际道路运输管理站"是经当地编办批准成立，明确核定事业（参公）编制外，其余15个口岸国际道路运输管理站都是和当地县运管所合署办公，两块牌子，一套人马，没有独立的人员编制，部分口岸站站长由所属县级交通运政管理所所长担任，口岸站职工由运政所志愿兼职，既要负责国内运输市场，又要负责口岸运输管理。随着"一带一路"倡议和国际大通道建设向纵深推进，工作量将不断加大，对国际道路运输专业化管理水平要求越来越高，口岸运管站与县运管局的"站局合一"模式已不适合双方国际便利运输发展。

第四,体制机制不顺导致"大通关"在现实工作中很难协调。目前,进出口货物通关环节多、通关成本高,通关效率的提高需要各部门之间的协调和配合。由于各主体的直接利益诉求、直接上级考核各不相同,导致各部门的利益及其内部规定难以相互协调,失去权利的一些部门在推动改革上不积极,相互之间难以形成一个利益共同体,很多深层次的体制机制问题无法从根本上解决,"大通关"长效工作机制推进难度大、速度慢,通关便利化程度和效率也很难得到切实提高。

第五,体制机制不顺导致政策效果不尽如人意。尽管国家非常重视沿边开放地区的经济发展,并出台了一系列的支持政策措施,但总体上看,还有许多欠缺和不足的地方,表现为:对沿边地区的政策研究力度不够,目前,国内专门研究沿边开放政策的研究机构很少;尚未建立起专门面向沿边地区的法律体系,由此导致出台的政策法律基础欠缺;国家鼓励支持企业"走出去",但相关政策支持不配套,企业面临如何发展的较大困境,如对俄农业合作中,境外合作企业种植的玉米等粮食作物多数是关税配额产品,且进口税费核定较高,限制了我国权益农产品回运国内,再如对重要商品进口限制多,进口免税商品额度和范围小等成为困扰和制约沿边地区对外贸易合作企业发展的障碍因素;中央政府对沿边地区的转移支付政策对象无法有效促进沿边地区经济发展,如转移支付主要投入了退耕还林和补贴地方政府财政支出,对沿边地区企业存在的补助兑付渠道不畅、额度不足等问题,影响了贸易企业的积极性;人员往来限制较多、通关便利化水平有待提升,在人员出入境方面,没有边境地区身份证的中国公民不能办理边民通行证到外方经商;在运输工具出入境方面,从事进出口贸易的外方运输车辆只能到达我方联检部门规定的区域范围内(不能超出口岸管理区范围),有的地方双方车辆只能在边境线上驳货,没能实现更大范围内的自由运输。

此外,现有的沿边地区支持政策措施的可操作性亟待加强。由于我国分别与朝鲜、俄罗斯、蒙古国、越南等14个国家接壤,沿边地区面临的国内外环境错综复杂,现有的政策更多的是原则、抽象的表述,无法适应沿边地区千差万别的实际情况,导致政策的可操作性不强。如何制定一套符合沿边地区发展的配套政策和实施细则是未来中央各部委需要认真思考研究的问题。

(六) 周边环境复杂多变

由于历史和地缘政治的原因,我国与周边国家的关系比较复杂,加之这些国家的国内形势千差万别,如何处理好与这些国家的关系直接关系到我国沿边地区的稳定与发展。近年来,我国致力于加强与周边国家的关系,本着"与邻为善、以邻为伴""安邻、睦邻、富邻"的原则,积极推进一些问题的解决,并取得了比较大的成绩。

但是,应该看到,由于我国周边国家的复杂性由来已久,国际形势不断发生变化,加上大国不断介入我国周边国家事务,有些地区还处于冷战阴影的影响下,结果导致中国与周边国家的关系纷繁复杂,常常出现意想不到的事态。

在东北亚,朝鲜半岛的局势始终对我国东北地区构成很大的不确定因素,朝鲜不按常理出牌，美国支持韩国，中韩与日本之间的历史问题，各种矛盾交织在一起，使东北亚地区的局势非常复杂。

在东南亚和南亚地区，既有与我国保持多年友好关系的国家，也有领土争端的国家，地区形势也较为复杂，例如，中国与部分东盟国家就南中国海岛屿的争端被认为具有很大的危险性。由于这些问题本身的复杂性和敏感性，并不容易获得迅速的解决。

中亚五国是中国的近邻，是中国外部安全环境的重要组成部分。中亚局势的变化对中国的政治、经济、能源、安全等方面都会产生巨大影响。该地区的跨国民族问题、"泛突厥主义"问题及宗教问题等都影响着中国西部地区的政治稳定，以"三股恶势力"为代表的极端势力对中国的政治、经济、文化安全都会产生消极的影响。美国在"9·11"后，以反恐的名义进入了中亚，既得到了能源，又得到了战略要地，对中亚的政治、经济、安全等各方面产生着复杂的影响。美国、俄罗斯、欧盟、伊斯兰国家等多种势力向中亚地区的渗透，对中国的安全环境产生多重的影响。

随着我国经济实力的快速发展，影响力的持续上升，周边国家对我国防范心理日趋加重，同时，以美国为首的发达国家对我国实施遏制战略，利用周边国家对我国的防范心理，加强对周边国家渗透，通过经济、军事、宗教等手段与我国许多周边国家加强合作。特别是我国经济实力上升，对周边国家大量出口商品，虽然满足了其国内市场需求，但也一定程度上冲击了一些国家的市场，客观上也强化了其对我国的负面情绪。部分国家为保护本国市场，在对华贸易方面设置了各种壁垒或障碍，对我国沿边地区经济发展带来了一些负面影响。

因此，沿边地区经济发展的好坏、对外开放的成败不仅取决于我国政策的支持，还受到周边国家的不同政策导向的影响，这在一定程度上也增加了我国沿边地区扩大对外开放的难度。

（七）经济发展支撑不足

随着改革开放推进以及国家推进实施沿边开放战略，经过多年的建设和发展，沿边地区的经济发展水平有了较大的提升，但是，受制于沿边地区自然条件恶劣、自身经济发展长期比较落后、产业基础薄弱、经济总量小等多种因素影响，沿边地区的经济发展水平与全国其他地区相比，差距仍很大，难以独立支撑自身的发展。

产业基础薄弱，工业化程度低成为阻碍沿边地区经济发展的重要因素。沿边地区远离国家和沿边省区的政治、经济中心，受中心地区的辐射效应非常微弱，多数沿边地区易陷入两国经济势能大峡谷的"V"形谷底。从沿边地区的实际发展状况看，受制于自身条件、自然禀赋以及地理环境的影响，沿边地区的产业基础非常薄弱，无论是生产技术水平还是人力资源，都无法支撑工业化水平较高的产业发展，因此，沿边地区的产业大多依赖当地较为丰富的自然资源或邻近国家的资源发展相关的简单加工型产业，以生产粗加工产品为主，形成简单粗放型的产业发展模式。沿边地区口岸所在地多为经济不发达的中小城镇，经济基础薄弱，部分口岸所在地人烟稀少，基本处于未开发的自然状态，表现更多的是"通道经济"，即产业总量少、规模小、结构单一。对外贸易以边境贸易为主，服务贸易和金融投资活动不发达，进出口商品技术含量低、企业规模小、经营手段落后。加工业发展滞后，广西边境贸易出口产品90%以上均为外省货源，进口商品大多直接销往外省加工，没有实现"落地加工"，同时几乎没有大型产业项目和高端制造、生物医药、通信等战略性新兴产业，自我发展能力极其薄弱。

自身造血功能不足，沿边地区财政收入有限，财政支出严重依赖中央政府的转移支付。据统计，2010年，我国边境县市的人均财政收入仅为约1300元，不到沿海县市的50%，略高于全国平均水平，但是边境县市的人均财政支出却高达5600余元。以塔城为例，2016年塔城地方财政收入只有7.15亿元，而用于教育、卫生、医疗、社会保障、公共安全等领域的地方财政支出却高达23.23亿元。尤其最近几年，边境管控费用高启，塔城地区仅在"四道防线"基础设施建设方面就累计投入了4.3亿元资金。由于沿边地区自身条件限制和历史原因，其经济发展水平落后，自身造血功能不足，财政收入远远无法满足支出需求，只能依靠国家向沿边地区财政转移支付，而且从目前沿边地区发展看，这种情况短时期内很难改变，未来主要还是需要中央政府提供资金支持和政策支持。

沿边地区经济严重依赖与邻国的贸易往来。口岸是沿边地区与邻国交往的重要接触点，受地理位置的限制，沿边口岸（包括铁路、公路和水运口岸）仅能与邻国的指定口岸对应，贸易对象国比较单一，因此，对邻国的依赖性也较强，邻国的经济社会发展水平、经济政策、发展战略、经济周期、产业结构、资源状况、自然灾害等因素都与口岸经济紧密联系在一起。而通道经济成为口岸经济发展一个重要特征，即沿边口岸缺乏生产加工能力，而进口的木材、原材料、矿石、有色金属、原油等物资也未能实现落地加工，有些直接运往内地，有些在口岸地区进行初加工、粗加工后，运往内地或沿海进行深加工、细加工。销往国外的产品也大多是从沿海地区或内地运输至口岸然后销往国外，如呼伦贝尔盟各口岸出口的产品中有70%为南方产品。

以黑龙江省中俄经贸合作为例，双方合作面临的问题较多，目前中俄间的投资合作主要是民间合作或地方政府间的行为，缺少中央政府间的保护性协议。特别是在矿产、林业、农业开发合作方面，由于俄方矿权、林权招标、土地租赁、机械设备进口及关税等相关政策变化较大，影响中方扩大投资规模和权益产品回运规模，例如，从2005年起，俄罗斯对有色金属、木材、石油、矿产品等16类产品实施出口许可证管理。为了限制部分产品出口，俄方扩大了征收出口关税的品种，大幅度提高了税率。目前，征收出口关税的资源类产品已达80%以上。这直接导致沿边地区从俄罗斯进口的资源类商品减少。2014年，黑龙江省自俄进口额减少12亿美元，其中原油进口减少5.8亿美元，铁矿砂减少2.5亿美元，肥料减少2.1亿美元，煤炭减少1.5亿美元；2016年，黑龙江省自俄进口额减少16.6亿美元，其中原油进口减少13.46亿美元，肥料减少0.24亿美元。再如，俄罗斯从严控制我国劳务人员入境，办理劳务许可证手续繁杂、时间长、收费高，且对外籍劳务输入管控日趋严格，限制入境劳务人员数量和工作种类，经常性削减劳务配额，中方项目劳务用工指标得不到保障，同时，非正规渠道出境务工人员增多，境外劳务纠纷频发。

由于沿边口岸经济中的加工制造产业始终未成规模，而单纯的贸易活动难以拉动第一产业和现代服务业，口岸的作用还主要停留在通道和提供交易场所等初级功能上，孤立化的口岸经济不能形成持续发展的动力，加之沿边口岸经济更加易受对方国家经济发展形势的影响，因此，对当地人力资源和物质资源的吸纳和利用范围有限，富民效果不显著。

（八）开放意识相对落后

与沿海发达地区相比，沿边地区的开放意识差距很大，表现为：干部群众的思想观念还比较落后，开放意识、创新意识、市场意识还不够强；一些制约发展、影响投资创业的体制、机制问题还没有根本解决，各种配套优惠政策有待加紧完善；招商引资工作进展缓慢、措施不活等。以金融服务为例，沿边地区的金融机构比较少，作为对外窗口的沿边口岸，金融服务更是普遍落后，金融机构服务缺位、金融支持乏力。在一些口岸，客商存取现金要到几十公里外的金融网点办理。由于我国与周边多数国家没有建立人民币账户关系，不能直接办理跨境汇款等业务，大量边贸活动采用现金结算，金融服务所应具有的引导和配置优势要素的作用难以发挥出来，对口岸经济发展有着明显的制约作用。

其他如朝鲜问题对沿边地区影响较大，朝鲜国情不确定性影响我国出入境管理，如对非法入境等违法犯罪人员不予核实身份，朝方对边境旅游开通随意性较大，影响我国边境旅游正常开展。

总之，我国沿边地区对外开放面临的问题纷繁复杂，有些问题长时期不能得到解决，已经影响到了沿边地区的经济发展。从巩固边疆、维护国家安全的角度出发，加大沿边对外开放力度，制定并出台更加有利于沿边地区开放的政策措施是必然的选择。

五、沿边地区加快开放发展的潜力和机遇

实施沿边开发开放政策以来,沿边地区的经济和社会发展取得了不错的成绩,基础设施日益完善、经济发展日趋加速、人民生活日益改善,未来发展的潜力巨大。与此同时,新时期以来,尤其是十九大以来,我国对对外开放进行了全新的顶层设计,制定了新的对外开放战略,这些顶层设计和开放战略,给沿边地区加快发展带来了难得的历史机遇。

(一) 加快发展潜力巨大

近年来,我国沿边地区抓住机遇,着力深化改革,着力对外开放,经济社会发展取得了较好的成绩。沿边地区边境经济合作区发展基础较好、口岸建设成效显著,产业发展以及与周边国家的经济合作成绩显著。这些发展基础为沿边地区进一步扩大开放,实现经济的跨越式发展奠定了基础。

1. 自然资源和生态环境优势

在过去四十年我国改革开放带来的工业化进程中,沿边地区由于交通闭塞,对外联通不畅,从而一直处于较为封闭落后的状态。广袤的土地、丰富的自然资源、未经破坏的生态环境成为新时代中国高质量发展的重要基础和潜在动力。"绿水青山就是金山银山"将在沿边地区的开放发展中得到实践。绿色、有机、安全的生态农业;独具特色的边境旅游、跨境旅游、休闲旅游、健康疗养以及各种生态文化旅游业将是未来沿边地区开放发展的重点产业。同时,相对东部沿海地区而言较低成本的劳动力优势也将带动加工制造业向沿边地区转移。

2. 已有开放发展平台优势

如前所述,实施沿边开放政策以来,沿边9省区边境口岸建设、边境经济合作区和跨境经济合作区建设、国家重点开发开放试验区建设都取得了积极进展,为进一步开放发展奠定了基础。各地在开放平台的建设过程中,逐渐形成了可复制、可推广的体制机制创新和改革举措,为提升沿边地区的整体开放水平作出了示范、提供了样板。例如,东兴在全国首创了边民互市的"三级市场"发展模式;探索形成了可复制的人民币对越南盾"抱团定价"(一周一次)、"轮值定价"(工、农、中、建四大行)的

"东兴模式";开展人民币和越南盾现钞跨境调运业务,有效解决了双方金融机构、兑换公司资金现钞需求问题。又如瑞丽大力推行"一口岸备案、多口岸通关"的管理模式,大力推进通关便利化改革创新;率先在全国首创并发布"瑞丽"指数,在经常项目项下人民币兑缅币特许兑换业务在指定地点双向试点,实现了缅甸境内人民币跨境支付和中缅银行间电子直汇,在缅甸木姐服务点提供POS跨行转账和EATM小额取现。

3. 与周边国家已有合作机制优势

除了国家层面与周边国家建立了较为稳定的区域和次区域合作机制(如中国与东盟的"10+1"合作机制、中国与东亚的"10+3"合作机制、大湄公河次区域经济合作、澜湄合作、大图们江以及各种双边合作机制)外,沿边地区的地方政府也在努力与对方国家建立各种合作机制和工作机制。例如,云南与广西与相关国家形成了相应的合作机制,如滇缅合作论坛以及云南—老北、越北、泰北合作工作组和南宁—新加坡经济走廊等机制,云南、广西以及老挝的丰沙里和越南的老街、广宁等省区也开展了地方层面合作,形成常态化的有效反馈渠道和调适平台。云南、广西在海关、检验检疫等具体口岸监管层面,在交通运输、金融以及电力、汽油等产业发展层面,也与周边国家建立了较为有效的沟通及合作机制,如泰—中—老的沿线海关合作机制、中越海关业务论坛、中缅之间的"边管论坛"等,有效推动了与对方国家之间互通政策、法律文本,有利于共同商讨解决沿线海关的通关问题。广西自2006年起,每年举办泛北部湾经济合作论坛,推动着泛北部湾经济合作稳步前进。再如,新疆塔城地区与哈国毗邻城市经贸往来频繁,既设有中哈企业家商务论坛、东哈州招商推介会、新疆亚欧博览会巴克图论坛等经贸促进平台,也签有《跨境旅游合作协议》《旅游、国际经贸与贸易合作协议》《常态化联络机制协议书》《关于开展克—塔—阿铁路巴—阿段建设前期研究备忘录》等相关合作协议,地方跨境合作基础较好。

4. 与周边国家产业合作优势

与周边国家相比,我国在资金、技术、人员等要素市场存在较大的梯度,具有较大的产业合作潜力。

(1)农业合作成效显著。我国是农业大国,周边国家也多为传统的农牧区,双方在农业技术合作、农业灌溉等方面具有广泛的合作基础,在农业领域的合作成效显著。我国广西、云南与东盟,新疆与中亚和南亚邻国以及黑龙江、内蒙古与俄罗斯的农业合作都取得显著成效。以广西、云南与东盟的农业合作为例,近年来,广西企业纷纷到东盟国家进行农业资源开发,建立了一批水稻、甘蔗等农作物生产基地,每年出口越南杂交水稻种子达2000吨左右,占我国出口越南杂交稻种总量的18%,帮助越南提高水稻单产6%以上,每年出口越南蔬菜种子300吨,占我国出口越南蔬菜种子总量的60%。目前,广西共有30多家企业、单位赴越南、老挝、柬埔寨等东盟国家开展农业开发合作,投资额超过12亿元。云南省也在老挝、柬埔寨、缅甸建设了农业科技示范园,推广水稻、大豆、马铃薯等农业科技成果,取得显著增产示范效果。云南鼓励企业与缅甸、老挝"金三角"地区实施罂粟替代种植,减少烟农对罂粟的依赖,取得一定成效,老挝已宣布无罂粟种植。新疆塔城通过引进以天然生物淀粉(如玉米、小麦、秸秆等)为原料的新型纺织材料企业,不仅可以解决哈萨克斯坦农产品的出路,而且将有力带动新疆石油化工、煤化工、农业加工和纺织产业发展,带动新疆经济向高端发展。

(2)旅游合作前景广阔。我国沿边地区与周边国家旅游资源丰富,且风景各具特色、差异明显,具有一定互补优势,双方旅游合作前景广阔。广西、云南与东盟之间旅游来往频繁,互为主要的旅游客源国与旅游目的地。黑龙江也一直致力于加强与俄罗斯的旅游合作,据黑龙江省统计,自2009~2016年底,黑龙江累计接待俄罗斯旅游者862.29万人次。2016年,由黑龙江各地口岸出入境游客达305.89人次,其中由黑龙江省入境的俄罗斯游客74.18万人次,占全部外国入境黑龙江游客的81.63%。近年来,随着朝鲜对旅游业的逐步开放,辽宁丹东和吉林延边也已经成为赴朝旅游的主要集散地。2017年底,瑞丽共接待国内外游客506.6万人次(是当地常住人口的23倍),同比增长50.4%,实现旅游总收入98.8亿元,同比增长45.1%。

(3)能源合作潜力巨大。周边国家油气资源丰富,有利于我国实现油气资源接替,随着我国"一带一路"倡议的推进,将进一步加大我国同周边国家的能源合作力度。目前,中国的十大原油进口国中,周边的西亚、俄罗斯、中亚国家已经占去了8席,能源合作潜力巨大。以中亚为例,1997年中石油成功中标阿克纠宾油田开发项目,拉开了中国与中亚能源合作的序幕。截至2012年底,中石油已在中亚地区投资执行了17个项目。而中亚的天然气管道则是我国第一条跨国天然气管道,西起土库曼斯坦和乌兹别克斯坦边境,穿越乌兹别克斯坦中部和哈萨克斯坦南部地区,经新疆霍尔果斯口岸入境,年设计输气量为300亿~400亿立方米,境内与我国西气东输二期管道相连,可保证沿线4亿人口的生活燃料供应。根据2017年《中国口岸年鉴》,2016年全年,自霍尔果斯口岸进口的天然气共2479.98万吨,较上年同比增长15.15%。

综上,可以说,中国与周边国家的产业合作取得了明显成效。以哈萨克斯坦为例,目前中国与哈萨克斯坦在包括过境运输、产能、工业园区、金融、农业、人文等领域达成51个产能合作早期收获项目,合同总金额近270亿美元。截至2016年,中国对哈累计投资已达428亿美元,哈萨克斯坦跃居中国在"一带一路"沿线最大投资对象国。2016年,过境哈萨克斯坦的中欧货运班列开行量逾1200次,中哈铁路运输量同比增长800万吨;2017年3月29日,已稳定运行3906天的中哈原油管道实现累计向中国输送原油1亿吨,"丝绸之路第一管道"进入"亿吨"时代;6月1日,中国国航北京—阿斯塔纳航线开通,为中哈搭起崭新的"空中丝路"……中石油、中石化、中电建等中国央企均落户哈萨克斯坦(见表5-1)。

表 5-1　　　　　　　　　在哈萨克斯坦经营的中国企业

公司名称	主要经营活动
中石油公司	石油天然气勘探、开采、加工、运输、向哈出口石油机械设备、石油天然气管道铺设、石油天然气工程建设等、对哈投资
中石化公司	石油勘探开发与生产加工、向哈出口石油机械设备
中信集团公司	石油开采与加工、沥青厂建设和运营、医疗中心
中水电国际工程公司	双西公路部分路段承包工程
北方工业振华石油	石油开采
中国有色金属建设股份有限公司	电解铝厂、石油焦煅烧,选矿厂
中国工商银行阿拉木图股份公司	商业银行业务
哈萨克中国银行	商业银行业务
华为阿拉木图公司	通讯网络建设
新疆三宝公司	进出口贸易、承包工程
新康番茄制品厂	生产特色蔬菜罐头、果酱、辣椒酱、番茄制品等

(二) 加快发展机遇难得

十九大以来,我国对区域发展和对外开放进行了全新的顶层设计,制定了新的区域发展和对外开放战略。这些顶层设计和新战略均与沿边地区息息相关,沿边地区要抓住难得的历史机遇,以外向型经济体制改革为动力,实现经济的跨越式发展。

1. 构建全面开放新格局的战略机遇

党的十八届三中全会指出,要扩大内陆沿边开放,形成全方位的对外开放格局,加快沿边开放步伐,允许沿边重点口岸、边境城市、经济合作区在人员往来、加工物流、旅游等方面实行特殊方式和政策。建立开发性金融机构,加快同周边国家和区域基础设施互联互通建设,推进丝绸之路经济带、海上丝绸之路建设,形成全方位开放新格局。十八届三中全会关于加快沿边开放步伐的表述明确指出允许沿边重点地区实行特殊的方式和政策,这给新时期我国沿边开发开放带来了全新机遇,指明了前进的方向。在此基础上,十九大报告明确提出,要"推动形成全面开放新格局";强调"要以'一带一路'建设为重点,坚持引进来和走出去并重,遵循共商共建共享原则,加强创新能力开放合作,形成陆海内外联动、东西双向互济的开放格局"。这一定位为我国沿边地区对外开放定下了基调,即沿边地区将由发展的"末梢"向开发开放的"前沿"和"枢纽"转变。唯如此,才能真正形成陆海内外联动、东西双向互济的开放格局。

2. 国家实施"一带一路"倡议的战略机遇

2014年以来，习近平总书记先后提出了建设"新丝绸之路经济带"和"21世纪海上丝绸之路"两大战略构想，后来两个战略构想被系统地称为"一带一路"倡议，该倡议强调相关各国要打造互利共赢的"利益共同体"和共同发展繁荣的"命运共同体"。"一带一路"建设是党中央、国务院根据世界形势深刻变化、统筹国内国际两个大局做出的重大战略决策，对于开创全方位对外开放格局、提升我国话语权和影响力、实现中华民族伟大复兴的中国梦具有重大而深远的意义。"一带一路"倡议将成为未来很长一个时期，我国加快对外开放纲领性战略和总要组成部分。沿边地区是我国"一带一路"倡议实施的重点和关键。可以说，国家"一带一路"倡议的实施给我国沿边地区的开发开放带了重要的战略机遇。

3. 国家实施"区域协调发展"的战略机遇

十九大报告明确提出，要实施区域协调发展战略，尤其强调要"加大力度支持革命老区、民族地区、边疆地区、贫困地区加快发展，强化举措推进西部大开发形成新格局"。沿边地区既是边疆地区又是少数民族地区和贫困地区。区域协调发展，意味着沿边地区将逐渐在经济和产业发展上形成独特优势，缩小和东部沿海地区的差距。为此，国家将加大投入，努力克服沿边地区发展不平衡、不充分的问题，重点扶持沿边地区产业发展，助力中国经济走向平衡式的高质量发展。

4. 国家实施"乡村振兴"战略的重要机遇

2018年政府工作报告明确提出要大力实施乡村振兴战略，推进农业供给侧结构性改革，促进农村一二三产业融合发展。沿边地区农业资源丰富，产业结构中农业比重偏高，明显高于全国平均水平。"乡村振兴"战略的实施，有利于贯彻农业农村优先发展指导思想，进一步调整理顺工农城乡关系，在要素配置上优先满足，在资源条件上优先保障，在公共服务上优先安排，加快农业农村经济发展，加快补齐农村公共服务、基础设施和信息流通等方面短板，显著缩小城乡差距。尤其结合大数据、互联网，有利于强化质量兴农、品牌强农，以农业现代化和农产品加工贸易带动二产和三产，延长产业链，提升价值链，实现"互联网+农业+农产品加工制造业+农业旅游业+生态旅游业+物流业"的产业联动发展模式，促进一二三产业融合发展，形成竞争新优势。

5. 全面深化改革将释放更多改革红利

全面开放即意味着全面与国际接轨，因此也就意味着全面深化改革。十九大报告明确指出，要"以供给侧结构性改革为主线，加快完善社会主义市场经济体制"；强调"我国经济已由高速增长阶段转向高质量发展阶段，正处在转变发展方式、优化经济结构、转换增长动力的攻关期，建设现代化经济体系是跨越关口的迫切要求和我国发展的战略目标"。推动各级政府改变"等靠要"优惠政策的思维模式，推动进行各个领域的体制机制改革，将为沿边地区发展注入新的活力，尤其通过放宽外商投资的准入条件，打造国际化、法治化、便利化营商环境，有利于沿边地区变开放末梢为开放前沿，实现对外开放的跨越式发展。

六、加快沿边开放步伐的重要意义

随着1978年我国改革开放的起航,我国的沿边开放发展也不断地开启。1992年我国实施了沿边开放战略,为沿边地区的经济发展、深化与周边国家经贸合作、提高对外开放水平和改善人民生活水平创造了客观条件。经过四十年的发展,我国沿边地区的经济发展不断繁荣、人们生活水平不断提高、边疆地区趋于稳定。十八大以来,我国经济发展进入了新时代,我国沿边地区既面临新的形势,也迎来了新的发展机遇。进一步加快沿边开放步伐,不仅是我国新时代战略布局的重要组成部分,也是实现国家周边外交战略目标的主要抓手和推进"一带一路"倡议的重要支撑、落实兴边富民行动计划重要载体,更是实现小康社会战略目标、区域经济协调战略和构建沿边地区开放型经济新体系的迫切要求。

(一) 实现周边外交战略目标的主要抓手

我国陆地边界线超过2.28万公里,海岸线长约3.2万公里,与14个国家陆地相邻,与9个国家隔海相望,周边邻国众多,地缘环境复杂,民族宗教问题突出,敏感问题交织,政治安全局势多变。近年来,伴随着我国的和平崛起和美国"亚太再平衡战略"的实施,周边环境更是面临多重压力,一方面,我国与周边国家在领土、领海、岛屿等方面争端不断,产业竞争压力与对外投资合作冲突加大;另一方面,来自恐怖主义、环境、能源等非传统安全的威胁也在日益增加。周边国家一直是我国外交的首要和优先发展方向。进入新时代以来,我国奉行"亲、诚、惠、容"的周边外交政策,坚持与邻为善、以邻为伴,更加重视与周边国家实现睦邻、安邻、富邻。当前,我国已经明确提出周边外交的战略目标之一就是全面发展同周边国家的关系,努力使周边同我国政治关系更加友好、经济纽带更加牢固、安全合作更加深化、人文联系更加紧密。

沿边开放依托沿边9省区,直接面向周边20多个邻国开展边境经贸投资与产业合作,正是实现国家周边外交战略目标的主要抓手。可以说,进一步加快沿边开放步伐,与东盟、俄罗斯、蒙古国、中亚等周边国家等更多的周边国家深化经贸合作,推动边境贸易发展,加强边境产业合作,使中国经济发展的成果外溢惠及更多的周边国家边境居民,让周边国家共享我国经济增长的利益,有助于增强与周边国家的政治互信、加深国民相互理解、牵制乃至化解各种矛盾冲突,为我国实现"两个一百年"奋斗目标、实现中华民族伟大复兴的中国梦,营造和谐稳定的周边环境。

(二) 推进国家"一带一路"倡议的重要支撑

2013年,国家主席习近平在哈萨克斯坦与印尼访问时,先后提出共建"丝绸之路经济带"与"21世纪海上丝绸之路"的合作倡议,标志着"一带一路"构想的全面启动。"一带一路"倡议是党中央顺应全球发展大势、统筹国内国外两个大局做出的重大战略决策,有利于我国与沿线国家深化合作,打造利益共同体和命运共同体,实现区域共同发展与繁荣。"丝绸之路经济带"重点畅通中国经中亚、俄罗斯至欧洲(波罗的海);中国经中亚、西亚至波斯湾、地中海;中国至东南亚、南亚、印度洋。"21世纪海上丝绸之路"重点方向是从中国沿海港口过南海到印度洋,延伸至欧洲;从中国沿海港口过南海到南太平洋。可以说,东盟、南亚、中亚、西亚、俄罗斯等周边国家是"一带一路"的重点和起点,赢得这些国家的合作与支持,是"一带一路"建设成功推进的关键。

我国沿边地区外连周边国家,内通中部与沿海省份,是当前国家"一带一路"远景规划建设的重要门户,在"一带一路"建设中能够起到连接、交会的战略支撑作用,加快这一区域的开放步伐,把国内的开放与国外的开放有机结合起来,更好地利用两种资源、两种市场,能为我国"一带一路"建设提供重要支撑。如新疆作为丝绸之路经济带核心区,通过向西开放,深化与中亚、南亚、西亚等国家交流合作,有利于形成"丝绸之路经济带"上重要的交通枢纽、商贸物流和文化科教中心。内蒙古、黑龙江、吉林、辽宁等沿边省区通过加快向北开放,推动区域铁路网和运输通道建设,有利于共同构建繁荣的中蒙俄经济走廊。广西能够借此充分发挥与东盟国家陆海相邻的独特优势,构建面向东盟区域的国际通道,形成"21世纪海上丝绸之路"与"丝绸之路经济带"有机衔接的重要门户。而云南、西藏等省区也能通过加快沿边开放,推进与周边国家的国际运输通道建设,积极发展边境贸易和旅游文化合作,建设成为面向南亚、东南亚的辐射中心。

(三) 落实兴边富民行动"规划"的有力保障

我国陆地边境线上分布着138个边境县(市),边境地区人口2400多万人,分布着45个少数民族。由于地理、气候条件以及战争等多种因素影响,边境区域一直是我国经济发展的短板,基础设施建设和经济发展水平落后,贫困人口较为集中。为了促进边境地区的经济发展,1999年,由国家民委联合国家发展改革委、财政部等部门倡议发起实施了兴边富民行动计划。宗旨就是振兴边境、富裕边民。通过强化政府组织领导,广泛动员全社会参与,加大对边境地区的投入和对广大边民的帮扶,使边境地区尽快发展起来,边民尽早富裕起来,在发展中进一步增强爱国主义感情和加强各民族大团结,最终达到富民、兴边、强国、睦邻的目的。2011年,国家出台了《兴边富民行动规划（2011~2015年）》，提出要支持海关特殊监管区域、边境和跨境经济合作区建设，加强边境口岸基础设施及其检查检验配套设施建设，提升沿边开发开放水平。党的十八大、十九大报告也提出要"加大对革命老区、民族地区、边疆地区扶持力度"。2018年3月，经国务院常务会议讨论通过，国务院办公厅印发了《兴边富民行动"十三五"规划》（简称《规划》）。《规划》全面贯彻落实习近平总书记系列重要讲话精神和治国理政新理念新思想新战略，紧紧围绕统筹推进"五位一体"总体布局和协调推进"四个全面"战略布局，认真贯彻落实中央民族工作会议精神，紧扣全面建成小康社会进入决胜阶段和打赢脱贫攻坚战进入冲刺阶段的时代背景，从战略和全局高度，着眼捍卫国家主权和领土完整，建设繁荣稳定和谐边境，确保边境地区与全国同步全面建成小康社会，是新时期深入推进兴边富民行动、促进边境地区加快发展的行动纲领。《规划》体现出统筹边境地区经济社会发展的特点。《规划》内容涉及边境地区经济社会发展诸多方面，重点突出，与兴边富民行动"十一五""十二五"规划一脉相承，既延续了兴边富民行动实施以来的各项重大政策措施，又根据新的形势和任务，进行了充实调整，特别是主要任务部分更加全面和具体，与兴边富民行动不断深入推进的态势是相适应的，说明中央推进兴边富民行动的力度更大了。

（四）构建开放型经济新体制的应有之义

经过改革开放四十年的发展，我国开放型经济发展卓有成效，但也面临发展不均衡、要素成本上升、资源环境约束等问题。就区域发展格局来看，同东部地区相比，广大沿边地区开放型经济发展水平仍然有待提升。2016年，我国沿边9省区边境小额贸易为334.15亿美元，占全国进出口贸易的比重仅为1.1%，利用外资162.93亿美元，占全国利用外资的比重为12.93%，对外投资为99.61亿美元，占全国的比重为5.5%，与东部沿海地区相比还有较大差距。

党的十八大提出要"全面提高开放型经济水平"，其中特别指出"要创新开放模式，促进沿海内陆沿边开放优势互补，形成引领国际经济合作和竞争的开放区域，培育带动区域发展的开放高地"，首次将"沿边开放"与"沿海、内陆开放"并列提出作为"提高开放型经济水平"的组成部分。党的十八届三中全会进一步提出要"构建开放型经济新体制"的新任务，十九大报告进一步提出要"加强边疆地区的发展，确保边疆地区巩固"，"加快沿边开放步伐"正式成为其中的重要组成部分。我国沿边地区共与14个国家陆地相邻，具有开放前沿的突出地位，但前沿的地位远未转化成为开放的优势。通过加快沿边开放步伐，不断探索沿边开放新模式，允许沿边重点口岸、边境城市、经济合作区在人员往来、加工物流、旅游等方面实行特殊方式和政策，加快同周边国家和区域基础设施互联互通建设，有利于沿边地区扩大对外贸易、发展双向投资与产业合作，是构建开放型经济新体制、形成全方位开放新格局不可或缺的重要环节。

(五) 促进沿边地区经济发展的内在要求

我国的对外开放始于沿海,沿边开放自1992年提出以来,虽然取得很大成绩,但沿边区域经济发展水平始终落后于全国平均水平。我国沿边地区涵盖九个省区的138个边境县(市),土地面积近200万平方公里,占全国土地面积的1/5以上,但经济发展水平普遍较低,2016年沿边9省区地区生产总值127401.4亿元,仅为全国的17.12%,人均生产总值也明显低于全国平均水平。加快沿边开放步伐,有利于培育区域经济新增长极,不仅是实现国内区域经济的协调发展的迫切需求,也是沿边地区实现自身经济发展的内在要求。

我国沿边地区不仅拥有独特的区位优势,而且还拥有丰富的自然资源以及特有的人文资源。通过加快沿边开放步伐,积极开展边境经济贸易合作,能使沿边地区与周边国家以及沿海、内陆地区的联系更加紧密,吸引内地的资金、先进技术、商品、人才等汇集到边境地区,同时也将边境贸易、技术交流获得的周边国家的商品、技术等扩散到内地,起到连接内地与周边国家桥梁的作用,促使在边境地区形成经济增长极。在这个过程之中,沿边地区能够摆脱过去经济边缘地带的地位,由自给自足的自然经济向市场经济转化,不仅有条件实现自身经济更快更好地发展,也能带动和辐射内陆地区,对于促进区域经济协调可持续发展意义重大。

七、周边国家沿边开放发展经验借鉴

周边国家沿边开放发展的成功经验的借鉴可以为我国沿边开放发展的战略制定提供经验借鉴，对加速推进沿边开放的步伐，尽快实现沿边开发开放总体目标也将起到一定的作用。

（一）确定地区发展战略

我国部分周边接壤国家，为了改变边境地区发展落后的现实状况，普遍采取"加速"的发展策略。以俄罗斯为例，为促进远东发展，俄总理普京于2009年底批准了《俄远东和贝加尔地区2025年社会经济发展战略》（以下简称战略），为远东到2025年以前的社会经济发展确定了方向和锁定了目标。其战略思维可以简略概括为：以全球化视角，立足远东和贝加尔地区的资源和地缘优势，瞄准亚太地区，加快俄罗斯融入亚太地区经济空间的步伐，以保证俄罗斯出口市场多元化，防止国家对远东和贝加尔地区的经济和政治影响力下降，遏制远东和贝加尔地区人口下降趋势，以维护俄罗斯的地缘政治和地缘经济利益。

该战略将分三个阶段实施，通过扩大基础设施建设、巩固采掘业、发展加工业、加强新兴产业建设和科技创新、促进与全俄经济一体化和深化与周边国家经济合作，实现《战略》确定的关于远东到2025年达到全俄社会经济发展平均水平的目标。《战略》确定，到2025年前，远东和贝加尔地区通过实施"加速战略"，使该地区各联邦主体的GDP增长速度超过全俄GDP平均增速0.5个百分点，以推动相关联邦主体创造经济较为发达、生活条件比较舒适的发展环境，使该地区经济社会发展到2025年达到全俄平均水平，并使收入低于最低生活保障线的居民比重从24.5%降至9.6%，实现边境地区稳定人口数量的地缘政治发展任务。

为实现这一系列发展目标，俄政府确定了"三步走"的实施计划。

第一阶段为2009~2015年，主要是加快该地区投资增长速度，推广节能技术，提高劳动就业率，兴建基础设施项目和工业农业项目。

第二阶段为2016~2020年，主要是兴建大规模能源项目，增加过境客运和货运量，建立核心运输网络，对原材料进行深加工并加大其产品的出口份额。

第三阶段为2021~2025年，主要发展创新型经济，对石油天然气进行大规模开采、加工并出口，完成对大型能源和交通项目的建设等。

《战略》深入分析了俄远东和贝加尔地区 12 个联邦主体在能源、运输、矿物开采和加工、林业、渔业、农业、冶金、化工、机械制造、建筑业、旅游业、水利系统、环保与生态安全等领域的现状与前景，列举了该地区一系列重要发展方向和重大项目。

（二）布局边境中心城市

俄罗斯在对沿边地区开放发展进程中，最值得中国借鉴的是在边境地区布局一些大城市和中心城市，既起到对沿边地区经济发展的带动作用，又可以辐射到周边国家的沿边地区，将周边国家沿边地区的经济发展纳入到自己经济发展的体系内，起到影响左右的作用。

1. 符拉迪沃斯托克（海参崴）

符拉迪沃斯托克是俄罗斯滨海边疆州首府，西伯利亚大铁道的终点，是俄罗斯太平洋沿岸著名港城和俄罗斯远东地区的最大城市、俄远东科学中心、俄太平洋舰队的基地，也是俄远东地区最大的城市和经济、文化中心。城市人口约 100 万人（2012年），城市总面积为 700 平方公里，城市海岸线达 100 多公里。远东区主要文教科研中心之一，有符拉迪沃斯托克国立经济与服务大学、远东联邦大学、俄罗斯科学院西伯利亚分院远东分部、太平洋渔业与海洋学研究所及多所高等学校。符拉迪沃斯托克现为俄罗斯远东最重要的城市，也为俄罗斯海军第二大舰队太平洋舰队司令部所在地。

俄罗斯现今在亚洲太平洋地区所扮演的角色，与其在世界政治经济体系中所期望的不符。俄罗斯联邦在远东没有一个足以和周边国家的大城市相媲美的重要商业中心。事实上俄罗斯在该地区经济领域的作用并不仅限于作为原材料的供应地，还应是亚欧间交通中转的重要组成部分。俄罗斯工业和金融资本在这一地区经济中的重要地位还没有被认识到。俄罗斯联邦在这一地区所树立起来的权威仅仅是靠在这一地区倾注的军事力量才得以保证的。

因此，当今俄罗斯政治的一项重要任务就是在亚太地区建立起具有影响力的俄罗斯政治经济中心。在实现这一目标的众多候选城市中，符拉迪沃斯托克无疑被寄予最大的希望。这是俄罗斯在远东地区面积最大、经济最发达的城市，是远东最大的交通枢纽，拥有齐全的海运、铁路、公路、航空设施。与此同时，其所在的滨海边疆区南部拥有充足的交通设施和运输量，木材加工业、渔业等都具有十足的发展潜力。

这样，必须将符拉迪沃斯托克变为工业、科学、商业与旅游业在经济上互相关联的地区。为了加快这一中心形成的进程，必须保证城市基础设施建设（包括交通、能源、通讯）向着未来商业中心的方向快速发展。

对于符拉迪沃斯托克来说，远期发展的主要目标为：完善俄罗斯与亚太其他地区间政府间联系的多方面发展；商品生产应以知识密集型产业为基础，例如生物技术等（包括生态纯净食品的生产、以远东原始森林和海洋生物为原料的活性药物生产）；发展各种海洋资源勘探开采的设备和仪器的生产；扩大科学研究的规模，形成有结构的勘探模式，实现对太平洋及其周边大陆自然资源情况的掌握和合理利用，同时解决可能出现的环境问题；针对亚太地区的不同国家发展不同形式的旅游业，比如以海洋为特色的专项旅游；提高科学、教育水平；扩大文化团体的数量；在市场条件下发展最能盈利的经济模式（比如渔业、食品业、日用品生产）；保证城市基础设施网络（电力、交通）运转的高效、可靠；对经济生产进行生态监控；加快生活住宅建设速度；保障国防力量。

对于符拉迪沃斯托克来说，建设领域的工业生产必须解决以下问题：完善工业分区的划分，提高工业用地的使用效率；大力发展船舶修理、船舶制造和海洋机械制造企业；从生态保护的角度考虑，建立更多新型知识密集型的高科技企业；完善生产、设计、运输基础设施，为即将建立的新型工业区提供便利。

2. 哈巴罗夫斯克

哈巴罗夫斯克，在清朝时被称为伯力，位于黑龙江及乌苏里江交界处东侧，为俄罗斯联邦远东联邦管区哈巴罗夫斯克边疆区首府，明朝、清朝时曾是中国领土。该市于2002年成为俄罗斯远东联邦管区的行政中心，据不完全统计2005年人口为579000人。

为了给远东及外贝加尔地区的经济社会发展创造条件，俄总理普京于2009年底批准了《远东及外贝加尔地区2013年以前经济社会发展联邦专项规划》。该规划的目的在于建设必要的基础设施，形成良好的投资环境，使之有利于远东和外贝加尔地区重要经济领域的发展，同时还要考虑到国家的地缘利益和安全保障。

哈巴罗夫斯克是俄罗斯整个远东地区的中心城市，俄罗斯远东地区最高行政机关和边疆区首府所在地，俄罗斯远东地区政治、经济、文化中心和交通枢纽。在《规划》中也是重中之重。在规划中规定了以下事宜：

建设和改造连接瓦尼诺和尼古拉耶夫斯克（庙街）港口的利多加—瓦尼诺、谢里希诺—尼古拉耶夫斯克（庙街）、阿穆尔河畔共青城—别列佐夫村—阿姆贡—莫戈底（Могды）—切格多门、阿扬—涅尔坎—尤戈列诺克公路，实施北部运输以及开发边疆区北部森林资源。

将建设连接阿穆尔河水道的桥梁和道路。

水路运输方面，计划在瓦尼诺港改造瓦尼诺—霍尔姆斯克公路铁路轮渡交通的沿岸设施，以实现萨哈林岛和大陆地区的货运及客运。

此外，计划对数个当地机场实施改造，并在改造完成后移交给边疆区所有。

规划将实施一系列项目，以降低哈巴罗夫斯克市和阿穆尔河畔共青城对作为饮用水源的阿穆尔河的依赖程度。这些项目的实施将大大提高以上城市的饮用水质量，并改善生态状况。

在规划的框架内将完成哈巴罗夫斯克市产期中心、2号医院以及别尔戈共青团区中学的建设。

在林业方面，哈巴罗夫斯克边疆区存在一些尖锐的问题，例如，缺乏木材精加工业。同时，边疆区缺乏大型用户，缺乏加工低端、废弃木材的工厂，这也对林业资源的利用率、木材原料基地状况、森林恢复过程以及生态产生了不利的影响。

目前还要制定有关阿穆尔纸浆联合工厂的建设项目。项目分两个阶段：第一阶段是建造年产量为 30 万立方米的薄板片生产工厂，2010 年建成，投资金额达 81 亿卢布。第二阶段是建设硫酸盐漂白针叶木浆制作工厂（年产量 30 万吨）以及化热机械浆生产工厂，2013 年建成，建设资金达 216 亿卢布。项目的成功实施将提供 4200 个就业岗位。以后还将在上述基础上建立一系列生产各种类型的纸张和包装用硬纸板的工厂。

为保障林业加工的各个项目的原料定时、定量供应，需要建设一系列运输基础设施以及供能、供水系统。上述项目，包括必要的基础设施建设费用总额为 384 亿卢布。为此，计划吸引俄罗斯联邦投资基金 87 亿卢布。

为建立瓦尼诺和苏维埃港港口基地的工业运输枢纽，规定必须发展港口运力、港口周边基础设施建设，并扩大铁路设施规模。

枢纽形成的基础，是要实现以下基地投资项目：建设 2500 万吨运力的运输、转运站；在瓦尼诺港的穆奇卡湾建设两个 1000 万~1200 万吨运力的专业化煤炭终点站；以及在苏维埃港海湾的玛利亚湾建设 700 万吨运力的精铁矿转运站。

计划到 2025 年以前，考虑这些项目得以实施，瓦尼诺和苏联港的港口货流量每年将达到 6000 万吨。

港口转运站的建设，是以出口货物运输为主导，私人投资总额约为 230 亿卢布，将使地区生产总值增加 30 亿卢布，将新增约 1600 个就业岗位。

为了给这些项目提供运输基础，在 2020 年前，年增加铁路运力 6000 万吨甚至更多。

在渥内—高山段改造以及在阿穆尔河畔共青城—苏维埃港段修建新的库兹涅佐夫隧道项目中，规定修建渥内—高山铁路段，其中包括修建新的隧道、新库兹涅佐夫会让站、去往隧道的单线通路，以及工程技术保护设施、2 个会让站上的 2 条长度分别为 1.1 公里的铁路线（运营长度为 27.05 公里，包括隧道长 3.98 公里，由此所有段铁路长度减少了 10.6 公里）。该项目的建设已经完成，资金总额 227.522 亿卢布。实现年运输能力从 1200 万吨增加到 3000 万吨的计划；计划至 2020 年前，年运输能力将达到 5290 万吨。地区生产总值预期将增加 19 亿卢布，将新增就业岗位 300 个。

3. 布拉戈维申斯克

布拉戈维申斯克市，简称布市，是俄罗斯阿穆尔州的首府，俄罗斯远东第三大城市，黑龙江上中游北岸重镇。位于黑龙江左岸、精奇里江右岸两江汇合处。城市面积 353 平方公里，2014 年人口为 220077 人。建有阿穆尔州最大的港口，河运事业发达。造船业和船队得到蓬勃发展。布拉戈维申斯克是俄罗斯著名大学城，有高等院校 6 所，中等学校 15 所，中学 30 所。今天的布拉戈维申斯克是远东大型工业、行政和文化的中心。

在《规划》框架内计划完成一系列有关布列亚水电站淹水地区的项目工程，实施布拉戈维申斯克中央热电站的第二批建设以及发展电网设施等。

上述一系列措施将满足布拉戈维申斯克市的电力需求。计划建造公路以连接14个居民点和阿穆尔公路（赤塔—哈巴罗夫斯克），修建通向布拉戈维申斯克市的道路，并在结雅河上修建桥梁。

采取措施修建一系列桥梁，以及高架公路。计划采取措施对阿穆尔河河岸实施加固，并改造布拉戈维申斯克市的堤岸。

为提高布拉戈维申斯克市住宅和公用事业工作的效率，规定必须在市内完成从北部居民区到下水道排污设施的一系列下水道主管改造，并建造废弃物加工工厂。

上述措施将减少对生态环境产生的消极影响。

计划完成市内的医院外科、布拉戈维申斯克市儿科医院以及别洛戈尔斯克市分科诊所的建设，以提高医疗服务的质量，在住院金方面达到全国标准，建立一系列现代化多功能住院处。

计划开发加里矿区，建设联合选矿企业，其原料矿和成品矿的年生产能力分别为700万吨和293万吨。矿区的主要矿种为磁铁矿。富矿占矿区平衡储量的37%，中等质量的矿占63%。加里矿区的水文地质和矿区技术条件有利于露天作业。极大部分（435米深）可采用露天采煤法。

在冶金生产所需的非金属矿物由以下矿区提供：斯沃伯德内和赖奇欣斯克褐煤矿区、涅韦尔硅砖石英岩矿区、恰戈扬石灰岩矿区、尤赫塔—布祖林（Юхта‐Бузулинское）耐火黏土矿区以及恰尔坎高岭土矿区。此外，临近阿穆尔州边界的哈巴罗夫斯克边疆区境内有马洛欣坎（Малохинганские）的白云岩和菱镁矿区。

规定建立统一的生产综合体，以保障加里矿区铁矿的选矿、开采以及生铁再熔加工为成品作业的实施。所提出的工艺应为工业上已掌握的并在目前被世界各国企业广泛采用的工艺。计划建设一系列基础设施工程。

加尔—费弗拉尔斯克公路以及谢列姆贾河上桥梁的建设（建设投资36.4亿卢布），将能够把所生产的产品运至贝加尔—阿穆尔干线，接着运往瓦尼诺和苏维埃港的港口，顺途运送欧果京矿区的煤矿。在谢列姆贾河上造桥对于发展谢列姆贾区也有非常重要的意义，桥的建设还为区内、区际的客运和货运提供了可靠的运输保障。

联合选矿企业计划通过架设希马诺夫斯克—加尔（Гарь）高压输电线（220千伏，投资8.1亿卢布）实现供电。

矿区开发总经费估达420.6亿卢布，计划8年收回成本。

项目在2008~2013年实施，实施过程中年采矿量为700万吨，地区生产总值将增加149亿卢布。税收进款增加12.282亿卢布。计划新增就业岗位2500个。

4. 扎门乌德

扎门乌德是蒙古国东南部边境城镇，距蒙古国首都乌兰巴托550公里，与二连口岸相距9公里，行政区划面积为460平方公里。它的对面就是中国的二连浩特，早期是俄罗斯和蒙古国通往中国内地商队的要道，是昔日中国与俄罗斯之间"茶叶之路"上重要的节点小城，也是通往乌兰巴托和俄罗斯恰克图的必经之路。

2003年，蒙古国议会通过《扎门乌德经济自由区法律地位法》，规定在此处建立工业、贸易、旅游、休闲一体的自由区。因此扎门乌德被称为"蒙古国的小香港"。蒙古国政府提供行政、司法、海关、税收和安全方面的服务，实行签证、边检、海关和行政、商务服务的便利规则，提供海关、税收特殊优惠服务。蒙古国政府对该区实行垂直管理，管委会主任由总理直接任命，是不与扎门乌德等其他省隶属的单独行政区，也是蒙古国境内关外形成的单独保税区。

欧盟按照有关国际惯例及其贸易规则，给予蒙古国"普惠制"待遇，对原产于蒙古国的7200种商品进入欧盟市场实行免关税、免配额的特殊政策，美国也对原产于蒙古国的商品进入美国市场实行免配额并对部分商品减征关税的优惠政策。蒙古国核发原产地证明的国家工商会也承诺只要一种商品的30%工序在蒙古国境内加工完成，就可核发蒙古国原产地证明，并以蒙古国商品的名义进入欧盟市场和美国市场，享受欧盟和美国给予蒙古国的优惠政策。

(三) 实施相关优惠政策

我国部分周边接壤国家，在边境贸易管理政策、边境企业税收优惠方面一般会给予一定的优惠政策，吸引相关企业在边境地区落户。以越南为例，越南在边贸管理方面，给予一定的便利，在税收方面给予一定的优惠。

1. 放宽边贸管理

边境或口岸市场内的经营户进口货物时不必填写报关单以及其他有关进口程序和手续的材料，只需提供商品质检和检疫证明；边民互市商品不必提供商品产地证，而根据实际检查结果确认；边境进出口商品根据越南与毗邻国家所达成的协议，享受优惠税率。边境贸易商品免税额度为200万盾/人/天（折约1000元人民币），适用对象为持有边民证或持有边境通行证的越南边境居民，与越南接壤的中国、老挝和柬埔寨边境居民，且交易商品必须是与越南有共同边境的居民所在国生产。第三国生产的商品不享受免税待遇。

2. 放宽通关政策

允许边境口岸和口岸经济区邻国公民，持本国签发的边境通行证来往越南边境口岸和口岸经济区从事旅游和商贸活动，可在15日内停留口岸经济区；同时也允许越南边境口岸和口岸经济区所在地的公民，凭本国签发的边境通行证前往邻国进行旅游和商贸活动，对持有非免签证护照的邻国和第三国公民，可在15日内免签证入境和停留口岸经济区；到口岸区考察、工作，投资和经营的外籍人员，持有外国护照的越裔及其家庭成员，可办理多次有效入出境签证。到口岸区工作和投资视情况给予办理期限最多不能超过3年的暂住证；允许邻国和第三国货物运输工具，根据与越方签订的经营合同进入边境口岸和口岸经济区。

3. 实行口岸经济区优惠政策

老街省充分利用其中央政府提供的各项优惠政策的同时，注意发挥自身优势，进行全面规划并采取多项措施加强口岸经济区的全面建设。为此，该省政府于 2002 年底颁布了关于设立 4 个重点经济区并提供有关优惠政策的决定（496/QD – UB 号文件），主要内容如下：

——在老街口岸经济区设立 4 个重点经济区：老街国际口岸区，面积：50 公顷；金城商贸区，面积：350 公顷；北沿海工业区，面积：300 公顷；新东坡工业区，面积：200 公顷。

——从 2003 年 1 月 1 日起，凡是经老街省政府批准的国内外企业在上述 4 个重点经济区开展生产经营投资的项目，均可享受以下优惠政策：

在上述重点经济区投资的项目有效实施期间，可长期免交土地租用费。

政府负责拆迁工作并承担全部或部分拆迁经费。即：老街国际口岸区和金城商贸区投资项目拆迁费的全部；沿海北工业区和新东坡工业区投资项目拆迁费的 50%。

基础设施建设和行政审批手续：

——由老街省出资建设重点经济区围墙外的公路、电力、供排水和电信等基础设施；

——由省计划投资厅受理投资项目申请的审批并由省政府颁发投资许可证（审批颁证时限为 10 个工作日）；

——口岸进出口货物检查等服务实行一个窗口一次性收费；

——越南老街—中国河口的客货运输工具可按照经营合同规定进入对方（老街范围和河口县范围）。

——对于在上述经济区内投资项目，如连续平均每年稳定解决 20 人的就业，并对工人培训达到 3 级技工以上政府将补助 100 万越盾（折约 500 元人民币）/人的培训费。

4. 税收优惠政策

（1）企业所得税优惠。

根据口岸经济区投资项目新成立的企业可根据政府 2008 年 12 月 11 日有关企业所得税法的实施条款规定的第 124 号议定享受相应的优惠，具体如下：

——可享受为期 15 年税率优惠 10% 的政策。属于政府 2008 年 12 月 11 日第 124 号议定第 15 条第 1 款第 2 点规定领域中投资项目新成立的企业享受优惠税率的时间可以延长但享受 10% 税率优惠的时间不能超过 30 年。政府总理规定的延长 10% 税率优惠时间是采纳了财政部部长的建议。

——可免除企业所得税 4 年，后 9 年每年须上缴的企业所得税可减半。减免税收的时间从企业投资项目后盈利须纳税的第一年起计算；企业在投资头 3 年内盈利没有达到纳税标准的情况则减免税收的时间从第 4 年起计算。

——企业在享受上述国家优惠政策期满后 5 年，老街省将对由本省权限审批的项目给予继续享受以下优惠政策,即将100%的企业所得税和50%的增值税返还企业用于再投资和扩大投资。

(2) 个人所得税优惠。

——在口岸经济区工作并有收入的越南人及外国人根据个人所得税法规定须纳税的可减免50%。

——个人所得税登记、纳税及决算根据法律规定执行。

(3) 增值税优惠。

——商品、生产服务及消费如在口岸经济区内保税区内进行,商品、服务从国外进口到口岸经济区内保税区及商品、服务从保税区出口到国外都不必缴纳增值税。

——口岸经济区内保税区其他职能区进入的商品、服务及从内地进入口岸经济区内保税区的商品和服务不缴纳增值税。财政部根据设有口岸经济区的各省人民委员会的提议对符合此款规定的商品、服务进行增值税退还前需颁布检查的商品名单。

——商品、服务在从口岸经济区内保税区发往口岸经济区其他职能部门消费或越南内地消费的根据法律规定须缴纳增值税。

(4) 特别消费税优惠。

——属于特别消费税范围的商品在口岸经济区内保税区生产、消费或从国外进口及从越南内地进入口岸经济区内保税区的不必缴纳特别消费税;24座以下的客车根据规定须缴纳特别消费税。

——属于特别消费税范围内的商品在从口岸经济区内保税区向国外出口不必缴纳特别消费税。

——属于特别消费税范围内的商品在从口岸经济区内保税区发往口岸经济区其他职能部门消费或越南内地消费的根据规定须缴纳特别消费税。

(5) 进出口税收优惠。

——商品从口岸经济区内保税区出口国外或从国外进口到口岸经济区内保税区并只在保税区内使用,商品从保税区发往其他保税区的都不必缴纳进出口税。

——在口岸经济区内保税区生产、加工、深加工、组装商品出口的可免缴出口税。

——进口原料、物资以服务口岸经济区投资项目的从开始投产之日起免缴5年进口税。原料、物资分类根据工贸部规定执行。国内不能生产的半成品进口以服务口岸经济区投资项。

(四) 重视载体建设,支持经济发展

我国部分周边接壤国家,为了促进边境地区的发展,吸引人口和产业在边境地区集聚,一般会建设经济开发区等特殊经济区作为经济建设载体。通过特殊经济区的特殊政策,带动边境地区的发展。以朝鲜为例,近年来,朝鲜经济逐步增幅,这和朝鲜逐渐开放、积极探索发展道路是密不可分的。2013年3月,朝鲜劳动党中央全体会议在平壤召开,会议上提出"要实现对外贸易的多角化和多样化,粉碎敌对势力的制裁

和封锁活动,打开对经济强国建设有利的局面。要在元山地区和七宝山地区等我国各地办好观光区,积极进行观光,各道要设立适合自己实情的经济开发区,有特色地加以发展。"同年5月,朝鲜宣布出台经济开发区法。同年11月,宣布朝鲜各道将建设经济开发区。

1. 朝鲜经济开发区

朝鲜民主主义人民共和国经济开发区法于2013年5月29日最高人民会议常任委员会以政令第3192号通过,2014年1月2日正式出台。其主要使命为:正确树立经济开发区成立、开发和管理方面的制度和秩序,发展对外经济合作与交流,为发展国家经济、改善人民生活做出贡献。

经济开发区是依照国家特别规定的法规,对经济活动提供优惠的特殊经济区。经济开发区包括工业开发区、农业开发区、旅游开发区、加工出口区、高新技术开发区等经济及科技领域的开发区。

国家根据管理隶属关系将经济开发区划分为地方一级经济开发区和中央一级经济开发区进行管理。经济开发区名称和所属的事务由非常设国家审查委员会负责。朝鲜经济开发区成立有关事务由中央特殊经济区指导机关统一掌管。国家将国内外有关经济开发区成立的问题集中于中央特殊经济区指导机关予以处理。外国法人、个人和经济组织、海外同胞可以向经济开发区进行投资并设立企业、分支机构、办事处等,自由进行经济活动。国家向投资者在使用土地、录用劳力、缴纳税金等方面提供优惠的经济活动条件。国家在经济开发区特别鼓励对基础设施、高新科技、生产有国际竞争力产品领域的投资。在经济开发区,投资者被赋予的权利、投资财产、合法收入依法受保护,国家对投资者的财产不实行国有化和征收。因社会公共利益而不得已征收或者征用投资者财产时,应当事先通知投资者,并及时给予充分的补偿。在经济开发区个人的人身安全依照朝鲜的法律受保护。不得非法拘留、逮捕并搜查居所。有关人身安全问题,朝鲜与有关国家之间签有条约时,依照条约。

选定经济开发区地点依照下列原则:
(1) 有利于对外经济合作与交流的地区;
(2) 可以推动国家经济及科技发展的地区;
(3) 同居民区有一定距离的地区;
(4) 不占国家所指定保护区的地区。

经济开发区的开发和管理、企业经营等经济活动适用该法及其相关实施规定和细则。

2. 朝鲜罗先经济贸易区

朝鲜民主主义人民共和国罗先经济贸易区法于1993年1月31日最高人民会议常设会议以决定第28号通过,时至2011年12月3日最高人民会议常任委员会以政令第2007号,共经历了六次修正。其主要使命为:在经济贸易区建立开发和管理制度与秩序,将罗先经济贸易区发展成为国际性的转运、贸易、投资、金融、旅游、服务地区做出贡献。

3. 朝鲜黄金坪、威化岛经济区

朝鲜民主主义人民共和国黄金坪、威化岛经济区法于2011年12月3日最高人民会议常任委员会以政令第2006号通过,2013年12月27号出台。其使命是为在黄金坪、威化岛经济区(以下简称经济区)内建立有关开发和管理的制度与秩序,为扩大和发展对外经济合作和交流做出贡献。黄金坪、威化岛"经济区法"规定,对入区投资的企业在投资方式、土地使用、减免所得税等方面给予优惠政策。同时,进出经济区的门槛也被降低,外国人员和车辆可持护照或代替护照的出入证明进出经济区,而无须签证。该经济区将合作重点定位为服装加工、现代高效农业、电子信息、文化创意及商贸服务等产业。

(五) 加快基础设施建设

我国部分周边接壤国家,为了改变边境地区基础设施建设的落后局面,普遍采取特殊措施,加快边境地区基础设施建设的力度和水平。以俄罗斯为例,俄罗斯在远东和贝加尔地区加大力度,支持基础设施建设。

1. 地区交通设施建设

在地区交通设施建设方面,俄罗斯优先发展骨干交通网。大力发展西伯利亚大铁路;实现远东地区公路的一体化,并使之融入俄罗斯主干公路网;发展俄罗斯的骨干航空网络,使伊尔库茨克机场、哈巴罗夫斯克机场和符拉迪沃斯托克机场成为国际航空枢纽;优先建设集装箱运输等现代化设施,实现港口专业化,打造运输—物流综合体系,建设港口型经济特区,发展"北方海运",为开采北极(包括大陆架)油气资源以及海上出口提供交通运输保障,保证北方地区重要社会物资的运输,并为日后发展大规模区域内运输和过境转运业务奠定基础;建设"东西伯利亚—太平洋"(继续建设可到"东方石油管道")管道系统,确保形成一批新的石油开采和输运中心,保证俄罗斯向亚太地区能源市场供应石油,并在这一地区逐步发展俄罗斯统一的天然气供应系统。

2. 能源基础设施建设

在能源基础设施方面,致力于满足新用户的长期电力需求,除了新增发电能力外,将进行大规模的电网建设,并强化西伯利亚大铁路和贝加尔—阿穆尔铁路干线沿线的电网,以提高供电效率,保证可靠的电力供应。

3. 信息通讯基础设施建设

在地区信息通讯基础设施方面,将建立创新、高效的电信部门;扩大通讯渠道的传输能力；在人口密集地区铺设光纤传输线路和无线电中继通讯线路；依靠卫星通讯系统实现偏远地区的通讯保障；在与中国和日本交界地区建立国际高速通讯通道；在国际合作的框架内建设滨海边疆区、萨哈林州与日本之间的高速通讯线路；向高椭圆形轨道发射通讯卫星群，以确保远东北极地区、极北地区的可靠通讯和电视广播服务；铺设奥哈—乌斯季博利舍列茨克和乌斯季博利舍列茨克—马加丹海底光纤传输线路。

（六）稳定边境地区人口

与我国类似，我国周边接壤国家边境地区因为经济发展较为滞后，边境地区存在人口日渐流失的现象。我国周边国家也把稳定边境地区人口作为促进边境地区稳定的重要内容。以俄罗斯为例，俄罗斯采取切实措施稳定本地人口，并吸引外来人口，着力点放在教育、医疗、文化体育和社会保障4个方面。

1. 教育领域

在教育领域采取的主要措施包括：
（1）建立对教育领头人的扶持机制；
（2）在教育领域引入新的经济机制，鼓励创新；
（3）各级预算联合出资建设、改造教育设施；
（4）发展远程教育；
（5）为北方少数民族原住民儿童建立流动学校；
（6）高薪吸引高素质的合同制教师；
（7）计划改造阿尔曼（Армань）镇的学校；
（8）计划在比罗比詹市修建学校。

2. 文化体育领域

在文化和体育方面采取的主要措施包括：
（1）保护远东和贝加尔地区的民间传统文化，确保对民俗传承者的扶持，大力推广民间创作。
（2）提高居民定期参加体育锻炼的兴趣，倡导把体育运动作为健康生活方式的理念，并调动资金在州、区中心的小区和近郊建设面积为1.5~5公顷的居民休闲、体育综合设施。
（3）计划在南萨哈林建造名为"高山空气"的体育场馆。
（4）规划在乌兰乌德市兴建体育运动中心。该项目将以联邦和地方合作的方式兴建，并在建成后归属布里亚特共和国所有。在乌兰乌德市计划兴建别斯图舍夫国立戏剧院。

3. 社会保障领域

在社会保障方面采取的主要措施包括：

(1) 通过对票价进行补贴,降低远东和贝加尔地区居民乘坐飞机、火车的价格。

(2) 通过制定有关城市建设的法律法规,使用现代造房技术降低建筑成本、采用现代节能的建筑方案以及发展建房筹资的市场机制等支持居民改善居住条件。

(3) 为留住人才,对在该地区定居且有意继续居住下去的俄罗斯公民,将提供0.3公顷以下的免费土地用于私人建房。

(4) 打破住房公用事业领域的垄断,完善住房付费和公用事业服务系统,用特许经营方式吸引私人资本进入该行业,引入住房公用事业领域的自愿认证体系,并对住房公用事业综合性基础设施进行现代化改造。

(5) 实施一系列项目,以降低哈巴罗夫斯克市和阿穆尔河畔共青城对作为饮用水水源的阿穆尔河的依赖程度。这些项目的实施将大大提高以上城市的饮用水质量,并改善生态状况。

4. 医疗领域

在医疗方面采取的主要措施包括:

(1) 完成哈巴罗夫斯克市产期中心、2号医院建设。

(2) 计划完成布拉戈维申斯克市内的外科医院、布拉戈维申斯克市儿科医院以及别洛戈尔斯克市分科诊所的建设,以提高医疗服务的质量,在住院方面达到全国标准,建立一系列现代化多功能住院处。

(3) 计划在堪察加边疆区内修建医院,在彼得罗巴甫洛夫卡—堪察加市内修建儿科医院,这些医院的投入使用将为居民提供全方位的医疗服务。并将完成对索博列夫村区中心医院的改造(索博列夫行政区),在帕拉纳镇建立固定的结核病防治所。

(4) 加大对马加丹市各医院内科的建设。

(5) 计划在南萨哈林建造肿瘤防治所。

(6) 计划在比罗比詹市建造康复医疗中心及带住院部的儿童康复医疗中心;在奥布卢奇耶市建造区级医院,在比罗比詹市扩建和改造结核病防治所,让更多居民享受到医疗服务,提高服务质量,并降低结核病的发病率。

(7) 改建布里亚特共和国临床医院、儿童综合医院、东方医学中心,工程完成后,将保证医疗服务质量的提高和医疗范围的扩大,使布里亚特共和国的居民和来此旅游休闲的经济区的人们享受更好的就医环境。

(8) 在赤塔市建立州临床医院,修建肿瘤防治中心,烧伤和心脏病治疗中心,在克拉斯诺卡缅斯克市建立生殖医疗中心,在外贝加尔湖地区村镇开设地区医院,以提高本州居民的享受专业医疗服务的质量。

5. 鼓励生育政策

俄罗斯长期以来都有鼓励生育的政策,只是形式和力度有所不同。2006~2007年,俄罗斯政府设立了以提高人口为目标的政策,并通过了相关立法,大大增加了对生育的父母的财政补贴(见表7-1)。举个例子,俄罗斯女性奥丽嘉,是一名工程师。奥丽嘉今年29岁，有一个2岁大的女儿玛莎。当女儿出生后，奥丽嘉有一年半的产假可以照顾女儿。在产假的前140天，奥丽嘉每个月可以获得35000卢布（约合人民币7000元）的生育津贴，140天以后到女儿一岁半的时间，奥丽嘉每个月可以获得13900卢布（约合人民币2780元）的生育津贴。根据俄罗斯法律规定，奥丽嘉还可以继续休一年半的假期，直到玛莎3岁。第二次休假没有津贴，但所在公司必须留职到她重回工作，不得擅自解雇。奥丽嘉准备休完一年半的产假后就回去工作，她觉得待在家里3年会降低她的专业水平。

表7-1　　　　　　　　　　　　俄罗斯生育补贴政策

生育数	奖励种类					
	一次性津贴（出生时领取）	140天产假津贴（全额津贴）	照顾津贴（140天后至小孩1.5岁，休假时津贴）	照顾津贴（1.5岁至小孩3岁，选择性休假，雇主应保留原职）	生育资本	其他
第一胎	12405.32卢布	按生育前2年平均收入计算。（最低标准为2326卢布/月，最高标准为36563卢布/月）	按生育前2年平均收入的40%计算。（最低标准为2326卢布/月，最高标准为14625卢布/月）（截至2012年8月16日）	50卢布/月	无	无
第二胎	12405.32卢布	按生育前2年平均收入计算。（最低标准为4651.99卢布/月，最高标准为36563卢布/月）	按生育前2年平均收入的40%计算。（最低标准为4651.99卢布/月，最高标准为14625卢布/月）	50卢布	387640.30卢布（此补贴非现金，只能用于指定的特定用途：比如买房子、子女的教育和母亲的养老金。）	
第三胎	12405.32卢布	按生育前2年平均收入计算。（最低标准为4651.99卢布/月，最高标准为36563卢布/月）	按生育前2年平均收入的40%计算。（最低标准为4651.99卢布/月，最高标准为14625卢布/月）	50卢布	如生育第二胎时已经领取过，不能重复领取；如未领取，可以领取。	视各地情况，将给予0.1～0.15公顷的农地。实践履行情况不明。

奥丽嘉是白领，所以她拿到的津贴是很高的。如果是普通没有工作的家庭主妇，2012年只能拿到每个月2326卢布（约合人民币465元）的最低津贴。2007年以后，任何有第二胎的母亲有权拿到所谓"生育资本"的国家补贴，2012年的补贴额度为387640卢布（约合人民币77528元）。这个补贴并不是现金，只能用于指定的特定用途：比如买房子、子女的教育和母亲的养老金。

俄罗斯是世界产假最长的国家之一：母亲可以休全额津贴产假140天（2012年最

高额津贴是 36563 卢布——约合人民币 7312.6 元），产前和产后各 70 天。另外，140 天后产妇可以继续休假到小孩子一岁半，领取原工资 40% 的津贴（按休假前两年平均收入来计算）。最后，根据 1989 年已经生效的法律，产妇还可以继续休一年半的假期，直到小孩 3 岁，雇主必须在这段时间保留其职位，不得解雇她。

八、我国沿边开放发展的现有政策梳理

十一届三中以后，我国的边境贸易出现恢复的态势。1984年国务院批准实施《边境小额贸易暂行管理办法》，这是开展边境贸易的第一个基础性法规文件。1992年又颁布了《国务院关于进一步开展与原苏联各国经贸关系的通知》，赋予了边境地区边境贸易发展一些优惠政策，并开始实施沿边开放发展一些重点措施，随着我国改革开放的不断推进，鼓励沿边开发开放的政策也不断出台。这些政策的实施，促进了沿边地区经济社会又好又快发展。目前，国家对沿边地区的政策支持主要包括以下几个方面。

（一）实施兴边富民行动计划，实现稳边安边兴边

加大对边境地区民生改善的支持力度，通过扩大就业、发展产业、创新科技、对口支援稳边安边兴边。积极推进大众创业、万众创新，降低创业创新门槛，对于边民自主创业实行"零成本"注册，符合条件的边民可按规定申请10万元以下的创业担保贷款。鼓励边境地区群众搬迁安置到距边境0～3公里范围，省级人民政府可根据实际情况建立动态的边民补助机制，中央财政通过一般性转移支付给予支持。加大对边境回迁村（屯）的扶持力度，提高补助标准，鼓励边民自力更生发展生产。以整村推进为平台，加快改善边境地区贫困村生产生活条件，因人因地施策，对建档立卡贫困人口实施精准扶贫、精准脱贫，对"一方水土养不起一方人"的实施易地扶贫搬迁，对生态特别重要和脆弱的实行生态保护扶贫，使边境地区各族群众与全国人民一道同步进入全面小康社会。对于在沿边重点地区政府部门、国有企事业单位工作满20年以上且无不良记录的工作人员，所在地省级人民政府可探索在其退休时按照国家规定给予表彰。大力引进高层次人才，为流动人才提供短期住房、教育培训、政策咨询、技术服务和法律援助等工作生活保障。加强沿边重点地区基层组织建设，抓好以村级党组织为核心的村级组织建设，充分发挥基层党组织推动发展、服务群众、凝聚人心、促进和谐的战斗堡垒作用，带领沿边各族人民群众紧密团结在党的周围。

（二）给予边境地区边民互市进口一定的免税额度

我国对于边民互市贸易进口商品的免税额度随着便民互市贸易的发展，最开始是1000元以下，1998年提高到每人每天3000元人民币。2008年，国务院在《关于促进

边境地区经济贸易发展问题的批复》中，同意自 2008 年 11 月 1 日起将边民互市进口的生活用品免税额度提高到每人每日 8000 元人民币。由财政部会同有关部门研究制定边民互市进出口商品不予免税的清单；由海关总署会同有关地方政府进一步规范边民互市的区域管理。随后，国务院加大了对沿边地区的支持力度。支持"省级人民政府可根据实际情况建立动态的边民补助机制，中央财政通过一般性转移支付给予支持。加大对边境回迁村（屯）的扶持力度，提高补助标准，鼓励边民自力更生发展生产"，"加大中央财政转移支付支持力度，逐步缩小沿边重点地区地方标准财政收支缺口，推进地区间基本公共服务均等化。建立边境地区转移支付的稳定增长机制，完善转移支付资金管理办法，支持边境小额贸易企业能力建设，促进边境地区贸易发展"。

（三）加大对边境贸易发展的财政支持力度

1992 年国家为了进一步鼓励边境贸易发展，实施了"进口关税和增值税减半"的两减半的政策，促进了边境贸易的发展，1993 年到达了创纪录的 51.2 亿美元。2008 年，国务院在《关于促进边境地区经济贸易发展问题的批复》中，同意自 2008 年 11 月 1 日起采取专项转移支付的办法替代现行边境小额贸易进口税收按法定税率减半征收的政策，并逐年增加资金规模，专项用于支持边境贸易发展和边境小额贸易企业能力建设。2008 年全年按 20 亿元掌握，实际执行期为两个月；以后年度在此基础上建立与口岸过货量等因素挂钩的适度增长机制。具体办法由财政部会同有关部门另行制定。2009 年，财政部制定了《边境地区专项转移支付资金管理办法》，并于 2012 年 4 月重新修订，以逐步规范边境地区专项转移支付资金管理，提高资金使用效益。办法指出，中央财政在年度预算中安排边境地区转移支付资金，其中用于支持边境贸易发展和边境小额贸易企业能力建设的转移支付资金实行与口岸过货量等因素挂钩的适度增长机制。边境地区转移支付资金分配对象是有陆地边境线、存在边境小额贸易以及承担特殊边境和海洋管理事务的地区，资金主要用于边境和海洋事务管理、改善边境沿海地区民生、促进边境贸易发展和边境小额贸易企业能力建设，并且不要求县级财政配套。财政部按照陆地边境线长度、边境县个数、边境县总人口、行政村个数、边境一类口岸人员通关量和过货量、边境贸易额等因素，结合各地区管理和使用转移支付资金的绩效评价结果，对省级财政部门分配边境地区转移支付资金。2015 年，《国务院关于支持沿边重点地区开发开放若干政策措施的意见》进一步强调，"中央财政加大对沿边重点地区基础设施、城镇建设、产业发展等方面的支持力度。提高国家有关部门专项建设资金投入沿边重点地区的比重，提高对公路、铁路、民航、通信等建设项目投资补助标准和资本金注入比例。国家专项扶持资金向沿边重点地区倾斜"。

（四）加大边境地区公共基础设施建设，提升基本公共服务水平

边境地区的公共服务设施一直是比较薄弱，在边境地区经济发展中是个老大难问

题。2015年,《国务院关于支持沿边重点地区开发开放若干政策措施的意见》第一次提出,对沿边地区公共服务设施的建设问题,并给予大力的支持,强调"加大对边境地区居民基本社保体系的支持力度,对于符合条件的边民参加新型农村合作医疗的,由政府代缴参保费用。提高新型农村合作医疗报销比例,按规定将边境地区城镇贫困人口纳入城镇基本医疗保险。以边境中心城市、边境口岸、交通沿线城镇为重点,加大对边境基层医疗卫生服务机构对口支援力度。在具备条件的地方实施12年免费教育政策。实行中等职业教育免学费制度。选派教师驻边支教,支持当地教师队伍建设。加大教育对外开放力度,支持边境城市与国际知名院校开展合作办学。加快完善电信普遍服务,加强通信基础设施建设,提高信息网络覆盖水平,积极培育适合沿边重点地区的信息消费新产品、新业态、新模式。提升政府公共信息服务水平,加快推进电子政务、电子商务、远程教育、远程医疗等信息化建设,为当地居民提供医疗、交通、治安、就业、维权、法律咨询等方面的公共服务信息。深入推进农村社区建设试点工作,提高农村公共服务能力。加强沿边重点地区基层公共文化设施建设,着力增加弘扬社会主义核心价值观的优秀文化产品供给"。

(五) 加大金融支持力度

鼓励金融创新与开放,提升金融服务水平:拓宽融资方式和渠道。鼓励金融机构加大对沿边重点地区的信贷支持力度,在遵循商业原则及风险可控前提下,对沿边重点地区分支机构适度调整授信审批权限。引导沿边重点地区金融机构将吸收的存款主要用于服务当地经济社会发展,对将新增存款一定比例用于当地并达到有关要求的农村金融机构,继续实行优惠的支农再贷款和存款准备金政策。培育发展多层次资本市场,支持符合条件的企业在全国中小企业股份转让系统挂牌;规范发展服务中小微企业的区域性股权市场,引导产业发展(创业投资)基金投资于区域性股权市场挂牌企业;支持期货交易所研究在沿边重点地区设立商品期货交割仓库;支持沿边重点地区利用本地区和周边国家丰富的矿产、农业、生物和生态资源,规范发展符合法律法规和国家政策的矿产权、林权、碳汇权和文化产品等交易市场。

完善金融组织体系。支持符合条件的外资金融机构到沿边重点地区设立分支机构。支持大型银行根据自身发展战略,在风险可控、商业可持续前提下,以法人名义到周边国家设立机构。支持沿边重点地区具备条件的民间资本依法发起设立民营银行,探索由符合条件的民间资本发起设立金融租赁公司等金融机构。支持银行业金融机构在风险可控、商业可持续前提下,为跨境并购提供金融服务。

鼓励金融产品和服务创新。研究将人民币与周边国家货币的特许兑换业务范围扩大到边境贸易,并提高相应兑换额度,提升兑换服务水平。探索发展沿边重点地区与周边国家人民币双向贷款业务。支持资质良好的信托公司和金融租赁公司在沿边重点地区开展业务,鼓励开展知识产权、收益权、收费权、应收账款质押融资和林权抵押贷款业务,扶持符合当地产业发展规划的行业和企业发展。依法探索扩大沿边重点地区可用于担保的财产范围,创新农村互助担保机制和信贷风险分担机制,逐步扩大农业保险覆盖范围,积极开展双边及多边跨境保险业务合作。加快推进沿边重点地区中小企业信用体系建设和农村信用体系建设。完善沿边重点地区信用服务市场,推动征信产品的应用(人民银行、银监会、保监会、财政部、发展改革委负责)。

防范金融风险。在沿边重点地区建立贴近市场、促进创新、信息共享、风险可控的金融监管平台和协调机制。进一步加强沿边重点地区金融管理部门、反洗钱行政主管部门、海关和司法机关在反洗钱和反恐怖融资领域的政策协调与信息沟通。加强跨境外汇和人民币资金流动监测工作,完善反洗钱的资金监测和分析,督促金融机构严格履行反洗钱和反恐怖融资义务,密切关注跨境资金异常流动,防范洗钱和恐怖融资犯罪活动的发生,确保跨境资金流动风险可控、监管有序。

(六)实施差异化扶持政策,促进特色优势产业发展

实行有差别的产业政策。支持沿边重点地区大力发展特色优势产业,对符合产业政策、对当地经济发展带动作用强的项目,在项目审批、核准、备案等方面加大支持力度。支持在沿边重点地区优先布局进口能源资源加工转化利用项目和进口资源落地加工项目,发展外向型产业集群,形成各有侧重的对外开放基地,鼓励优势产能、装备、技术"走出去"。支持沿边重点地区发展风电、光电等新能源产业,在风光电建设规模指标分配上给予倾斜。推动移动互联网、云计算、大数据、物联网等与制造业紧密结合。适时修订《西部地区鼓励类产业目录》,对沿边重点地区产业发展特点予以充分考虑。

研究设立沿边重点地区产业发展(创业投资)基金。研究整合现有支持产业发展方面的资金,设立沿边重点地区产业发展(创业投资)基金,吸引投资机构和民间资本参与基金设立,专门投资于沿边重点地区具备资源和市场优势的特色农业、加工制造业、高技术产业、服务业和旅游业,支持沿边重点地区承接国内外产业转移。

加强产业项目用地和劳动力保障。对符合国家产业政策的重大基础设施和产业项目,在建设用地计划指标安排上予以倾斜。对入驻沿边重点地区的加工物流、文化旅游等项目的建设用地加快审批。允许按规定招用外籍人员。

提升旅游开放水平,促进边境旅游繁荣发展。改革边境旅游管理制度。修订《边境旅游暂行管理办法》,放宽边境旅游管制。将边境旅游管理权限下放到省(区),放宽非边境地区居民参加边境旅游的条件,允许边境旅游团队灵活选择出入境口岸。鼓励沿边重点地区积极创新管理方式,在游客出入境比较集中的口岸实施"一站式"通关模式,设置团队游客绿色通道。

研究发展跨境旅游合作区。按照提高层级、打造平台、完善机制的原则,深化与周边国家的旅游合作,支持满洲里、绥芬河、二连浩特、黑河、延边、丹东、西双版纳、瑞丽、东兴、崇左、阿勒泰等有条件的地区研究设立跨境旅游合作区。通过与对方国家签订合作协议的形式,允许游客或车辆凭双方认可的证件灵活进入合作区游览。

支持跨境旅游合作区利用国家旅游宣传推广平台开展旅游宣传工作，支持省（区）人民政府与对方国家联合举办旅游推广和节庆活动。鼓励省（区）人民政府采取更加灵活的管理方式和施行更加特殊的政策，与对方国家就跨境旅游合作区内旅游资源整体开发、旅游产品建设、旅游服务标准推广、旅游市场监管、旅游安全保障等方面深化合作，共同打造游客往来便利、服务优良、管理协调、吸引力强的重要国际旅游目的地。

加强旅游支撑能力建设。加强沿边重点地区旅游景区道路、标识标牌、应急救援等旅游基础设施和服务设施建设。支持旅游职业教育发展，支持内地相关院校在沿边重点地区开设分校或与当地院校合作开设旅游相关专业，培养旅游人才。

（七）完善贸易政策

调整贸易结构，大力推进贸易方式转变：支持对外贸易转型升级。优化边境地区转移支付资金安排的内部结构。有序发展边境贸易，完善边贸政策，支持边境小额贸易向综合性多元化贸易转变，探索发展离岸贸易。支持沿边重点地区开展加工贸易，扩大具有较高技术含量和较强市场竞争力的产品出口，创建出口商品质量安全示范区。对开展加工贸易涉及配额及进口许可证管理的资源类商品，在配额分配和有关许可证办理方面给予适当倾斜。支持具有比较优势的粮食、棉花、果蔬、橡胶等加工贸易发展，对以边贸方式进口、符合国家《鼓励进口技术和产品目录》的资源类商品给予进口贴息支持。支持沿边重点地区发挥地缘优势，推广电子商务应用，发展跨境电子商务。

引导服务贸易加快发展。发挥财政资金的杠杆作用，引导社会资金加大投入，支持沿边重点地区结合区位优势和特色产业，做大做强旅游、运输、建筑等传统服务贸易。逐步扩大中医药、服务外包、文化创意、电子商务等新兴服务领域出口，培育特色服务贸易企业加快发展。推进沿边重点地区金融、教育、文化、医疗等服务业领域有序开放，逐步实现高水平对内对外开放；有序放开育幼养老、建筑设计、会计审计、商贸物流、电子商务等服务业领域外资准入限制。外经贸发展专项资金安排向沿边重点地区服务业企业倾斜，支持各类服务业企业通过新设、并购、合作等方式发展，在境外开展投资合作，加快建设境外营销网络，增加在境外的商业存在。支持沿边重点地区服务业企业参与投资、建设和管理境外经贸合作区。

完善边民互市贸易。加强边民互市点建设，修订完善《边民互市贸易管理办法》和《边民互市进口商品不予免税清单》，严格落实国家规定范围内的免征进口关税和进口环节增值税政策。清理地方各级政府自行颁布或实施的与中央政策相冲突的有关边民互市贸易的政策和行政规章。

（八）提高投资便利化水平

扩大投资领域开放，借鉴国际通行规则，支持具备条件的沿边重点地区借鉴上海等自由贸易试验区可复制可推广的试点经验，试行准入前国民待遇加负面清单的外商投资管理模式。落实商事制度改革，推进沿边重点地区工商注册制度便利化。鼓励沿边重点地区与东部沿海城市建立对口联系机制，交流借鉴开放经验，探索符合沿边实际的开发开放模式。加强与毗邻国家磋商，建立健全投资合作机制。

（九）支持边境园区的发展

我国边境地区最早经国务院批准的园区是边境经济合作区，1992年为了促进边境地区的经济发展，国务院批准在边境地区设立14个边境经济合作区，并给予了一些优惠政策。2008年，国务院在《关于促进边境地区经济贸易发展问题的批复》中，同意对国家级边境经济合作区，比照执行中西部地区国家级经济技术开发区基础设施项目贷款财政贴息的优惠政策。具体办法由财政部会同商务部等有关部门研究制定。

2009年，财政部制定了《国家级边境经济合作区基础设施项目贷款财政贴息资金管理办法》，对经国务院批准设立的国家级边境经济合作区（具体包括内蒙古、广西、云南、新疆、黑龙江、吉林、辽宁省/自治区）内用于基础设施项目建设的各类银行提供的基本建设项目贷款安排财政贴息资金。

2015年提出探索建设边境旅游试验区。依托边境城市，强化政策集成和制度创新，研究设立边境旅游试验区（以下简称试验区）。鼓励试验区积极探索"全域旅游"发展模式。允许符合条件的试验区实施口岸签证政策，为到试验区的境外游客签发一年多次往返出入境证件。推行在有条件的边境口岸设立交通管理服务站点，便捷办理临时入境机动车牌证。鼓励发展特色旅游主题酒店和特色旅游餐饮，打造一批民族风情浓郁的少数民族特色村镇。新增建设用地指标适当向旅游项目倾斜，对重大旅游项目可向国家主管部门申请办理先行用地手续。积极发展体育旅游、旅游演艺，允许外资参股由中方控股的演出经纪机构。

探索跨境经济合作区的试点：2008年，国务院在《关于促进边境地区经济贸易发展问题的批复》中，同意对在边境地区申请设立具有保税功能、货物从境内区外入区享受退税政策的跨境经济合作区，由海关总署在全国海关特殊监管区域宏观布局规划中统筹考虑。

2009年8月，国务院通过了《中国图们江区域合作开发规划纲要——以长吉图为开发开放先导区》，提出将充分发挥珲春边境经济合作区在图们江地区开发开放中的作用，尽快形成集投资贸易、出口加工、国际物流等于一体的多功能经济区。积极创造条件，逐步建设跨境经济合作区。在基本建成跨境边境合作区以及图们江区域国际大通道的基础上，探讨在珲春市建立更加开放的经贸合作区域，提高边境地区的开放合作水平。

2009年12月，国务院下发《国务院关于进一步促进广西经济社会发展的若干意见》，支持广西在有条件的口岸探索建立跨境经济合作区。

2010年4月，国家发改委在下发的《关于2009年西部大开发进展情况和2010年工作安排》中表示，支持有条件的沿边地区增设边境经济合作区，探索在条件成熟的地区设立跨境经济合作区，提高边境地区口岸基础设施建设水平。统筹规划海关特殊监管区域建设，发挥保税贸易的重要作用。2015年中国政府和老挝政府签署了《中国老挝磨憨—磨丁经济合作区建设共同总体方案》，是我国继与哈萨克斯坦建立中哈霍尔果斯国际边境合作中心之后，中国与毗邻国家建立的第二个跨国境的经济合作区。

（十）支持边境口岸建设

1993年，国务院批转了《国家计委、国家经贸委、财政部关于开放口岸检查检验配套设施建设意见的通知》，对于一类口岸，同意国家口岸办根据口岸开放五年规划和中央补助的范围，提出口岸检查检验配套设施建设每年需要中央补助的投资计划报国家计委、财政部，由国家计委和财政部审核后在年度计划（预算）中予以安排。中央补助的投资由国家计委、财政部按照批准的计划，分别下达给口岸所在省（区、市）政府，包干使用。地方安排的建设资金报国家计委、财政部备案。对于二类口岸，其检查检验设施的建设资金、开办费，全部由地方负担。

2008年，国务院在《关于促进边境地区经济贸易发展问题的批复》中，同意发展和改革委每年安排专项资金对边境一类口岸查验设施给予补助，并逐步增加投资额度，提高补助标准，扩大支持范围。

2015年，《国务院关于支持沿边重点地区开发开放若干政策措施的意见》进一步加强了对口岸发展的支持，提出：支持沿边重点地区完善口岸功能，有序推动口岸对等设立与扩大开放，加快建设"一带一路"重要开放门户和跨境通道。支持在沿边国家级口岸建设多式联运物流监管中心，进一步加大资金投入力度，加强口岸查验设施建设，改善口岸通行条件。统筹使用援外资金，优先安排基础设施互联互通涉及的口岸基础设施、查验场地和设施建设。以共享共用为目标，整合现有监管设施资源，推动口岸监管设施、查验场地和转运设施集中建设。尽快制定口岸查验场地和设施建设标准，建立口岸通关便利化设施设备运行维护保障机制，支持国家级口岸检验检疫、边防检查、海关监管等查验设施升级改造，建立公安边防检查站口岸快速查验通关系统，开设进出边境管理区绿色通道。按照适度超前、保障重点、分步实施的建设理念，建立和完善、更新边境监控系统，实现边检执勤现场、口岸限定区域和重点边境地段全覆盖，打造"智慧边境线"。

九、加快沿边开放步伐的总体思路

党的十八大以来，加快沿边经济发展，深化对外开放已经成为国家经济发展的战略重点。党的十八届三中全会提出，"加快沿边开放步伐，允许沿边重点口岸、边境城市、经济合作区在人员往来、加工物流、旅游等方面实行特殊方式和政策"。大力推进沿边地区开放，正是以周边为基础加快实施自由贸易区战略，扩大同各国各地区利益汇合点的重要战略举措。

（一）指导思想

以习近平中国特色社会主义思想为指导，深入贯彻党的十八大、十九大关于"构建开放型经济体系，创新开放模式，促进沿边开发开放"和"统筹双边、多边、区域、次区域开放合作，推动同周边国家互联互通"的战略部署，紧密结合"一带一路"倡议，充分发挥沿边地区独特的资源优势、地缘优势和区位优势，充分利用"两个市场、两种资源"，对接国际规则体系，瞄准未来产业发展趋势，打造国际化营商环境，培育沿边地区发展开放型经济的产业支撑，构建具有沿边地区竞争优势的产业链、价值链和供应链。

（二）基本原则

1. 统筹兼顾、互利共赢

扩大沿边开放，应长远规划，科学统筹，兼顾各方，共同发展。一要与沿边国家有关城市的发展规划相衔接；二要注重在经济发展的同时提升社会发展水平、保护生态环境；三要在对外开放的同时重视对内开放，注重内资与外资、国内流通与对外贸易相互补充、协调发展；四是在与周边各国经济合作当中，既要符合我方利益，又要促进共同发展，充分尊重彼此关切；五是应力求通过沿边地区的建设和发展，有效带动双方经济发展，从而形成内外联动、互利共赢、安全高效的开放型经济体系。

2. 突出重点、循序渐进

扩大沿边开放是一项系统工程，不仅涵盖农业、资源开发、现代服务业等众多产业，还涉及多国政府、各个层级，企业和民间各个层次的交流往来，沿边地区往往是涉及各国主权和安全等敏感领域的重要关切点，必须充分考虑不同国家政治制度、经济产业发展水平等方面的特点和差异性。因此，扩大沿边开放既要选准领域、寻求重点突破；又要循序渐进，先易后难，不断完善合作内容，推动沿边地区开放合作的多层次、开放式协调发展。沿边地区的开放要突出重点，以边境经济合作区、跨境经济合作区等示范性项目为依托，不断创新合作模式，通过实现利益共享，破除顾虑和障碍，不断夯实沿边地区合作发展的基础。沿边地区的开放要坚持循序渐进的原则，充分认识沿边地区扩大开放的特殊性和复杂性，立足现有政策基础，循序渐进，累积经验，逐步突破，做到"短期能见效，长期可持续"，在逐步开放和深化合作的过程中，实现沿边地区开放水平的不断提升。

3. 政府引导，企业推动

一方面，政府应在制定规划和政策方面加强宏观指导，在基础设施和园区建设、争取先行先试政策、提供优质高效服务等方面发挥积极作用，并通过在各部门之间加强衔接配合，形成强大合力，为企业创造良好的软硬件环境；另一方面，沿边地区的产业合作和开发，更应该遵循市场经济规律，强化企业的市场主体地位，提升现代市场体系功能，培育国际化的现代经营主体。

4. 创新驱动、开放引领

我国沿边地区欠缺资源要素共享机制，尚未形成产业发展带，区域经济增长的产业支撑不足；合作尚处于起步阶段，沿边地区生产和贸易体系还不完善，其贸易方式是以边境贸易为主，进口产品主要为资源型产品，附加值和技术含量产品数量相对较少，对于沿边和腹地的辐射带动作用依然薄弱，沿边地区的开放优势和潜力仍然存在较大空间。创新驱动、开放引领，扩大沿边开放，重点是将沿边产业发展的现实条件与产业发展的内在潜力相结合，坚持有所为，有所不为的原则，凝练产业特色，科学选择主导产业发展方向，进而形成有针对性的产业发展政策体系。在扩大沿边开放的过程中，逐步形成产业链条，通过资源整合，形成沿边地区对外开放的新优势。

（三）战略目标

1. 扩大开放，构建开放型经济体系的新高地

以更完善、更具活力的开放型经济体系，全方位、多层次发展国际合作，扩大同各国各地区的利益汇合、互利共赢是我国新时期深化改革开放的重要着力点。当前我国经济发展正处于转型期和换挡期，更加需要通过更高水平的对外开放，进一步促进体制改革。沿边地区是我国对外开放的重要窗口，也同时面临更加繁重的改革任务，也更加需要开放的带动和引领。扩大沿边开放，就是要重点探索沿边地区开放的新路

径、新模式和新经验,体现了由开发转向开放,以开放推动改革,以改革促进发展的重要战略思路。通过以境内外投资、贸易、金融、营商环境等关键领域为突破,推动市场经济体系的完善,打破体制机制障碍,创新管理模式;通过紧密结合"一带一路"建设部署,加大口岸和国际通道建设力度,弥补沿边地区基础设施短板,促进跨国要素跨境有序流动,资源高效配置,市场深度融合,开放优势互补,形成引领国际经济合作和竞争的新开放高地。

2. 带动发展,形成引领经济可持续增长的新引擎

边境地区的城市尚未形成经济要素的规模集聚、未形成区域增长中心,大多数沿边开放城市集聚和辐射能力不强,对其周边的带动作用有限,其带动沿边地区发展的区域增长极作用并不明显。与此同时,沿边地区环境承载压力较大,发展基础薄弱,可持续发展的要求更高。应按照科学发展的要求,坚持用创新和可持续发展的理念,全面推进土地、水源和能源的节约与合理利用,提高资源利用效率;注重产业结构的优化升级,高标准设置产业进入门槛,追求经济发展的质量,提高产业运营效率;突破传统发展的模式,发展循环经济,突出生态和环保,创造良好的边境生态环境,实现低碳绿色发展。

3. 利益共享,打造周边"命运共同体"的重要平台

经济全球化深入发展和全球价值链深度拓展,各国经济相互依存,"一荣俱荣、一损俱损",全球经济一体化要求我们更加注重与各国之间的合作和共享,打造面向共同挑战、实现共同发展的"命运共同体"。无论从地理方位、自然环境还是相互关系看,周边国家对我国都具有极为重要的战略意义,周边国家与我国在经贸往来、人文交往、互联互通等领域都有着十分紧密的合作关系和重大的利益关切,扩大沿边开放是实现与周边国家互利共赢,在对外开放中坚持共同发展,扩大同各国各地区利益汇合点的重要举措。扩大沿边开放就是要以沿边地区为平台,通过推进"一带一路"建设,探索同周边各国经济合作的新模式、新路径和新领域,促进基础设施、政策规划、人员往来全面融合,在开放中不断加强同各国之间的利益交汇点,使沿边地区成为引领与周边国家合作发展的重要载体和平台。

4. 培育新优势,构建沿边特色产业链

支持沿边地区的经济发展是产业。但由于沿边地区的条件所限,特色产业没有形成。因此,要立足边境城市特色产业,依靠沿边省区中心城市、工业城市面向周边国家的优势产业,发挥资源和区位比较优势,构建具有特色的产业链。我国沿边地区自然资源富集,特别是矿产资源、农畜产品、旅游资源等极为丰富。加工业产业链:能源资源加工。加快沿边地区能源资源开发利用,扩大与周边国家的能源资源合作与贸易规模,支持优势能源企业参与延边地区和境外能源资源开发,鼓励中小企业和民间资本参与煤炭、矿产、原木贸易,加大油气、优质煤炭、电力、矿石、木材等能源资源产品的进口力度，依托资源进口通道大力发展延边地区能源资源深加工产业，建立境内外上下游产业互通、互动的周边能源资源合作机制，构建能源资源产业链。农业种植及加工产业链。沿边地区农业资源丰富，选择有条件的地区，建设一批现代农业合作区。进一步加大基本农田和草原保护力度，建立国家优质棉基地（新疆）、畜产品基地、林果基地，国家粮食安全后备基地，保障粮食安全。积极发展沿边地区外向型特色农业和农产品深加工。利用我国的技术、资金优势和周边国家的资源优势，加强与周边国家在农业综合开发领域的合作，把国家援外项目与境外投资、农业合作结合起来，实行土地资源、作物栽培技术、农林牧品种等农业资源的区域性合作配置和优势互补，推进多双边农业经济技术合作，实现互利共赢。构建绿色农产品种植及加工产业链。发展以旅游为主导的产业链。边境及周边国家的旅游资源丰富，我们要大力发展以旅游为主导的产业链，包括休闲、养老、餐饮、娱乐等，开发具有边境地域特色、民族特点的旅游项目，办好民族风情节，提升文化旅游层次和水平。商贸物流为主的服务产业链。在边境地区，依托区域中心城市、产业集聚区、货物集散地、交通枢纽等，建设一批集产品加工、包装、集散、仓储、运输等功能为一体的国际物流节点和配送中心、物流园区，鼓励和支持发展跨国商贸物流产业。大力发展沿边地区农产品集散地、批发中心、连锁经营，发展鲜活农产品配送系统。在条件成熟地区、在边境城镇建设农畜产品、中药材、建材、小商品等特色商品交易市场，形成辐射周边的区域性商品集散市场。加快沿边地区银行、保险、证券、期货、金融租赁等金融服务业发展，鼓励金融机构调整和优化网点布局，加强边境城市和口岸金融服务网点建设，增强中心城市金融业对边境城镇的辐射力和影响力。形成以商贸物流为主的服务业产业链。

十、加快沿边开放步伐的政策建议

为加快沿边重点地区开发开放步伐，提升沿边开发开放水平，构筑坚强稳定的经济边疆，我国需要从通关人员往来、投资贸易、产业发展、旅游发展、基础设施建设、财税政策、金融支持以及组织保障等方面给予沿边地区特殊照顾，培育其发展能力和发展水平。

（一）通关和人员往来

1. 推进人员往来便利化

与周边国家加强出入境管理和边防检查领域合作，积极开展扩大双向免签范围谈判。研究下放赴周边国家因公出国（境）审批权限，允许重点开发开放试验区自行审批副厅级及以下人员因公赴毗邻地区出国任务，允许试验区口岸签证机关签发多次往返有效签证。在符合条件的沿边重点口岸、边境城市实施外国人口岸签证政策，开展代办领事认证权限试点，对第三国进入人员实施72小时免签。加强与毗邻国家协商合作，推动允许两国边境居民持双方认可的有效证件依法在两国边境许可的范围内自由通行，对常驻边境州、市从事商贸活动的非边境地区居民实行与边境居民相同的出入境政策。为涉外重大项目投资合作提供出入境便利，建立周边国家合作项目项下人员出入境绿色通道。研究推进周边国家在沿边地区开放设领城市设立领事机构或业务联络机构。

2. 创新通关方式

推动沿边、内陆、沿海通关协作，建立健全口岸管理相关部门信息共享机制，实现信息互换、监管互认、执法互助。全面推进关检合作"三个一"（一次申报、一次查验、一次放行），简化出入境手续。按照既有利于人员、货物、交通运输工具进出方便，又有利于加强查验监管的原则，在有条件的口岸研究实施"一线放开、二线管住"的境内关外的监管模式，口岸作为"一线"，主要负责人和交通运输工具的出入境边防检查、检疫；口岸城市与内地之间设定二线，主要承担货物的报关等查验监管功能。加强电子平台建设，实行通关作业无纸化。实施海关区域通关一体化改革，允许企业自主选择申报、纳税、验放地点。开展企业诚信等级管理，符合条件的企业和商品可享受集中申报、提前申报、"7×24小时预约通关"等快速便利化通关措施。整合联检部门可开放数据资源，形成符合我国口岸管理特点的国际贸易"单一窗口"门户平台。应用先进的物联网技术，强化关区非口岸通道和后置监管场所运输工具及货物的途中监管，推动实施口岸车辆和人员双边自助通关模式。支持沿边地区发挥地缘优势，发展跨境电子商务。加强与"一带一路"沿线国家口岸执法机构的机制化合作，推进跨境监管标准对接、程序协调、结果互认以及跨境共同监管设施的建设共享。

3. 简化车辆出入境管理

加强与相关国家协商，推进签署或修订双边汽车运输协定，推进跨境运输车辆牌证互认，为从事跨境运输车辆办理出入境手续和通行提供便利和保障。授予沿边重点口岸、边境城市、经济合作区自驾车出入境旅游审批权限，研究制定《双边出入境自驾车（七座以下）管理协定》，方便自驾车出入境。

4. 促进劳务合作

在批量劳务输入、境外高级人才入境与居留等方面进一步为沿边地区提供便利。加快与相关国家签订双边劳务协定，规范劳务签证时间、签证费用、人员管理，推进我方赴相关国家劳务人员有序流动。在沿边重点口岸、边境城市、经济合作区开展境外劳动力使用试点，对特定的单个投资项目，在确定用工规模、工厂选址的前提下，由企业申请使用境外劳动力，利用个案探索建立境外劳动用工定点监管模式。

（二）投资贸易

1. 支持加工贸易发展

支持具有比较优势的粮食、棉花等加工贸易发展，研究将以边贸方式进口、符合国家《鼓励进口技术和产品目录》的资源性商品纳入进口贴息范围。在跨境经济合作区内生产的产品，按照原产地规则，可选择出具中国或毗邻国家的原产地证书。对开展加工贸易涉及进口许可管理的资源类商品，原则上放开经营，免领配额和许可证。把对外贸易和投资有机结合起来，鼓励企业走出去，利用当地丰富的自然资源和人力资源，加工生产半成品或成品进口到国内，满足国内需求，实现双方共赢。增加境外合作企业农产品及加工品进口配额，支持企业以仓储物流、生产加工、国际贸易为切入点，在农业资源丰富、合作前景广阔的周边国家投资。规范边民互市贸易管理，研究完善不予免税清单。鼓励边境小额贸易发展，进一步完善边境地区财政转移支付政策，保证对边境小额贸易企业扶持到位。

2. 加强海关特殊监管区域建设

有条件的重点边境城市可按程序申请设立海关特殊监管区域和保税监管场所。

3. 推进跨境经济合作区建设

我国在沿边地区虽然已经批建霍尔果斯国际贸易中心和中老磨憨—磨丁边境经济合作区建设，但由于各种因素的影响，没有真正实现跨境经济合作区的作用。因此，国家要大力支持在条件成熟的边境地区设立跨境经济合作区。加强与外方协商，积极推动中越、中蒙、中俄等边境地区的跨境经济合作区建设。积极开展工作，推动外方与我取得共识，研究设立中蒙二连浩特—扎门乌德等跨境经济合作区。深入研究与俄罗斯、朝鲜等周边国家建设跨境经济合作区的可行性。

4. 探索建立一带一路园区

根据"一带一路"建设规划关于形成立足周边、覆盖"一带一路"、面向全球的高标准自由贸易区网络的要求，加快与周边国家商谈自贸区建设。根据现有试点情况，研究在符合条件的重点开发开放试验区、边境经济合作区等沿边开放重点地区探索建立一带一路园区。研究设立中蒙、中俄、中国—中亚等自由贸易区。

（三）产业发展

1. 实施差别化产业政策

支持在沿边重点口岸、边境城市、经济合作区优先布局进口能源资源加工转化利用和进口资源落地加工项目。支持沿边地区发展风电、光电等新能源产业，在风光电指标分配上给予倾斜。扩大投资准入领域，消除投资壁垒，探索在沿边重点口岸、边境城市、边境经济合作区实施准入前国民待遇加负面清单的投资准入管理新模式。

2. 支持承接产业转移

建立产业转移引导基金，支持沿边地区科学承接沿海和内陆地区产业转移，有序引导外向型产业向沿边地区布局，鼓励外商到沿边地区投资，鼓励跨国公司参与跨境合作项目。支持沿边地区加工贸易承接转移示范基地建设。建立中央企业支援沿边地区建设的对口产业帮扶和培育机制。

3. 加强产业项目用地保障

对符合国家产业政策的重大基础设施和产业项目，在建设用地计划指标安排上予以倾斜。对使用戈壁荒滩开发建设经济开发区、引进产业项目的，免交土地出让收入和新增建设用地土地有偿使用费。对入驻沿边重点开发开放试验区、重点口岸、边境城市、经济合作区的加工物流、旅游文化等项目，建设用地、征占用林地在年度计划内优先审批、优先安排。

（四）旅游发展

1. 简化边境旅游过境手续

推进与相关国家的团体旅游互免签证业务，开通团体旅游通关绿色通道，做好边境旅游专用出入境证件办理工作。开展跨境旅游一站式通关试点，外籍游客从一处口岸入关，其他口岸地区免通关手续，促进各国游客在沿边地区深度旅游和深度消费，带动其他产业发展。

2. 积极发展跨境旅游

鼓励与毗邻国家开展一日游、自驾游等跨境旅游业务。研究与周边国家和地区合作开发跨境旅游资源，设立沿边重点旅游示范区、国际旅游合作区。加强与周边国家合作，统筹边境地区优秀旅游资源，构建特色旅游组团，形成大容量、高安全、快速度、无障碍核心旅游环线。允许在沿边重点口岸、边境城市、经济合作区开展国际通行的旅游体育娱乐项目，发行竞猜型体育彩票和大型国际赛事即开型彩票。

3. 扩大旅游购物消费

在具备条件的口岸可按照规定设立出境免税店，优化商品品种，提高国内精品知名度。在切实落实进出境游客行李物品监管的前提下，研究新增进境口岸免税店。在沿边重点开发开放试验区试行购物人民币结算免税政策、境外旅客购物离境退税和国内旅客免税购物政策。

4. 加强旅游支撑能力建设

加强边境景区旅游道路、步行道、停车场、厕所、供水供电、应急救援、游客信息服务以及垃圾污水处理、安防消防等基础设施建设，围绕重点旅游区和旅游线路，完善游客咨询、标识标牌等公共服务设施。加强沿边地区旅游人才队伍建设，大力推动旅游职业教育改革发展，鼓励并引导内地院校在沿边地区开设旅游人才培养分校。

（五）基础设施建设

1. 加强沿边铁路和对外通道建设

推进敦化至松江河、四平至松江河、漫江至长白县、珲春至东宁铁路建设，开展东北东部铁路通道、长春至图们铁路扩能改造，启动川藏、滇藏、新藏铁路以及青藏铁路日喀则至亚东段和日喀则至樟木段、克塔阿（克拉玛依—塔城—阿亚古兹）等铁路建设。将与周边国家连接的跨境铁路建设优先纳入国家规划，积极与相关国家协调谈判，推动同江—下列宁斯阔耶铁路桥、满洲里—赤塔铁路电气化改造、二连浩特—乌兰巴托—乌兰乌德铁路双幅电气化改造、珲春甩弯子至训戎里跨境铁路建设，确保规划内的铁路尽快开工建设。加快中缅铁路境外段（瑞丽—皎漂）、泛亚铁路中线境外段（磨憨—万象—曼谷）、中巴铁路、中吉乌铁路建设前期工作。统筹中欧铁路集装箱运输。

2. 完善沿边公路网络

加大对沿边地区公路建设投入力度，取消等级以下农村公路的地方配套资金要求。对符合条件的沿边重点口岸、边境城市、经济合作区对外通道建设项目，优先纳入援外资金支持项目。建设中缅陆水联运通道，升级改造瑞丽—皎漂公路境内段等。

3. 支持边境口岸开放和建设

支持中朝边境吉林集安、安图双目峰、云南章凤等口岸对外开放。支持中蒙边境内蒙古满都拉、老爷庙、额布都格、阿日哈沙特等口岸升格为常年开放口岸和中俄二卡、吉克普林，中蒙乌力吉、巴格毛都，中哈阿黑吐别克，中吉乌什口岸对外开放。根据中蒙跨境铁路建设情况适时推动内蒙古策克、甘其毛都、阿尔山、珠恩嘎达布其铁路口岸对外开放。进一步加大国家口岸查验设施支持力度，制定国家口岸和边民通道建设标准，建立口岸通关便利化设施设备运行维护保障机制，支持边境口岸检验检疫、边防检查、海关监管等查验设施建设，支持建立公安边防检查站口岸快速查验通关系统，开设进出边境管理区绿色通道。建立和完善边境监控系统建设，按照"适度超前、保障重点、分步实施"的建设理念，对通道监控进行更新升级，实现边检执勤现场、口岸限定区域和重点边境地段100%全覆盖，打造"智慧边境线"。

4. 提升航空通达能力

支持边境城市机场建设，合理发展支线机场和通用机场，加快推进机场改扩建工程，提升既有机场容量，加强机场空管设施建设，完善和提高机场保障能力。对机场建设和运营补贴方面给予支持。支持开通"一带一路"沿线国际旅游城市间航线。支持开通和增加国内主要城市与沿边旅游目的地城市间的直飞航线航班或旅游包机。

（六）财税政策

1. 加大中央财政转移支付力度

加大中央财政对沿边地区均衡性转移支付、民族和边境地区转移支付和相关专项转移支付力度，逐步缩小沿边地区地方标准财政收支缺口，推进地区间基本公共服务均等化。建立与口岸贸易额、过货量等综合因素挂钩的边境地区专项转移支付增长机制。

2. 加强国家专项资金支持

设立中央财政沿边地区开发开放专项资金，支持沿边地区基础设施、城镇建设、产业发展等。提高国家有关部门专项建设资金投入沿边地区的比重，提高对公路、铁路、民航、水利等建设项目投资补助标准和资本金注入比例。国家外经贸发展资金、旅游发展基金、丝路基金等国家专项扶持资金向沿边地区倾斜。

3. 实行差别化补助政策

中央安排的公益性建设项目，取消县以下（含县）以及集中连片特殊困难地区市地级配套资金。沿边地区上缴的基金收入、资源补偿费及新增建设用地有偿使用费国家提留部分全额返还，专项用于沿边地区基础设施、边境口岸、社会事业和生态环境保护等方面建设。中央财政对沿边重点开发开放试验区、喀什和霍尔果斯经济开发区每年给予一定数额的补助。将沿边重点开发开放试验区、喀什和霍尔果斯经济开发区，以及边境经济合作区基础设施项目建设纳入现行国家级经济开发区基础设施项目贷款贴息范围。提高边境地区新农合医疗费报销比例，将边境地区城市贫困人口纳入医疗保障。加大边境回迁村（屯）的扶持力度，提高补助标准，鼓励边民开发性生产。

4. 加大税收优惠

沿边口岸进口环节代征增值税收入的25%返还地方。沿边重点开发开放试验区、经济合作区的新办企业，除国家禁止和限制的产业外，应缴纳企业所得税中央分享部分实行"五免五减半"优惠。国家在沿边地区鼓励发展的内外资投资项目，进口国内不能生产的自用设备，以及按照合同随设备进口的配套件、备件，在规定范围内免征关税。沿边地区企业出口退税由中央财政统一负担。跨境经济合作区内双方企业、个人和其他组织的税收可按最低税率征收。从跨境经济合作区进入我方境内应缴纳进口关税的货物，企业可以申请选择按进口料件或按实际报验状态缴纳进口税。加强与相关国家磋商，尽快签署避免双重征税协议。

5. 享受西部开发政策

非西部省份的沿边地区以县为单位，在投资、金融、产业、土地、价格、生态补偿、人才开发和帮扶等方面享受党中央、国务院确定的深入实施西部大开发战略相关优惠政策。

（七）金融支持

1. 优化金融机构布局

鼓励和引导各类金融机构在沿边地区设立分支机构，改善基层网点服务。在具备条件的沿边地区,依法组建村镇银行等新型农村金融机构、依法组建小额贷款公司、融资性担保公司。支持重点开发开放试验区、经济合作区建设金融结算中心、期货交易中心和产权交易中心,允许符合条件的外资金融机构设立外资银行。鼓励各类金融机构将沿边地区列为业务发展重点区域,给予信贷倾斜支持和优惠贷款利率。

2. 完善金融服务功能

鼓励金融机构大力发展进出口信贷、国际结算、贸易融资、运输保险、出口信用保险等涉外金融业务,研究开展以应收账款、仓单、库存商品、知识产权等为担保的信贷业务。放宽沿边重点地区银行贷款授权授信比例。加快中小企业信用担保体系和服务体系建设,继续扶持沿边地区担保和再担保机构发展。

3. 拓宽企业融资渠道

支持沿边地区符合条件的企业发行股票和债券,鼓励创业投资企业、私募股权投资基金加大对沿边地区的投入。加大对沿边地区支农再贷款、支小再贷款和再贴现力度,完善扶贫贴息贷款制度。

4. 创新保险业务

鼓励保险机构创新服务产品,建立国外资产国内抵押制度。支持保险资金以债权、股权等形式投资边境城市旅游及加工物流基础设施建设。

5. 加强国际金融合作

扩大人民币跨境贸易结算,推进人民币在周边地区的流通。加强与周边国家协商,推进互开账户合作、双边银行结算和人民币调运,在条件成熟的重点边境城市建立人民币兑周边国家货币银行间市场区域交易制度,实现人民币与相关货币直接挂牌交易,扩大本外币现钞双向使用范围。允许边境重点地区开展个人本外币兑换特许业务,提高商业银行经营外汇业务的审批效率,推进境外直接投资人民币结算和个人人民币境外投资。支持境内银行在防范信贷风险的前提下,探索开展境外人民币贷款业务,鼓励金融机构协助周边国家开展支付结算系统建设。对符合条件的项目,采用境外分行和境内分行合作的方式试行跨境融资,探索人民币回流的使用监管办法。支持边境省区与亚洲开发银行等国际金融组织合作,设立区域性合作基金。

第二篇

专题研究

　　沿边开放发展事业不仅涉及我国沿边9省区共138个边境县的发展问题，而且关涉周边14个国家的政治经济社会发展情况及其与中国的双边关系，同时又与当前全球化和区域化的发展动向息息相关。因此为了使沿边开放发展的相关问题研究更加深入，视角更加独特，观点更加明确，对策更具针对性和可操作性，本报告开辟了专题研究栏目，特邀请业内专家针对特定问题进行深入研究，以飨读者。

新时代的中国—东盟关系：
新成就、新动力、新趋向

江瑞平　王海峰

【内容摘要】 2018年是中国—东盟建立战略伙伴关系15周年，双方关系正处于提质升级的关键阶段。近年来，中国—东盟关系全面发展，双方经济互利显著增强、政治互信显著改善、人文互动显著扩大、机制互补显著优化。源自中国、东盟、全球、区域四个方面的新动力，进一步支撑中国—东盟关系步入新时代。展望新时代，发展中国—东盟关系的目标更加明确，路径更为清晰，框架更趋完善，机制更加健全。中国—东盟关系将开展更高层级的合作、实现更为全面的发展、取得更大幅度的进步。

【关键词】 中国—东盟关系　新时代　新成就　新动力　新趋向

当前中国—东盟关系正由"成长期"迈入"成熟期"，处于提质升级的关键阶段。2018年是中国—东盟建立战略伙伴关系15周年，为了加强对双方关系发展进行中长期规划，打造更高水平的中国—东盟战略伙伴关系，构建更为紧密的中国—东盟命运共同体，中方提出推进制订"中国—东盟战略伙伴关系2030年愿景"的倡议并得到东盟方面的积极回应和广泛赞同。[①] 随着新时代双边关系的全面提升，中国—东盟关系将开展更高层级的合作、实现更为全面的发展、取得更大幅度的进步。

一、新成就促成中国—东盟关系新时代

近年来，中国—东盟关系取得全面发展，突出表现在经济互利显著增强、政治互信显著改善、人文互动显著扩大、机制互补显著优化等多个层面，可谓新成果丰硕，新成就显著。正是这些新成就，共同促成中国—东盟关系在建立战略伙伴关系15周年的重要历史节点，步入了一个新时代。

（一）经济互利显著增强

经济互利是中国—东盟关系发展的重要基础和强劲动力。双边贸易是双方经济合

---

① 王毅：《打造更高水平的中国—东盟战略伙伴关系》，中国外交部网站，http://www.fmprc.gov.cn/web/gjhdq_676201/gjhdqzz_681964/dmldrhy_683911/xgxw_683917/t1482789.shtml，登录时间：2017年12月10日。

作与互补互利的主要支柱。中国—东盟双边贸易在1991年建立对话关系之初只有79.6亿美元,而到2017年已快速增长至5148亿美元,26年间增长了63.7倍。2017年,双边贸易较上年增长了13.8%,超过中国外贸平均增速,且中国对东盟进口的增速远高于出口增速。其中,中国向东盟出口达2791亿美元,增长9%;中国从东盟进口达2357亿美元,增长20%。① 双向投资是双方经济合作与互补互利的另一主要支柱。从2007~2016年,中国对东盟直接投资(FDI)流量总体呈现逐年增长的态势,分别为9.7亿美元、24.8亿美元、27.0亿美元、44.0亿美元、59.1亿美元、61.0亿美元、72.7亿美元、78.1亿美元、146.0亿美元、102.8亿美元。其中增长最快的2015年比2014年增长达86.9%。② 截至2016年,双向直接投资累计近2000亿美元。

经贸往来快速增长的结果是,双方相互依存关系不断强化。依据东盟方面的贸易数据计算表明,2008年全球金融危机爆发以来,东盟对欧盟、美国等发达经济体出口波动较大,或者出现下滑,或者增速放缓;与此同时,东盟与中国的贸易额总体增长较快。2009年,中国正式超越欧盟、美国成为东盟第一大贸易伙伴,且已在此之后连续8年成为东盟最大贸易伙伴,随后东盟对中国的贸易依存度逐年上升,分别为10.6%、10.4%、11.6%、11.8%、12.3%、12.9%、13.9%、14.5%、15.7%、16.5%(具体贸易数据,详见表1)。③ 东盟对欧盟、美国、日本贸易依存度总体较为稳定,但有所下降。按中方数据统计,东盟连续6年成为中国第三大贸易伙伴,2012~2017年中国对东盟的贸易依存度分别为10.3%、10.7%、11.2%、12.0%、12.3%、12.5%,呈现出逐步上升态势。④

表1　　　　　　　中国与东盟货物贸易总额:2007~2016年　　　　　　单位:亿美元

	2007年	2008年	2009年	2010年	2011年	2012年	2013年	2014年	2015年	2016年
东盟	4032.2	4718.3	3769.8	5028.6	5829.4	6054.8	6177.5	6081.1	5266.7	5160.1
中国	1711.0	1967.1	1780.5	2355.1	2949.9	3193.9	3515.8	3667.1	3576.4	3680.3
欧盟	1755.9	1706.3	1713.2	2038.8	2401.2	2426.8	2465.3	2481.8	2278.4	2335.6
美国	1781.8	1852.0	1486.7	1812.4	1981.1	1998.2	2053.1	2115.1	2090.1	2118.0
日本	1732.7	2147.3	1609.6	2189.3	2564.1	2644.6	2404.3	2290.9	2270.5	2018.9
全部	16139.9	19009.7	15378.0	20014.4	23983.3	24804.2	25330.7	25352.1	22730.3	22363.4

资料来源:《东盟统计年鉴2016~2017年》,第64页。

---

① 在中国与东盟十中,贸易额排前三位的是:越南、马来西亚、泰国;中国向东盟出口排前三位的是:越南、新加坡、马来西亚;中国从东盟进口排前三位的是:马来西亚、越南、泰国。
数据来源:中国商务部网站,http://images.mofcom.gov.cn/yzs/201801/20180126092557402.docx,登录时间:2018年1月27日。
② 数据来源:中国商务部,《2015年中国对外投资报告》,第42页,http://img.project.fdi.gov.cn//21/1800000121/File/201703/201703030924502483589.pdf,登录时间2017年12月12日;《2016年中国对外投资报告》,第32页,http://img.project.fdi.gov.cn/21/1800000121/File/201710/201710091003427086429.pdf,登录时间:2017年12月12日。
③ 数据来源:根据《东盟统计年鉴2016~2017年》(第64页)数据计算得出,http://www.aseanstats.org/wp-content/uploads/2018/01/ASYB_2017-rev.pdf,登录时间:2017年12月10日。
④ 数据来源:根据中国商务部亚洲司综合数据计算得出,http://yzs.mofcom.gov.cn/article/g/date/?,登录时间:2017年12月10日。

相互依存关系的强化推动双方经济互利性显著增强。2012~2017年，中国自东盟进口累计超过1万亿美元，对东盟累计直接投资达360亿美元，是东盟国家重要的出口目的地和投资来源地①，对于东盟经济贸易稳定增长发挥着极为重要的作用。同样，东盟与中国经贸关系日趋密切，有助于推动中国经济转型升级，保持稳定增长。

（二）政治互信显著改善

推进合作的根本在于拓展睦邻友好关系，深化战略互信。从双边来看，近年来中国与东盟国家关系总体保持稳定，并取得实质性进展。2008~2015年，中国先后与越南（2008）、老挝（2009）、柬埔寨（2010）、缅甸（2011）、泰国（2012）、印度尼西亚（2015）先后建立了全面战略合作伙伴关系；2013年10月与马西亚建立了全面战略伙伴关系。2016年7月，菲律宾总统杜特尔特上台旋即访华，双边关系迎来转圜，随后得到迅速恢复和提升。此外，中国与新加坡、文莱的双边关系总体保持稳定向好发展的态势。多边方面，东盟作为整体来看，2016年3月，中国与东盟达成《落实中国—东盟面向和平与繁荣的战略伙伴关系联合宣言的行动计划（2016~2020）》，进一步加强和提升2016~2020年双边战略伙伴关系、睦邻友好和互利合作。②

敏感问题方面，南海问题由争端走向合作。尽管与海上东盟国家的关系受到南海争端的影响，但是2016年7月12日"南海仲裁案"裁决之后，随着中菲关系的华丽转身，在中国提出"双轨思路"的指引下，南海问题迅速降温。7月25日，中国—东盟外长会通过了《关于全面有效落实〈南海各方行为宣言〉的联合声明》，并通过《应对海上紧急事态外交高官热线平台指导方针》和《关于在南海适用〈海上意外相遇规则〉的联合声明》两份文件。③尤其重要的是，经双方共同努力，达成"南海行为准则"框架，再次表明了双方重回通过双边谈判协商解决南海争端的意愿和共识，并进一步明确了谈判协商的总体方向。目前，中国与东盟国家继续推进"南海行为准则"磋商，坚持落实《宣言》和"准则磋商"的"双轮驱动"④，共同维护南海地区的和平稳定。

（三）人文互动显著扩大

随着中国—东盟人文交流与合作日益深化，双方人文互动显著扩大，人文交流已

---

① 《李克强在第20次中国—东盟领导人会议上的讲话（全文）》，中国外交部网站，http://www.fmprc.gov.cn/web/gjhdq_676201/gjhdqzz_681964/dmldrhy_683911/zyjhywj_683921/t1510228.shtml，登录时间：2017年12月10日。
② 《落实中国—东盟面向和平与繁荣的战略伙伴关系联合宣言的行动计划（2016~2020）》，中国外交部网站，http://www.fmprc.gov.cn/web/ziliao_674904/tytj_674911/zcwj_674915/t1344899.shtml，登录时间：2017年12月12日。
③ 《中国与东盟发表双方建立对话关系25周年纪念峰会联合声明》，中国外交部网站，http://www.fmprc.gov.cn/web/gjhdq_676201/gjhdqzz_681964/dmldrhy_683911/xgxw_683917/t1395803.shtml，登录时间：2017年12月11日。
④ 王毅：《在2017年国际形势与中国外交研讨会开幕式上的演讲》，中国外交部网站，http://www.fmprc.gov.cn/web/wjbz_673089/zyjh_673099/t1518042.shtml，登录时间：2017年12月15日。

经成为中国—东盟合作的新支柱。2005 年是中国—东盟文化合作的开局之年，双方签署《文化合作谅解备忘录》。在该文件的指引下，中国—东盟文化合作陆续开展。2006 年首届中国—东盟文化产业论坛在南宁召开，至今已成功举办 12 届。2012 年第一届中国—东盟文化部长会议在新加坡举行，文化合作方向更为清晰。自此中国—东盟文化合作实现机制化，层次更高，领域更为广泛。2014 年是中国—东盟战略伙伴关系 10 周年，为营造良好的文化氛围和民心基础，中国—东盟将 2014 年定为"中国—东盟文化交流年"。同年 4 月，第二届中国—东盟文化部长会议签署《中国—东盟文化合作行动计划（2014～2018）》，标志着双方文化交流合作进入全方位发展阶段。[①]

教育是中国—东盟人文交流的重要领域之一。2008 年 7 月首届"中国—东盟教育交流周"在贵阳召开，至今已经成功举办 10 届，成为中国—东盟教育交流合作的重要平台。2010 年 8 月，在中国—东盟教育交流周期间，召开了首届中国—东盟教育部长圆桌会议。2016 年是中国—东盟教育交流年，同年 8 月，第二届中国—东盟教育部长圆桌会议在贵阳召开，会议通过了《关于中国—东盟教育合作行动计划支持东盟教育工作计划（2016～2020）开展的联合公报》。[②] 2017 年又通过了《中国—东盟教育合作行动计划（2017～2020）》。2016 年，中国在东盟国家的留学生超过 12 万人，东盟在中国留学生超过 8 万人，合计高达 20 万人。[③] 旅游是中国—东盟人文交流的又一重要领域。2017 年是中国—东盟旅游合作年，中国已经成为东盟以及多数成员国的第一大客源国。2016 年中国与东盟之间的人员往来达到 3800 万人次。2018 年是中国—东盟创新合作年，双方将围绕创新创业等领域，开展一系列实质性合作。

（四）机制互补显著优化

中国与东盟已经形成全方位、多层次、宽领域的合作格局，尤其是经贸领域，合作机制互补显著优化。贸易机制方面，2014 年 8 月，双方宣布启动中国—东盟自贸区升级谈判。2015 年 11 月，双方签署《中国与东盟关于修订〈中国—东盟全面经济合作框架协议〉及项下部分协议的议定书》，升级版谈判正式结束。[④] 与此同时，中国与东盟国家共同积极推动区域全面经济伙伴关系（RCEP）谈判，促进区域贸易和投资自由化便利化，为推动建成东亚经济共同体奠定制度基础。金融机制领域，中国与东盟国家开展了更为密切地金融合作，积极落实清迈倡议多边化，促进本币在区域投资和贸易中的使用，推动亚洲债券市场发展。此外，中国还准备设立 100 亿元等值人民币的中国—东盟银联体专项贷款，重点用于支持双方的合作项目。产能合作机制方面，

---

① 杨秀萍：《中国与东盟在社会人文领域开展合作成效显著》，中国新闻网 2014 年 8 月 15 日，http://www.chinanews.com/gn/2014/08-15/6498495.shtml，登录时间：2017 年 12 月 20 日。
② 《第二届中国—东盟教育部长圆桌会议在贵阳召开》，中国新闻网，http://www.chinanews.com/cul/2016/08-02/7959708.shtml，登录时间：2017 年 12 月 16 日。
③ 《中国—东盟教育交流周 10 年成长枝繁叶茂》，新华网，http://www.gz.xinhuanet.com/2017-07/27/c_1121387201.htm，登录时间：2017 年 12 月 16 日。
④ 《中国与东盟签署自贸区升级协议"议定书"》，新华网，http://news.xinhuanet.com/world/2015-11/22/c_1117221943.htm，登录时间：2017 年 12 月 16 日。

2016年9月，双方发表《中国—东盟产能合作联合声明》，共建经贸、产业合作园区，推动一批国际产能合作重大项目落地，打造融合度更深、带动力更强、受益面更广的产业链、价值链、物流链。① 基础设施领域，2016年11月，双方修订了《中国—东盟交通合作战略规划》。2017年11月，中国—东盟领导人会议共同发表了《中国—东盟关于进一步深化基础设施互联互通合作的联合声明》，确立了陆上、海上、天上、网上互联互通重点项目。②

二、新动力支撑中国—东盟关系新时代

2017年是中国十九大召开之年，中国特色社会主义进入新时代，迎来了从"富起来"到"强起来"的伟大飞跃；亦是东盟成立50周年，东盟共同体建设步入更高级阶段；在这一年，全球与地区格局也发生了深刻变化。中国、东盟、全球以及区域格局等四个层面的新变化，为新时代中国—东盟关系的进一步发展，提供了多元支撑和更加强劲的新动力。

（一）源自中国方面的新动力

国内经济发展产生的新需求，进一步推动中国与东盟强化经贸合作。中国经济处于新常态阶段，中国政府对内深化实施供给侧改革，推进"三去一降一补"③，加快经济转型升级实现高质量的增长；对外构建开放型经济体，实施"一带一路"倡议，扩大对外进口，加强国际产能合作。中共十九大进一步提出"推动形成全面开放新格局，优化区域开放布局，加大西部开放力度。"④ 东盟10国多为出口导向型经济体，对外依存明显偏高；基础设施较为落后，长期制约着国内经济发展；国内资本相对不足，难以为大型项目建设融资。作为"一带一路"的优先和重点地区，中国对内、对外经济的调整，对于东盟的经济增长发挥着重要作用。

外交是内政的延伸，服从和服务于国内政治、经济大局。中共十九大提出"建设新型国际关系和构建人类命运共同体"。周边地区在中国整体外交布局中居于首要地位，东盟又是中国周边外交优先方向。中国强调"与邻为善、以邻为伴"，坚持"睦

---

① 《中国—东盟产能合作联合声明（全文）》，新华网，http：//www.xinhuanet.com/world/2016-09/08/c_1119528481.htm，登录时间：2017年12月12日。
② 《李克强在第20次中国—东盟领导人会议上的讲话（全文）》，中国外交部网站，2017年11月14日，http：//www.fmprc.gov.cn/web/gjhdq_676201/gjhdqzz_681964/dmldrhy_683911/zyjhywj_683921/t1510228.shtml，登录时间：2017年12月10日。
③ 即"去杠杆、去产能、去库存、调结构、补短板"。
④ 《习近平：决胜全面建成小康社会夺取新时代中国特色社会主义伟大胜利——在中国共产党第十九次全国代表大会上的报告》，新华网，2017年10月27日，http：//www.xinhuanet.com/politics/19cpcnc/2017-10/27/c_1121867529.htm，登录时间：2017年12月10日。

邻、安邻、富邻"的周边外交政策,突出体现"亲、诚、惠、容"的周边外交理念①,全面深化发展同东盟国家睦邻友好关系。中国坚定支持东盟共同体建设,支持东盟在区域合作中的中心地位,支持东盟在国际地区事务中发挥更大作用。高度重视对东盟外交,有助于维护和平稳定的良好周边环境,保障"两个一百年"奋斗目标得以实现,推动构建人类命运共同体。

(二) 源自东盟方面的新动力

2015年11月,第27届东盟峰会宣布提前建成以政治安全共同体、经济共同体和社会文化共同体为基础的东盟共同体,并发布愿景文件《东盟2025:携手前行》。2017年是东盟建立50周年,东盟共同体建设步入更高阶段。这两大极其重要、影响深广的历史事件,意味着东盟合作与一体化进程进入了一个新时代。东盟共同体建设推进,对于巩固和发展中国—东盟关系具有重要的推动作用,构成新时代中国—东盟全面发展的重要动力。迈入新时代,中国—东盟关系已成为东盟同对话伙伴关系中最具活力、最富内涵的一组关系。②

东盟作为协商一致、有凝聚力的整体,对于保障与中国开展合作,达成共识以及政策执行,发挥着极为重要的作用。可以说,正是东盟共同体建设不断向前迈进,成为构建中国—东盟合作持续深化的重要基石。例如,政治安全方面,2002年《南海各方行为宣言》的达成,是以东盟内部达成共识为前提;2003年中国与东盟开展自贸区协定谈判,则以东盟自由贸易区建设为基础。但是东盟一体化程度还比较低,更不能与欧盟相提并论。东盟未来发展面临保持凝聚力、维持在区域合作中的中心地位和加强互联互通等三大挑战。③ 应对这些挑战离不开中国的支持与帮助,因此东盟方面在与中国加强双边、地区乃至全球层面的合作有着强烈的意愿和动力。

(三) 源自全球层面的新动力

世界经济陷入"新平庸"。长期以来,国际经济、金融风险是驱动中国—东盟经贸合作的主要外部压力。全球金融危机期间,中国与东盟携手加强区域合作成功抵御了外部危机的冲击,中国与多数东盟国家经济依然保持了强劲增长的态势(见表2)。尽管世界经济逐渐走出危机的阴霾,但是受发达经济体货币政策调整与分化、财政债务风险恶化、新兴市场经济体资本外流等多重因素的影响,世界经济复苏进程依然缓慢,

---

① 《习近平在周边外交工作座谈会上发表重要讲话》,人民网,2013年10月25日,http://politics.people.com.cn/n/2013/1025/c1024 - 23332318.html,登录时间:2017年12月11日。
② 《习近平就东盟成立50周年向东盟轮值主席国菲律宾总统杜特尔特致贺电》,央视网,2017年08月08日,http://news.cctv.com/2017/08/08/ARTIDQq3IuyQJ7MNi1wkiD4N170808.shtml,登录时间:2017年12月11日。
③ 东盟副秘书长穆赫坦在"庆祝东盟成立50周年国际研讨会(北京)"的讲话中,提出东盟面临的三大挑战。参见:"庆祝东盟成立50周年国际研讨会在京开幕",中国—东盟中心网站,2017年3月30日,http://www.asean-china-center.org/2017 - 03/30/c_129522211.htm,登录时间:2017年12月11日。

动力明显不足，已陷入"新平庸"态势。① 2014 年、2015 年、2016 年世界经济增长率分别为 3.6%、3.4%、3.2%，逐年下降。据国际货币基金组织（IMF）预测，2017年、2018 年、2022 年经济增长率分别为 3.6%、3.7%、3.8%，低于危机之前的增长水平。② 世界经济的"新平庸"对中国与东盟经济增长构成外部挑战，也成为双方加强经济、金融合作的持续动力之一。例如，2016 年成立的东盟与中日韩宏观经济研究办公室（AMRO）国际组织，促进了东亚地区金融合作的机制化。

表 2　　　　　　　　中国与东盟 10 国经济增长：1999~2016 年　　　　　　　单位：%

	1999~2008 年	2009 年	2010 年	2011 年	2012 年	2013 年	2014 年	2015 年	2016 年	2017 年	2018 年	2022 年
新加坡	5.9	-0.6	15.2	6.2	3.9	5	3.6	1.9	2	2.5	2.6	2.6
文莱	1.9	-1.8	2.7	3.7	0.9	-2.1	-2.5	-0.4	-2.5	-1.3	0.6	5.3
柬埔寨	9.5	0.1	6	7.2	7.3	7.4	7.1	7.2	7	6.9	6.8	6
印度尼西亚	4.9	4.7	6.4	6.2	6	5.6	5	4.9	5.2	5.2	5.3	5.5
老挝	6.7	7.4	8	8	7.8	8	7.6	7.3	7	6.9	6.9	7
马来西亚	5.5	-1.5	7.5	5.3	5.5	4.7	6	5	4.2	5.4	4.8	4.9
缅甸	11.7	5.1	5.3	5.6	7.3	8.4	8	7	6.1	7.2	7.6	7.5
泰国	4.8	-0.7	7.5	0.8	7.2	2.7	0.9	2.9	3.2	3.7	3.5	3
越南	6.8	5.4	6.4	6.2	5.2	5.4	6	6.7	6.2	6.3	6.3	6.2
菲律宾	4.6	1.1	7.6	3.7	6.7	7.1	6.1	6.1	6.9	6.6	6.7	6.8
中国	10.1	9.2	10.6	9.5	7.9	7.8	7.3	6.9	6.7	6.8	6.5	5.8
世界	4.2	-0.1	5.4	4.3	3.5	3.5	3.6	3.4	3.2	3.6	3.7	3.8

资料来源：国际货币基金组织，《世界经济展望》，2017 年 11 月。

逆全球化风险进一步加剧了"新平庸"，成为中国—东盟加强合作的又一新动力。2016 年"黑天鹅"事件频发，如英国脱欧、特朗普胜选等，经济全球化与区域经济一体化遭遇空前挑战。2017 年特朗普当选美国总统后，美国先后退出《巴黎协定》、跨太平洋伙伴关系协议（Trans-Pacific Partnership Agreement，TPP）等数个多边机制，持续多年的全球化与地区一体化出现逆行倒退的趋势，这种趋势成为中国与东盟经贸共同面临的新的外部压力。此轮发达国家所引发的逆全球化趋势，导致全球治理的国际公共产品更为缺失，中国与东盟作为新兴市场经济体的经济与安全利益受到严峻考验。因此，东亚必须承担起引领新全球化潮流的历史重任，中国与东盟义不容辞。中

---

① 2014 年 10 月，国际货币基金组织总裁拉加德认为世界经济增长动力不足，复苏疲软，并将这种状态形容为"新平庸"。参见：Christine Lagarde Managing Director, International Monetary Fund, "The Challenge Facing the Global Economy: New Momentum to Overcome a New Mediocre", October 2, 2014, https://www.imf.org/en/News/Articles/2015/09/28/04/53/sp100214，登录时间：2017 年 12 月 16 日。

② 数据来源：国际货币基金组织，《世界经济展望》，2017 年 11 月。

国与东盟首先应立足于本地区,加强经贸、安全、环境等议题的区域合作,以满足区域内公共产品的需求,进而通过扎实有效的区域合作成果推动全球治理向前发展。

(四) 源自地区层面的新动力

随着中国经济的崛起,美国奥巴马政府实施"亚太再平衡"战略,东亚地区形成了"经济依赖中国、安全依靠美国"的"二元悖论"或者困境。[①] 这种"二元悖论"对于中国与东盟,乃至东亚地区合作造成空前的挑战。尤其是美国挑起南海争端,极大地影响了中国与东盟之间的政治互信。因此,大国权力博弈成为影响中国—东盟合作的重要因素,而且是重要的负面因素。特朗普上台之初,调整了奥巴马政府时期的亚太政策,美国亚太战略处于不确定性阶段。随着2017年末美国《国家安全战略》的出台和2018年初特朗普总统国情咨文的发表,特朗普将中国定位为"竞争对手",其"印太战略"也日益清晰,中美零和博弈态势可能更加明显。

中美大国权力博弈,可能导致未来双方在东南亚地区展开更为激烈的地缘竞争。与此同时,东盟在特朗普战略定位较奥巴马时期有所下降,特朗普最终缺席东盟主导的东亚峰会从侧面足以印证这一观点。美国对于东南亚盟友和伙伴国家的安全承诺与保护意愿的降低,对于东盟国家安全以及其维护在地区格局中心地位造成挑战。此外,特朗普上台以来实施具有浓厚民族主义、保护主义色彩的贸易政策,退出TPP谈判,单边发动贸易摩擦,对于中国与东盟经济稳定增长带来挑战。中国与东盟共同携手加快完成RCEP,具有更为重大的现实意义。因此,在逆全球化与大国权力博弈凸显的新形势下,中国—东盟加强本区域政治安全与经贸合作合作成为地区稳定发展的关键基础。

三、新趋向引领中国—东盟关系新时代

展望新时代,发展中国—东盟关系的目标更加明确,路径更为清晰,框架更趋完善,机制更加健全。这些新的趋向引领中国—东盟关系开展更高层级的合作、更为全面的发展、取得更大幅度的进步。

(一) 目标更加明确:加快构建中国—东盟命运共同体

新时代发展中国—东盟关系的目标,就是要加快构建中国—东盟命运共同体,构建人类命运共同体的示范区。早在2013年中国—东盟建立战略伙伴关系10周年之际,

---

[①] 相关内容参见:江瑞平:《东亚合作与中日关系的互动:困局与对策》,载《外交评论》2014年第5期,第1~18页;江瑞平:《共建21世纪海上丝绸之路——走出东亚格局中的二元困境》,载《东南亚纵横》2014年第10期,第11~15页。

习近平主席出访印度尼西亚，就提出要建设更加紧密的中国—东盟命运共同体的目标。这是在中国外交各主要方向中，最早提出构建命运共同体的一组关系。中共十九大进一步明确，中国倡导的人类命运共同体，就是要"建设持久和平、普遍安全、共同繁荣、开放包容、清洁美丽的世界"。① 随着中国—东盟关系步入新时代，构建更加紧密的中国—东盟命运共同体这一目标更加明确。作为新时代中国外交的总体目标，推进构建人类命运共同体进程中，东盟仍然是优先方向和重点地区，而且将发挥广泛、深远的示范效应。围绕这一总体目标，中国—东盟以对话解决南海争端，充分协商以妥善处理分歧，促进双边和地区贸易和投资便利化，加强人文交流以及非传统安全等领域合作。

（二）路径更加清晰："2030 愿景"引领发展方向

2018 年是中国—东盟建立战略伙伴关系 15 周年，为实现构建更为紧密的中国—东盟命运共同体，双方需要加强协商、合作，更需要为双方关系的发展进行中长期规划。为此，中国提出推进制订"中国—东盟战略伙伴关系 2030 年愿景"（以下简称"2030 愿景"）的倡议。② 在构建更为紧密的中国—东盟命运共同体的总目标指引之下，通过制订和落实"2030 愿景"规划，中国与东盟可以将双方的发展战略有效地进行沟通与衔接，进一步明确未来合作的方向与目标。例如，中国与东盟进一步将"一带一路"倡议与《东盟互联互通 2025 规划》相对接，促进互联互通；加强在打击恐怖主义、海盗，应对全球气候变暖等议题的合作，共同推动"联合国 2030 年目标"的实现，打造出"南南合作"的典范。目前，中国官方和智库正在积极准备启动"2030 愿景"起草和磋商工作，并与东盟国家相关机构保持密切地交流沟通，以确保 2018 年中国—东盟领导人会议能够审议通过这一重要文件。③

（三）框架更加完善：从"2 + 7"到"3 + X"

2013 年 9 月，李克强总理在中国—东盟领导人峰会上提出，包括"两点政治共识"和七个合作领域的"2 + 7 合作框架"④，明确了中国对东盟合作的主要框架。随着中

---

① 《习近平：决胜全面建成小康社会夺取新时代中国特色社会主义伟大胜利——在中国共产党第十九次全国代表大会上的报告》，新华网，2017 年 10 月 27 日，http://www.xinhuanet.com/politics/19cpcnc/2017-10/27/c_1121867529.htm，登录时间：2017 年 12 月 10 日。
② 王毅：《打造更高水平的中国—东盟战略伙伴关系》，中国外交部网站，2017 年 8 月 6 日，http://www.fmprc.gov.cn/web/gjhdq_676201/gjhdqzz_681964/dmldrhy_683911/xgxw_683917/t1482789.shtml，登录时间：2017 年 12 月 10 日。
③ 《"推进制订中国—东盟战略伙伴关系 2030 年愿景"研讨会在我院举行》，外交学院官网，http://www.cfau.edu.cn/art/2017/11/30/art_248_56959.html，登录时间：2017 年 12 月 15 日。
④ "2 + 7" 合作框架，包括政治安全和经济发展的共识和政治、经贸、互联互通、金融、海上合作、安全及人文科技环保等七大领域合作。来源：《李克强在第 16 次中国—东盟 (10 + 1) 领导人会议上的讲话 (全文)》，中国外交部网站，http://www.fmprc.gov.cn/web/gjhdq_676201/gjhdqzz_681964/dmldrhy_683911/zyjhywj_683921/t1086491.shtml，登录时间：2017 年 12 月 12 日。

国—东盟关系步入新时代,双边合作的全面发展,中国提出进一步拓展与完善合作领域的新型合作框架。2017 年 11 月,第 20 次中国—东盟领导人会议上,李克强总理提出将"2+7 合作框架"升级为"3+X 合作框架",构建以政治安全、经贸、人文交流三大支柱为主线、多领域合作为支撑的新框架。[①] 新的合作框架,不仅合作领域广泛,而且灵活性更强。中国与东盟及其成员国可以根据各自以及双边关系发展的需要,设置新的合作领域,开展更为深广地合作。合作框架的拓宽和完善,符合新时代中国—东盟关系全面、深入发展的需要,有助于推进更为紧密的中国—东盟命运共同体建设。

(四) 机制更加健全:澜湄合作成就显著

步入新时代的中国—东盟关系合作机制,更加健全,更为互补。尤其值得注意的是,中国与陆上东盟国家开展的澜湄合作取得的突出成就与未来的发展潜力。2015 年 12 月,中国与陆上东盟国家共同发起澜湄合作机制,2016 年、2018 年先后两次召开领导人会议,达成《澜湄合作首次领导人会议三亚宣言》《澜沧江—湄公河国家产能合作联合声明》《澜湄合作第二次领导人会议金边宣言》"澜湄合作五年行动计划"。澜湄合作机制以构建澜湄命运共同体为目标,建立了领导人会议、外长会、高官会、工作组会等完善的合作机制,确定了政治安全、经济和可持续发展、社会人文三大合作支柱,互联互通、产能合作、跨境经济合作、水资源合作、农业和减贫五个优先合作方向,资金、智力、监督三个支撑体系的"3+5+3"合作架构。[②] 在中国积极提供区域公共产品的努力推动下,澜湄合作机制取得重大成效,展现了澜湄速度与效率。澜湄合作机制与中国—东盟整体关系良性互动,为中国—东盟关系发展提供有效补充和强大助力。

(五) 重点更加突出:"一带一路"发展战略对接

新时代发展中国—东盟关系的重点是"一带一路"。这不仅与新时代中国特色大国外交的顶层设计一脉相承,而且东盟还是携手共建"一带一路"的优先方向和重点地区。2013 年中国提出与东盟国家共建"一带一路"倡议,东盟国家纷纷响应,积极将本国发展战略与之对接。东盟层面,有"东盟互联互通总体规划 2025""东盟经济共同体蓝图"等;国家层面,有越南的"两廊一圈"战略、柬埔寨的"四角战略"、泰国的"工业 4.0 战略"、印度尼西亚的"全球海上战略支点"战略、菲律宾的"2040

---

① 《李克强在第 20 次中国—东盟领导人会议上的讲话(全文)》,中国外交部网站,http://www.fmprc.gov.cn/web/gjhdq_676201/gjhdqzz_681964/dmldrhy_683911/zyjhywj_683921/t1510228.shtml,登录时间:2017 年 12 月 15 日。

② 《澜沧江—湄公河合作五年行动计划(2018~2022)》,中国外交部网站,http://www.mfa.gov.cn/web/ziliao_674904/zt_674979/dnzt_674981/lzlzt/lkqzlcfjpz_691470/zxxx_691472/t1524881.shtml,登录时间:2018 年 1 月 16 日。

雄心战略",等等。2016年老挝、柬埔寨等国先后与中国签署政府间共建"一带一路"建设合作纲要谅解备忘录。"一带一路"倡议包括"政策沟通、设施联通、贸易畅通、资金融通、民心相通"五个方面,合作领域广泛,且基础扎实、背景厚重、举措有力、开放度高、统领力强。[1] 中国与东盟及其成员国在该倡议的推动下开展广泛的合作,为双边关系全面发展提供了更为广阔的机遇。

---

[1] 江瑞平:《共建21世纪海上丝绸之路——走出东亚格局中的二元困境》,载《东南亚纵横》2014年第10期,第11~15页。

新形势下对沿边开发开放的新认识和新思考

李光辉

我国拥有 2.28 万公里陆地边境线，与越南等 14 个国家接壤，沿边地区国土面积大，人口较少，少数民族分布集中。改革开放以来，沿边地区经济社会发展取得显著进步，人民生活水平明显提高，但受历史基础、自然条件等客观因素影响，仍然存在发展基础落后、产业支撑薄弱、人才匮乏、对外开放度低等问题。党的十八大以来，党中央、国务院高度重视沿边地区开放发展，先后出台了《关于加快沿边地区开发开放的若干意见》《沿边地区开发开放规划》《关于支持沿边重点地区开发开放若干政策措施的意见》等文件，是新形势下我国沿边开发开放的重大突破。这对于我国全面实现小康社会、推进"一带一路"倡议、深化与周边国家经贸关系、实现兴边富民、促进区域协调发展等都具有重大战略意义。

一、我国沿边开发开放面临的新形势

随着我国对外开放的不断深入，沿边地区开发开放面临的形势也不断发生变化。特别是党的十八大以来，我国的沿边开发开放面临新的形势。

（一）全面实现小康社会进入关键时期

"十三五"时期是全面建成小康社会的关键期，是经济增长模式转型的攻坚期。习近平总书记提出：面向未来，中国将相继朝着两个宏伟目标前进：一是到 2020 年国内生产总值和城乡居民人均收入比 2010 年翻一番，全面建成惠及十几亿人口的小康社会；二是到 2049 年新中国成立 100 年时建成富强民主文明和谐的社会主义现代化国家。为了实现这两大目标，我们将继续把发展作为第一要务，把经济建设作为中心任务，继续推动国家经济社会发展。由于国际国内环境的制约，沿边地区经济相比沿海及内地经济发展相对滞后，贫困人口较为集中。自 2000 年开始，国家连续在沿边地区实施"兴边富民行动"，以推动沿边地区的经济社会发展和边民的脱贫致富。党的十八大以来，党中央把贫困人口脱贫作为全面建成小康社会的底线任务和标志性指标，在全国范围全面打响了脱贫攻坚战。边境地区是我国贫困人口集中的重点地区，14 个集中连片的特困地区许多都分布在我国沿边地区,云南、广西、新疆、西藏、内蒙古等边境省份都是贫困人口较为集中的区域。2017年5月,国务院办公厅再次印发《兴边富民行动"十三五"规划》,提出了到2020年边境地区同步全面建成小康社会、边境农村贫困人口全部脱贫,贫困县全部摘帽等目标。新形势下推进我国沿边地区加快开发开放步伐,加快沿边地区基础设施建设,促进沿边地区经济发展,实现全面脱贫目标,将是我国全面建设小康社会的重要保障。

(二)"一带一路"建设加快推进

2013年,国家主席习近平在哈萨克斯坦和印度尼西亚访问时,先后提出共建"丝绸之路经济带"与"21世纪海上丝绸之路"的合作倡议。推进"一带一路"建设,是国家顺应全球发展大势、统筹国内国外两个大局做出的重大决策,是我国当前和今后一段时期对外开放和对外合作的总的纲领。"一带一路"倡议以"政策沟通、设施联通、贸易畅通、资金融通、民心相通"为主要内容,为沿线国家提供一个成果共享、包容发展、合作共赢的发展平台。3年多来,随着"一带一路"建设的深入推进,我国国际影响力不断提升,100多个国家和国际组织参与其中,一批有影响力的标志性项目逐步落地,"一带一路"朋友圈不断扩大。我国沿边地区外连周边国家,内通中部与沿海省份,是推进"一带一路"建设的先手棋和重要支点。特别是"新亚欧大陆桥、中蒙俄、中国—中亚—西亚、中国—中南半岛、中巴和孟中印缅"六大国际经济合作走廊的建设,都与沿边地区直接相关。加快我国沿边地区的开放步伐,与周边国家加强基础设施互联互通与战略规划对接,把国内、国外开放有机结合,更好地利用两种资源、两种市场,能为我国"一带一路"建设提供重要支撑。如新疆作为丝绸之路经济带核心区,通过向西开放,深化与中亚、南亚、西亚等国家交流合作,有利于形成丝绸之路经济带上重要的交通枢纽、商贸物流和文化科教中心。内蒙古、黑龙江、吉林、辽宁等沿边省区通过加快向北开放,推动区域铁路网和运输通道建设,有利于共同构建繁荣的中蒙俄经济走廊。广西能够借此充分发挥与东盟国家陆海相邻的独特优势,构建面向东盟区域的国际通道,形成21世纪"海上丝绸之路"与"丝绸之路经济带"有机衔接的重要门户。而云南、西藏等省区也能通过加快沿边开放,推进与周边国家的国际运输通道建设,积极发展边境贸易和旅游文化合作,建设成为面向南亚、东南亚的辐射中心。

(三) 周边环境复杂多变

沿边地区是连接两国的交界区,是与周边国家交往的前沿,是不同国家、民族、政治、经济、文化、宗教等事务频繁往来的场所,其社会整体稳定与发展,对我国地缘安全起着牵一发而动全局的影响。随着我国综合国力不断增强,国际地位迅速提升,风险、挑战与机遇伴随而生。我国陆地边界线超过2.28万公里,海岸线长约3.2万公里，与14个国家陆地相邻，与9个国家隔海相望。由于周边邻国众多，各国政治制度和经济发展水平各异，民族、宗教问题错综复杂，现实或潜在热点问题集中，这些都为我国边疆地区带来许多新的社会影响。边疆地区局势多样性，使得我国的政治、军事和经济安全必须面对来自周边地区复杂多变的影响或挑战。近年来，一方面，我国与周边国家在领土、领海、岛屿等方面争端不断，产业竞争压力与对外投资合作冲突加大；另一方面，来自恐怖主义、环境、能源等非传统安全的威胁也在日益增加。周边国家一直是我国外交的首要和优先发展方向，党的十八大以来，我国更加突出周边在我国发展大局和外交全局中的重要作用，制订了"与邻为善、以邻为伴""睦邻、安邻、富邻""亲、诚、惠、容"的周边外交方针，并且提出了共建周边命运共同体的倡议。新形势下我国加快沿边地区开发开放，将有利于巩固和加强与周边国家和地区的睦邻友好和务实合作关系，共同营造和平稳定、平等互信、合作共赢的地区环境，构建地缘政治新优势，营造改革开放新环境。

（四）区域协调发展任务紧迫

当前，世界多极化、经济全球化进一步发展，国际政治经济环境深刻变化。我国改革开放正站在新的起点上，经济结构深度调整，各项改革全面推进，经济发展进入新常态。习近平总书记曾指出，"当前，中国改革已进入深水区，牵一发而动全身，要敢于啃硬骨头。"党的十八大和十八届三中、四中、五中、六中全会提出构建开放型经济新体系，对我国新一轮沿边开发开放也提出新的要求、赋予了新的内涵。改革开放30多年来，我国经济一直保持着较高的增长速度，但也面临着诸多问题，其中东、中、西部地区发展不均衡已成为严重制约我国经济增长的重要原因。边疆少数民族地区边缘化的区位特征，既是一种现实的劣势，也是一种潜在的优势。2016年，我国沿边省区边境小额贸易仅为334.3亿美元，同比下降11.2%，占全国进出口贸易的比重仅为0.9%。在利用外资和走出去等方面，沿边地区也处于起步阶段，与东部沿海地区有较大差距，属于开放的洼地。在新形势下，沿边地区必须加快发展，全面提升沿边地区经济实力和影响力，加快构建开放型经济新体制、形成全方位开放新格局，进而实现区域经济协调发展。

二、对沿边开发开放的新认识

新形势下，沿边省区的繁荣、发展和稳定，事关我国新一轮改革开放和"两个一百年"目标的实现，必须从全局和战略高度，充分认识沿边地区特殊的战略地位和承担的历史使命，把深入实施沿边开放发展战略放在我国新一轮改革开放和区域发展总体战略的优先位置。

以"一带一路"为统筹，形成对外开放新格局。坚持统筹国内发展与国际合作，培育优势互补、互利共赢、联动发展的周边国际合作新格局。引导中东部面向周边市场的产业向沿边省区集中，鼓励沿边省区企业到周边国家开展对外投资合作，逐步使沿边省区成为我国与周边国家开展国际合作的主平台。推进基础设施互联互通，加快提升陆路开放能力，建设陆路开放国际大通道，纵深推进我国对外开放的空间布局，逐步形成沿海与沿边互动、海路与陆路并进的对外开放新格局。

以特色产业为支撑，培育新的竞争力。发挥区位独特、政策集成、环境容量大、资源承载力强的比较优势，利用两个市场两种资源，做大做强特色优势产业，进一步优化区域产业分工协作，建设具有核心竞争力现代服务业、现代农业和加工制造业，融入周边国家的产业发展，逐步形成具有沿边特色的产业链、价值链，形成新的竞争优势。打造若干带动内地、辐射周边、特色鲜明的经济增长极。

营造周边营商环境，服务改革开放。推进沿边省区与周边国家开展资源、文人、生态等领域的全方位合作，加大周边国家对我的发展依赖，强化与周边国家利益融合，形成区域利益共同体。引导周边国家与我国合作开放发展边境地区，与周边国家共同应对地区安全问题，防范国际恐怖主义，把边境地区建设成为中外双方的发展带、合作带和安全带，保障国家政治、经济、资源和军事安全。

三、对沿边开发开放的新思考

（一）加强基础设施建设

围绕沿边开放发展，服务国家经济发展和外交大局，统筹规划，合理布局，有序推进，以构建国际大通道为重点，航空为先导，铁路和公路为骨干，水运为补充，口岸为节点，管道运输为辅助，加快构建沿边畅通、功能配套、安全高效的现代化基础设施体系，提高沿边开放发展支撑能力。加强国际合作，着力完善和打通面向周边国家的国际综合运输通道，提高运输能力，构建陆海（河）空联运、互联互通、安全高效的综合交通运输网络。加强对外通道与内部通道衔接，加快沿边铁路、公路及界河路桥建设，实现边境口岸城镇与国内中心城市公路、铁路、航空连通。加强边际公路、铁路建设，实现边境城市之间的交通连接。提高边境公路、口岸通道和乡村公路等级，消除自然路、等外路以及无铺装路面公路，实现沿边地区路路畅通。国家要加大口岸基础设施建设投资力度，地方切实承担主体责任，保障资金来源，增加对口岸基础设施建设和运行、维护投入。

（二）推进平台建设

立足边境地区资源禀赋和产业优势，统筹国内国外两个市场、两种资源，科学规划,合理布局,强化产业集聚,发挥载体和平台叠加功能优势,推进沿边地区的开发开放平台建设。提升沿边重点开发开放试验区发展水平:我国现有沿边重点开发开放试验区7个,运营良好,发展步伐逐渐加快。我们要加大力度推进试验区的建设,加快在体制机制、土地使用、人才引进等方面的体制机制创新和制度创新,加大支持力度,大胆探索、先行先试,提高试验区的发展水平。加快边境经济合作区的发展:1992年以来,经国务院批准建设了17个边境经济合作区,对沿边经济发展起到了重要的推动作用。但经过多年的发展,有些边境经济合作区已经没有发展空间了,有的需要扩区,有的需要置换区域,并且产业的发展也需要提质升级。同时,根据沿边地区的经济发展有些地方也需要新建边境经济合作区。因此,要加快推进边境经济合作区建设,根据发展需要进行扩区、置区和新批。创新边境经济合作区的发展模式,如一区几园的方式;根据边境地区资源禀赋、优势特色产业、人力资源等,充分考虑沿边地区生态环境的重要性,强化产业聚集,引导加工制造业向园区集中,提升边境经济合作区发展水平,要努力建设成为集边贸易、加工制造、生产服务、物流采购、休闲旅游等功能于一体的沿边地区经济发展的引擎。深化园区与园区的合作,鼓励和支持边境地区与周边国家经济特区、产业园区开展跨国合作,探索跨境产业园区合作新模式和新机制。推进跨境经济合作区建设:我国边境地区获国家批准的有边境经济合作区两个,一个是霍尔果斯国际贸易中心,一个是中老跨境经济合作区。其中霍尔果斯国际贸易中心已经运行几年。因此,我们要加快推进中哈霍尔果斯边境经济合作中心的建设,总结和借鉴霍尔果斯边境经济合作中心的管理经验和合作模式,进行推广。积极推动中越广西凭祥—同登跨境经济合作区、中蒙二连浩特—扎蒙乌得跨境经济合作区、中俄黑瞎子岛跨境经济合作区等跨合区建设的进展,适时启动其他具备条件跨境合作区的可行性研究。创新其他园区的跨境合作模式:依托沿边地区的各类产业园区,开展产业链上下游园区之间的跨境合作,探索边境地区产业园区与境外产业园区、境外经济合作区建立新的合作关系。鼓励边境地区进口加工园区,与邻国能源资源富集地的产业园区开展跨境合作,建立境内外一体化上下游产业链分工合作体系。深化边境地区出口加工区与邻国的工业园区、物流、批发等园区跨境合作,推进境内外产销一体化。扩大境外经济合作区建设:强化与周边国家利益融合,形成区域利益共同体,加快周边国家国家级境外经济贸易合作区建设。积极推动企业入区经营,形成我国企业在境外的集聚平台,实现与所在国的互利共赢。积极推动在老挝、缅甸、蒙古国、俄罗斯等周边国家新建境外经济贸易合作区。根据各国的实际情况,将有条件、有需求的周边国家,列为合作区建设的重点国别,引导有投资意愿的企业在有关国家进行合作区建设。完善周边国家境外合作区与边境地区的合作机制,发挥边境地区人才、语言、文化、区位等优势,推进边境地区参与周边国家境外经济贸易合作区建设。

(三) 构建沿边特色产业链

支持沿边地区的经济发展是产业。但由于沿边地区的条件所限,特色产业没有形成。因此，要立足边境城市特色产业，依靠沿边省区中心城市、工业城市面向周边国家的优势产业，发挥资源和区位比较优势，构建具有特色的产业链。我国沿边地区自然资源富集，特别是矿产资源、农畜产品、旅游资源等极为丰富。加工业产业链：能源资源加工。加快沿边地区能源资源开发利用，扩大与周边国家的能源资源合作与贸易规模，支持优势能源企业参与沿边地区和境外能源资源开发，鼓励中小企业和民间资本参与煤炭、矿产、原木贸易，加大油气、优质煤炭、电力、矿石、木材等能源资源产品的进口力度，依托资源进口通道大力发展沿边地区能源资源深加工产业，建立境内外上下游产业互通、互动的周边能源资源合作机制，构建能源资源产业链。农业种植及加工产业链：沿边地区农业资源丰富，选择有条件的地区，建设一批现代农业合作区。进一步加大基本农田和草原保护力度，建立国家优质棉基地（新疆）、畜产品基地、林果基地，国家粮食安全后备基地，保障粮食安全。积极发展沿边地区外向型特色农业和农产品深加工。利用我国的技术、资金优势和周边国家的资源优势，加强与周边国家在农业综合开发领域的合作，把国家援外项目与境外投资、农业合作结合起来，实行土地资源、作物栽培技术、农林牧品种等农业资源的区域性合作配置和优势互补，推进多双边农业经济技术合作，实现互利共赢。构建绿色农产品种植及加工产业链，发展以旅游为主导的产业链：边境及周边国家的旅游资源丰富，我们要大力发展以旅游为主导的产业链，包括休闲、养老、餐饮、娱乐等，开发具有边境地域特色、民族特点的旅游项目，办好民族风情节，提升文化旅游层次和水平。商贸物流为主的服务产业链：在边境地区，依托区域中心城市、产业集聚区、货物集散地、交通枢纽等，建设一批集产品加工、包装、集散、仓储、运输等功能为一体的国际物流节点和配送中心、物流园区，鼓励和支持发展跨国商贸物流产业。大力发展沿边地区农产品集散地、批发中心、连锁经营，发展鲜活农产品配送系统。在条件成熟地区，在边境城镇建设农畜产品、中药材、建材、小商品等特色商品交易市场，形成辐射周边的区域性商品集散市场。加快沿边地区银行、保险、证券、期货、金融租赁等金融服务业发展，鼓励金融机构调整和优化网点布局，加强边境城市和口岸金融服务网点建设，增强中心城市金融业对边境城镇的辐射力和影响力。形成以商贸物流为主的服务业产业链。

（四）政策倾斜

沿边地区由于基础差、经济发展慢，国家在新一轮沿边开发开放的过程中，要加大政策的倾斜力度，特别是要将现有自由贸易试验区可复制可推广的经验给予沿边地区，根据沿边地区的不同条件加以利用，特别是扩大到沿边各类园区。同时，要立足长远，大胆探索，鼓励先行先试，在管理体制、合作模式、政策设计上实现新突破。特别是在人才政策方面，要制定引导人才到沿边地区就业的优惠政策，实施双向挂职、两地培训、支教、支农等多种形式，加大对周边国家人才的援助培训力度。

"一带一路"倡议与我国沿边开放发展新格局

——来自东部沿海地区的视角

全 毅 王春丽

【内容摘要】我国沿边开放经历了1992~1998年边境口岸互市贸易阶段，1999~2012年西部大开发战略实施阶段，以及2013年"一带一路"倡议全面开放发展阶段。西部沿边开放发展的战略目标是以开放促发展，促进我国区域之间公共服务与人均收入的均等化。沿边地区要以"一带一路"倡议和六大经济走廊建设为契机，继续实施以改革开放促开发的政策，因地制宜针对我国东北地区、西北地区和西南地区的要素禀赋和周边环境制定经贸合作与产业转移政策，并将生产力沿着六大经济走廊沿中心城市和沿边枢纽口岸城镇布局，培育具有强大聚集能力和辐射能力的中心城市，形成区域协调发展新格局，维护边疆地区的长治久安。

【关键词】沿边开放发展 西部大开发 "一带一路" 六大经济走廊

一、中国沿边开放发展战略与政策的演变

中国陆路边境线达2.28万公里，共有9个省区与14个国家接壤。陆路口岸从朝鲜对岸的丹东开始，以逆时针行，经朝鲜、俄罗斯、蒙古国、哈萨克斯坦、吉尔吉斯斯坦、塔吉克斯坦、阿富汗、巴基斯坦、印度、尼泊尔、不丹、缅甸、老挝、越南14个国家，南至北部湾沿岸的广西东兴，经国务院批准设立的共有111个沿边口岸和27个内陆口岸（截至2013年）。因边界的屏蔽效应，沿边地区大多是少数民族居住区、山多闭塞地区、贫困落后地区、社会发育程度低的游牧地区。为改变边疆贫穷落后面貌，国家先后制定和实施了一系列的开放发展政策与措施，加快西部沿边地区的经济社会发展。其开放发展战略大致经历了三个阶段。

（一）1987~1998年我国沿边开放发展战略的启动

根据我国改革开放总设计师邓小平同志的战略部署，我国对外开放是从东部沿海起步，逐渐向沿边内陆推进的倾斜性开放战略。十一届三中全会以后，我国东部沿海地区对外开放进展很快，经济发展成效显著。而我国西部边疆民族地区因对外开放起

步较晚，经济社会发展缓慢。据统计，到20世纪80年代中后期，我国边疆民族自治区的现汇收入和现汇支出占全国的比重均不足2%，实际利用外资占全国的比重只有1%。①

为改变这种状况，加快西部边疆地区的发展，国家先后采取了一系列沿边开放政策措施。1987年4月，中共中央和国务院在批转《关于民族工作几个重要问题的报告》中强调指出："新疆、西藏、云南等省区和其他一些少数民族地区，具有对外开放的优越地理条件和丰富的矿产资源与独特的旅游资源，进一步搞好开放，就能把某些劣势变成优势，加快经济的发展"。②同年，国家民委等十几个部委联合就边境贸易情况进行调研，并向国务院提出《关于积极发展边境贸易和经济技术合作、促进边疆繁荣稳定的意见》，1991年4月，国务院批转了这个文件，以推动边境贸易的顺利发展。1992年初，中央政府正式实施沿边开放战略，国务院发文陆续批准丹东、珲春、黑河、绥芬河、满洲里、二连浩特、伊宁、博乐、塔城、畹町、瑞丽、河口、凭祥、东兴14个边境城镇为沿边开放城市，并在这14个边境城镇批准设立14个国家级边境经济合作区，给予沿海开放城市的一些优惠政策。1996年1月，国务院发布《关于边境贸易有关问题的通知》和《边民互市贸易管理办法》，对边境贸易管理形式、税收等若干问题作出具体规定，强调要积极支持边境贸易和边境地区对外经济合作的发展。③"设置边民互市，规范边民交易"成为边境贸易经济模式。依照国家规定的边民互市贸易政策，一位边民（距边境20公里以内的中国居民）每天通过互市可以交易8000元的免税进口商品，还可以免去进口增值环节税1040元。一位边民每年通过边境互市交易292万元的免税进口商品，可免除进口增值税环节税额度37.96万元。这是国家赋予边民可以享受的直接政策红利。

与此同时，我国新疆维吾尔自治区从1992年开始每年举办乌鲁木齐贸易与投资洽谈会，云南省从1994年开始每年举办昆明进出口商品交易会及南亚商品展销会，黑龙江省从1992年开始每年举办哈尔滨经济贸易洽谈会及俄罗斯博览会，这些地方性的投资贸易洽谈会成为我国沿边地区面向中亚、南亚和俄罗斯开放的重要平台。

（二）1999年西部大开发战略的提出和实施后沿边深化开放

西部地区在中国发展的战略棋局中极为重要。因为中国西部国土面积占全国的56%，人口占全国的22.8%（2009年），实施西部大开发战略与西部地区的现代化是全国现代化的重要前提。根据邓小平的部署，到20世纪末东部地区要拿出更多资源支持西部地区的发展。1999年夏江泽民在考察西北五省区的基础上，提出实施西部大开发战略的时机已经成熟。1999年11月中央经济工作会议决定实施西部大开发战略，并成立国务院西部地区开发领导小组负责实施西部大开发战略。2000年1月，国务院西

---

① 《西部大开放战略》，360百科，http://www.baike.so.com/doc/5430592 - 566。
② 中共中央、国务院：《关于民族工作几个重要问题的报告》，1987年4月。
③ 国务院：《关于边境贸易有关问题的通知》，1996年1月。

部地区开发领导小组召开西部地区开发工作会议，研究加快西部地区发展的基本思路和战略任务，部署实施西部大开发的重点工作。2001年3月，九届全国人大四次会议通过的《中华人民共和国国民经济和社会发展第十个五年计划纲要》对实施西部大开发战略再次进行了具体部署。实施西部大开发，主要是依托亚欧大陆桥、长江水道、西南出海通道等交通干线，发挥中心城市作用，以线串点，以点带面，逐步形成中国西部有特色的陇海兰新线、长江上游、南（宁）贵、成昆（明）等跨行政区域的经济带，带动其他地区发展，有步骤、有重点地推进青藏铁路等西部大开发的十大工程建设。

西部大开发战略的实施促进沿边地区的开放发展进程。周边省区对外开放的主动性高涨，纷纷与毗邻国家提出建设边境经济合作区与跨境经济合作区的设想。边境省区加快实施边境经济合作区的力度，除前期开放的14个边境城镇外，还在云南增加了临沧边境经济合作区，西藏推出中国尼泊尔吉隆边境经济合作区、新疆增设吉木乃边境经济合作区，内蒙古增设甘其毛都、策克边境经济合作区，黑龙江增设同江和抚远边境经济合作区，吉林提出建设和边边境经济合作区等17个边境经济合作区。2004年中哈两国领导人达成共建霍尔果斯国际经济合作中心后，我国学术界和地方政府先后提出了一系列沿边跨境经济合作区的构想：2005年广西智库学者与地方政府提出建设东兴—芒街、凭祥—同登、龙邦—茶岭三个跨境经济合作区以及两廊一圈经济合作构想；云南省智库学者提出构建红河—老街、磨憨—磨丁、瑞丽—木姐等三个跨境经济合作区以及中缅孟印区域合作与发展构想；中央政府振兴东北老工业基地战略提出后，黑龙江学者提出中俄绥芬河—波格内里奇跨境经济合作区、黑河—布拉戈维申斯克跨境经济合作区、吉林学者提出珲春—哈桑跨境经济合作区，内蒙古提出满洲里—外贝加尔斯克跨境经济合作区的构想，西藏自治区也提出构建吉隆跨境经济合作区的设想，并与邻国地方政府达成共同开发的意向协议。

为推动西部大开发和振兴东北老工业基地，中央政府在广西南宁和吉林长春分别设立两个国家级博览会。2004年9月，首届中国—东盟博览会及中国—东盟商务与投资峰会在广西南宁举办。此后中国东盟博览会成为广西对外开放的重要平台与名片。2005年9月首届中国吉林·东北亚投资贸易博览会在长春国际会展中心举行，中国吉林·东北亚投资贸易博览会是经国务院批准，由商务部、国务院振兴东北等老工业基地领导小组办公室和吉林省人民政府共同举办的大型国际性区域综合博览会。

2006年12月8日，国务院常务会议专门审议并原则通过《西部大开发"十一五"规划》。这是中央政府首次专门制定的区域开发计划，"目标是努力实现西部地区经济又好又快地发展，人民生活水平持续稳定提高，基础设施和生态环境建设取得新突破，重点区域和重点产业的发展达到新水平，教育、卫生等基本公共服务均等化取得新成效，构建社会主义和谐社会迈出扎实步伐。西部大开发总的战略目标是：经过几代人的艰苦奋斗，建成一个经济繁荣、社会进步、生活安定、民族团结、山川秀美、人民富裕的新西部"。[①]

[①] 国务院：《西部大开发"十一五"规划》，2006年12月。

2010年7月国家颁布《中共中央国务院关于深入实施西部大开发战略的若干意见》，明确提出了提升沿边开放水平，扩大对内对外开放，建设国际陆路大通道，构筑内陆开放与沿边开放新格局的战略任务，并将满洲里、二连浩特、瑞丽、勐腊（磨憨）、东兴五个边境城镇确定为国家沿边重点开放发展试验区。探索保税物流、边贸互市与边境经济开发区、金融合作、货币汇兑、边境旅游合作区等新综合合作模式。同时提出将"提升乌鲁木齐对外经济贸易洽谈会的功能，将其升格为'中国—亚欧博览会'，国家给予资金支持"。从2011年开始每年举行一次，中国—欧亚博览会成为新疆对外开放的一个重要平台。

2010年两会期间新疆代表提出设立喀什经济特区的提案，2010年5月中央新疆经济工作会议决定加快新疆经济发展，率先在新疆进行资源税改革。目标是5年后全区人均GDP将达全国平均水平，2020年和全国一并达到小康水平。会议通过设立喀什经济特区的决定，举全国之力建设喀什11万平方公里经济特区。2011年10月8日，中共中央和国务院正式发文《关于支持喀什霍尔果斯经济开发区建设的若干意见》，赋予新疆喀什50平方公里开发区和霍尔果斯（含伊宁）73平方公里开发区特殊经济政策，实际上是在新疆设立两个经济特区，给予五免五减的全国最优惠财税优惠政策，推动新疆向西部中亚国家和东部沿海地区的开放。

2011年5月，国务院颁发《关于支持云南省加快建设我国面向西南开放重要桥头堡的意见》，明确提出以边境经济合作区、跨境经济合作区建设为重点，完善跨境交通、口岸和边境通道等基础设施，加快形成沿边经济带，具备条件时，建设中缅瑞丽—木姐、中越河口—老街、中老磨憨—磨丁跨境经济合作区和麻栗坡（天保）、耿马（孟定）、腾冲（猴桥）、孟连（勐阿）、泸水（片马）边境经济合作区，并给予一系列试验区、边境经济合作区和扩大沿边开放、加快产业发展的特殊优惠政策。2012年国务院批复昆明南亚国家商品展升格为中国—南亚博览会，从2013年每年在昆明举办一届。中国—南亚博览会成为云南面向南亚开放的一个重要平台。

（三）2013年"一带一路"倡议提出后沿边开放发展新格局

党的十八大之后的2012年12月，习近平同志在广东深圳考察工作时指出："改革开放是决定当代中国命运的关键一招，也是决定实现'两个一百年'奋斗目标、实现中华民族伟大复兴的关键一招"[①]。2013年初中央召开周边外交工作会议，提出"亲诚惠容"的周边外交理念，重点推进与中国周边的经济合作。2013年5月，中国总理在访问巴基斯坦和印度时分别提出中巴经济走廊和孟中印缅经济走廊的设想。2013年9~10月，习近平主席在访问中亚国家和东盟国家时分别提出共建"丝绸之路经济带"和"21世纪海上丝绸之路"的宏伟倡议。"一带一路"倡议以共商共建共享为原则，重点推进"政策沟通、道路联通、货物畅通、资金融通、民心相通"五大工程。根据

---

① 《习近平在主持十八届中央政治局第二次集体学习时的讲话要点》，2012年12月31日。

"一带一路"的规划,陆地上将依托国际大通道建设,以沿线中心城市为支撑,以重点经贸产业园为合作平台,共同打造新亚欧大陆桥、中蒙俄、中国—中亚—西亚、中国—中南半岛、中国—巴基斯坦、孟中印缅六大经济走廊,这六大经济走廊作为丝绸之路建设的重要载体。如何建设六大经济走廊,也成为今后丝绸之路经济带建设的核心任务。

首先,出台沿边开放发展优惠政策与新措施,促进沿边加快发展。丝绸之路经济带倡议为西部大开发与沿边开放发展提供了千载难逢的历史机遇。中央政府加强了西部沿边开放发展的力度。2013年12月,国务院出台《关于加快沿边地区开发开放的若干意见》,总共22条涉及6大方面,优惠领域涉及税务、土地、金融、财政等多个领域,成为新时期我国沿边开放发展的重要政策宣示。2015年12月,国务院再次颁布《关于支持沿边重点地区开放发展的若干政策措施的意见》,"决定加快广西东兴重点开发开放试验区,云南勐腊(磨憨)重点开发开放试验区、瑞丽重点开发开放试验区,内蒙古二连浩特重点开发开放试验区、满洲里重点开发开放试验区等五个重点开放发展试验区的开放发展进程;给予广西东兴边境经济合作区、凭祥边境经济合作区,云南河口边境经济合作区、临沧边境经济合作区、瑞丽边境经济合作区、畹町边境经济合作区,新疆伊宁边境经济合作区、博乐边境经济合作区、塔城边境经济合作区、吉木乃边境经济合作区,内蒙古二连浩特边境经济合作区、满洲里边境经济合作区,黑龙江黑河边境经济合作区、绥芬河边境经济合作区,吉林珲春边境经济合作区、和龙边境经济合作区,辽宁丹东边境经济合作区等17个边境经济合作区;新疆霍尔果斯国际经济合作中心与喀什经济开发区等两个沿边经济特区;广西东兴市、凭祥市,云南景洪市、芒市、瑞丽市,新疆阿图什市、伊宁市、博乐市、塔城市、阿勒泰市、哈密市,内蒙古二连浩特市、阿尔山市、满洲里市、额尔古纳市,黑龙江黑河市、同江市、虎林市、密山市、穆棱市、绥芬河市,吉林珲春市、图们市、龙井市、和龙市、临江市、集安市,辽宁丹东市等28个边境城市;以及广西凭祥(铁路)、东兴、爱店、友谊关、水口、龙邦、平孟,云南河口(铁路)、天保、都龙、金水河、勐康、磨憨(在建铁路)、打洛、孟定、畹町、瑞丽(拟建铁路)、腾冲,西藏樟木、吉隆、普兰,新疆红其拉甫、卡拉苏、伊尔克什坦、吐尔尕特(拟建铁路)、木扎尔特、都拉塔、霍尔果斯(铁路)、巴克图、阿拉山口(铁路)、吉木乃、阿黑土别克、红山嘴、塔克什肯、乌拉斯台、老爷庙;甘肃马鬃山;内蒙古策克、甘其毛都、满都拉、二连浩特(铁路)、珠恩嘎达布其、阿尔山(拟建铁路)、额布都格、阿日哈沙特、满洲里(铁路)、黑山头、室韦,黑龙江虎林、密山、黑河、同江(铁路)、绥芬河(铁路)、东宁,吉林珲春(铁路)、图们(铁路)、圈河、沙坨子、开山屯、三合、南坪、古城里、长白、临江、集安(铁路),辽宁丹东(铁路)"① 等72个铁路和公路口岸新的开放发展政策。

其次,推动沿边地区跨境经贸合作区建设,探索合作新模式。2013年10月中越两

---

① 《国务院关于支持沿边重点地区开放开发的若干政策实施的意见》。

国达成《关于建设跨境经济合作区谅解备忘录》,广西参与商务部与越南共同编制的《中越跨境经济合作区总体方案》,两国在北仑河两岸各划出10平方公里土地,进行共同规划、共同招商,探索两国经济合作新模式。2015年8月31日中老两国签署《中老磨憨—磨丁经济合作区共同建设总体方案》,2016年3月4日国务院正式批复设立中国老挝磨憨—磨丁经济合作区,11月28日中老两国达成《中老磨憨—磨丁经济合作区共同发展总体规划(纲要)》等合作备忘录,探索两国边境经济合作新模式。2016年8月昂山素季访问中国,与中国达成共建边境经济合作区共识,2017年5月16日中缅两国达成《中缅两国共建边境经济合作区备忘录》,根据备忘录缅甸成立中缅边境经济合作区建设计划委员会制定和推动边境经济合作区的建设事宜。经济合作区建设计划落实委员会主席由缅甸商务部长丹敏兼任、副主席为克钦邦首席部长凯昂、掸邦首席部长林图与果敢自治区主席赵德强,分别负责位于边境地区克钦邦的甘拜地、位于掸邦的木姐和果敢的清水河地区三个片区的边境经济合作区建设计划。缅方边境经济合作方案与中方瑞丽边境经济合作方案具有明显差异,中方合作区为瑞丽姐告核心区、畹町工业合作园与国际物流园三个片区。中缅两国应该就边合区规划进行协商和对接。2010年中央第五次西藏工作座谈会上正式提出构建中尼吉隆跨境经济合作区。中央明确表示"支持南亚贸易陆路大通道建设,开展吉隆口岸跨境经济合作区前期工作"。2014年10月中央政府同意吉隆口岸作为国家级重点口岸扩大开放,同时设立吉隆边境经济合作区,作为跨境经济合作区的中方园区。

最后,推动沿边金融开放,部署广西云南边境金融改革试验区:2013年11月国务院颁布《云南省广西壮族自治区建设沿边金融综合改革试验区总体方案》,试验区包括广西南宁市、钦州市、北海市、防城港市、百色市、崇左市6个城市,围绕人民币跨境结算(汇兑)、跨境人民币贷款、人民币国际投贷基金业务、外汇管理、地方金融组织体系、金融主体多元化、沿边保险市场、金融监管机构、农村金融改革等进行先行实验。云南省包括昆明市、文山州、红河州、保山市、西双版纳州、临沧市、普洱市、怒江州、德宏州9个州市,面积为22万平方公里。云南围绕国际金融、产业金融、基础设施金融、科技金融、普惠金融五大领域,培育壮大金融龙头企业,加快转变金融发展方式,加快发展多元化多层次的现代金融服务组织体系,并以昆明区域性国际金融中心为龙头,以沿边金融综合改革试验区、昆明金融产业中心园区为载体,全面推进沿边金融改革试验区建设的各项改革政策先行先试。这些边境金融改革措施比我国自由贸易试验区更灵活优惠。

在"一带一路"倡议的框架下,我国沿边少数民族地区的对外开放步伐明显加快,与周边国家的区域经济技术合作更趋活跃,边境贸易迅速发展。沿边地区从我国经济建设的后方基地逐步变成了我国对外开放的前沿阵地。

二、中国沿边开放发展的成效及其存在的问题

沿边开放发展战略实施以来,促进了边民互市和民族经济的发展、口岸建设与通

关制度的便利化,基础设施与周边国家的互联互通,国际货物与人员往来。特别是"一带一路"倡议促进了中国与周边国家发展战略的对接与经贸合作。但是由于中国周边的政治关系、自然地理环境、气候以及社会文化与民众好感度不同,各地区开放发展存在诸多问题与巨大差异。

(一) 中国沿边开放与开发的成效

1. 跨境贸易合作规模不断扩大

自国家于1992年正式实施沿边开放以来,对外开放水平显著提升,其中,在进出口贸易总额方面,8个沿边省(区)的进出口贸易额从1992年的165.22亿美元增长至2016年的2192.23亿美元,在25年间增长了13.27倍,其中,除了受国际经济环境的影响,2016年相比于2012年略有下降外,其他年份多呈现为上升态势(见表1)。

表1　　　　　　　　　沿边省(自治区)进出口总额　　　　　单位:亿美元

年份	辽宁	吉林	黑龙江	内蒙古	云南	广西	新疆	西藏	合计
1992	76.6	19.22	28.8	9.36	6.71	16.39	7.5	0.64	165.22
1997	129.6	18.54	24.6	13.1	19.37	30.68	14.47	1.18	251.54
2002	217.4	37.07	43.5	30.05	22.26	24.30	26.92	1.3	402.8
2007	594.72	102.99	173.0	77.45	87.80	92.77	137.16	3.93	1269.82
2012	1039.9	245.72	378.2	112.57	210.05	294.74	251.71	34.24	2567.13
2016	865.2	184.42	165.4	117.01	199.99	478.97	179.63	1.61	2192.23

与进出口贸易反映边境地区整体对外开放形势不同,边境小额贸易反映的是边境地区经批准有边境小额贸易经营权的企业,通过国家指定的陆地口岸,与毗邻国家边境地区的企业或其他贸易机构之间进行贸易活动的基本态势。1992年以来,沿边地区的边境小额贸易呈现快速上升的发展态势,仅就2007~2016年而论,8个沿边省(区)的边境小额进出口总额从2082978万美元增长至3156077万美元,增长了54.1%。但比较而言,近10年来边境小额贸易发展速度却滞后于整体对外贸易发展速度,2007年8个沿边省(区)的边境小额贸易进出口总额达到2082978万美元,占同期进出口贸易总额的16.4%;2012年8个沿边省(区)的边境小额贸易进出口总额达到3844521万美元,占同期进出口贸易总额的14.98%;2016年8个沿边省(区)的边境小额贸易进出口总额达到3156077万美元,占同期进出口贸易总额的14.39%(见表2)。

表2　　　　　　　　　沿边省（自治区）边境小额贸易进出口总额　　　　　单位：万美元

年份	辽宁	吉林	黑龙江	内蒙古	云南	广西	新疆（边境贸易）	西藏（边境贸易）	合计
2007	33442	34837	540529	300400	56800	150415	941663	24892	2082978
2012	100215.4	46631	781881	472500	139500	834777	1300369	168648	3844521.4
2016	74924.2	27229	265337	313596	175100	1184536	1107598	7757	3156077

2. 跨境经济合作进程加快

从沿边开放城市到边境经济合作区到边民互市贸易区再到跨境经济合作区，我国的沿边开放发展已经从早期的以单边的边境贸易带动为主的单一发展模式逐步转变为目前双边的以贸易、投资、加工制造（互市贸易区、边境经济合作区、综合保税区、境内外园区）等协同带动为主的综合发展模式。目前，我国已经设立和正在筹划的跨境经济合作区有近12个，分别位于辽宁、吉林、黑龙江、内蒙古、云南、广西、新疆、西藏等地，比较有代表性的跨境经济合作区是中俄珲春—哈桑国际经济合作区、绥芬河—波格拉尼奇内贸易综合体、满洲里—外贝加尔斯克边境经济合作区、中哈霍尔果斯国际边境合作中心、中缅瑞丽—木姐跨经济合作区、中老磨憨—磨丁跨境经济合作区、中越东兴—芒街跨境经济合作区等。其中，中哈霍尔果斯国际边境合作中心是世界上第一个跨境经济贸易区和投资合作中心，于2006年3月由国务院批复设立，2006年6月开工建设，2012年4月18日正式封关运营，合作中心面积5.28平方公里（其中：中方区域3.43平方公里，哈方区域1.85平方公里）。仅就2017年而言，中哈霍尔果斯国际边境合作中心出入园人数达到554.8万人次，出入园车辆9.68万辆，每天出入园游客约1.6万人次左右。中俄绥芬河—波格拉尼奇内互市贸易区位于黑龙江省绥芬河市公路口岸与俄滨海边疆区波格拉尼奇内边境线两侧，区域总面积4.53平方公里（其中：中方1.53平方公里，俄方3平方公里），2004年8月互市贸易区建设全面启动，中方于2006年8月实现围网，正式启动运营，但俄方至今进展缓慢。中越凭祥—同登跨境经济合作区实行"一线放开、二线管住、境内关外、分线管理"的监管模式，凭祥规划面积93.9平方公里，其中围网区面积14.48平方公里，包括友谊关、浦寨、弄怀、卡凤、马加五个片区及综合保税区，同登园区在2008年4月越南政府批准设立的同登—谅山口岸经济区范围内进行选址，作为同登—谅山口岸经济区的主要部分，规划面积14平方公里，从越南新清口岸延伸至谷楠口岸。中越东兴—芒街跨境经济合作区2013年10月达成在东兴—芒街北仑河两岸各自划出10平方公里的特殊监管区，实现贸易投资自由化、人员往来便利化、基础设施互联互通、监管服务高效便捷的跨境经济合作。2015年中老两国政府签署《中老磨憨—磨丁经济合作区建设共同总体方案》，跨合区采取一线放开、二线关注、境内关外的特殊监管模式，规划面积16.8平方公里，老方区域为老挝南塔省磨丁经济专区，规划面积16.4平方公里，中方在勐腊沿边开放试验区磨憨口岸，规划面积0.4平方公里。中老磨憨—磨丁跨境经济合作区主要发展国际商贸金融会展产业、国际旅游度假产业和国际保税物流加工业、国际文化教育医疗产业。2017年5月中缅两国政府达成共建《中缅两国共建边境经济合作区备忘录》，规划在中缅边境的瑞丽—木姐、耿马—果敢清水河、腾冲猴桥—克钦邦甘拜地建设两国边境经济合作区（见表3）。

表3　　　　　　　　　　　沿边省（自治区）跨境经济合作的表现

省/自治区	跨境经济合作的表现	备注
辽宁	丹东—新义州边境经济合作区（筹划）	以国家级开发区的政策优势、体制优势和环境优势，利用沿海、沿江、沿边的地理位置，围绕建设中国东北东部现代化港口城市，贯彻落实振兴东北老工业基地方针政策，实施工业立区、贸易兴区、科技强区战略，内引外联、发展外向型经济、加速老工业基地产业升级以及自身城市建设。
吉林	中俄珲春—哈桑跨境经济合作区（筹划）	依托公路、铁路和海上航线等对俄通道，连接中俄的珲春、扎鲁比诺、符拉迪沃斯托克等口岸和港口，重点发展口岸互市贸易、跨境旅游等产业。
黑龙江	中国绥芬河—俄罗斯波格拉尼奇内互市贸易区	以国际贸易为基础，以投资合作为主导，集贸易、旅游、商务、会展、金融、物流、加工等多功能于一体的跨境综合经济区。
黑龙江	黑河—布拉戈维申斯克跨境经济合作区（筹划）	以中俄东线天然气管道、黑河—布拉戈维申斯克跨江索道项目、黑河—布拉戈维申斯克黑龙江公路大桥、黑河保税物流中心（B型）、黑河跨境电商园区智能仓储中心。构建商贸、物流、旅游、能源、加工制造于一体的跨境经济合作区。
内蒙古	二连浩特—扎门乌德跨境经济合作区（筹建）	将通过"两国一区、境内关外、封闭运行"模式，打造集国际贸易、物流仓储、进出口加工、电子商务、旅游娱乐及金融服务等功能于一体的综合开发平台
内蒙古	满洲里—外贝加尔斯克跨境经济合作区（筹划）	北方最大边境开放发展试验区，保税加工工业园、国际物流园区、边境互市贸易区、电子商务区、国际木材交易市场、国际文化旅游度假区
云南	中国河口—越南老街（筹划）、中国磨憨—老挝磨丁（已批）、中国瑞丽—缅甸木姐三个跨境经济合作区（筹建）	主要功能为出口加工、保税物流、仓储，享有境外货物入区保税、境内区外货物入区退税、区内企业间货物交易免征增值税和消费税
广西	中国凭祥—越南同登、中国东兴—越南芒街、广西龙邦—越南茶岭三个跨境经济合作区（筹划）	以发展国际贸易、国际中转、国际物流、国际采购、保税加工贸易、国际旅游等为主、区内企业免征增值税和消费税
新疆	中哈霍尔果斯国际经济合作中心	合作中心实行"一线"放开、"二线"管理的模式，主要功能定位是贸易洽谈、商品展示和销售、仓储运输、宾馆饭店、商业服务设施、金融服务、举办各类区域性国际经贸洽谈会等。
西藏	中尼吉隆口岸跨境经济合作区（设想）	整个地区的公共服务中心，物流、商贸、旅游集散地

3. 沿边口岸互联互通建设成效显著

口岸互联互通的关键在于通道建设，近年来沿边各口岸也着力于大口岸、大通道等建设，通过加快口岸基础设施建设，努力提高与周边国家的对接水平。一是在基础设施联通方面，推进口岸交通运输建设，如内蒙古自治区满洲里和二连浩特口岸积极申报设立国际航空口岸，初步形成集铁路、公路和航空为一体的国际化、立体化交通运输枢纽，目前锡林浩特——二连浩特铁路全线贯通，二连国际机场改扩建工程完工；辽宁丹东至朝鲜新义州的公路桥已经建成；吉林省珲春口岸大力实施公路、铁路、海运、航空等立体化交通网络建设。中俄黑河与布拉戈维申斯克的跨国公路桥已经建成，正在进行口岸办公楼建设；中俄同江——下列宁阔耶首座跨国铁路已经贯通，正在发展成为铁路口岸、河口航运口岸的综合运输口岸。新疆阿拉山口铁路口岸（1992年开通）、霍尔果斯铁路口岸（2012年12月开通），形成公路铁路综合口岸；喀什经吐尔尕特和卡拉苏到吉尔吉斯斯坦和乌兹别克斯坦的公路，喀什经红其拉普口岸到瓜德尔港的高等级公路全线贯通。中尼经樟木到加德满都的铁路正在规划之中。云南到老挝、泰国的昆曼公路已经建成通车、昆曼铁路正在修建。云南经河口至河内的昆河高速公路也建成通车。云南到缅甸仰光和皎漂港的铁路和公路正在规划和商谈中。云南河口和芒市的航空口岸正在规划。南宁经凭祥至河内的铁路已经通车，东兴至芒街的第二公路桥也竣工通行，以及南宁至东兴高铁防城港至东兴段正在规划。

二是在通关效率方面，推进口岸货检通道建设。如广西凭祥口岸已经建成了凭祥边境贸易货物物流中心，而中越友谊关——友谊、浦寨——新清两条跨境货物专用通道也在开工建设中，国际货物专用通道实现了客货分流，通关与查验分流，为跨境经济合作区实行"一线放开，二线管住"外贸监管服务模式创造条件。云南至昆明的磨憨、磨丁段国际物流通道正在兴建。中缅经济走廊瑞丽口岸已经实现人货分流，瑞丽铁路站国际物流中心、姐告商贸中心等实行"境内关外"的海关特殊监管模式。新疆喀什经济特区和空港物流保税区以及霍尔果斯国际经济合作中心都实行"一线放开、二线管住"的特殊监管模式。二连浩特与满洲里口岸、绥芬河、珲春等边境经济合作区在通关方面都实行通关于查验分流，口岸绿色通道实行人货分流的监管模式。

4. 周边能源合作规模日趋扩大

开展跨国能源合作，不仅可为我国经济社会发展提供坚强的能源保障，有效消除地区能源发展瓶颈制约，还对建立跨国或跨地区的"大能源市场"发挥重要作用。近年来，我国沿边省（区）与周边国家的能源合作日趋扩大：一方面油气领域合作不断加速。东北方向中俄原油管道一线工程向中国供油累计已经突破1亿吨，中俄原油管道二线工程2017年11月全线贯通，2018年1月投油，新增输油能力1500万吨/年；中俄东线天然气管道顺利推进，预计2019年底建成通气，新增输气能力380亿立方米/年；西北方向中亚——中国天然气管道A、B、C线和中哈原油管道建成投入运营，其中中亚天然气管道向中国供气累计已突破2000亿立方米，中哈原油管道向中国输油累计已超过1亿吨；中亚—中国天然气管道D线塔吉克段2017年9月开工，预计2022年底建成后将新增输气能力300亿立方米/年。西南方向中缅油气管道分别于2013年9月和2017年4月投用，成为中国与东盟国家开展互联互通基础设施建设的重要标志性工程，为我国油气进口多元化提供更多保障（见表4）。

表4　油气管道（中哈原油管道、中国—中亚天然气管道、中俄油气管道）

名称	起始国家	管道长度	年输油气量	通气时间
中亚—中国天然气管道A线	土库曼斯坦	1833公里	300亿立方米	2009年12月
中亚—中国天然气管道B线	乌兹别克斯坦			2010年10月
中亚—中国天然气管道C线	乌兹别克斯坦	1840公里	250亿立方米	2014年5月
中亚—中国天然气管道D线	土库曼斯坦	1000公里	300亿立方米	预计
中哈原油管道	哈萨克斯坦	2800多公里	2000万吨	2006年5月
中俄原油管道一线	俄罗斯	1030	1500万吨	2010年10月
中俄原油管理二线	俄罗斯	941.8	1500万吨	2018年1月
中俄东线天然气管道	中国	3371	380亿立方米	2019年10月
中缅油气管道（天然气管道）	缅甸	2498	120亿立方米	2013年9月
中缅油气管道（原油管道）	缅甸	2402	2200万吨	2017年4月

另一方面电力资源合作快速发展。云南与接壤的越南、老挝、缅甸3国开展了广泛的电力资源合作。目前已通过220千伏、110千伏两个电压等级，5回输电线路与越南电网互联；通过500千伏、220千伏、110千伏三个电压等级与缅甸局部电源和电网互联；通过1回115千伏线路与老挝国家电网互联。中俄两国电力资源合作的110千伏布黑线（俄罗斯布拉戈维申斯克变电站—中国黑河变电站）自1992年7月1日起开始合闸送电；2012年1月9日，500千伏中俄直流联网输电项目（含阿黑线）建成投运，加强了与特高压相协调的西电东送、北电南送的东北网架，实现中俄经济发展和优势互补，填补了黑河地区没有500千伏系统电源支撑的空白，黑河电网年供电能力从20亿千瓦时增加到近50亿千瓦时。为了充分发挥尼泊尔的水力发电潜力，尼泊尔与中国已经启动了跨境输电线路联合开发的进程，拟建设连接北部边界的拉苏瓦加吉和京荣的400千伏输电线路，为两邻之间的电力贸易铺平道路。

5. 合作平台与合作机制建设取得巨大成效

开展国际合作，机制是保障。作为推动"一带一路"建设的机制安排，亚洲基础设施投资银行无疑是一个重要的合作平台。除了为"一带一路"国家提供基础设施项目融资外，还要为亚洲基础设施建设制定统一的财务标准。亚投行已经由最初的57国，增加到现在的65国。丝绸之路基金由初期的400亿美元增加1000亿元人民币，是中国为"一带一路"建设提供的重要融资平台和金融合作机制。上海合作组织是主要的区域协调机制，由成立初期的反对三股势力，发展到经贸合作、上海合作组织银行等融资平台。每年一次的中国东盟博览会（2004）、中国南亚博览会（2013）、中国欧亚博览会（2011）、东北亚博览会（2014）分别成为中国西南地区、西北地区以及东北地区对外开放重要平台。

为推动中国与周边以及一带一路经贸合作，中国与周边国家签署了一系列经贸合作协定。西南方向：2002年中国与东盟达成经济合作框架协议，2010年建成中国东盟自由贸易区，并于2015年完成中国东盟自贸区升级版谈判。2013年以来，中国分别与越南、老挝、缅甸达成共建跨境经济合作区以及中老经济走廊、中缅经济走廊的共识，并成为共同协调推动机构。2015年中国还与湄公河流域国家成立澜湄合作机制。西北方向：上海合作组织的经贸合作功能在逐渐加强，上海合作组织银行的成立将成为该组织转型为经济合作组织的标志。中国与巴基斯坦于2006年签署中巴自由贸易区协议，并于2015年达成共建中巴经济走廊的共识，成立中巴经济走廊推进委员会具体落实中巴经济走廊计划，现已投资160多亿美元建设多个重大项目。中哈两国自2004年达成共建霍尔果斯国际经济合作中心以来取得快速发展。东北方向：2016年6月中俄蒙元首在中亚城市塔什干举行第三次会晤，三国签署《建设中蒙俄经济走廊规划纲要》和《中华人民共和国海关总署、蒙古国海关与税务总局和俄罗斯联邦海关署关于特定商品海关监管结果互认的协定》等合作文件的签署。9月13日，国家发改委公布《建设中蒙俄经济走廊规划纲要》，标志着"一带一路"框架下的第一个多边合作规划纲要正式启动实施。

2017年5月首届"一带一路"国际合作高峰论坛在北京举行，包括29个国家的元首和政府首脑在内，140多个国家、80多个国际组织的1600多名代表从世界各地来到北京与会。首届高峰论坛发布圆桌峰会联合公报，达成270多项成果，形成了各国共建"一带一路"的国际共识。"一带一路"高峰论坛每两年举行一次，将成为推动中国与周边国家六大经济走廊的重要合作平台。

（二）中国沿边开放与开发存在的问题

开放政策的实施成效不仅取决于优惠程度和吸引力，更取决于边境地区的经济人文交流的便利化程度、经济发展水平、人力资源多寡、边境居民的好感度。由于沿海地区与边疆地区的地缘经济与政治以及自然环境的巨大差异。与沿海开放相比，沿边开放受制于人力、资本、基础设施和市场等因素的影响，并没能充分发挥其应有的区域优势，对周边地区的示范、引领和带动作用也非常有限。究其根源，东部沿海地区地处中国沿海地区，有海洋航路与世界经济发达的地区相通，其开放发展顺应经济全球化及海洋时代的历史潮流。

自15世纪地理大发现后，人类活动就进入海洋时代，人类的经济活动就开始往海洋靠近。500年来，在人类现代化进程的大舞台上，相继出现了九个世界性大国，从最早的葡萄牙到今天的美国，它们无一例外地重视海洋、重视港口、航运和海外贸易，从而推动经济中心向沿海城市聚集。因为经过公海的航道既不需要花费建设成本,也不需要维护成本,故海洋运输成本是成本最低的运输方式。现在80%~90%的贸易通过海洋进行,产业链主要通过沿海地区布局,导致内陆地区和欧陆国家的普遍落后。因此,便利的海洋通道是中国东部沿海地区崛起的重要条件。经济全球化使得世界产业向亚太地区太平洋沿岸转移,而日本以及亚洲四小龙产业则向开放的中国沿海地区转移。中国内地的劳动力则向中国东部沿海集中,创造了举世瞩目的经济奇迹。即便人类在进入海洋时代的同时也进入铁路与航空时代也未能改变这一趋势。其原因是铁路的修建及维护都是高成本的,而航空运输不仅成本高而且运输量小。

而中国西部地区不仅没有便捷的对外交通条件,而且由于西部地区自然地理与边界的屏蔽效应,使得中国与沿边国家之间的交流非常困难。一是自然地理与气候是中国沿边地区发展的天然障碍,由此形成难以突破的胡焕庸线。沿东北黑河向东南腾冲方向是我国自然地理与气候的分界线,也是我国农耕区与游牧区的自然分界线。沿胡焕庸线的西北侧是我国高寒峡谷与荒漠地带形成的自然屏障,虽然减少了维护边界安全的成本,但也造成交通不便以及交通设施建设及维护的高成本和困难。无论是高铁,还是航空,其运输和维护成本都远高于海洋运输,其唯一优势是节约时间成本。二是边境地区因恶劣的自然环境造成人类生存和经济活动的困难,胡焕庸线西北侧占全国国土面积的57%,而人口只占中国的5.8%,贡献全国经济总量的4.3%;而东南侧国土面积为全国的43%,人口却占全国总人口的94.2%,贡献全国经济总量的95.7%。[①] 我国沿边地区所面对的周边国家也是经济发展程度很低的欠发达国家。俄罗斯、蒙古国、哈萨克斯坦地广人稀,吉尔吉斯斯坦、塔吉克斯坦、阿富汗、巴基斯坦国内局势动荡,尼泊尔、缅甸、老挝等国家都是以农牧业和能源为主的单一经济结构,消费能力和经济的互补性都不强。三是安全与地缘政治因素造成国家之间互信不足则是经济贸易交流的制度障碍。各国通关制度与关税制度差异成为货物与车辆人员往来的制度障碍,安全顾虑则是基础设施互联互通的最大困境,交通设施建设要与邻国联通即便白送也要经过对方同意。尽管我国对沿边地区与周边国家进行紧密协调,但设施联通与货物畅通仍然是沿边地区开放发展最重要的瓶颈。

大自然与社会因素造成我国沿边开放发展成效不彰,其中较为突出的问题主要表现为以下几点。

1. 外贸发展水平落后,贸易结构不尽合理

近年来沿边地区外贸发展水平稳步提升,但比较而言,沿边地区贸易规模体量太小,对外贸易依存度较低,沿边地区整体外贸发展水平明显滞后于全国外贸发展水平。2016年,我国进出口贸易总额为35618.27亿美元,而8个沿边省(区)的进出口贸易总额仅为2192.23亿美元,占全国进出口贸易总额的6.15%。2016年沿边地区对外贸易依存度仅为13.08%,远低于全国32.7%的平均水平。外贸发展水平低,不仅表现在

---

① 胡焕庸线:《大自然是这样划分中国的》,http://www.360doc.com,2018年2月8日。

贸易规模上，还表现在贸易层次和结构上。在贸易层次方面，虽然沿边地区整体边境小额贸易所占比重不大，2016年边境小额贸易仅占同期进出口贸易总额的14.39%，但对部分沿边省区来说，边境贸易在对外贸易中所占比重较大，如新疆、西藏、内蒙古和广西等省区。2016年，新疆边境贸易占同期进出口贸易总额的61.66%，西藏边境贸易占同期进出口贸易总额的48.44%，内蒙古和广西的边境小额贸易也分别占同期进出口贸易总额的20%以上。在贸易结构方面，出口多为附加值较低的劳动密集型产品，如鞋帽、服装、纺织品、箱包和塑料制品等，进口则以大宗资源性产品为主，如原木、铁矿砂、煤、锯材、成品油、纸浆和铅矿砂等。

2. 沿边城镇建设落后，生产要素集聚能力不强，辐射带动作用有限

沿边地区虽然具有与周边国家区位、资源相邻优势，但与沿海地区相比，我国沿边地区人口少、市场小，经济技术水平长期处于相对落后的局面，城镇化水平偏低，对优质生产要素聚集能力偏弱，没能与周边国家通过资源共享和优势互补形成具有区域特色的产业带。此外，由于与我国沿边地区接壤的国家大多为经济发展水平落后于我国的发展中国家，市场空间较为有限，受制于周边国家市场因素的影响，沿边地区主要成为沿海等经济发达地区产品进出口的通道，并没能发挥自身的区位优势，有力承接沿海等经济发达地区的产业转移并形成服务周边市场需求的产业集群。周边国家边境地区除越南芒街、老街、缅甸木姐、密支那、俄罗斯布拉戈维申斯克等小城镇（人口规模在15万人以下）处于边境线外，其他地区都是人烟稀少的农牧地区，跨境经济合作区的国外一侧建设通常进展缓慢。绥芬河、满洲里、霍尔果斯、丹东、磨憨、吉隆等跨合区远离对方中心城市，比如霍尔果斯距哈国阿拉木图市378公里，目前仍是中方单独建设，没有形成双方共建格局。没有经济技术的支撑和优势产业的集聚，使得沿边地区作为与周边国家接壤的重要区域，作为较早实现对外开放的边境地区，无法充分显现对外开放的优势性，对周边城市、地区的示范、引领和带动作用也几乎为零。

3. 基础设施互联互通建设滞后，招商引资难度较大

对于招商引资而言，基础设施的支撑作用极为重要，沿边地区多为贫穷落后地区，基础设施建设起步晚、发展慢，交通、通讯、电力和城市建设等都明显滞后于沿海地区，对市场培育无法起到必要的支撑作用，在一定程度上制约了招商引资的有力推进。仅就交通设施而言，目前我国西部及内陆沿边地区铁路密度低，通往沿边地区的铁路更是少之又少，目前仅有昆河铁路、北疆欧亚大陆桥、滨洲线和滨绥线等几条支线到达沿边城市与邻国接轨；另一方面，沿边地区公路交通发展也相对落后，并不适应当前社会发展需要，难以承担该地区的客货运输任务。虽然近年来沿边省（区）都在加快公路交通项目建设，然则，整体看来，大多数沿边地区还存在区域间总里程不足、口岸交通公路等级低（特别是境外路段）、高速公路服务水平有待提高等问题。此外，沿边城市和口岸建设也极不平衡，一类口岸在国家的大力支持下得以加快改造和建设，

省级二类口岸和边民互市贸易点受限于地方财力，基础设施建设严重滞后，影响了"大通关"建设。

4. 体制机制创新不足，政策优势难以体现

与近年来我国推动自贸区建设体制机制创新的新思路相比较，沿边地区还局限于旧有思维，着力于政策上的优惠，并未能从更加开放的视角去探索并完善一些体制机制上的问题，如应对沿边地方政府无序竞争和利益冲突的竞争协调机制；促进"大口岸""大通关"建设的贸易便利化机制；加快与周边国家资源共享、互利共赢的投资管理、金融制度、合作协商、海关监管等创新机制等难以落实。如跨境经济合作区海关特殊监管模式难以改革到位：在中缅边境的瑞丽、磨憨对面的缅甸和老挝海关监管分别撤退到国界线5公里处，而我国海关没有后撤。跨境运输只能运到对方边境口岸就要换装，增加物流成本。此外，从涉及沿边地区的各种优惠政策来看，历年出台的优惠政策（包括金融、财政、基础设施等）并不成体系，民族工作、边贸发展、财税补贴、人民币结算等政策内容交织在一起，虽然大多配套政策还是围绕外贸展开，但主要采取的还是移植沿海地区的经验作法，真正匹配沿边对外开放需求的政策并不突出，政策优势难以真正体现。

5. 安全隐患严重，维稳任务繁重

西南方向的边疆地区是世界著名的毒品泛滥之地，缅北与老北和泰国东北交界地区是鸦片种植与毒品走私的金三角。跨境贩毒、各种走私、人口贩卖经常威胁边境安全。中印边界自1962年边界战争以来，虽然没有发生战争，但边界争端从来没有停滞。中印边境地区藏独势力跨境活动时有泛滥。西北方向的新疆有6500多公里的边界线，南疆所面对的塔吉克斯坦、吉尔吉斯斯坦、阿富汗、巴基斯坦是泛伊斯兰运动、塔利班、伊扎布特运动等宗教极端势力活跃地区。它们与中国境内的"东突厥斯坦"运动结合不断兴风作浪，破坏边境地区的和平与稳定，成为边境对外开放的最大障碍。东北方向朝鲜核问题一直是东北亚局势紧张的根源。图们江开发计划以及中朝边境经济合作长期毫无进展就与朝核问题密切相关。边疆地区的开放发展问题经常让位于安全问题，成为边境地区政府治理能力的严重考验。本来经济开放与发展使得生活水平提高，更让百姓安居乐业，但因体质机制与管理能力欠缺，通常陷入"一放就乱、一控就死"的维稳治乱恶性循环怪圈。如何做到放而不乱，管而不死，对体制机制建设和边境地方政府的治理能力提出更高要求。

从我国广地内陆地区发展落后于沿海地区的历史与现实根源分析，尽管中国要跨越胡焕庸线所造成的发展差异几乎没有可能，但实现均衡发展的根本目标是东西部地区人均收入与消费能力的均等化，最根本的途径就是政府向西部地区提供的基础设施、教育、医疗、社会保障、文化娱乐等公共服务均等化以及人均收入与消费能力的均等化，必须达到东部沿海地区的平均水平。而西部大开发与沿边开放发展的基本目标是促进东部沿海地区的优势生产要素向西部地区转移，并提升西部地区自我发展能力，实现我国区域间协调发展。

三、周边经济走廊设想与沿边开放发展的新思路

按照中央顶层设计，丝绸之路经济带建设将以六大经济走廊建设为重点，打通中国与周边以及欧亚大陆的经济通道。2015年3月底公布的《推动共建丝绸之路经济带和21世纪海上丝绸之路的愿景与行动》提出了"一带一路"的整体构想，其中，六大经济走廊作为"一带一路"框架思路中的重要内容进一步得以明确。六大经济走廊包括新亚欧大陆桥、中蒙俄、中国—中亚—西亚、中国—中南半岛、中巴和孟中印缅经济走廊，从六大经济走廊的空间布局来看，每一条经济走廊都与部分沿边地区有所关联，其中，有的经济走廊是以沿边省（区）作为起点：如中国—中南半岛经济走廊是以西南地区的广西南宁和云南昆明为起点，以新加坡为终点，纵贯中南半岛的越南、老挝、柬埔寨、泰国、缅甸、马来西亚等国家；中国—中亚—西亚经济走廊是由西北地区的新疆出发，抵达波斯湾、地中海沿岸和阿拉伯半岛，主要涉及哈萨克斯坦、吉尔吉斯斯坦、塔吉克斯坦、乌兹别克斯坦、土库曼斯坦、伊朗、土耳其等国；孟中印缅经济走廊东起云南昆明，西至印度加尔各答，关键节点包括缅甸曼德勒、孟加拉国达卡、孟加拉国吉大港和其他主要城市和港口；中巴经济走廊起点位于新疆喀什，终点在巴基斯坦瓜达尔港。有的经济走廊是以沿边省（区）作为主要节点：如中蒙俄经济走廊的两线，南线是从华北地区的京津冀到呼和浩特及二连浩特再到蒙古国和俄罗斯，北线是从大连、沈阳、长春、哈尔滨到满洲里和俄罗斯的赤塔；新亚欧大陆桥经济走廊是从东部的江苏省连云港市出发，途经安徽、河南、陕西、甘肃、青海、新疆7个省区，到中哈边界的阿拉山口出国境，再到荷兰鹿特丹港。

从六大经济走廊的关键任务来看，每一条经济走廊的主要投资领域都对周边沿边地区的开放发展有直接影响，涉及内容包括：加强与周边国家铁路、公路、油气和光缆通道的基础设施建设，如中蒙俄三国在交通基础设施发展及互联互通、口岸建设等方面的合作，其中，中蒙"两山"铁路建成后就将形成珲春—长春—乌兰浩特—阿尔山—乔巴山市—俄罗斯赤塔，最后与俄罗斯远东铁路相连的一条新欧亚大陆路桥；推进与周边国家通关、贸易和投资便利化的体制机制建设，如中国—中亚—西亚经济走廊加强政策沟通，建立起常态化的高层互访和政府间合作机制；提升与周边国家产能、投资、经贸等领域的合作，如中国—中南半岛经济走廊正在规划建设的产业合作项目、打造融资合作的新模式，新亚欧大陆桥经济走廊根据需要可继续设立各种开发区和保税区等。在此影响下，目前全国沿边地区开发开放已经形成积极参与"一带一路"和六大经济走廊建设的热潮。其中，广西的定位是打造西南、中南地区开放发展新的战略支点，加速推进中国—中南半岛经济走廊建设。云南的定位是构建面向东南亚和南亚开放的重要辐射中心，推进中国—中南半岛经济走廊、孟中印缅经济走廊和澜湄流域经济带等经济走廊建设；西藏的定位则是推进南亚贸易陆路大通道建设，积极参与

孟中印缅经济走廊和环喜马拉雅山经济带建设；新疆的定位是建设丝绸之路经济带核心区和我国向西开放的枢纽门户，推动丝绸之路经济带和中巴经济走廊建设，发挥内引外联、东联西出和西进东出的战略通道作用；内蒙古正在打造面向蒙古国的向北开放前沿阵地，推进中蒙俄经济走廊建设；黑龙江和吉林正在打造向东北亚开放的重要枢纽，加快新亚欧大陆桥经济走廊、中蒙俄经济走廊等经济走廊建设发挥内引外联，南进北出的战略通道作用。

就此而论，六大经济走廊作为"一带一路"的重要内容和主要支点，承载着我国与沿线60多个发展中国家和地区深化合作、互利共赢的良好愿景，而沿边地区作为与六大经济走廊紧密相连的重点区域，已经从对外开放落后地区转变为对外开放前沿地带。为此，沿边地区开放发展要转变过去以兴边富民为目标、就沿边开放论沿边开放的传统思路，要从更宽的视野、更高的站位来加以谋划，主动融入到"一带一路"倡议和六大经济走廊建设中，以国际大通道建设为依托，以重点开发开放试验区为先导，以沿边重要口岸城镇为支撑，以边境经济合作区为载体，将沿边地区打造成为我国对外开放的新窗口、面向周边国家的大通道、与周边国家经贸交流合作的大平台。

一是将沿边地区打造成为我国对外开放的新窗口。"一带一路"倡议和六大经济走廊的提出将我国沿边地区从对外开放的落后地区转变为对外开放的前沿地带，作为对外开放的前沿地带，沿边地区就要重塑自身定位，改变过去跟随沿海地区开放发展的思路，而从对外开放的新窗口来调整自身开放发展的新思路。这就要求沿边地区要努力走在改革开放的最前沿，着力于服务和推动六大经济走廊建设，提升对外开放的程度，积极与周边国家商谈建设跨境经济合作区，推进体制机制的创新，提升与周边国家的合作水平，打造沿边对外开放发展与周边国家经贸合作新高端平台。具体可包括：（1）积极跨境经济合作区共同规划、共同招商、共同管理的合作模式，加快构建运行畅通的共同开发的合作机制。（2）扩大口岸开放，加强口岸基础设施建设，完善口岸通关机制，推动实现地方电子口岸的互联互通和信息共享，提升口岸通关便利化程度；（3）推进与周边国家跨境运输便利化，加强物流信息化合作，依托国际贸易"单一窗口"平台，探索推进与周边国家口岸通关部门信息互换、监管互认、执法互助等，打造便捷的通关体系；（4）积极推动沿边地区与周边国家的信息走廊建设，完善信息网络合作与信息传输机制，促进与周边国家信息互联互通，打造便捷的信息传输体系；（5）积极发展跨境电子商务，协调海关、检验检疫、交通等部门，创新监管机制，建设跨境电子商务和国际物流服务平台，促进企业开展与周边国家的电商贸易。（6）推进保税区、出口加工区、保税物流园区、保税港区（综合保税区）等海关特殊监管区域的整合优化，深化与周边国家的经贸合作。

二是将沿边地区打造成为面向周边国家的大通道。无论是"一带一路"的框架思路，还是六大经济走廊的整体构想，都给予了沿边地区作为通往周边国家国际大通道的方向定位。这就要求沿边地区在基础设施建设方面，要在加快沿边区际交通网络建设的同时，更要注重加强同周边合作，推动境内外通道衔接，包括：境内外国际铁路通道建设、国际公路运输通道建设以及航空、水利、航运、桥梁、油气管道、输电线路、通信和信息化、口岸互联互通建设等。在具体建设过程中，要在尊重相关国家主权和安全关切的基础上，加强与周边国家基础设施建设规划、技术标准体系的对接，共同推进国际骨干通道建设，逐步形成连接六大经济走廊的基础设施网络；要抓住交通基础设施的关键通道、关键节点和重点工程，优先打通缺失路段，畅通瓶颈路段，配套完善道路安全防护设施和交通管理设施设备，提升道路通达水平；要推进建立统一的全程运输协调机制，促进国际通关、换装、多式联运有机衔接，逐步形成兼容规范的运输规则，实现国际运输便利化；要推动口岸基础设施建设与互联互通，畅通边境联运通道，加强物流信息化合作；要拓展建立民航全面合作的平台和机制，加快提升航空基础设施水平；要加强能源基础设施互联互通合作，共同维护输油、输气管道等运输通道安全，推进跨境电力与输电通道建设，积极开展区域电网升级改造合作；要共同推进跨境光缆等通信干线网络建设，提高国际通信互联互通水平，扩大信息交流与合作。

三是将沿边地区打造成为与周边国家经贸交流合作的大平台。沿边地区与周边国家要在贸易、投资、产业合作等领域有所突破，就必须有适当的载体作为依托，合作平台建设是六大经济走廊的重要载体和支撑，必须做到加快建设。根据"一带一路"的框架思路和六大经济走廊的整体构想，沿边地区要在与周边国家的产业、贸易、投资等领域取得突破，就必须加快构建与周边国家经贸交流合作的三大平台，重点包括物流合作平台、产业合作平台、社会文化交流平台。其中，物流合作平台可以投资合作、业务拓展、互相参股、园区共建等多种方式进行建设，主要经营国际多式联运、拆装箱托运、仓储等国际货物运输业务。产业合作载体平台建设要以合作双方的利益共享为出发点，重点建设能源资源加工产业基地、面向周边市场的出口加工基地、区域性国际商贸与金融中心、发展现代特色农业和跨境旅游业及其他服务业，提升沿边产业层次和核心竞争力。社会文化交流平台建设要以国际化为视野，扩大影响力为目标，加大媒体宣传，做好各渠道新闻发布，进一步推进"中国—东盟博览会及中国—东盟商务与投资峰会""中国哈尔滨经济贸易洽谈会及俄罗斯博览会""中国—亚欧博览会""中国—阿拉伯博览会""中国—东北亚博览会""中国—南亚博览会暨昆明进出口商品交易会"等平台建设。在合作平台的具体建设方面，沿边地区与周边国家要依托合作双方政府、企业之间的对话与协商，提前规避可能出现的传统问题，及时解决可能出现的临时问题。特别是在具体问题的商谈过程中，要能有效调动多个相关部门，提升问题解决能力和效率。

四是重点打造具有强大辐射能力的沿边中心城市。六大经济走廊的起点和中心城市主要有：南宁、昆明、喀什、乌鲁木齐、呼和浩特、沈阳、长春、哈尔滨等重要城市，这些城市远离边境地区，辐射带动能力有限，缺乏像香港、上海、北京等大都会的辐射能力。我国沿边地区缺乏政治（安全）、经济、文化辐射功能的中心城市，是六条经济走廊建设的最大制约因素。因此，为推动"六大经济走廊"建设，必须在沿线起点和边境重要节点地区布局生产力中心。以喀什为例：喀什是我国南疆重镇，也是我国西域安全屏障，是丝绸之路经济带与海上丝绸之路的结合部，中巴经济走廊以及中国—中亚—西亚经济走廊的辐射中心。随着丝绸之路经济带战略以及中巴经济走廊建设的推进，喀什将会成为中国与西亚交流的枢纽，喀什的战略地位会日益上升。但喀什无论是经济辐射能力，还是文化辐射能力都不够，特别是安全能力更是脆弱，是中亚三股势力渗透的重要据点。为了新疆的长治久安和西部边境的安宁，中央政府应将喀什市建制规划发展成为我国南疆地区政治、经济与文化中心，让其发展成为具有强大辐射能力的中心城市和安全屏障。可借鉴我国东西部对口援助政策，让东部大都会在沿边地区重建一个城市，比如上海在伊宁再建上海新城、深圳在喀什建设喀什新城、广州在瑞丽建设广州新城，形成双辐射中心城市。

四、因地制宜的发展规划与政策设计

考察中国沿边地区的要素禀赋及其面对的周边国家环境，中国沿边区域之间发展条件仍然存在巨大差异。区域开发战略与政策设计需要体现各区域的发展需求与实际情况，否则难以取得应有成效。由于要素禀赋差异，同样开发政策的效果也不同。比如跨境经济合作区则需要边境两则具有一定的人口规模与产业聚集能力的城镇，辅之特殊政策，才能奏效。周边国家经济结构与我国的外交关系，及其对"一带一路"态度不同，政策效果也有差异。从实际出发，我国沿边地区可以明显划分为东北地区、西北地区和西南地区。这些地区自然条件、要素禀赋各异，周边国家经济发展水平、政治制度与文化存在巨大差异，在开放发展政策设计方面要因地制宜。其政策设计应突出以下几点：一是开放发展战略与政策要发挥地方能动性。二是因地制宜制定产业政策及采取对口援助和财税优惠有序进行产业转移。三是改善六大经济走廊枢纽口岸的基础设施建设。四是沿着六大经济走廊节点城市与口岸布局生产力。五是正确处理维护边境安全与开放发展的辩证关系。六是要促进边民友好交流，夯实跨境经贸合作的社会基础。[①]

（一）东北地区

东北地区包括黑吉辽东北三省和内蒙古东部的中国国土，延伸至京津冀地区。周边与朝鲜、俄罗斯和蒙古国接壤。东北地区是中国的粮仓和重工业基地，是国有经济的传统区域。这里人口密度适度、土地肥沃，气候湿润，物产丰富，适合发展大农业和大工业。基础设施较为完备，与邻国的铁路和公路道路基本畅通。目前主要是提高基础设施等级，改善运输条件。劣势是计划经济基因影响甚广，经济缺乏活力。其所面对的俄罗斯西伯利亚和远东地区地广人稀，土地资源与能源资源丰富，我国租地发展粮食和林业经济拥有巨大潜力，与我国南方经济互补性强，且中俄蒙形成战略合作

---

① 笔者在《西部大开发与丝绸之路经济带：协同发展》一文中有专门论述，载《青海社会科学》2016年第5期。

伙伴关系。朝鲜自然资源丰富，实现计划经济，无论农业还是工业都缺乏活力。东北地区对外开放与合作最大障碍是朝核问题。图们江开发计划夭折以及东北亚区域合作多年没有任何进展的主要障碍就是朝核问题。自2018年以来，金正恩政权改弦更张，宣布彻底弃核，将发展经济作为朝鲜最重要的内政外交工作，为东北亚和平与区域合作发展带来曙光。将"一带一路"延伸至朝鲜半岛，促进中国东北地区发挥东进西出的战略通道功能。

东北地区的开放发展视野要扩展至整个东北亚地区，充分利用两个市场和两种资源。东北地区是向北开放的前沿，必须发挥内引外联、南联北出和北进南出的战略通道作用。东北地区中蒙俄经济合作以能源、农业、畜牧业以及运输工具和装备制造业为主。东北地区与俄罗斯远东地区合作可以发展能源资源、稻米、玉米、大豆、高粱等大农业专业化生产和森林工业。比如东北南部可以主产稻米，中北部可以专门生产玉米和大豆及其加工工业，引进机械化提高农业劳动生产率，建设成为中国最大的商品粮与食品加工生产基地。而内蒙古与蒙古国合作发展大畜牧业及肉类、乳品及毛纺皮革加工业，满足国内粮食、油料与肉类乳品需求。东北地区制造业要南联北出，吸引南方制造业转移拓展东北亚市场，比如浙江海宁的皮革制造业和上海的毛绒纺织制造业，要引入市场机制和信息化技术振兴传统装备工业。

在开放政策方面要重点突出对土地租赁、农资贸易、粮食通关以及降低肉类乳品关税方面的跨国经贸合作展开谈判，达成贸易便利化和投资便利化协议。同时，就农业政策和畜牧业政策进行协调，制定共同的农业政策和肉类乳制品政策，形成中蒙俄农业与畜牧业共同市场。推动国企股份制改革和内引外联，引入国内外市场化因素，发展多种所有制经济，激发经济活力。

东北地区生产力布局要沿中蒙俄经济走廊主要交通枢纽的核心城市，充分发挥大连、沈阳、长吉图、哈大齐、呼包鄂等城市的辐射能力。更要推进丹东、珲春、绥芬河、黑河、同江、满洲里、海拉尔、二连浩特、甘其毛都、策克等枢纽口岸建设和制造业布局，以及中蒙俄经济走廊连接乔巴山—阿尔山的两山铁路、珲春至扎鲁比诺港的铁路和公路建设，海拉尔国际空港口岸建设。

（二）西北地区

西北地区主要是西北五省区，该地区自然环境恶劣，主要是高寒地区和沙漠干旱地区，以及少量绿洲和草原。气候干旱、生态脆弱、生存环境恶劣。西部地区的主体新疆地广人稀，与蒙古国、俄罗斯、哈萨克斯坦、吉尔吉斯斯坦、塔吉克斯坦、阿富汗、巴基斯坦、印度8个国家接壤。但与俄罗斯、阿富汗和印度没有口岸联通。与俄罗斯交界地主要是喀纳斯湖周边山地没有口岸。与阿富汗瓦罕走廊相接，但没有口岸。与印度因帕米尔高原阻隔没有口岸连接。与蒙古国相通的四个口岸因处于牧区，贸易量很小。因此，新疆对外开放的重点是中亚国家和巴基斯坦。北疆因受大西洋气流和北冰洋气流影响，气候比南疆湿润，天山北坡天然草场与森林较多。伊犁河谷被称为塞外江南，是新疆畜牧业主产区。新疆绿洲是我国长绒棉主产区和特色瓜果种植地区，因此，新疆具有发展纺织服装业和特色农业的巨大潜力。新疆是我国石油天然气和煤的重要能源基地，是西气东输的起点。

中亚五国地处连接欧洲和亚洲、中东和南亚的十字路口，位于里海以东，俄罗斯西西伯利亚以南，阿富汗以北及我国新疆以西，总面积400.42万平方公里，人口7200多万，居民多信仰伊斯兰教。哈萨克斯坦的总面积约272.4多万平方公里，是中亚五国中面积最大的国家，人口约1800万。经济结构以农牧业为主。霍尔果斯国际合作中心配套区目前以面粉加工、饲料生产和油料生产为主。中亚地区石油天然气、煤炭等能源和金属矿产资源丰富，是我国能源进口的重要基地。我国从中亚进口石油天然气管道有A、B、C、D四条管道。中亚是丝绸之路经济带的核心地区，新欧亚大陆桥经济走廊，中国—中亚—西亚经济走廊，中巴经济走廊经过新疆地区。新疆地处丝绸之路必经之地，是丝绸之路核心区，新疆东联西出和西进东出的战略作用不可替代。我国引进中亚能源资源，比如能源、小麦和油菜籽可以减少对美国生产的依赖，从新疆进入中亚和西亚，乃至欧洲市场是便捷的陆上通道。

但是复杂的国际形势与地区冲突形成西北对外开放的主要安全威胁。阿富汗、巴基斯坦、中亚五国、克什米尔等地区暗潮涌动，局部冲突和恐怖活动从未停止。仅与新疆一山之隔的费尔干纳盆地，地处乌兹别克斯坦、吉尔吉斯斯坦、塔吉克斯坦三国交界地带，"乌兹别克伊斯兰运动""伊扎布特"等组织活动尤其频繁。境外暴恐势力、民族分裂势力和宗教极端势力等不断向西北地区渗透与东突厥运动合流，西北地区泛伊斯兰化和安全形势严峻，成为西北地区对外开放的主要障碍，时刻威胁着对外贸易、交通运输、商务往来的安全。此外，欧亚经济联盟进程加快，也使得新疆向西开放遭遇一道"栅栏"。2011年在俄罗斯的推动下，酝酿多年的俄白哈关税同盟付诸实践。关税同盟实施后，三国统一关税水平明显提高，新疆对哈萨克斯坦的出口立即下降了30%。哈萨克斯坦作为关税同盟，启动更严格的海关检查制度，清理了存在多年的"灰色清关"，导致一些商品和货物无法顺利通关。为提升俄罗斯对中亚国家的经济控制力和影响力，俄罗斯还提出类似欧盟的"欧亚联盟"计划，以俄白哈关税同盟为基础吸纳独联体国家参加，逐步实行统一货币政策。最先响应普京倡议的是塔吉克斯坦和吉尔吉斯斯坦，如果欧亚联盟实现无疑会给新疆向西开放形成一道屏障。

目前，中亚地区只有哈萨克斯坦政局稳定，经济发展稳健，人均GDP达到9000~10000美元。哈萨克斯坦毗邻我国北疆地区，两国政治关系良好，阿拉山口与霍尔果斯铁路和公路口岸分别通往阿拉塔斯与欧洲相接以及阿拉木图与中亚西亚相接。吉木乃、巴克图、木扎尔特等公路口岸相连，成为我国商品输往欧洲和中亚的主要通道。

中国和巴基斯坦政治关系稳定，2015年5月从新疆喀什历时15天的货车队伍抵达瓜德尔港，从这里运往西亚和非洲，打通了中国西北通往印度洋的中巴经济走廊。我国应加强与哈萨克斯坦和巴基斯坦的客货跨境运输协调，实现客户对客户的过境运输。

中国与中亚西亚经济合作以能源、矿业、农牧业和民生工业为主。由于两地都是地广人稀，合作领域的重点可以选择农业领域的小麦、油料以及饲料的生产与加工，制造业则以纺织品、金属采选与加工冶炼业、工程机械、装备制造业、特色食品加工业等。新疆发展成为我国特色食品、纺织服装业、装备制造业、能源与金属材料制造业基地的潜力巨大。中巴经济走廊、中国—中亚—西亚经济走廊和新欧亚大陆桥经济带都经过我国新疆地区，新疆被定位为我国丝绸之路经济带核心区。

新疆应实施以开放促开发的政策，以优惠政策吸引国内外资本和技术投资新疆。除了霍尔果斯和喀什两个经济特区五免五减优惠政策外，要鼓励北京、上海、深圳参与喀什、伊宁等城市的建设，将其建设成为西北地区具有强大辐射能力的中心城市。目前新疆只有乌鲁木齐一个人口超过百万的中心城市，其辐射带动能力远远不够。喀什经济特区以"东有深圳、西有喀什"为目标，依托国家批准设立"喀什经济特区"的特殊扶持政策，面向中亚、南亚、西亚广阔市场，加快超常规发展步伐，努力把喀什建设成为世界级的国际化大都市。建议北京和深圳在喀什建设喀什新城，上海在伊宁建设上海新城，构成双辐射中心城市。

经济走廊通道建设，首先要重点推动中欧高铁，打通上海—北京—乌鲁木齐—霍尔果斯—阿拉木图—阿拉塔斯—喀山—莫斯科—明斯克—波兰—柏林9000多公里，时速300公里的中欧快捷通道。其次是中巴公路和铁路：中国喀什—白沙瓦—伊斯兰堡—卡拉奇—瓜德尔港。优先建设中亚铁路的国内段：格尔木—德令哈—若羌—和田—喀什应优先完成，构成南疆环形铁路网。再次是中吉乌铁路，打通中国喀什—吐尔尕特或伊尔克什坦—杜尚别—比什凯克—德黑兰—安卡拉的交通线。西北地区的长治久安在于民族融合，提高少数民族教育水平。

西北地区北疆要重点推进吉木乃、巴克图、阿拉山口、霍尔果斯等枢纽口岸，南疆伊尔克什坦、吐尔尕特、红其拉甫等枢纽口岸建设，以及乌鲁木齐、喀什、伊宁等空港口岸建设。哈萨克斯坦应提升霍尔果斯国际经济合作中心合作层级，发挥阿拉木图市的辐射功能，形成两国共建的局面。

（三）西南地区

西南地区主要包括东段云南广西两省区和西段西藏自治区。云南广西两省区是云贵高原的主体区域，气候温暖湿润、山高沟深，河流大多向南流入东南亚地区。云南与广西属于老少边穷地区，随着我国沿边开放发展力度的加大，云南和广西经济发展速度加快。云南产业结构以农业为主，烟草加工业和旅游业相对发达。广西柳州机械工业发展较好，改革开放以来铝业得到发展。云南、广西与缅甸、老挝、越南等国家，许多民族跨境而居，具有地缘相接、人缘相亲、文缘相承、商缘相连等优势。这些国家社会经济制度也相似，都实行过社会主义制度，世纪之交开始市场化改革。该地区水资源丰富，气候炎热多雨，森林等热带植物与矿产资源。该地区是东盟欠发达地区，经济结构以农业为主。进入21世纪以来，东亚发达经济体日本、韩国和中国台湾的产业加快向东南亚转移，促进东南亚经济快速发展。

西段地区的西藏毗邻印度、尼泊尔、不丹。由于青藏高原和横断山脉的阻隔，中印缅边境地区是整个东亚、南亚之间的经济断裂带。印度是南亚地区人口与经济大国，是一个快速增长的新型经济体，市场潜力巨大。尽管中国西南与印度边界接壤 2000 多公里，但除了亚东划定边界外，其余都存在边界纠纷，所以没有开放交流口岸和交通通道。西藏与尼泊尔以喜马拉雅山脉为界，有樟木、普兰和吉隆等口岸相通。西藏地区因地处高寒地带，高寒牧场生产力很低，以牦牛和山羊为主，具有发展肉类加工和皮革与毛纺织业的潜力。西藏因资源限制和交通不便，制造业难以发展。经济落后与交通设施不便限制了其与内地和周边国家的物资交流。漫长的边境线上只有樟木、亚东、普兰等少数口岸。目前，中国与尼泊尔正规划修建通过樟木口岸的中尼铁路，还有吉隆跨境经济合作区。中国与印度主要通过亚东的乃多拉山口进行边境贸易。因此，中印边境是经济发展的断裂带。西藏的发展必须以改善同内地的交通为前提，青藏铁路建成后，川藏铁路正在加快修建。

西南地区是我国古代南方丝绸之路与海上丝绸之路的交汇地区，是南出北进的重要战略通道和一带一路建设的重点区域。中国与东盟构建澜湄合作机制以及中南半岛经济走廊和孟中印缅经济走廊来推进中国与中南半岛国家的经济合作与共同发展。中国—中南半岛经济走廊及孟中印缅经济走廊是我国重点推进的一带一路建设项目。其中，中南半岛经济走廊包括两廊一圈经济走廊、湄澜经济走廊和中老柬经济走廊，孟中印缅经济走廊包括中缅经济走廊与孟印缅经济走廊。通过走廊通道建设，吸引我国东部地区产业转移到通道重要节点城镇。比如，昆明、柳州、南宁、瑞丽与芒市可以吸引石化、汽车与运输设备、建材、机械与电力设备、家电等产业转移落户。而景洪、普洱等则可以发展茶叶、咖啡、橡胶加工制造业。东兴、凭祥等边境城镇可以集中发展红木家具、纺织服装、家电等产业。

云南被定位于我国面向印度洋和南亚开放的辐射中心，要成为我国西南地区战略后方（川渝黔地区）走向印度洋和亚非与欧洲的出海通道。云南和广西具有发展制造业的良好条件。能源资源丰富，水能和热能丰富，生产农作物条件优越。云南南部是我国橡胶的主产区，与缅甸、老挝、泰国成为世界天然橡胶的主要产地。早在 20 世纪 80 年代，在联合国支持下，中国云南在缅北、老北金三角地区就展开鸦片等毒品的替代种植工作，取得显著成效。云南农垦集团在缅老北部种植橡胶、茶叶、甘蔗等农业项目，使得鸦片种植从最高时的 200 万亩减少到目前的 60 万亩。但橡胶近年来受国际市场价格低迷影响，出现弃种等现象。云南需要将橡胶产业作为战略性产业加以培育，提高橡胶产业的附加值，控制世界市场价值。

西南地区要联合川渝、云贵等省市重建南方丝绸之路，尽快打通滇缅通道（铁路和公路）和加快中缅经济走廊建设。推进东兴、凭祥、龙邦、河口、磨憨、清水河、瑞丽、樟木、亚东等枢纽口岸建设，以及芒市、景洪等边境空港口岸，重点建设南宁、北部湾、昆明、景洪、瑞丽—芒市等中心城市以及东兴—芒街、瑞丽—木姐两个跨境经济合作区的建设，布局制造业、科研教育机构等生产力中心。建议广州、成都和重庆在云南的芒市—瑞丽、景洪对口建设新城，形成双辐射中心城市。

丝绸之路经济带建设与新疆开放发展新思路

——来自东部沿海地区的视角

全 毅 刘京华

【内容摘要】 新疆开放发展经历了1978~1998年起步阶段、1999~2012年的快速推进阶段和2013年"一带一路"倡议提出后全面推进阶段。新疆对外开放在体制机制改革、口岸建设和对外经贸发展方面取得了巨大成就。但也面临对外经贸下行压力加大、三股势力对安全环境的严重威胁,以及周边国家与国内经济环境变化的影响。丝绸之路建设以及丝绸之路核心区定位是新疆面临的历史机遇,新疆应顺势而为,推动基础设施建设及其与周边国家的互联互通,推动东部产业向西部及丝绸之路转移,充分发挥"内引外联、东进西出和西进东出"的战略通道作用,通过扩大开放实现跨越式发展。

【关键词】 丝绸之路经济带　新疆核心区　开放发展

沿边开放发展与丝绸之路经济带建设是新时期我国对外开放与经济外交的战略重点。它涉及丝绸之路建设与西部大开发协同推进、边境发展与边疆治理,中国与周边国家外交关系,在中美关系转折的历史时期显得尤其重要。西部地区面对的中亚地区是丝绸之路经济带的前沿地区,其开放事关西部地区加快社会经济发展,民族关系和谐等重要问题。2018年8月16~21日,我们课题组与新疆社会科学院中亚研究所和经济所,新疆维吾尔自治区商务厅以及伊宁经信委及霍尔果斯管委会和喀什经信委、开发区管委会等进行座谈,并实地考察霍尔果斯、伊宁开发区,喀什开发区等开发开放重点地区。本报告对新疆开放发展的历程,开放政策实施成效,新疆开放发展面临的问题进行深入考察,提出新疆丝绸之路核心区建设需要完善内引外联、东联西出、西进东出战略的若干对策。

一、新疆地区开放发展的发展历程

新疆位于祖国的西北边陲、亚欧大陆腹地,周边与蒙古国、俄罗斯、哈萨克斯坦、吉尔吉斯斯坦、塔吉克斯坦、阿富汗、巴基斯坦、印度8个国家接壤。新疆的土地面积为166万多平方公里,约占全国总面积的1/6,人口2181.58万人(2010年第六次普查),同邻国共有约 5600 公里左右的边界线,约占中国与邻国边境线总长度的 1/4。新疆是中国面积最大、国境线最长、交界邻国最多的省区。新疆的对外开放是在党中央、国务院的直接关怀下,在国务院特区办和国家对外贸易经济合作部的直接指导下逐渐发展起来的。

(一) 对外开放启动阶段 (1978~1998 年)

1978 年 12 月,中国共产党十一届三中全会决定中国开始实行对内改革、对外开放的基本国策。1979 年经中央批准,乌鲁木齐、石河子、吐鲁番等 14 个市县先后对外开放,1980 年新疆第一个中外合资企业天山毛纺织有限公司成立。1986 年自治区党委和人民政府作出"全方位开放,向西倾斜"的决策。1988 年国务院以《研究新疆开放工作纪要》的形式,把只限于乌鲁木齐、伊宁、石河子、喀什 4 市的外商投资企业进口物资实行免征关税优惠政策,扩大到阿克苏、库尔勒、吐鲁番、哈密等市,并赋予新疆派驻国外经济机构审批权;批准霍尔果斯口岸对第三国人员开放。同年,国家外经贸部授权自治区先后批准伊犁、塔城、阿勒泰、昌吉、喀什 5 个地州的外资公司享有对苏、蒙边境的易货贸易经营权。1989 年自治区党委和人民政府又确定了"全方位开放,向西倾斜,内引外联,东联西出"的方针。1989 年,国务院又批准伊宁市、博乐市等 13 个城市对外开放,使新疆对外开放的县市增加到 25 个。经外经贸部批准,新疆地方贸易进出口公司享有与民主德国、波兰、匈牙利、捷克斯洛伐克、保加利亚、罗马尼亚和蒙古国等直接进行经济贸易的经营权。

1992 年,国家正式实施沿边开放战略,赋予沿边重要口岸城镇一些优惠政策。1992 年 6 月 9 日,国务院同意新疆提出的"以边境沿线开放为前沿,以铁路沿线开放为后盾"两线开放的总体设想,进一步扩大新疆的开放水平,赋予新疆包括扩大地边贸易经营权,下放外资项目审批权,开放伊宁、博乐、塔城 3 市开展边境互市贸易并设立边境经济合作区和乌鲁木齐享受沿海开放城市政策等 8 条优惠政策。同月,国务院又下达了《关于进一步积极发展与原苏联各国经贸关系的通知》,新疆的对外开放开始走上规范化快速发展轨道。1992 年新疆精河至阿拉山口与哈萨克斯坦的铁路完工,至此,新欧亚大陆桥全线贯通。从 1992 年开始,新疆每年举办乌鲁木齐对外经济贸易洽谈会。"乌洽会"已成为中国西部及周边国家颇具影响的经贸盛会,对新疆"东联西出"战略的实施发挥了重要作用。

(二) 对外开放拓展阶段 (1999~2012 年)

1999 年 9 月,党中央、国务院审时度势地提出和实施"西部大开发"战略,2000 年 4 月,新疆明确提出:要实施大开发,必须进一步扩大对外开放,努力营造一种新的开放格局,以大开放促进大开发。自治区人民政府颁布了《新疆维吾尔自治区鼓励外商投资若干政策规定》,2002 年颁布该规定的实施细则,以及关于税收优惠、改善投资软环境、土地使用和矿产开发等一系列法规,开创了新疆全方位、多层次、宽领域对外开放的新格局。2004 年中哈两国决定共建霍尔果斯国际经济合作中心,双方在霍尔果斯口岸划出 5.28 平方公里的土地建设类似自由贸易区的跨国经贸合作区。同时决定设立吉木乃边境经济合作区和建设伊宁经霍尔果斯至阿拉木图的中哈第二条跨境铁路,该铁路于 2012 年建成投入使用。2010 年 5 月中央新疆经济工作会议,专门通过支持加快新疆社会经济发展的决议,决定举全国之力加快建设新疆喀什 11 万平方公里经济特区,在 2020 年达到全国平均水平。2011 年 10 月国务院正式发文《国务院关于支持喀什霍尔果斯经济开发区建设的若干意见》,赋予喀什 50 平方公里和霍尔果斯 73（含伊宁）平方公里特殊经济政策,赋予五减五免全国最优惠的财税政策,推动新疆向西部中亚国家和向东部沿海地区开放。同时决定,将乌洽会升级为中国—亚欧博览会,进一步扩大了博览会在中亚、西亚、南亚乃至欧洲的影响力。

（三）对外全面开放阶段（2013 年至今）

2013 年 9 月 7 日习近平主席在哈萨克斯坦纳扎尔巴耶夫大学作重要演讲,提出共同建设"丝绸之路经济带",这是一项造福沿途各国人民的大事业。2013 年 11 月,中共十八届三中全会通过《中共中央关于全面深化改革若干重大问题的决定》,明确推进丝绸之路经济带、海上丝绸之路建设,以形成全方位开放新格局。2014 年 4 月底,习近平总书记在新疆考察时指出,新疆在建设丝绸之路经济带中具有不可替代的地位和作用,要抓住这个历史机遇,把自身的区域性对外开放战略融入国家丝绸之路经济带建设和向西开放的总体布局中去。2015 年,《推动共建丝绸之路经济带和 21 世纪海上丝绸之路的愿景与行动》又将新疆定位为丝绸之路经济带核心区。自"一带一路"倡议推进以来,新疆立足丝绸之路经济带核心区的历史定位,积极融入"一带一路"建设。为支持沿边重点地区开发开放,构筑经济繁荣、社会稳定的祖国边疆,2015 年 12 月国务院印发了《关于支持沿边重点地区开发开放若干政策措施的意见》（以下简称《意见》),《意见》主要针对沿边重点地区提出了若干政策措施。沿边重点地区包括:新疆霍尔果斯和红其拉甫等国家级枢纽口岸,新疆哈密市、博乐市、伊宁市、阿勒泰市、塔城市、阿图什市等边境城市,新疆伊宁边境经济合作区、博乐边境经济合作区、塔城边境经济合作区、吉木乃边境经济合作区,以及中哈霍尔果斯国际边境合作中心。

近年来,新疆紧抓国家沿边对外开放的政策优势以及"一带一路"所带来的发展契机,加快建设丝绸之路经济带核心区,坚持对内开放与向西开放有机结合,坚持"走出去"与"引进来"相互促进,优化开放布局,初步形成了全方位、多层次、宽领域的对外开放新格局,新疆在全国沿边开放格局中的地位和作用更加突出。新疆抓住历史机遇,积极推动内引外联、东联西出、西进东出的双向开放战略,取得了令人瞩目的成就。

二、新疆沿边地区开放发展战略的实施成效

(一) 对外贸易迅猛发展

对外贸易总额大幅增长。自改革开放以来,新疆对外贸易不断跨上新台阶,经过四十年的不断发展,新疆对外贸易规模迅速扩大。从纵向发展情况来看,1978 年新疆进出口总额为 2346 万美元,其中出口总额为 937 万美元,进口总额为 1409 万美元;自进入 21 世纪以来,随着新疆对外开放水平的提升,进出口贸易迅猛发展,到 2014 年,新疆进出口总额达到了 276.69 亿美元,其中出口总额 234.82 亿美元,进口总额 41.87 亿美元;2015 年以来受周边国家经济环境改变的影响,贸易额略有回落,2017 年进出口总额 206.6 亿美元,其中出口总额 177.29 亿美元,进口总额 29.32 亿美元;四十年来进出口贸易额翻了 880.7 倍,出口贸易翻了 1892 倍,进口贸易额翻了 208 倍。2017 年新疆进出口总额在全国 31 个省、市及自治区排名第 21 位,排名在黑龙江、吉林、山西、内蒙古、海南、贵州、甘肃、宁夏、西藏和青海之前(见图 1)。

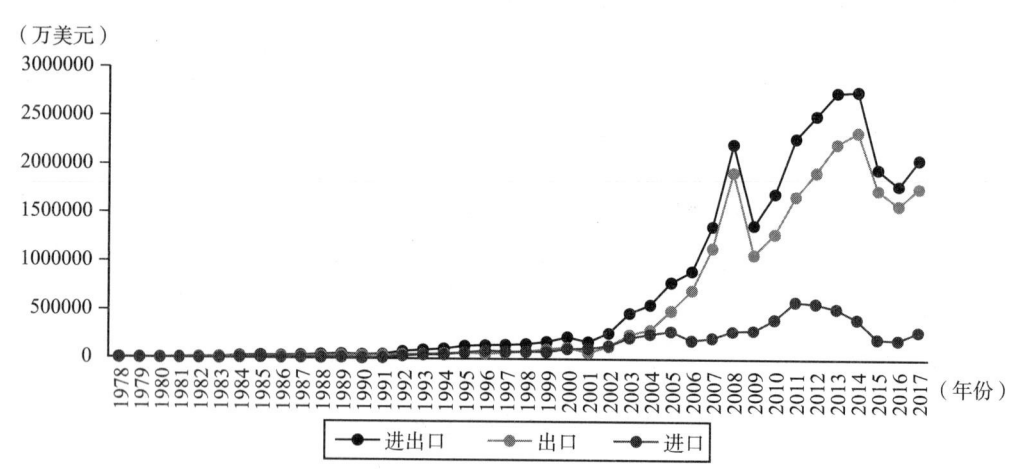

图 1 改革开放以来新疆对外贸易发展情况(1978～2017 年)

资料来源:新疆商务厅统计数据。

改革开放之初,新疆的对外贸易主要以物资进口为主,1978 年出口与进口之比为 39.9∶60.1,1979 年出口与进口之比为 35.6∶64.4。随着改革开放各项措施落实,外向型经济取得显著成效,出口贸易在总贸易中的比重不断提升,2000 年出口与进口之比为 53.2∶46.8;自 2004 年以来,出口贸易增长显著,均高于同年度的进口贸易。近年来,新疆充分发挥得天独厚的区位优势,充分发挥东联西出和西进东出的

通道作用，出口贸易稳步增长，到2017年出口与进口之比进一步调整到85.8∶14.2。截至2017年，新疆拥有进出口超亿美元的企业45家，与全球165个国家和地区开展经贸合作。

对外贸易商品结构不断优化。近年来，新疆进出口产品的贸易结构发生变化，工业品尤其是深加工、高附加值、高技术含量产品出口比重逐年提高。根据新疆商务厅的统计，2017年新疆出口位列前十位的商品为服装、机电产品、鞋类、纺织制品、农产品、文化产品、箱包、玩具、汽车零配件和高新技术产品，在全部主要出口产品金额中占比为93.96%，除第五位的农产品（占比4.91%）外，其余各项均为制成品，前十位出口商品中制成品占比为89.05%。进口主要以资源性商品为主，2017年新疆进口前十位的商品为机电产品、农产品、纸浆、铜矿砂、铜及铜材、纺织机械、铁矿砂、棉花、锯材和高新技术产品，在全部主要进口产品金额中占比为80.34%，其中除机电产品、纺织机械和高新技术产品以外，其他七种产品均为资源性商品，占全部主要进口商品的比重为50.71%。随着我国经济增长，对原材料、机械设备及高新技术产品需求增加，预计新疆进口原材料数额也会随之增大。

新疆贸易伙伴以中亚国家为主，与其他国家的贸易多元化战略也初见成效。改革开放以来，新疆在加快优势资源战略转化过程中，积极巩固和发展与发达国家和地区的贸易关系，依托众多边境口岸对外开放的有利条件，不断扩大和加强地边贸易，贸易伙伴呈现多元化趋势，逐步形成了中亚、美国、俄罗斯等为主，与165个国家和地区发生贸易往来。其中，进出口额超过亿美元的国家和地区达到14个，主要贸易伙伴为哈萨克斯坦、吉尔吉斯斯坦、俄罗斯、塔吉克斯坦、乌兹别克斯坦、美国等。2017年新疆对中亚的进出口总额为153.4亿美元，占比达到74.2%。如果进一步将俄罗斯考虑在内，2017年新疆对中亚及俄罗斯的进出口总额为165.5亿美元，占新疆对外贸易的比重为80.1%。在众多的贸易伙伴中，哈萨克斯坦是新疆最大的贸易伙伴，2017年，对哈进出口额分别达到10.22亿美元、83.98亿美元，进出口共计94.21亿美元，占同期新疆进出口总额的45.6%。

边境贸易支柱作用显著，加工贸易增长迅猛。由于新疆独有的边境贸易政策和特殊的地缘优势，边境贸易平稳发展，2017年边境贸易进出口144.4亿美元，同比增长22.4%，其中，出口141.5亿美元，同比增长22.8%；进口2.9亿美元，同比增长5.5%。边境贸易进出口自1996年以来，已连续多年占据新疆对外贸易的"半壁江山"。2017年新疆边贸占全国边贸进出口的37.21%，占边贸出口的47.29%，在全国边贸进出口中占据非常重要的地位。除边境贸易外，一般贸易也明显增长，2017年新疆一般贸易累计进出口56.6亿美元，同比增长6.9%。加工贸易大幅度增长，2017年加工贸易进出口1.3亿美元，同比增长72.5%，其中，出口0.58亿美元，同比增长100.6%；进口0.74亿美元，同比增长55.5%（见表1）。

表 1　　　　　　2017 年 12 月新疆外贸进出口贸易方式总值表　　　　　单位：千美元

进出口贸易方式	进出口 金额	进出口 增减（%）	出口 金额	出口 增减（%）	进口 金额	进口 增减（%）
合计	20660728	17.1	17729215	13.8	2931513	42.6
一般贸易	5657022	6.9	3410252	-10.9	2246770	53.2
国家间、国际组织无偿援助和赠送的物资	2442	29.7	2442	29.7		
其他捐赠物资	20	-74.1	20	-74.1		
加工贸易	132673	72.5	58265	100.6	74408	55.5
来料加工装配贸易	39801	1359.3	25509	3000.2	14291	650.4
进料加工贸易	92873	25.2	32756	16.0	60117	30.8
边境小额贸易	13834175	25.6	13545583	26.1	288593	5.5
对外承包工程出口货物	82627	-63.8	82627	-63.8		
租赁贸易	6038	5.1	6038	5.1		
保税监管场所进出境货物	190537	143.2	6273	-36.0	184264	168.8
海关特殊监管区域物流货物	137463	-26.5	5681	-59.1	131783	-23.9
特殊监管区域进口设备	42	-99.7			42	-99.7
其他贸易	617688	-15.9	612035	-15.8	5653	-24.5
旅游购物商品	605998	-16.2	605998	-16.2		

资料来源：新疆商务厅外贸处提供。

（二）沿边对外开放成效显著

新疆经国务院和自治区批准的一、二类口岸有30个，其中国家一类口岸18个，除乌鲁木齐、喀什、伊宁3个航空口岸外，其余15个均为陆地边境口岸。[1] 省级二类口岸12个，基本形成了公路、铁路口岸交叉，沿边、腹地口岸互补，航空、陆地口岸并举的多层次、全方位的开放格局。新疆是全国拥有对外开放口岸数量最多的省区，成为我国开拓中亚、南亚、西亚和东欧市场的前沿阵地。

新疆口岸建设成效显著，亚欧通道优势凸显。中阿拉山口口岸铁路于1992年贯通、霍尔果斯口岸铁路于2012年建成通车，克拉玛依至塔城连接巴克图口岸的第三条

---

[1] 国家批准新疆对外开放的18个一类口岸中有航空口岸3个，陆地边境口岸15个。航空口岸有乌鲁木齐航空口岸、喀什航空口岸和伊宁航空口岸。陆路口岸包括：（1）新疆与蒙古国的边境口岸4个，即老爷庙口岸（哈密地区）、乌拉斯台口岸（昌吉回族自治州）、塔克什肯口岸（阿勒泰地区）和红山嘴口岸（阿勒泰地区）；（2）新疆与哈萨克斯坦的边境口岸7个，即阿黑土别克口岸（阿勒泰地区）、吉木乃口岸（阿勒泰地区）、巴克图口岸（塔城地区）、阿拉山口口岸（博尔塔拉蒙古自治州）、霍尔果斯口岸（伊犁哈萨克自治州）、都拉塔口岸（伊犁哈萨克自治州）、木扎尔特口岸（伊犁哈萨克自治州）；（3）新疆与吉尔吉斯斯坦的边境口岸2个，即吐尔尕特口岸（克孜勒苏柯尔克孜自治州）、伊尔克什坦口岸（克孜勒苏柯尔克孜自治州）；（4）新疆与巴基斯坦的边境口岸1个，即红其拉甫口岸（喀什地区）；（5）新疆与塔吉克斯坦的边境口岸1个，即卡拉苏口岸（喀什地区）。

出境铁路正在建设中。依托亚欧大陆桥，建设面向中亚、西亚的现代化口岸，进出口中转集散地和大通道作用日渐显现。2013年阿拉山口口岸全年开行中欧班列约80列，2017年开行近1300列，翻了约16倍；2013年过货量不足3万吨，2017年过货量为90万吨，翻了30多倍；原来仅有成都、重庆等地开行数趟中欧班列，如今河南省等多个省份加入中欧班列队伍，加快"走出去"步伐，新疆开行的中欧班列目前每天有10趟中欧班列进出国门、货运量也呈"井喷"态势。中欧班列乌鲁木齐集结中心至2018年已累计开行中欧班列1500列，约占全国中欧班列开行总量的近1/6。从纵向对比来看，改革开放之初的1980年新疆口岸的过货量只有4000余吨，而2017年全区口岸进出口货运量高达4958.9万吨。开通国际客货运输线路111条，国内外航线257条；2017年实现进出口总值1398.4亿元，同比增长19.9%，增速居全国第11位。乌鲁木齐国际陆港区建设正加快推进，乌鲁木齐综合保税区已经通过验收，多式联运海关监管中心挂牌运营。[①] 南疆喀什素有五口通八国之称，喀什是中巴经济走廊的起点，中国—中亚—西亚经济走廊的重要节点。红其拉普、卡拉苏、伊尔克斯坦、吐尔尕特等口岸公路等级得到提升，喀什航空港也已经开通营运。2015年5月中国满载出口货物的运输车队从喀什出发，历史15天到达瓜达尔港，从这里装船运往西亚和非洲，打通了我国西北地区通往印度洋的通道。2017年新疆各关区进出口388.4亿美元（包括国内其他省市经由新疆各口岸的进出口额），增加20.9%；其中新疆进出口206.61亿美元，增加17.1%，过货量4959万吨，增加13.2%，关税收入143.7亿元，增加26.7%，进口原油1110.3万吨、天然气2791.5万吨。

喀什、霍尔果斯特殊经济开发区建设正式启动。2010年5月，中央新疆工作会议上中央正式批准喀什设立经济特区。喀什辖区面积16.2万平方公里，市区面积11.2万平方公里，常住人口450万人，2015年GDP720亿元。喀什是中国的西大门，喀什经济特区的设立，为实现喀什地区乃至新疆经济的跨越式发展具有重要战略意义。2011年，国务院发布了《支持喀什霍尔果斯经济开发区建设的若干意见》，新疆正式启动喀什50平方公里经济开发区、霍尔果斯73平方公里（含伊宁）经济开发区建设，力求将其打造成"西部边陲具有特色的经济增长极"。国务院将把喀什、霍尔果斯经济开发区建设成为中国向西开放的重要窗口，以此推动形成中国"陆上开发"与"海上开发"并重的对外开放新格局。两个经济特区被赋予五免五减的最优惠财税政策，陆续吸引了一批具有实力的企业集团进驻。比如山东如意纺织集团进驻喀什开发区，深圳68家科创企业进入喀什开发区科创中心。霍尔果斯是双西公路（欧洲西部—中国西部）的重要节点，中国西部功能最为齐全的陆路口岸，目前形成了户籍人口8.5万人口的新兴城市。中哈霍尔果斯国际边境合作中心自2012年4月18日正式封关运营以来，截至2018年3月，合作中心出入境人数达1779万人次，贸易额达227亿元人民币，年均增长约为87%和225%。

乌洽会升格为国家级中国—亚欧博览会。自1992~2010年连续举办19届的乌鲁木

---

① 《对外开放，后发先至》，http://www.xinjiangyaou.com/c/2018-05-30/2029116.shtml。

齐对外经济贸易洽谈会，于2011年升格为国家级中国—亚欧博览会，这是党中央、国务院着眼于进一步扩大我国沿边开放和向西开放步伐，加快新疆发展的重大举措。已连续举办六届的中国—亚欧博览会极大地助力了新疆的外向型经济发展，2018年第六届中国—亚欧博览会共有162个内联、外联项目签约共2709.43亿元，较上届增长11.98%。新疆25家重点企业与来自"一带一路"沿线13个国家的29家外方企业共签订外贸合同、协议29个，贸易总额104.88亿元人民币，签订外联项目2个，签约金额28.96亿元。此外，为适应数字经济和跨境电子商务新形势的发展，中国—亚欧博览会网上博览会自2018年9月1日启动，正式进入"线上+线下""展示全天候、交易全天候""永不落幕"的全新"数字会展"发展阶段。

（二）利用外资大幅度增长

改革开放以后，新疆开始利用外资推动经济发展，1980年，伴随着第一家中外合资企业——新疆天山毛纺织有限公司的成立，新疆引进外资的大门开启。1980年新疆外资额合集109万美元，到1990年增长到7629万美元，但总体上规模不大。自1991年开始，利用外资、对外承包（工程和劳务合作）以及境外投资开始进入快车道，1991~1998年，利用外资合计211653万美元，对外承包（工程和劳务合作）营业额29510万美元，对境外投资11878万美元。进入21世纪以来，新疆对外资的吸引力稳步提升，在2013年达到峰值，此后稍有回落，近5年（2013~2017年）共引进外商直接投资19.47亿美元。2017年新疆利用外资合计1.96亿美元，对外承包（工程和劳务合作）营业额15.06亿美元，对境外投资8.53亿美元。从外商总量来看，外商投资企业由20世纪80年代初的1家增长到2017年底的791家，企业数量迅速增长。

以霍尔果斯为代表的沿边地区在吸引外资方面异军突起。从外商直接投资的区域分布来看，2017年新疆外商直接投资主要集中在霍尔果斯市、巴音郭楞州、乌鲁木齐市和昌吉州，其实际使用外资额分别为15158万美元、2714万美元、778万美元和734万美元，排名在其后的是新疆建设兵团实际使用外资84万美元，此外哈密市、伊犁州、喀什地区、克孜勒苏州等各地市的实际使用外资均低于83万美元。从投资分布可以看出，2017年霍尔果斯市吸引外商直接投资的企业个数高达64家，合同外资额74711万美元，较上年同期增长1151.23%，呈现出爆炸性增长，其主要原因在于国家对新疆沿边开放所给的政策优势得以释放所带来的政策红利（见表2）。

表2   2017年新疆外商直接投资分市（地）情况   单位：万美元

地州市	企业数	上年同期	增减（%）	合同外资额	上年同期	增减（%）	实际使用外资	上年同期	增减（%）
总计	165	74	122.9	143719	49694	189.2	19613	40076	-51.0
霍尔果斯市	64	4	1500	74711	5971	1151.3	15158		
巴音郭楞州	2	1	100	2716	7	38700	2714	2025	34.02

续表

地州市	企业数	上年同期	增减（%）	合同外资额	上年同期	增减（%）	实际使用外资	上年同期	增减（%）
乌鲁木齐市	50	43	16.28	-175	21805	-100.8	778	23718	-96.7
昌吉州	4	3	33.33	6167	2030	203.79	734	1296	-43.4
兵团商务局	18	3	500	38214	500	7542.8	84	2550	-96.7
哈密市	1			30			83	1756	-95.2
伊犁州	2	9	-77.8	6357	9661	-34.2	31	7900	-99.6
喀什地区	8	6	33.33	3879	1670	132.28	16	167	-90.4
克孜勒苏州	3	1	200	6396	947	575.4	15		
伊宁市	2			3560					
塔城地区	2			893					
克拉玛依市	3	2	50	559	3	18533		2	-100
吐鲁番市	3			229				44	-100
博尔塔拉州	2	1	100	110	5500	-98			
伊宁县	1			73					
阿勒泰地区								474	-100
阿克苏地区		1	-100		1600	-100		144	-100

资料来源：新疆商务厅外经处提供。

新疆利用外资结构持续优化，服务业引资比重逐步提高。外商的来源也日趋多元，2017 年底，外商在新疆投资主体扩大到 54 个国家和地区。投资领域不断拓宽，外商投资广泛覆盖一产、二产和三产，分别为 70 家、230 家、491 家。第二产业仍然占据利用外资主导地位，近年来尽管第二产业实际利用外资比重呈下降趋势，但吸引外资的主体地位仍然没有动摇。投资地域也不断拓展。外商投资已经覆盖 14 个地州市。党的十八大以来，新疆引进外商投资进入新阶段，利用外资规模和速度快速发展，利用外资综合质量有效提高。2012～2017 年，新疆累计新设外资企业 435 家，合同外资金额 42.88 亿美元，实际使用外资金额 23.63 亿美元。①

（四）新疆与中亚能源合作渐成规模

中国与中亚能源合作是解决西气东输的主要方案。目前中亚—中国天然气管道 A、B、C 线和中哈原油管道已经建成运营，经过土库曼斯坦、乌兹别克斯坦、哈萨克斯坦通过霍尔果斯口岸进入新疆。其中中亚天然气管道向中国供气累计已突破 2000 亿立方

---

① 新疆维吾尔自治区统计局：《对外贸易实现新跨越对外开放取得新成绩——中央新疆工作座谈会以来新疆经济社会发展主要成就之九》，http://www.xjtj.gov.cn/sjcx/snjbkxj_3777/201407/t20140722_429632.html。

米,中哈原油管道向中国输油累计已超过1亿吨;中国—中亚天然气D线管道塔吉克段于2017年9月开工,以土库曼斯坦复兴气田为气源,途经乌兹别克斯坦、塔吉克斯坦、吉尔吉斯斯坦进入中国,止于新疆喀什乌恰的末站。全长1000公里,其中境外段840公里,设计年输气量300亿立方米。预计中亚天然气管道D线将于2020年底全线完工,从而使中国—中亚天然气管道的整体输气能力达到850亿立方米。按照2020年中国天然气消费将达到4000~4200亿立方米来计算,可满足国内超过20%的天然气需求(见表3)。

表3　　　　　　　　　　　中国—中亚能源合作项目

名称	起始国家	管道长度	年输气量	通气时间
A线	土库曼斯坦	1833公里	300亿立方米	2009年12月
B线	乌兹别克斯坦	1833公里	300亿立方米	2010年10月
C线	乌兹别克斯坦	1840公里	250亿立方米	2014年5月
D线	土库曼斯坦	1000公里	300亿立方米	预计2020年

三、新疆地区开放发展面临的瓶颈与挑战

独联体成立后,中亚国家的独立及其对外关系的变化为新疆开放发展提供了新机遇。中亚五国独立后与中国建立了良好的外交关系,中国分别与哈萨克斯坦、吉尔吉斯斯坦、塔吉克斯坦解决了边界与领土划分问题。上海合作组织的成立成为协调中国与中亚国家关系的重要机制,推动了中国与中亚政治经济关系的全面发展。新疆作为中国面向中亚和西部开放的重要枢纽,发展与中亚经贸合作得到国家的强大支撑。但是,新疆在对外开放、发展与中亚国家经贸合作与文化交流中仍然面临难以突破的瓶颈和挑战。

(一) 新疆对外经贸形势严峻,下行压力加大

1. 外贸进出口大幅滑坡

自2014年以来,新疆货物进出口总额呈现出持续下降的态势。2017年新疆货物进出口总额206.61亿美元,虽然略有回升,但是依然比2014年峰值的276.69亿美元下降25.3%,其中货物出口额下降25.4%,货物进口额下降29.98%。而且一般贸易、加工贸易、边境小额贸易进出口额出现同步下滑。2017年新疆一般贸易进出口额56.6亿美元,比2014年的110亿美元下降48.5%,加工贸易进出口额1.33亿美元,比2014年的4.15亿美元下降67.95%,边境小额贸易进出口额138.34亿美元,比2014年的142.25亿美元下降2.75%。其中对哈萨克斯坦等主要贸易伙伴下降7%,对俄罗

斯进出口额下降43.7%。在中美贸易摩擦加剧背景下，2018年新疆外贸形势不容乐观，1~7月新疆外贸进出口完成104亿美元，同比下降13.4%（见表4）。

表4　　　　　　　　　　2014~2017年新疆进出口贸易统计表　　　　　　单位：千美元

年份	进出口	出口	进口
2014	2766930	2348255	418674
2015	1967789	1750600	217189
2016	1796328	1591212	205116
2017	2066073	1772922	293151

资料来源：新疆商务厅网站。

2. 利用外资总量下降，且分布不均衡

2013年以来新疆吸引外商直接投资总体不断下行。2013年新疆引进外商直接投资为4.81亿美元，2017年则下降到1.96亿美元，不足2013年的一半。从投资地区来看也呈现过度集中的态势，2017年在新疆各地、州、市外商投资企业合同个数中，霍尔果斯位居第一位。在霍尔果斯投资的外商企业有64家，占全疆合同个数的38.8%，合同外资金额7.47亿美元，占全疆合同外资金额的51.98%，实际利用外资1.52亿美元，占全疆实际利用外资的77.3%。此外，还存在投资领域过于集中在制造业，且以传统产业居多。这反映出新疆在外向型经济发展过程中呈现出比较明显的不平衡，除霍尔果斯和乌鲁木齐外，其他地市的引进外资工作进展缓慢。

3. 新疆货物集散地和国际物流中心功能弱化

随着我国西行班列陆续开通，更多贸易交易直接在内地市场完成，新疆成为过货通道。加之内地省区也纷纷提出向西开放，加强与中亚乃至欧洲国家经贸合作，借助新亚欧大陆桥搭建起"渝新欧""蓉新欧""汉新欧""郑新欧""西新欧""义新欧"等东来西去的国际铁路联运大通道日趋密集，新疆作为货物集散地和国际物流中心地位的弱化已影响了新疆地缘优势的发挥和丝绸之路经济带核心区的建设。喀什则因物流成本过高导致其物流集散功能弱化：物流公司司机因护照全部收缴不能出国运输，喀什空港于2017年底停飞比什凯克，航空运输要绕道乌鲁木齐。

外部环境出现显著变化：一是主要贸易伙伴国家经济缓慢复苏，需求普遍减少，我国产品出口成本上升，新疆主要出口商品总值均呈下降态势；二是新疆周边中亚国家的货币贬值，购买力下降；三是政策执行影响了边贸企业出口的积极性。一些地州兑现自治区奖励、扶持政策不及时、打折扣，影响了企业发展的积极性。

（二）复杂的国际形势与"三股势力"的严重威胁

社会稳定与经济发展相辅相成，新疆的开放发展迫切需要一个稳定的社会环境。

但是，泛伊斯兰运动与境内东突厥运动相互勾结一直是新疆社会稳定的主要威胁。中亚地区的乌兹别克斯坦、吉尔吉斯斯坦和塔吉克斯坦所处的费尔干纳盆地以及周边的阿富汗、巴基斯坦境内，"乌伊运"、伊扎布特、塔利班等三股势力活动猖獗，不仅在所在国兴风作浪，破坏政局与社会稳定，而且与境内的"东突厥斯坦"运动相互勾结和渗透，比如伊扎布特就通过贸易对新疆进行渗透，给新疆的沿边经济发展造成很大威胁。

一是安全风险对中国在中亚的经济活动产生冲击。吉尔吉斯斯坦2005年和2010年曾发生两次重大骚乱引发政权更迭。在2010年4月的吉尔吉斯斯坦骚乱中，包括中国商铺在内的多家商场被打砸抢烧，国英商贸城被洗劫烧毁，华人商铺损失惨重。这些安全隐患均对中国对外投资、贸易交流的企业有很大的负面冲击，对于在中亚投资的安全前景不容乐观，会给推进丝绸之路经济带经济交流与合作埋下隐患。

二是新疆边境安全与扩大开放之间存在一定矛盾。新疆南部边境口岸大都处于高海拔的高寒地带，自然条件十分恶劣，监管难度很大。新疆公安边防总队近10年在新疆边境口岸辖区收缴了大批各类枪支弹药、雷管炸药、手榴弹，并多次查获偷渡人员和各类非法出入境人员。由此可见，新疆维护口岸安全任务繁重，扩大开放与边境安全之间存在一定的矛盾。

三是社会维稳也对新疆开放发展产生一定冲击。为了维护社会稳定，新疆现行的做法是采取暂时性地限制人员自由进出境的做法，收缴所有物流公司运输司机的护照，对于迫切需要前往境外洽谈商务或跨境运输及货物出口造成严重困扰。跨境运输过去可以直通目的地，现在只能运到边境口岸进行换装，增加了运输物流成本。由于担心"三股势力"的渗透，对于外籍客商在新疆的活动也采取了比较严格的审批制度。第六届中国—亚欧博览会，原则上不邀请境外客商，尤其是中亚地区的客商参加。为维护社会稳定所采取的短期内限制人员进出境的做法也对外向型经济发展带来很大影响。

（三）与周边国家互联互通不畅限制了新疆的开放发展

1. 交通设施与周边互联互通不畅

受地理条件和历史欠债的影响，新疆的公路、铁路网络还很不完善，交通网络覆盖深度仍然偏低，新疆维吾尔自治区公路平均密度和高速公路平均密度分别为全国的22.60%和20.28%。南疆没有环形铁路，和田地区尚未实现高速公路连接，仍有6个县城和36个兵团团场未通二级及以上公路；重要城际通道运力不足、运输效率偏低，乌鲁木齐至大黄山、小草湖和奎屯的高速公路等首府放射线交通量增长迅速，通行能力不足现象逐步显现。南疆没有出境铁路，库尔勒至阿克苏、奎屯至克拉玛依等高速公路技术标准不高，已难以承担高密度的城际运输需求。没有便利的交通运输条件，产品进出口不便捷，对外贸易的发展必然受到限制。

2. 通关便利化和通关效率低

新疆许多口岸受自然条件的影响，无法保证全天候正常通关。如南疆的红其拉普、卡拉苏、伊尔克什坦、吐尔尕特都为季节性口岸（每年4~11月开关），北疆与蒙古国连接的老爷庙、乌拉斯台、红山嘴等口岸因缺水远离边境，通关也不顺畅。中外双方海关管理体系的调整也会对贸易发展造成障碍。红其拉甫口岸2018年上半年进出口货物量及贸易额双双下降，红其拉甫口岸2018年1~6月累计出入境人员2624人次，同比下降23%，进出口货运量2235.4吨，同比下降87.0%，贸易额1294.万美元，同比下降82.0%，究其原因是：中国—巴基斯坦原产地电子信息交换系统正式上线运行，巴基斯坦统一使用WeBoc清关系统后，巴方货主不接受海关要求缴纳的进口关税税额。采取了拒绝卸货、罢工、封堵道路等方式阻拦中巴陆路货运，客运通行。

3. 出入境签证服务效率欠佳

除我国对跨国人员流动的暂时性限制措施之外，目前影响新疆和中亚五国国际经济交流，尤其是涉外商务人员自由流动的一个突出因素是中亚各国的签证难。各国签证制度不统一，每个使馆送签日期、时间、所需材料都不相同。大都要求先拿到移民局或领事司认可的、由该国公司或公民出具的邀请函，手续烦琐，并且办理面签时不实行预约制，签证者等候时间一般为一周左右，面签时被拒签的概率很高，成功签证需耗时1~2个月。哈萨克斯坦签证费用已经高于赴美签证，并且拒签率极高。土库曼斯坦虽是中亚五国中唯一对中国公民提供落地签的国家，但需事先由邀请人在土首都或各州移民局办理落地签手续。新疆客商出国参加商业活动的审批依然比较严格，且审批周期较长，导致部分涉外商业活动受到影响。

（四）中亚国家经济发展波动对新疆开放发展造成负面影响

1. 中亚国家经济波动与市场潜力有限

新疆的外向型经济发展，尤其是贸易关系容易受到周边中亚国家（尤其是哈方）经济形势的影响。从全疆外贸发展形势看，哈萨克斯坦依然为主要贸易伙伴，紧随其后的是吉尔吉斯斯坦、俄罗斯、塔吉克斯坦、乌兹别克斯坦以及美国。近年来，受全球大宗商品，尤其是原油和矿产品价格波动的影响，哈萨克斯坦的经济增长速度缓慢，2015年和2016年的GDP增长率分别为1.2%和1%，2017年仅恢复到4%的经济增长水平。作为新疆最大的贸易伙伴，哈萨克斯坦的经济发展放缓对新疆的外向型经济产生了直接影响。此外，哈萨克斯坦坚戈（KZT）对美元持续贬值，对外出口形势面临严峻挑战。2017年以来，哈方货币坚戈先后出现两次大幅贬值现象，坚戈兑美元由2017年初的185∶1贬值至年底的300∶1，进入2018年又进一步贬值到371∶1（2018年10月7日汇率）。受到货币贬值的负面影响，哈方对进口产品的需求随之大幅降低，对口岸出口造成严峻影响，对企业经营造成较大冲击。此外，中亚各国的经济总量和消费潜力有限，中亚五国GDP总量不如中国经济发达的一个省。新疆与中亚各国的经贸合作的潜力还比较有限，需要更为长远的挖掘和拓展经济较为发达的其他国家的市场机遇（见表5）。

表5　　　　　　　　　　　中亚五国GDP增长情况　　　　　　　　　单位：%

年份	哈萨克斯坦	乌兹别克斯坦	土库曼斯坦	塔吉克斯坦	吉尔吉斯斯坦
2008	3.3	9	14.7	7.9	8.4
2009	1.2	8.1	6.1	3.9	2.9
2010	7.3	8.5	9.2	6.5	-0.5
2011	7.4	8.3	14.7	7.4	6
2012	4.8	8.2	11.1	7.5	-0.1
2013	6	8	10.2	7.4	10.9
2014	4.2	8	10.3	6.7	4
2015	1.2	7.9	6.5	6	3.9
2016	1	6	6.2	6.9	3.8
2017	4	5.3	6.5	7.1	4.5

资料来源：中国商务部网站。

2. 周边国家合作意愿以及执行能力不足

从双方合作的意愿和条件来看，中国对外合作意愿强烈，合作的战略意图明确，国家机构有较强的执行能力。而中亚五国受其社会经济发展程度制约，合作意愿不强，国家外交机构运转效率、政府机构执行能力均有待加强。以中哈霍尔果斯合作中心建设为例，中哈霍尔果斯合作中心总面积5.28平方公里，中方区域3.43平方公里，哈方区域1.85平方公里，中心实行封闭式管理。但是从中哈霍尔果斯合作中心封关运行至今，哈方区域建设进度缓慢，大片区域依然处于未开发状态。这主要是由于两国签约时没有明确规定双方建设费列入国家预算。由于双方经济发展差异，我方轰轰烈烈投资巨款建设，而哈国最后交给一家国家铁路股份公司承建，此公司自有资金有限，引资能力弱，故哈方建设拖拉缓慢。此外，按合约哈属土地只能短期出租而不能出售修建营业设施，这样造成双方投资者都不愿做长期投资，在合作中心的中方区域早已高楼大厦林立，而迄今在哈方除少数由中方企业投资兴建的商业设施外，哈方只建设了少许简易钢构房。

（五）新疆经济实力有限，缺乏辐射带动能力

1. 新疆经济总量低，产业结构不合理

2017年新疆地区生产总值10920亿元，增长7.6%，首次突破万亿元大关，居全国第26位；外贸进出口总额206.6亿美元，居全国第21位；截至2017年新疆对外投资累计 57.9 亿美元，在全国来讲微不足道。新疆总体经济实力在全国居于下游，经济结构以能源原材料为主，经济增长依靠规模扩张这种"粗放式增长"模式。新疆缺乏相对发达的产业集群，对外贸易品以附加值低、科技含量低的劳动密集型产品、资源性产品为主，市场竞争力弱。如果对外贸易是依靠数量的扩大和低价竞销的方式来促进增长，那么该地区的对外贸易增长额就依赖于也受制于进口国的需求量以及经济状况，非常不稳定。近年来，占据新疆出口比重较大的是服装及鞋帽类产品，多为仿制品，产品质量不过关，无法达到让消费者满意的标准，难以稳固占领中亚市场。

2. 具有地方特色的自主产品占比低

新疆是我国农业大区，地产丰富，主要生产番茄、哈密瓜、棉花等农副产品。其中，新疆番茄酱是拥有自主品牌的产品，但是由于其以桶装原料出口，附加值较低，其出口额占新疆出口额的 7%～8%。通过对乌鲁木齐的小型外贸商户调查发现，他们的行销方式大多很被动，产品不具有差异化。很多小型外贸企业甚至拿着国外的样板改改款式，就摇身一变成了自己的产品。要想发展属于地方的特色自主品牌，首先要提升科技实力，以及自主创新能力，生产出技术含量高，附加值高的产品，只有真正自主有特色的产品，才有足够的竞争力和销售市场，能够受到消费者的欢迎，才能提高新疆外贸出口对于经济增长的贡献度。

3. 外贸人才匮乏，行业商会作用未充分发挥

新疆外贸企业已经达到 2000 多家，但是大部分新注册登记的外贸公司都缺乏外贸人才，企业内员工对外贸业务了解不够，无法有效解读外贸政策进一步运用优惠政策为企业盈利，如出口退税政策，人民币汇率的改革等反应不敏感。很多外贸企业在进入外国市场之前，对当地的法律法规缺乏了解，不会用法律来维护自身权益。对此，新疆应该加强对人才的引进及培养，同时对外贸企业进行培训，发挥行业协会和商会作用。此外，对外贸易企业对于自身的员工素质，以及产品的质量，对于企业运营和行销的管理等都有待提高。同时，他们也应该多加了解当地居民的风俗习惯，尊重当地居民生活习惯。

四、加快新疆地区开放发展的对策建议

《推动共建丝绸之路经济带和 21 世纪海上丝绸之路的愿景与行动》规划"发挥新疆独特的区位优势和向西开放重要窗口作用，深化与中亚、南亚、西亚等国家交流合作，形成丝绸之路经济带上重要的交通枢纽、商贸物流和文化科教中心，打造丝绸之路经济带核心区"。丝绸之路建设必然将新疆地区与世界市场连接起来，为加快新疆的沿边开发开放步伐提供了前所未有的发展机遇。

(一) 欧亚经济走廊与新疆开放发展重点方向

开放是新疆经济最大的潜力所在。新疆是国家"一带一路"建设中确定的"丝绸之路经济带"核心区，在我国新一轮对外开放事业中同样占有独特而重要的战略地位。新疆作为丝绸之路核心区，新疆承担起东引西出、西进东出、内引外联的功能。由于自然环境限制与边界的屏蔽效应，新疆向西开放必须以经济走廊为核心，即以交通干线连接的中心城市，以点带线、以点带面逐步扩大开放。丝绸之路经济带规划建设六大经济走廊，其中新欧亚大陆桥经济走廊、中国—中亚—西亚经济走廊、中巴经济走廊三条经济走廊都经过新疆或以新疆为起点。

新疆扩大开放必须依托丝绸之路经济带，推进"一体两翼"三条经济走廊建设。首先要用好新亚欧大陆桥经济走廊，规划中的中欧高铁建设将打通上海—北京—兰州—乌鲁木齐—霍尔果斯—阿拉木图—阿拉塔斯—喀山—莫斯科—明斯克—华沙—柏林9000多公里，时速300公里的中欧快捷通道，将强化新疆东西联通的作用。其次，加快构建中国—中亚—西亚经济走廊，打通乌鲁木齐—精河—伊宁—霍尔果斯—阿拉木图—比什凯克—中亚—欧洲的铁路交通干线，以及喀什—中吉乌铁路—伊朗—西亚经济走廊。优先完成其国内段格尔木—德令哈—罗布泊—若羌—于阗—和田—喀什的南疆铁路。最后，积极推动新疆参与中巴经济走廊，打通喀什—白沙瓦—伊斯兰堡—卡拉奇—瓜德尔港的铁路通道，形成"北中南"全面开放的格局。

(二) 丝绸之路经济带核心区需要着力打造五大中心

(1) 建设区域性交通枢纽中心。充分发挥新疆地缘优势，加快联通内地与中亚、西亚、南亚以及欧洲和俄罗斯、蒙古国的铁路、航空、公路通道建设。重点构建丝绸之路经济带北、中、南三大通道，努力将新疆打造成丝绸之路经济带上的综合交通枢纽中心和国际贸易大通道。

(2) 建设区域性商贸物流中心。依托乌鲁木齐铁路枢纽、公路枢纽、国际机场等国际物流集散地，改造提升现有物流园区，重点建设新疆海关多式联运监管中心、新疆陆路港、乌鲁木齐乌拉泊国际物流园区、乌鲁木齐空港国际物流园区。依托区域性交通枢纽城市和重要口岸，以伊宁、昌吉、阿勒泰、喀什、库尔勒、阿克苏、哈密、霍尔果斯、阿拉山口、巴克图、乌恰等为重点节点，建设一批国际物流园区，支持跨国物流企业做大做强，形成具有地域特征的物流网络，实现与周边国家的贸易畅通。

(3) 建设区域性文化科教中心。充分发挥新疆多元文化优势，以文化、科技、教育、旅游等领域为重点开展与周边国家的务实合作交流，加强丝绸之路经济带沿线各国人民的交往交流。重点建设新疆大学、新疆师范大学、喀什大学、克拉玛依大学、伊犁大学，以及新疆博物馆、新疆国家级科研机构。

(4) 加快将乌鲁木齐建设成为区域性国际金融中心，喀什市建设成为区域性金融贸易中心，伊犁霍尔果斯国际边境合作中心建设成为离岸人民币试点金融港。推进丝绸之路经济带国际融资、清算、区域金融市场、外汇交易等金融平台建设，推进金融创新政策先行先试，提高资金融通能力。

（5）建设丝绸之路经济带重要能源大通道。抓紧建设新疆到我国内地的油气管道，积极推动中哈石油管线二期工程及西气东输D线等输气通道项目建设。完善能源安全储备制度，进一步加强国家级油气储备基地建设，鼓励社会资本投资油气商业储备设施。要加快"疆电东送"特高压输电线路建设，特别要结合资源战略规划与周边国家的电网设施建设，形成能源输送的空中大通道，为国家提供多元、安全、稳定、可靠的能源资源。

（三）重点打造丝路沿线中心城市，发挥辐射功能

经济带是以交通主干线为基础，重要节点城市发挥辐射功能形成的区域经济发展带。要求在丝路沿线的重要节点城市布局生产力中心和文化科教中心，形成具有强大辐射功能的中心城市，带动周边地区的发展。

（1）天山北坡以乌鲁木齐为中心，以石河子、克拉玛依、奎屯、昌吉等城市群为重点，发挥乌鲁木齐中心城市辐射功能，突出交通枢纽、商贸物流、金融服务、文化科技、医疗服务中心建设，使其成为面向中亚、西亚、南亚的国际性城市和丝绸之路经济带中心城市。着力建设我国重要的能源基地、特色制造业基地、战略性新兴产业基地和现代服务业基地；充分依托沿边沿桥优势，把天山北坡经济带建设成为丝绸之路经济带核心区的骨干和中枢，使其成为推进我国向西开放战略实施的重要引领地带。

（2）天山南坡以喀什为中心，以阿克苏、阿图什、库尔勒、和田等城市群为重点，以能源矿产资源和特色农业资源为依托，以加快推进新型工业化，形成特色产业集群为主要目标，着力建设我国重要的石油、天然气化工基地、农产品精深加工基地、纺织服装工业基地。喀什经济特区以"东有深圳、西有喀什"为目标，依托国家批准设立喀什经济特区的特殊政策，面向中亚、西亚和南亚广阔市场，加快超常规发展步伐，建议北京和深圳在喀什建设喀什新城，努力把喀什建设成为具有强大辐射能力的中心城市和西域安全屏障。

（3）新疆沿边以伊宁为中心，以霍尔果斯、塔城、博乐等城市群为重点，布局生产力中心，培育区域经济增长极，构建沿边地区全方位开发开放新格局。重点发展国际贸易、国际物流、生态旅游、国际金融等服务业，利用进口小麦、玉米、油菜籽，发展面粉、饲料粮和食用油等加工业，加快发展毛纺织业、皮革加工和肉类、乳品加工业。建议上海、江苏在伊宁建设上海新城，打造百万级人口规模的核心城市，构建双辐射中心城市。

（四）实施"东联西出"和"西进东出"开放战略

丝绸之路经济带核心区承担着"东联西出"和"西进东出"的战略通道作用。一

方面，新疆要内引外联，引导东部产业有序向新疆和中亚地区有序转移；另一方面，新疆还要将中亚及欧洲的能源、资源向国内东部地区输送，保证我国经济持续发展的能源资源需求。

1. 提升新疆内引外联水平

根据中亚与新疆要素禀赋及新疆经济发展需要，新疆与中亚西亚经济合作以能源、矿业、农牧业和民生工业为主。由于两地都是地广人稀，合作领域可以重点选择农业领域的小麦、油料以及饲料的生产与加工，制造业则以纺织品、金属采选与加工冶炼业、工程机械、装备制造业、特色食品加工业等，更好地满足国内外市场需求。新疆发展成为我国特色食品、纺织服装业、装备制造业、能源与金属材料制造业基地的潜力巨大，应采取对口援助和财税优惠政策（提供税收减免和企业搬迁补贴）引导东部地区和外国资金更多地进入这些产业，提高这些产业的现代化水平。扩大开放建筑设计、会计审计、商贸物流、电子商务等服务业领域外资引入限制，扩大银行、保险、证券、养老等市场准入，营造良好投资环境。

2. 提升新疆对外投资水平

创新对外投资合作方式。鼓励新疆有实力的企业采取多种方式开展境外基础设施投资和能源资源合作。促进新疆钢铁、电力、轻工、纺织等优势产业走出去。抓好境外合作园区建设，形成跨国合作示范效应。支持一批境外投资重大项目。支持特变电工在塔吉克斯坦的输变电项目建设，支持新能源在巴基斯坦光伏并网电站项目。新疆广汇在哈萨克斯坦的石油项目，三宝集团在哈萨克斯坦的种植、饲料加工、畜禽养殖等一批项目提供服务。完善境外投资管理体制。进一步完善个案为主、核准为辅的对外投资管理体制，简化境外投资管理程序，取消束缚对外投资的不合理限制。

（五）加强新疆对外开放新型平台建设

加强喀什经济特区、霍尔果斯经济开发区基础设施建设，推动中国（上海）等12个自由贸易试验区成熟经验和改革措施在喀什、霍尔果斯等地率先推广、落地执行，在此基础上创建中哈国际合作示范区。加快推进设立自由贸易试验区前期工作，适时建立面向中亚的中国（新疆）自由贸易试验区，增强招商引资能力和水平。加快乌鲁木齐综合保税区、阿拉山口综合保税区、喀什综合保税区、霍尔果斯综合保税区、奎屯综合保税区物流中心、中哈霍尔果斯国际边境合作中心建设。积极申报设立吉木乃口岸综合保税区、塔克什肯口岸综合保税区、伊尔克什坦口岸综合保税区、塔城综合保税区、奎屯综合保税区、石河子综合保税区、库尔勒综合保税区、哈密综合保税区。在新疆具备条件的地（州）市设立保税物流中心（B型），在口岸设立一批公共保税库，形成多层次的海关特殊监管区。加强塔城、博乐、伊宁、吉木乃等边境经济合作区建设，形成内外联动、互利共赢的边境地区经济体系，以带动边境地方经济发展。

建议设立中蒙塔克什肯边境经济合作区，打通一条我国对蒙古国、俄罗斯新的经贸合作通道。统筹规划园区建设，在条件成熟的地（州、市）设立一批国家级经济技术开发区、高新技术产业开发区。

加强口岸基础设施及其互联互通建设。抓住新亚欧大陆桥经济走廊、中国—中亚经济走廊、中巴经济走廊建设机遇，加强新疆口岸与周边国家陆港联运对接，与连云港、天津、青岛、西安等沿海及内陆港务区交流合作，建设多式联运物流跨境通道，改善口岸通行条件。积极推进"互联网＋电子口岸"建设，依托电子口岸构建大通道信息平台，实现一次申报、一次查验、一次放行，提高口岸通关效能。尽快制定新疆口岸查验场地和设施建设标准，建立口岸通关便利化设施设备运行维护保障机制，支持新疆国家级口岸检验检疫、边防检查、海关监管等查验设施升级改造，建立公安边防检查站口岸快速查验通关系统，开设进出边境管理区绿色通道。优化口岸布局，积极推进别迭里口岸、吉克普林口岸等新的陆路口岸开通工作。建议国家尽快开通伊宁至中亚国家重要城市的国际航线，批准设立伊宁机场口岸。

继续扩大"中国—亚欧博览会"在中亚、西亚、南亚、欧洲乃至全世界的影响力，提升向西开放水平。办好中国新疆喀什的中亚南亚商品交易会、中国新疆伊宁的中亚国际进出口商品交易会、新疆塔城进出口商品交易会，提升沿边区域中心城市的国际影响力。

（六）处理好边境社会维稳与开放发展的辩证关系

边疆地区的发展问题经常让位于安全问题，成为边境地区政府治理能力的严重考验。本来经济开放与发展使得生活水平提高，更让百姓安居乐业，但因体制机制不顺与管理能力欠缺，通常陷入"一放就乱、一控就死"的维稳治乱恶性循环怪圈。如何做到放而不乱，管而不死，对体制机制建设和边境地方政府的治理能力提出更高要求。

1. 提升新疆边境地区国际联合执法合作水平

充分利用上海合作组织国际反恐协调机制，建立新疆边境地区国际执法合作联席会议机制，定期研判周边国家和地区安全形势，及时警示和应对边境地区安全风险。加大对新疆边境地区开展执法合作的授权，支持边境地区公安机关与周边国家地方警务、边检、边防等执法部门建立对口合作机制，进一步加强在防范和打击恐怖主义、非法出入境、走私等方面的边境执法合作，共同维护边境地区安全稳定。加大新疆边境地区国际执法合作投入。加强文化执法合作，强化文化市场监管，打击非法文化产品流入和非法传教，构筑新疆文化安全屏障，确保新疆对外开放安全。

2. 尽快协商解决当前新疆出入境签证难的局面

繁复的通关程序，签证难是最急需解决的问题，要改变目前"一刀切"的简单做法，建议采取分类管理的做法，根据历史出入境记录及公安系统的信息比对，对信誉好且需要对外开展经贸往来及跨境运输物流公司的业务人员发放出入境许可证。政府管理机构应采取定运输公司、定司机（人）、定线路可追溯的强化责任管理办法解决跨境运输困境。同时与中亚国家和俄罗斯协商采取措施改善办证效率：第一步将排队面签改为预约面签。第二步将面签改为电子签证，即只需在网上申请，出境人员凭电子签证即可出境。第三步，延长签证时间、提高通过率、简化签证手续和降低签证成本。第四步，实行落地签制度，延长再次签证停留的时间。第五步，放开旅游签证，建立中国和中亚五国及俄罗斯无障碍旅游区，实现相互免签的签证制度。

3. 实现伊斯兰教中国化和民族融合政策

新疆长治久安的根本在于民族融合，而民族融合需要文化融合。中华文明具有极强的包容性，历史上佛教在我国的传播开始时也遭遇文化冲突，导致多次灭佛浪潮，但随着佛教朝着中国文化方向调适，最终融入中华文明成为中国传统文化（儒释道）的组成部分。伊斯兰教在中国的传播也颇为悠久，回民信奉的伊斯兰教与中华文化也没有冲突。但20世纪80年代作为极端宗教势力的兴起及其在中国的传播，引起了多次暴恐事件，这与中国的文化传统格格不入。要消除"三股势力"的威胁，必须杜绝极端宗教思想的渗透，弘扬伊斯兰教健康思想并与中国的主流文化价值相调适。差异化优惠政策应该是向欠发达区域优惠，区域内各民族实现平等待遇，减少强化差异化的特殊民族政策，增强中华民族共同体意识。鼓励民族之间结亲与相互帮扶，为促进民族团结与交流，提升民族地区教育水平和少数民族国语能力。

（七）加强政策沟通，营造更好的周边环境

2011年俄白哈关税同盟付诸实践后对外关税明显提高，新疆对哈萨克斯坦的出口立即下降了30%。哈萨克斯坦作为关税同盟，启动更严格的海关检查制度，清理了存在多年的"灰色清关"，导致一些商品和货物无法顺利通关。为提升俄罗斯对中亚国家的经济控制力和影响力，俄罗斯还提出类似欧盟的"欧亚联盟"，以俄白哈关税同盟为基础吸纳独联体国家参加，逐渐实行统一货币政策。最先响应普京倡议的是塔吉克斯坦和吉尔吉斯斯坦，如果欧亚经济联盟实现无疑会给新疆向西开放形成一道"栅栏"。中国应强化同俄白哈关税同盟，进而同欧亚经济联盟进行投资贸易谈判，争取达成中国—欧亚经济联盟贸易投资自由化与便利化协定。

中国—巴基斯坦自由贸易协定由于多为原则性条款，许多条款的边境措施还没有实施细则，中巴自由贸易协定难以落实到位。因此，需要继续与巴方进行自由贸易协定升级版的关税清单、通关程序、跨境运输的边境措施的谈判并达成协议，将中巴自由贸易区协定的优惠政策落到实处。两国应协调运输标准（比如集装箱一致）和恢复跨境运输通达目的地的运输方式，以节省运输成本。中哈双方应协商解决霍尔果斯国际经济合作中心合作双方在法律地位、权限不对等、难以对接等问题，建议哈方提高合作机构的等级权限，变更土地租赁政策，加快哈方合作区建设速度（见附表1~附表3）。

附表1　　　　　　　　1978~2017年新疆外贸、外资、外经统计　　　　　单位：万美元

年份	进出口 总额	出口总额	进口总额	利用外资额 合计	外商直接投资	对外承包工程和劳务合作营业额	境外投资
1978	2346	937	1409				
1979	2436	868	1568				
1980	3202	1752	1450	109	109		
1981	6247	4721	1526	428	392		
1982	10674	9080	1594	41			
1983	11791	9727	2064	1182			
1984	23717	15995	7722	2013			
1985	28927	18031	10896	518	157		
1986	28412	20535	7877	2821	1462		
1987	31535	22291	9244	3617	1167		
1988	40775	29887	10888	2805	877		
1989	48640	36094	12546	7796	33		
1990	41086	33591	7495	7629	713		
1991	45934	36318	9616	12193	407	1174	
1992	75038	45385	29653	65684	1021	4160	
1993	92199	49498	42701	13051	5297	4528	
1994	103528	57087	46441	14542	4829	394	
1995	132223	65742	66481	54699	6678	2015	
1996	140367	54975	85392	26568	6639	512	
1997	144667	66547	78120	8691	2472	125	
1998	152501	74769	77732	16225	2167	92	11878*
1999	176534	102743	73791	14022	2404	672	1010
2000	226399	120409	105991	13923	1923	917	749
2001	177148	66849	110029	15000	2035	2200	146
2002	269186	130849	138337	4334	4334	3621	246
2003	477198	254221	222977		4154	6742	1742
2004	563563	304658	258905		4065	8567	1114
2005	794189	504024	290165		4749	13735	5258
2006	910327	713923	196404		10366	13039	5857
2007	1371623	1150311	221321		12484	41753	29553
2008	2221680	1929925	291755		18984	79479	16363

续表

年份	进出口			利用外资额			境外投资
	总额	出口总额	进口总额	合计	外商直接投资	对外承包工程和劳务合作营业额	
2009	1382771	1082325	300446		21570	68289	19237
2010	1712834	1296981	415853		23742	93714	37346
2011	2282225	1682886	599339		33485	97197	37528
2012	2517075	1934686	582389		40795	147047	25920
2013	2756191	2226980	529211		48102	199012	39968
2014	2766930	2348255	418674		41700	217309	58884
2015	1967789	1750600	217189		45250	218479	90823
2016	1796328	1591212	205116		40076	190807	110331
2017	2066073	1772922	293151		19613	150658	85305

资料来源：新疆商务厅统计数据，统计日期2018年8月17日；*表示为1991~1998年累计数值。

附表2　2017年新疆外贸主要进出口商品量值表　　单位：美元

出口商品	金额	占比	进口商品	金额	占比
合计	17729215	100%	合计	2931513	100%
服装	4893491	27.6%	机电产品	581520	19.8%
机电产品	3841280	21.67%	农产品	480437	16.39%
鞋类	2895310	16.3%	纸浆	248031	8.46%
纺织制品	1470436	8.29%	铜矿砂	234029	7.98%
*农产品	871267	4.91%	铜及铜材	219007	7.47%
文化产品	671392	3.79%	纺织机械	217180	7.41%
箱包	576537	3.25%	铁矿砂	123907	4.23%
玩具	537099	3.03%	棉花#	110775	3.78%
汽车零配件	477188	2.69%	锯材	70311	2.40%
高新技术产品	424536	2.39%	高新技术产品	69858	2.38%
钢材	361217	2.04%	煤炭	60218	2.05%
番茄酱	352467	1.99%	鲜、干水果	57840	1.97%
鲜、干水果	306537	1.73%	天然气	56183	1.92%
初级形状聚氯乙烯	299258	1.69%	皮革	48906	1.67%
灯具、照明装置	284869	1.61%	粮食	47114	1.61%
塑料制品	188724	1.06%	计量检测分析自控仪	44148	1.51%
陶瓷产品	161204	0.91%	饲料用鱼粉	41892	1.43%

续表

出口商品	金额	占比	进口商品	金额	占比
风力发电机组	153328	0.86%	医疗仪器	40842	1.39%
轴承	152724	0.86%	纺织纱线	39832	1.36%
床垫、寝具	110080	0.62%	氧化铝#	31936	1.09%
玻璃制品	84959	0.48%	羊毛#	28073	0.96%
手用或机用工具	83699	0.47%	通断保护电路装置	27653	0.94%
汽车	80227	0.45%	汽车	26695	0.91%
通断保护电路装置	64962	0.37%	食用植物油	18311	0.62%
静止式变流器	57400	0.32%	酒类	15349	0.52%
电线和电缆	51169	0.29%	初级形状塑料	13459	0.46%
电话机	50485	0.28%	原油#	13454	0.46%
眼镜	49417	0.28%	钢材#	12163	0.41%
钢或铜制标准紧固件	49083	0.28%	铝及铝材	10685	0.36%
蔬菜	47771	0.27%	肥料	10110	0.34%

资料来源：新疆商务厅综合处提供。

附表3　　　　2017年新疆外贸进出口主要国别（地区）总值表　　　　单位：千美元

国别（地区）	进出口	增减（%）	出口	增减（%）	进口	增减（%）
合计	20660728	17.1	17729215	13.8	2931513	42.6
中亚及俄罗斯	16546300	23.55	15151421	21.77	1394880	46.83
占比%	80.1		85.5		47.6	
中亚	15340054	27.2	14068165	25.08	1271889	56.67
占比%	74.2		79.4		43.4	
哈萨克斯坦	9421247	49.3	8398396	46.7	1022851	74.7
吉尔吉斯斯坦	4204359	6.8	4127387	6.6	76972	21.7
俄罗斯	1206246	-9.3	1083255	-9.1	122991	-11.0
塔吉克斯坦	1081814	-14.2	1076873	-14.3	4941	-9.7
乌兹别克斯坦	591609	27.3	426994	37.7	164615	6.5
美国	468677	-55.1	304531	-65.6	164146	3.4
巴基斯坦	460191	60.4	421151	64.4	39040	26.9
德国	358879	24.4	51713	-44.1	307167	56.7
印度	296799	39.1	187373	-6.5	109426	740.9
日本	168543	60.0	61616	58.1	106926	61.1
印度尼西亚	163081	95.2	56527	34.0	106554	157.7

续表

国别（地区）	进出口	增减（%）	出口	增减（%）	进口	增减（%）
蒙古国	149321	84.3	21627	-4.2	127693	118.5
巴西	114019	129.1	82707	302.5	31311	7.2
澳大利亚	113053	21.9	76873	27.5	36181	11.4
芬兰	99475	47.6	211	47.4	99264	47.6
韩国	89973	17.7	82939	25.6	7034	-32.6
越南	70499	49.0	61615	54.4	8885	19.8
意大利	68572	-32.3	43401	-24.2	25172	-42.8
土耳其	56113	-22.3	37877	-12.7	18236	-36.7
荷兰	55351	-48.3	52742	-48.0	2610	-54.8
英国	53777	-57.6	37249	-65.9	16529	-5.8
加拿大	50947	-42.4	16022	-74.3	34925	33.3
乌克兰	45841	-44.1	45384	-44.2	457	-40.2
沙特阿拉伯	42291	36.9	38733	65.1	3558	-52.2
阿富汗	41529	298.3	41522	300.1	7	-85.3
土库曼斯坦	41025	-29.0	38516	-29.4	2509	-20.4
加纳	35954	107.7	35954	107.7		
尼日利亚	35938	38.6	35778	38.0	160	
阿联酋	35372	-9.1	34957	-8.4	415	-43.3
西班牙	31038	-31.6	30786	-30.6	252	-76.5

资料来源：新疆商务厅外经处统计。

新时代沿边口岸发展存在的主要问题与对策

竺彩华

【内容摘要】 沿边口岸既是"一带一路"建设的重要节点,也是沿边地区开放发展的重要依托,因此其发展态势决定着"一带一路"建设和沿边开发开放的成效。新时代以"一带一路"为统领的全面开放新格局构建将给沿边口岸发展带来四大新机遇,即区位优势凸显、合作平台更高、政策扶持更多、产业集聚更易。与此同时,我国沿边口岸发展也面临诸多问题,如协调制度难以落地、硬件设施难以满足发展需求、政治热点与新兴产业的冲击,以及市场资源的决定性作用未能充分发挥。为使沿边口岸在新时代获得长足发展并更好地服务于"一带一路"建设,本文提出五个方面的政策建议,分别是立足于行政效率和经济效率来完善并推动"大通关"战略、立足于企业需求和公平竞争来完善市场化机制、立足地区特色和产能优势来推动口岸发展、立足于"硬件"和"软件"的连通来推动基础设施建设,以及借助经济外交工作来推动口岸连通。

【关键词】 沿边口岸　沿边开发开放　一带一路

口岸是我国对外开放的门户,人员和经贸往来的桥梁,国家安全的重要屏障;口岸也是经济体制改革的"试验田",我国许多重大改革措施都是依托口岸先行先试的;口岸更是深化同周边国家互联互通和积极推进"一带一路"建设的重要节点。因此,口岸发展至关重要。本文拟从新时代沿边口岸发展面临的新机遇出发,在相关调研的基础上研究沿边口岸发展存在的主要问题,并在此基础上提出政策建议。

一、沿边口岸基本情况

按照批准开放的权限划分,中国的口岸分为由国务院批准开放的一类口岸和由省级人民政府批准开放并管理的二类口岸。根据《中国口岸年鉴2017》,截至2016年底,我国共有口岸300个,其中水运口岸136个、空运口岸73个、铁路口岸20个、公路口岸71个。实施沿边开放政策以来,沿边9省区沿边口岸建设取得较快发展。据统计,我国共分布着72个经国家批准对外开放的沿边口岸。这些沿边口岸作为联结我与毗邻国家的桥梁纽带,为促进边境地区的开放发展,以及推动我与周边国家的睦邻友好发挥了积极作用。在 72 个沿边口岸中,铁路口岸有 11 个,公路口岸有 61 个。

2016 年海关总署发布的《国家口岸发展"十三五"规划》明确提出要优化口岸布局,根据国家重大战略和对外开放总体布局,结合口岸的自然禀赋、区位优势以及当地外向型经济发展水平、产业布局,打造若干口岸集群和枢纽口岸,有效发挥枢纽口岸和口岸集群内主要口岸的牵引和带动作用,其他口岸围绕枢纽口岸或口岸集群内主要口岸合理定位,各口岸之间分工合理、优势互补、相互协作、竞争有序。根据该规划,沿边地区要坚持面向东北亚、中亚、东南亚和南亚,统筹谋划沿边口岸发展(见表1),打通"一带一路"国际运输大通道建设连接内外的关键节点;有效发挥沿边口岸特别是主要沿边口岸的集聚效应和带动作用,与有关毗邻国家建设 1~2 个示范口岸,完善集疏运体系,建设一批集产品加工、包装、集散、仓储、运输、报关、报检、代理等功能于一体的国际道路运输枢纽和物流园区,促进沿边地区开发开放。利用现有多双边合作机制,充分考虑毗邻国家国情和实际发展需求,稳妥有序推动沿边口岸对等开放和同步建设。规范边民通道管理,准确定位边民通道的作用和功能,实行差别化管理,更好地发挥重点边民通道作用。

表 1　　　　　　　　　　　沿边口岸布局

区域	目标	主要口岸
东北	把黑龙江、吉林、辽宁和内蒙古东部建设成为面向东北亚(俄、朝、日、韩)开放的枢纽	中俄:满洲里、绥芬河、珲春、(同江)铁路口岸;满洲里、绥芬河、东宁、珲春、(黑河)、(黑瞎子岛)公路口岸 中朝:丹东、图们、集安、(南坪)铁路口岸;丹东、南坪、圈河、长白、(图们)、集安公路口岸
北部	打造向北(蒙古国)开放的前沿	中蒙:二连浩特、(策克)、(甘其毛都)、(珠恩嘎达布其)、(阿尔山)铁路口岸;二连浩特、策克、甘其毛都、珠恩嘎达布其、阿尔山、满都拉、塔克什肯公路口岸
西北	充分发挥新疆、甘肃向西开放优势,培育面向中亚、西亚、南亚以及中东欧国家的商贸物流中心,推动丝绸之路经济带建设	中哈:霍尔果斯、阿拉山口、(巴克图)铁路口岸;霍尔果斯、阿拉山口、巴克图、吉木乃、都拉塔公路口岸 中吉:(中吉乌铁路口岸);伊尔克什坦、吐尔尕特公路口岸 中巴:红其拉甫公路口岸 中塔:卡拉苏公路口岸
西南	把广西建设成为面向东盟的国际大通道,把云南建设成为"一带一路"西南开放桥头堡,加快环喜马拉雅区域合作	中越:凭祥、河口铁路口岸;河口、友谊关、东兴、水口、龙帮、天保公路口岸 中缅:(瑞丽铁路口岸);瑞丽、畹町、腾冲猴桥、孟定清水河、打洛公路口岸 中老:(磨憨铁路口岸);磨憨、勐康公路口岸
备注	括号内为待建项目	

资料来源:《国家口岸发展"十三五"规划》。

近年来,我国很多沿边口岸正大力推进口岸基础设施建设,完善口岸服务功能全面提升通关能力,力争从单纯的货物过境通道向集商贸流通、综合加工、国际物流、跨境旅游、人文交往为一体的大型综合口岸转型升级。可以说,我国沿边口岸功能正在日趋完善，无论是过货量还是出入境人员都有了较大幅度增长。2016年，沿边口岸进出口货运量达12363.64万吨，比2014年增长9.92%；其中，铁路口岸4269.77万吨，比2014年增长0.3%；公路口岸8093.87万吨，比2014年增长15.78%。同年出入境人员达4020.97万人次，比2014年增长109.88%；其中铁路口岸69.45万人次，比2014年下降13.83%；公路口岸3951.52万人次，比2014年大增115.32%。其中，铁路口岸过货量居前三的是内蒙古满洲里、二连浩特和黑龙江绥芬河，出入境人员居前三的是绥芬河、丹东和二连浩特；公路口岸过货量居前三的是新疆霍尔果斯、内蒙古甘其毛都和策克，出入境人员最多的是云南瑞丽、广西东兴和云南河口。公路口岸不仅整体上过货量高于铁路口岸，单个公路口岸过货量也高于单个铁路口岸过货量，如在公路口岸中排第一的霍尔果斯口岸进出口货运量达2557.56万吨，远高于在铁路口岸中排名第一的满洲里口岸1395.77万吨的进出口货运量。2017年，满洲里口岸进出口货运量1545.2万吨，比2016年增加12.2%

二、新时代沿边口岸发展的新机遇

我国改革开放始于东部沿海，后到沿江、中西部、沿边。在这一过程中，由于沿边地区的区位及相邻国家发展水平所限，使得其始终处于改革开放的末梢，导致我国区域经济发展和对外开放极度不平衡，严重影响了我国改革开放的进程。2000年中国开始推进实施西部大开发战略，主要思路是内向型发展思路，即借鉴东部地区的经验，引进和利用东部地区的资金和技术，加快发展，缩小与东部地区的差距。2013年"一带一路"国际合作倡议的提出，使得向西开放、优化开放布局成为国家战略，为沿边地区的开放发展带来了新的契机。党中央、国务院先后出台了《国务院关于支持沿边重点地区开发开放若干政策措施的意见》《关于加大边民支持力度促进守边固边的指导意见》等特殊政策，支持沿边地区发展的同时，也加大了对沿边口岸建设的投入。党的十九大再次明确提出，新时代要推进形成全面开放新格局和西部大开发新局面，"要以'一带一路'建设为重点，坚持引进来和走出去并重，遵循共商共建共享原则，加强创新能力开放合作，形成陆海内外联动、东西双向互济的开放格局"。显然，新时代将给中国向西开放的门户——沿边口岸发展带来前所未有的机遇，主要体现在区位优势得以提升、合作机制得到强化、政策举措更加灵活、产业集聚逐渐成形四个方面。

(一) 区位优势得以提升

作为向西开放的门户，沿边口岸是各经济圈的交汇点、交通网络的枢纽，从而也有潜力成为经济发展的前沿。

1. 交通网络的枢纽

沿边口岸是陆上交通网络的枢纽。历史上的"一带一路"是以交通网络的形式诞生的。陆上丝绸之路经甘肃、新疆,到中亚、西亚,并连接地中海各国陆上通道。海上丝绸之路经东南亚、南亚,到阿拉伯、东非,覆盖欧亚非三洲。自工业化进程开始尤其开启集装箱运输方式以来,沿海口岸得到了快速发展,沿边口岸则在国际交通运输网络中属于次要地位。随着现代版"一带一路"的诞生和中国新一轮改革开放进程的启动,作为陆上交通网络起点和节点的沿边口岸将发挥越来越重要的枢纽作用,将对周边城市产生很强的辐射和集聚功能,是推进沿线各国经贸合作的重要纽带。

2. 经济圈的交汇点

沿边口岸是我国与各经济圈之间的交汇点和联系点。世界有三大经济圈,分别是北美经济圈、欧洲经济圈和亚洲经济圈。我国新疆沿边口岸地处亚欧大陆地理几何中心,东连以东亚、东南亚环西太平洋的"新月带"为重点的全球经济发展最有活力的亚洲经济圈,西接以欧盟为核心,包括经合组织、欧洲自由贸易联盟、经济互助委员会等区域性经济组织的发达的欧洲经济圈。因此,新疆自古以来就是亚欧大陆经济与文化交流的重要陆路通道,是"陆上丝绸之路"的前沿与核心地带。我国东北三省以及内蒙古的沿边口岸则是我国东北和华北(京津冀)经济圈与东北亚经济圈的交汇点,我国广西、云南沿边口岸则是连接珠三角经济圈、长江经济带与东南亚经济圈、南亚经济圈的纽带。沿边口岸作为经济圈的交汇点,必然将承担更重要的连通与服务职能。

3. 经济发展的前沿

口岸既是经济、金融、贸易中心的基本依托和基础,也是各国参与国际经济交往、融入国际经济循环体系的前沿。口岸之间的连接有助于形成垂直型和水平型分工交织的跨国、跨区域经济带,有助于拓宽合作领域,拓展对外开放的广度和深度。总体来看,多数口岸都是作为当地经济发展的前沿而存在的。沿边口岸可以通过边境贸易逐步发展加工、边境旅游、商贸物流等产业,通过开放型的口岸经济,逐渐推动沿边经济与国际经济接轨,实现沿边地区从改革开放末梢变为前沿的发展目标。

(二) 合作机制得到强化

在国际层面,我国正在加强与"一带一路"沿线国家口岸执法机构的机制化合作,推进国际海关"3M"合作,以及检验检疫、认证认可、标准计量、统计信息等方面的多双边合作,通过建立国际协调机制,寻求各方合作的"最大公约数"。在多边层面,最重要的合作机制是 2015 年 9 月 4 日加入的《贸易便利化协定》,这是我国加入世界贸易组织后参与并达成的首个多边货物贸易协定,我国是第 16 个接受议定书的成员。该协定的实施,对我国口岸基础设施、管理方式以及口岸管理部门之间的协同等提出了更高的要求。区域和次区域层面的合作机制主要包括中国与东盟自由贸易协定、上海合作组织、大湄公河次区域经济合作、泛北部湾经济合作、大图们江次区域经济合作等,上述合作将进一步提高贸易投资自由化和便利化水平,推进地区经济一体化。

在双边层面，除了巴基斯坦，我国与周边接壤的其他国家还没有签署任何双边自由贸易协定。但是，在"一带一路"合作倡议下，周边国家都在积极与我国进行战略对接。例如，2016年越南批准未来15年国际经济一体化总体战略，并签发《至2020年融入国际社会总体战略和2030年愿景》[①]，同年，中越两国宣布将共同构建"一带一路"和"两廊一圈"建设，加强产能合作与基础设施互联互通合作。缅甸于2016财年启动国家出口战略计划，与中国经贸合作基础夯实且互补性较强，可以借此搭上中国经济快速发展的"便车"。[②] 2016年，泰国正式提出"泰国4.0"高附加值经济模式，并提出横跨北柳、春武里和罗勇三府的东部经济走廊（EEC）。泰国注重国家战略制定和对接[③]，并积极参与中国提出的"一带一路"等重大合作倡议。2016年中哈两国签署了《中国和哈萨克斯坦关于"丝绸之路经济带"建设与"光明之路"新经济政策对接合作规划》，在交通基础设施、贸易、制造业及其他领域共达成了30项合作内容。蒙古国政府2017年11月出台支持"一带一路"的3项措施：一是为"一带一路"相关人员和随行商务人员提供多次往返签证；二是"一带一路"相关工作人员可直接在蒙古国国际机场和口岸办理签证；三是国际进出港设立快速通道。此外，中国还与俄罗斯、哈萨克斯坦、越南、蒙古国等国建立了口岸合作机制，以协调解决在口岸建设、开放和运行中的突出问题。

在国内层面，中央政府从口岸工作的顶层设计着手，以权威的协调机制统筹协调全国口岸工作。在2015年相继颁布《落实"三互"推进大通关建设改革方案》《关于改进口岸工作支持外贸发展的若干意见》之后，建立了国务院口岸工作部际联席会议制度，同时撤销国家电子口岸建设协调指导委员会，其职能并入联席会议。联席会议由中央编办、外交部、发展改革委、海关总署等21个部门和单位组成，由国务院分管口岸工作的领导同志担任联席会议召集人，海关总署主要负责同志和协助分管口岸工作的国务院副秘书长担任副召集人，其他成员单位有关负责同志为联席会议成员，在国务院领导下，统筹协调全国口岸工作。通过推动一体化通关管理、推进协同执法、建立口岸安全联合防控机制等改革举措，强化跨部门协同治理以及内陆沿海沿边通关协作，实现改革综合效应最大化。

（二）政策举措更加灵活

中国经济改革的成功经验是先建设改革试验区，再将成功经验推向区域乃至全国。在"一带一路"的建设中，许多口岸所在城市也被划入改革试验区，并获得配套的优惠政策。2012年以来，国家先后在广西、云南、内蒙古、黑龙江设立了7个沿边重点开发开放试验区，同时正在研究新疆塔城、广西百色和辽宁丹东设立新的沿边重点开

---

① 《中越联合公报》，中国一带一路网，https：//www.yidaiyilu.gov.cn/zchj/sbwj/13556.htm，2018年8月20日访问。

② 李晨阳，宋少军：《缅甸对"一带一路"的认知和反应》，载《南洋问题研究》2016年第4期。

③ 2017年6月22日，泰国立法议会通过《制定国家战略法草案》，新华网，http：//news.Xinhuanet.com/mil/2017-06/23/c_129639138.htm，2018年8月20日访问。

发开放试验区。可见，沿边地区利用两个市场、两种资源的开放发展模式已经纳入党中央、国务院的重大战略部署。试验区建设可以克服当前单一的边合区政策支持的不足，通过先行先试和体制机制创新，为沿边口岸带来更多在口岸功能、税收减免、贸易便利化、出入境便利化和载体建设等政策举措方面的突破。

（四）产业集聚逐渐成形

"一带一路"建设为加快沿边口岸由"通道经济"向"产业经济"和"口岸经济"转型升级提供了契机。以瑞丽试验区为例，立足国际国内两种资源、两个市场，瑞丽加快推进外向型产业基地建设，形成了以瑞丽口岸为核心枢纽的"中国—缅甸—孟加拉国—印度"货物通道、资源通道、人员通道、信息通道。与此同时，北汽、银翔摩托、华侨城集团、修正药业、富士康集团等大企业纷纷落户。以"两车一机一电"为代表，面向南亚东南亚的进出口加工制造业从无到有、快速发展。"瑞丽制造"的摩托车、手机成为出口生力军，2017年出口摩托车86万辆、手机716万部、电视机40.8万台。以能源资源深加工为主的进出口加工业也逐步壮大，缅甸翡翠玉石毛料加工、交易形成了"一都三城、三个中心、五大基地"布局；红木产业、肉牛、水果、蔬菜、粮食等食品加工业蓬勃发展，产业附加值不断提升。中缅贸易方式也从边境贸易为主转变为一般贸易为主，出口结构从日用百货为主转变为机械电子产品为主，现代产业体系初具规模，产业基地建设卓有成效。

三、当前沿边口岸发展中存在的主要问题

尽管新时代为沿边口岸发展提供了新的机遇，但是受目前的发展阶段所限，我国许多沿边口岸仍存在制度和设施、政治和经济、政府与市场等多方面、多层次的问题。

（一）口岸协调制度难以落地

1. 口岸建设规划短期化

相对而言，沿边口岸更偏好能带来短期快速发展的建设项目，存在"重开放、轻规划、轻管理"和"重项目、轻政策"的倾向，往往在前期政策沟通尚未充分的情况下，就急于推动一些合作项目的实施。对建设规划的忽视导致两个负面影响：一是管理层对对方口岸的管理体制和运行机制变化等不能及时了解，在比照我国的管理体制进行交流时，往往会出现难以对接的情况，影响沟通效率；二是导致有些地方口岸资源不足以满足通关的实际需求，而有些地方口岸却资源过剩，利用效率低下。

2. 口岸间相互竞争激烈

"一带一路"给各沿边口岸均带来发展机遇，但口岸之间也会形成激烈的竞争。第一，地方发展目标与口岸优化布局之间存在一定的矛盾，尤其相邻的口岸在客观上存在竞争，相近交通线路的口岸也存在竞争，部分口岸会更注重维护本口岸与所在地区的经济发展，造成地方发展目标与国家整体目标不一致问题。第二，对于位于同一产业集群的多个口岸而言，货源种类相似、经济腹地重叠，再加上上级机构的协调处于真空状态，其结果就是导致在基础设施、中转效率、资源组织、运输价格等方面存在恶性竞争，特别是区域内部的货源竞争比较激烈。第三，口岸所在的城市有着不同的行政地位，一般情况下，行政地位较高的城市可以获得更多的行政资源，在未来重大项目安排、重要资源获得等区域要素分配上占有更大优势，这种虹吸效应有可能打乱区域正常的产业转移梯度和秩序，并导致口岸城市之间门户功能、产业发展等领域的差距进一步拉大。

3. 基层协调机制不完善

沿边口岸运行机制差异较大，基层管理措施种类繁多，协调不畅的问题较为突出。造成基层协调机制不完善的原因主要有四点：一是"重上层、轻下层"，忽视了与影响较大的媒体、非政府组织（NGO）和民众之间的关系。二是存在部门利益的阻碍。通关过程中所涉部门过多，虽然我国也在推进"三个一"（即一次申报、一次查验、一次放行）和"三个互"（即信息互换、监管互认、执法互助），推广"一关两检""一站式""大通关""单一窗口"等服务，但是这些改革措施必然触动一些部门的利益，使得具体的制度设计在现实工作中很难贯彻与协调。三是中央与地方政府的协调机制不够顺畅。沿边口岸管理中的新情况处理需通过中央部委审批，地方政府只能不断向上级部门提交报告，并经过长期的审批、审核才获得相应的优惠与权限，不能完全适应"一带一路"下口岸迅速发展的实际情况。四是中央的口岸管理机构不统一。对全国口岸进行统一管理的机构是海关总署下设的全国口岸办公室，但是直接归海关总署管理的仅是沿海口岸，内陆地区的口岸实际上不归海关总署管理。虽然中央层面已经建立国务院口岸工作部际联席会议制度，但是基层的口岸管理机构不统一问题并未得到根本解决。

（二）硬件设施难以满足发展要求

1. 基础设施仍待连通

"一带一路"对基础设施连通提出了更高的要求，虽然我国许多口岸已经拥有较好的交通等基础设施，但是仍难以满足"一带一路"建设要求。基础设施连通不足的问题主要体现在三方面：一是口岸的辐射作用要求发达的交通基础设施从口岸向其他地区扩展，但是，一些口岸所在城市及辐射地区的交通设施仍不够完善，并且交通设施分属不同分支机构管辖，影响了联通效率。二是对于经济欠发达地区的二类口岸和边民互市贸易点，由于基础建设投入不足，导致沿边口岸基础配套设施严重不足或老化。三是对方口岸的基础设施难以与我国口岸对接。我国周边国家的口岸基础设施建设大幅滞后或是建设标准不统一，在一定程度上减慢甚至阻碍"一带一路"的推进。

2. 设施运力难以保障

口岸基础设施的正常运营需要有一定的运力保障，只有达到一定规模才能实现规模效应，降低通关成本。但是，一些沿边口岸的进出口仅满足特定区域的需求，而这些区域的经济总量不足以支撑其基础设施的运力。在有些运力较小的口岸，进出的货物种类仍然十分丰富，往往涵盖了从重工业品、轻工业品以及农产品等各类产品，呈现出贸易量小但品种复杂的特点，这使得口岸营运成本非常高。

3. 连通未能向纵深发展

需要连通的基础设施不仅在国家之间，也在各国内部，基础设施在各国境内的断裂同样不利于"一带一路"倡议的落实。然而部分沿线各国，如缅甸等，与邻国之间的基础设施连通程度甚至远优于国内的基础设施连通程度。对我国而言，口岸基础设施不仅要与对应口岸连通，也要与国内的供应链相连通，口岸的基础设施连通也需要顺应供应链方向，向中西部纵深发展。

（三）各种地缘政治因素带来的风险

1. 大国的利益博弈

"一带一路"是新的理念，在客观上对旧的国际经济秩序形成挑战，必然会面临大国博弈的问题。在陆上丝绸之路，主要面临的大国是俄罗斯，俄罗斯一直致力于保持在中亚地区的地缘影响力，对"一带一路"建设的态度基本上是一种有保留的支持。在海上丝绸之路，面临的大国主要是美国、日本和印度。面对崛起的中国，美国必然会维护其唯一的超级大国地位，并采取各种形式介入甚至抹黑中国与周边国家的"一带一路"合作。目前，美国正在联合日本、印度等国积极推行印太战略。日本一直寻求在亚洲的主导权，东南亚地区是其长期经营的地区，2015年日本提出了"高质量基础设施合作伙伴计划"，与"一带一路"形成一定的竞争。印度一直在巩固其在南亚的重要地位，近年经济的快速增长使其更注重国际政治与经济的影响力，对"一带一路"基本上持不合作态度。

2. 东盟的政治阻力

东盟国家是"一带一路"沿线的重要主体，是建设"一带一路"必须团结的对象。

对中国的迅速发展,东盟国家心态复杂,既希望搭乘中国经济发展的顺风车,又担心会受制于中国。因此,对"一带一路"倡议既有期盼,又迟疑不决。东盟国家的团结,是求同存异下的团结。来自东盟政治阻力主要包括三方面:第一,许多东盟国家有着民族主义和实用主义倾向,并且与我国面临南海等问题的争端;第二,东盟国家与中国的贸易逆差问题是导致争端的潜在原因;第三,所在国的法律法规和民俗,中资企业如果不在当地承担更多的社会责任以获得当地民众和政府的认同,很可能引起东盟国家对"一带一路"倡议的潜在抵触情绪。

3. 恐怖主义的威胁

我国边境环境相对复杂,往往成为"三股势力"的渗透重点,给沿边口岸运行带来沉重的安全压力,主要体现在三个方面:第一,存在较大规模的跨境民族。以云南德宏州为例,五个世居少数民族与缅甸和印度东北部的掸、克钦、勃欧、阿萨姆等民族同族同宗、同语同俗,虽然这些民族因人为划定的边界跨境而居,但是具有深厚的人缘基础和文化积淀,大量存在"一寨两国"①,甚至"一户两国"的情况。第二,通道和便道太多。仅德宏州就包括21条正式通道和110多条历史上形成的便道(渡口),是中缅边境界碑最密集、便道最多、国家级口岸和特殊经济功能区最密集的区域。第三,部分边境地区长期存在境外边民走私犯罪现象。如中越边境地区无天然屏障,山水相连、村寨相望,口岸通道众多,为走私及跨境贩毒者提供了有利的地理条件,尤以广西东兴——越南芒街、广西凭祥——越南新清段为甚,为"三股势力"的滋生提供了温床。

(四) 政府与市场之间的矛盾犹在

1. 简政放权仍显不力

为落实"一带一路"倡议,在沿边口岸管理上以"简政放权"为主。但是,"简政放权"需要结合各个口岸的实际情况,否则很容易形成表面的简化流程而实质上的缺乏效率。"简政放权"不力的问题具体表现在三个方面:一是一些地区的简政放权主要是上级政府的简政放权,事务并未减少,只不过下放到基层部门,行政事务向基层部门转移,基层的行政审批事项反而增加,使基层不堪重负。二是向基层口岸的简政放权缺乏配套措施,尤其是缺少相关法规的调整和接管下放权限的专业人才。三是简政放权要求政府转变职能,从管理型政府转变为服务型政府,然而问责机制和权力制衡机制尚未完善,难以实现科学确权、科学授权和科学治权。

2. 政策的市场导向性不足

"一带一路"需要以市场为导向,虽然在初期由政府推动,但是最终要让市场在配

---

① 一寨两国即同一村子因国界线的人为划定被分为两个国家。

置资源时起决定性作用。从已有的口岸创新制度改革来看，或是相关政策脱离了地方经济发展的实际情况；或是在政策出台前缺乏对企业真实需求的摸底，导致政策流于形式，看似节约企业通关的时间，但由于所需的报关程序并未省去，实际操作结果和之前并无差别；或是政策出台时仅规定某些部门简化操作流程，却未协同其他相关部门同时简化相关流程，使得实际通关程序无法简化。

3. 新增需求难以满足

"一带一路"带动国际贸易和要素流动，产生新的通关需求。新增需求的重要特点是复杂化，针对原有通关政策所作的简化往往难以与之适应。"一带一路"建设推动了沿线的商品贸易和要素流动，进出口岸商品的类别增加，而通关便利化改革是针对旧有通关制度进行的，如果不能根据"一带一路"所带来的通关新情况进行动态的通关制度改革，那么改革后的制度仍将无法适应通关情况复杂化的现实。如海关的行政审批单一窗口是为了简化和统一单证格式与数据标准，实现申报人通过"单一窗口"向口岸管理相关部门一次性申报，口岸管理相关部门通过电子口岸平台共享信息数据、实施职能管理，执法结果通过"单一窗口"反馈申报人。但是，在实际执行中由于涉及多种通关类别，不同的通关情况，面临的问题可能在已有的单一窗口模式下难以解决。尤其跨境电商与电子商务带来日用消费品、大宗商品跨境贸易电子商务平台和金融综合服务平台的基础设施建设需求，并要求与之相适应的跨境电子商务海关监管和检验检疫模式改革。同时，已有的口岸基础设施已经不能满足业务激增的需要。有的沿边口岸具有某种商品进口功能，如指定为粮食进口口岸，但由于地方企业进口受配额限制，实际上这一功能并没有得到很好发挥。

四、推动沿边口岸发展的政策建议

为使沿边口岸能更好地发展并服务于"一带一路"建设，课题组认为口岸的各项政策需要在口岸自身建设的基础上放眼地区、全国乃至"一带一路"沿线的整体发展，以重效率、促公平、有特色、软硬兼顾、经济和外交相结合作为政策推动的主要方向。

（一）"大通关"战略需注重行政效率和经济效率

推进"一带一路"倡议，必须破除口岸带来的壁垒，提高通关效率，这就需要运用现代管理、信息化和高科技手段，对单证流、货物流和信息流进行整合，即所谓的"大通关"。

1. 围绕"大通关"进行制度设计

"大通关"的制度设计要在提高行政效率的基础上进一步提高经济效率。第一，进一步深化沿边口岸管理体制机制改革，逐步建立健全口岸大通关领导体制和工作机制。第二，推广试点口岸的成功经验，通过简化和清理不必要的监管工作实现简政放权。第三，完善各沿边口岸联网的信息共享平台，包括在线审批监管平台、企业信用信息公示平台等等，并在此基础上实现各口岸之间的信息互认。第四，立足通关成本来协调"大通关"，通过考核"大通关"对各个产业的全部通关成本的降低程度，来衡量"大通关"的效率。第五，建立有效的沟通机制。2018年国务院机构改革将国家质量监督检验检疫总局的出入境检验检疫管理职责和队伍划入海关总署，这将有利于将之前的两块职能整合到一个部门，解决统一口径对外的问题。第六，口岸各部门要正视风险的存在，在追求便利化的同时也要控制通关风险。

2. 做好"大通关"相关产业对接

为避免同质化竞争，不同沿边口岸的产业发展应该走差异化道路，通过培育各自有潜力的产业，实现不同口岸之间的协同发展。第一，沿边口岸之间的产业对接需要有统一的规划，并着力测算与应对各口岸产业链延长可能引发的竞争。第二，拥有多个口岸的城市的口岸布局要和产业布局相适应。尤其对于同时拥有陆、空、铁中若干港口的口岸，更是要建成各交通形式高效衔接、区港联动、多式联运的综合口岸体系和立体开放格局。第三，重视不同产业链向内地的延伸程度，发挥沿边口岸区位优势与内地货源优势，推进沿边口岸和内地、沿海口岸功能相互延伸，进而形成"大通关"区位联合优势，更好地服务区域经济发展。

（二）市场化机制需注重企业需求和公平竞争

新时代的口岸发展要建立在稳定透明的政策环境、高效规范的行政环境和公平竞争的市场环境之上。

1. 以企业的实际需求为导向

口岸通关的各种便利性措施要以企业的实际需求为导向，给予适度的政策支持和财政补贴，避免打乱市场的自我调节能力，或是造成企业对政府的过度依赖。第一，口岸管理部门需要牵头组织口岸机构及各级政府相关部门面向企业开展调研工作，了解相关企业对口岸工作的需求、意见和建议，以及企业面临的困难和需要协调解决的问题。针对企业提出的问题，需要有强有力的协调机构组织口岸各部门进行反馈，并对口岸各部门创新举措与企业需求的对接经验进行评估与推广。第二，不要盲目设立口岸。在设立口岸之前应该"重论证"，以发挥市场的资源配置作用为基础，在进行"投入—产出"等详细全面的论证后再投入；在设立之后，要"重执行"，严格监管。

2. 放宽并完善市场准入的机制

口岸建设要避免国内外企业利用关税或非关税壁垒的保护获得额外的竞争优势。

第一，口岸部门及各级政府需要打破垄断，尽可能消除企业依托政府干预而形成的垄断力量，对各种所有制企业实行平等竞争。第二，对于外资要吸引与规范并重。既要争取新建一批高水平、大规模、现代化、与沿线国家接轨的大型市场，又要利用登记管理职能，规范企业行为，防止外商转嫁污染危害。第三，优化招商引资环境。金融方面，改善金融服务与监督管理，建立健全支付清算体系等重要金融平台，通过设置离岸金融机构推动人民币结算，为加工贸易产业实现跨越式发展提供充满活力的金融环境与信息环境。人才引进方面，中小型口岸城市要做好对外贸易人才的引进战略规划，形成人才吸引机制。投资审批方面，要尽量精简海外资本的投资审批流程，提高政府部门的工作效率。第四，推广第三方检验机制。关检部门可以在一定范围内借助中国的民间力量，让中国的相关第三方检验机构与国外的外贸公司进行合作。

（三）口岸发展需基于地区特色和产能优势

"一带一路"倡议要求各口岸发挥比较优势进行建设与发展，这要求口岸的发展与特色、优质产能相衔接，避免恶性的同质化竞争。

1. 结合地区特色进行错位发展

各个沿边口岸及口岸城市需要结合地区特色进行错位发展，避免同质化竞争。第一，积极配合所在地区参与"一带一路"建设的相关前期工作，打造各种合作机制的"升级版"。第二，口岸建设要有针对性，有具体的目标与规划，要重点明确，行动具体。第三，中央部门要支持基层部门在现有政策的基础上不断拓展其职能空间，通过便利化改革而不是政府补贴和优惠来促进主导产业的健康发展。第四，围绕"一带一路"的推进方向，支持发起有地方特色的经济合作组织，培育发展与口岸特色相关的大型物流集团，推进特色化的通关服务，将口岸建设为区域性或全国性的联运枢纽。

2. 依托产能优势带动口岸建设

口岸建设要与所在经济圈的产能优势集合起来。第一，建立产业集群国际合作交流机制，推动"一带一路"沿线产业集群的整合。第二，口岸的基础设施建设要与优质产能相配套，既帮助中国的优质企业"走出去"，又以优质产能的发展带动口岸建设。第三，充分发挥口岸的龙头与枢纽作用，完善口岸基础设施，推进相关产业链的有效整合和利用，增强口岸的整体竞争力。第四，要依托优质产能进行各部门的制度整合。垂管部门需要对基层机构有较大的放权，允许基层机构基于所在地区口岸发展优质产能的需要对监管政策进行较为灵活的调整。第五，口岸城市需要借助中国经济转型升级的机遇，选准产品定位和市场需求定位，吸引高新技术产品和高新产业链的部分环节，以特色产品打开国际市场，从而实现自身产业结构的优化升级。

(四) 基础设施建设需同时注重软硬件建设

作为"一带一路"的重要节点,口岸要做好产业链的整合工作,不仅需要强化相关基础设施的"硬件"建设,还要强化法律规章体系的"软件"建设。

1. 加强基础设施建设

加强交通基础设施建设是口岸发展的关键。第一,口岸的基础设施建设要注重体系化建设,提升沿边口岸国际合作水平,最终实现"一带一路"沿线交通体系的全面融合。第二,支持进一步完善沿边口岸基础设施,对口岸站场、码头、道路交通、水电气等基础设施在科学规划布局的前提下,进行扩能升级。第三,解决物流"动脉"瓶颈。除加强口岸国际航线的开发以及口岸能力的提升外,还需要加强国内发展多式联运承接物流的扩能改造。

2. 重视制度规则融合

部门规章重在化繁为简,在国内各部门规章与各国相应部门规章的基础上需找"最大公约数"。第一,地方机构与垂管机构的规章做好协调,如"单一窗口"与"一次申报",由于申报系统的频繁更换会增加企业申报负担,所以建议有条件的口岸以"单一窗口"代替"一次申报"。第二,以"中国发展模式"作为制度规则融合的依托。可以在尊重对方国情的基础上,实行"咨询服务、工程建设、融资安排、资源开发、产业转移"等一系列措施,推动适应沿线各国需求的发展模式,同时为中国企业带来新的发展机遇。第三,以人力开发合作促成制度的融合。中国可以加强"一带一路"国家的人力开发合作,既增进了沿线各国的了解,又可培养更多乐于与中国进行制度合作的精英人才。第四,重点推进人民币国际化进程。可立足于"一带一路"建设需求,加强与"一带一路"沿线国家金融中心的交流合作,主动承接金融产业转移和金融功能外溢,加快建设人民币跨境业务和离岸业务的结算中心,积极开展并购贷款、异地贷款、银团贷款业务,提高国际上对人民币的接受程度。

(五) 口岸发展需与经济外交工作相结合

"一带一路"建设与口岸发展不仅是经济问题,也是政治问题,需要发挥经济外交的优势,政治和经济目标并重,政治和经济手段并行。

1. 注重非经济手段的运用

对于"一带一路"建设面临的政治阻力,仅用经济手段是不足以克服的,还需要运用非经济手段。第一,注重非正式的协调机制。政府部门需要与媒体、非政府组织和民众之间建立长效的交流机制,兼用正式与非正式机制促进规章对接。第二,加强对沿线国家的援助。可以在沿线和周边国家重点推进民生项目，将援助更多地投向扶贫、减灾、职业教育、农业发展等能够使广大周边受援国民众直接受益的援助领域，使相关国家能够如期实现联合国所确定的2030年可持续发展目标。第三，注重旅游业的文化沟通作用，使游客在与当地居民交流的过程中接受中国的文化，与中国人民真正相知相交。

2. 外交部门参与经济协调

口岸发展应更加重视地缘政治风险，外交部门应该发挥政治协调上的优势，积极拓展经济外交，做好与相关口岸的对接和协调工作。第一，向国内口岸部门和大型企业的高管人员普及处理"一带一路"沿线各国关系的基本基调，使他们在对外交往时能够与国家外交政策协调一致。第二，针对与我国经济政治制度差异较大的"一带一路"沿线国家，外交部及驻外使领馆需要向驻外企业全面深入普及在外方通关所需的相关贸易知识、法律及最新动态，并将领事保护工作作为驻外领事机关的工作重点。第三，打破对外援助、金融服务、产业、贸易之间条块分割的局面，在口岸部门和基层外交外事部门之间建立常态化、制度化的协调机制，进而实现口岸信息与外交外事部门的实时对接。

发挥新海关新职能　全力助推沿边开放发展

温 韧

沿边地区地处我国对外开放的最前沿，是我国深化与"一带一路"沿线国家和地区合作的重要通道，是确保国家和人民安全的重要屏障，是推进区域协调发展的重要支撑，在全面改革开放发展稳定大局中具有重要战略地位。海关把守国家开放大门，是对外开放的桥头堡和排头兵。近年来，海关深入贯彻中央战略部署，认真落实《国务院关于支持沿边重点地区开发开放若干政策措施的意见》等一系列重点工作任务和要求，特别在国家机构改革后，充分发挥新海关新职能，全面加强跨部门、跨区域、跨国界合作，在扩大沿边地区对外开放和区域合作、提升沿边地区经济发展水平、维护沿边地区民族团结和安全稳定中，彰显出海关责任与担当，在更宽领域，更深层次上发挥作用。

一、促进沿边开放开发是新海关全方位服务国家发展的必然要求

（一）促进沿边开发开放，是新海关贯彻中央重大战略、助推构建全面开放新格局的重要内容

在我国发展总体格局中，海强边弱、东快西慢的特征明显。近年来中央出台了"西部大开发""东北振兴""兴边富民"等一系列国家发展战略，支持沿边地区发展和对外开放。党的十九大报告更明确指出要建设"陆海内外联动、东西双向互济"的对外开放新格局。沿边地区是国家向西延伸、陆路开放的重要门户，海关要充分发挥接轨世界的窗口作用，促进国家开放空间逐步从沿海、沿江向内陆、沿边延伸，推动形成全方位、多层次、立体化的经贸开放新格局，在国家支持沿边对外开放中发挥主力军作用。

（二）促进沿边地区开发开放，是海关积极服务经济高质量发展、助推全面建成小康社会的具体体现

我国正处于全面建成小康社会的决胜阶段，解决区域性整体贫困、着力攻克深度

贫困地区是精准扶贫、精准脱贫任务的重点。沿边地区是当前国家扶贫的重点攻坚区，在我国划出的14个集中连片特困地区中，有10个分布于我国沿边或紧邻沿边的地区。当前，我国经济正处于新旧动能转换、经济结构转型升级阶段，沿边地区是我国实现区域协调发展需要提升的关键短板，也是产业梯度转移的重要阵地。把沿边地区的区位优势转化为开放发展优势，增强沿边自我发展能力，推动沿海内陆沿边优势互补、良性互动，优化国内产业结构布局，是海关服务经济高质量发展，助推决胜全面建成小康社会的题中应有之义。

（三）促进沿边地区开发开放，是海关主动应对国内外复杂局势、坚决维护国家总体安全的迫切要求

沿边地区是少数民族集中居住地区，语言文化、风俗习惯、宗教信仰差异较大，促进民族团结、维护社会稳定、保障国家主权和安全任务繁重。同时沿边地区也是国际地缘关系复杂、安全问题突出的地区。当前世界政治经济格局加速调整，战略重心加快东移，大国对我周边争夺日益激烈，地区形势错综复杂。落实好国家总体安全观，坚决把好沿边国门，维护好政治安全、经济安全、社会安全、生态安全、文化安全的同时，加快沿边地区开发开放，促进民族团结、维护边疆和谐稳定，为我国和平发展营造良好内外环境，是海关义不容辞的责任和使命。

（四）促进沿边地区开发开放，是海关助推"一带一路"建设，服务国家全球战略的关键支撑

"一带一路"建设赋予了沿边地区新的使命。我国边境线长、邻国数量众多，沿边地区正是"一带一路"国际经济合作的"衔接带"和"接合部"，正在由过去开放的"边缘地区"，转变为对外开放与国际合作的最前沿。海关要充分发挥作为"一带一路"的建设者和开拓者作用，加快支持沿边地区与"一带一路"沿线国家地区的跨境合作，巩固睦邻友好，增强战略互信，为服务大国外交、促进打造命运共同体提供坚实的前沿基础。

二、沿边开发开放面临的突出问题和挑战

当前，受自然条件、历史基础和周边环境影响，海关服务沿边地区开发开放建设还面临一定的困难和挑战。

（一）沿边地区对外经贸规模偏小，政策优势弱化

沿边地区经济体量小、发展滞后，周边地区绝大多数为发展中国家，边境贸易还

主要以边境小额贸易和边民互市贸易为主,贸易内容一般是农产品或来自于沿海、内地的制成品,贸易方式零散,缺乏规模、品牌。基于此,为促进沿边地区发展,我国曾制定了一些特殊的税收优惠政策,比如对边境小额贸易和边境互市贸易实行关税减免、税收优惠等,但随着同周边国家自贸协定的签署、关税总体水平的降低,沿边开放发展的政策优势正逐渐弱化。

(二) 沿边地区与腹地经济联系不紧,产业发展滞后

沿边地区人口和经济集聚程度较低,基础设施落后,公共服务水平低,对东部转移缺乏吸引力。中心城市国际大通道建设、内陆无水港发展加速,交易中心、物流中心等平台建设提速,使沿边地区靠近国际市场的优势不断弱化,边境贸易虽然在一定程度上繁荣了边境商业,但并未有效推动边境地区发展,可以说是"有贸易无产业",沿边地区"通道化"倾向凸显。

(三) 沿边地区自然和社会环境复杂,安全形势严峻

沿边地区地理状况复杂,自然灾害频发,部分地区反分裂斗争和维稳任务较重,接壤的朝鲜、中东、印度东北部、东南亚"金三角"等地区形势多变,存在许多复杂因素和不确定性,也是枪支、毒品等走私的高风险地带,海关在国门线上维护安全稳定任务极为艰巨。

(四) 沿边地区对外合作层次较低,经济融合缺乏

为支持沿边地区经济对外合作,我国已在境外建立了14个边境经济合作区,当前我国不同类型边境经济园区之间发展不平衡、相互联系不紧密,缺乏相互呼应与协调,对统筹国际国内合作发挥的作用还不够充分,边境经济合作区对深化与邻国合作的作用难以有效发挥。

三、海关支持沿边开发开放的举措

(一) 打造海关服务沿边开发开放的重要平台

一是加大沿边口岸开放力度。按照《国家口岸发展"十三五"规划》,将其中28个沿边地区口岸开放和扩大开放项目作为重点扶持口岸,及时跟进相关进展,认真做好沿边地区规范口岸开放、扩大开放、验收和临时开放,会同相关部门加快口岸开放

审理，协调相关部门加大沿边地区口岸建设资金投入力度，同时启动口岸退出机制，强化沿边口岸功能统筹，提高沿边地区口岸资源利用率。根据国家相关物流发展规划，支持在沿边国家级口岸建设多式联运物流监管中心，助推沿边地区口岸物流向效率高、成本低、专业化、规模化方向发展。二是推进沿边地区口岸大通关建设。与18家部委共同推进"单一窗口"建设，已在2017年底实现在全国所有沿边口岸全覆盖。目前，"单一窗口"完成了货物申报、运输工具申报、许可证件申领、企业资质办理、税费支付等11大基本功能建设，实现与生态环境部等10个部委系统"总对总"对接，支持海运、空运、公路各种口岸类型和特殊监管区、自贸试验区、跨境电商综试区各类业务办理。三是提升沿边地区贸易便利化水平。推进海关通关流程再造，实行全国海关通关一体化，实现了"全国海关如一关"，沿边口岸贸易货物可通过数据互联互通与大数据监管，便捷在区域间实现货物流转。按照国家机构改革要求积极推进新海关业务融合，实现对海关现有行政审批事项（含出入境检验检疫审批事项）进行了全面优化整合。进一步压缩口岸整体通关时间，沿边口岸提速降费成效显著。

（二）拓展海关服务沿边开发开放的空间格局

一是推动沿边重点地区积极承接加工贸易梯度转移。联合商务部取消加工贸易业务审批和内销审批，推动取消银行保证金台账制度，试点"单耗自核"，推动以企业为单元的加工贸易监管改革，推进加工贸易生产要素在全国自由流动，大力扶持沿边地区加工贸易发展。二是支持沿边地区海关特殊监管场所建设。积极拓展沿边地区贸易模式，加快助推其从以边贸带动为主的单一贸易模式向加贸、保税、跨境物流等多元化模式转变，积极支持沿边有需要且符合条件的地区设立保税监管场所。2017年以来海关先后审批设立巴彦淖尔市、黑河和牡丹江保税物流中心（B型），伊宁保税物流中心已启动验收程序。指导和支持沿边地区的海关特殊监管区域加快复制推广自贸试验区海关监管创新制度。在部分沿边地区海关特殊监管区复制、推广检验检疫分线监督管理模式，推动"二线"监管模式与"一线"监管模式相衔接。三是支持沿边地区新兴业态发展。发挥"保税+"制度优势，支持沿边重点地区结合区位优势和特色产业，开展服务外包、融资租赁、期货交割、展示交易和跨境电商网购保税进口等新业态发展，鼓励特色服务贸易企业加快发展，培育沿边重点地区开放发展新动能。

（三）构筑海关服务沿边开发开放的坚强屏障

一是提升海关依法把关能力。完善边民互市贸易海关监管，推动《边民互市贸易管理办法》修订工作，规范涉及边民互市贸易海关监管业务的商品清单和场所管理，研发全国统一版边民互市贸易信息化系统，进一步强化沿边地区海关实际监管。二是提升海关防控重大安全风险的能力。设立全国海关风险控制指挥中心，积极运用大数据分析等信息技术的最新发展成果，提升风险研判能力，努力实现对沿边口岸安全风险的整体防控和精准监管,开展沿边地区打击走私专项行动,坚决打击枪支弹药、毒品、洋垃圾等走私违法活动。三是加强口岸安全联防联控。牢固树立总体国家安全观,助推构建沿边地区口岸联防联控机制建设,强化共同管控责任,形成边境口岸管控合力,着重强化打击非设关地走私,有效维护沿边地区的安全稳定。

(四) 找准海关服务沿边开发开放的关键支点

一是把海关支持"一带一路"建设纳入顶层设计战略布局。强化"一带一路"沿线国家和地区海关合作备忘录签署,研究制定《推进"一带一路"沿线大通关合作行动计划》,推动"一带一路"沿线国家跨境"三互"项目的实质性落地。联合推动跨境园区或中外姊妹园建设,鼓励跨境经贸深度融合,携手打造双方经济合作的支撑点和增长极。二是加强与沿边地区"一带一路"沿线国家的AEO互认合作。目前已与14个"一带一路"国家完成磋商谈判并实现AEO互认,占33个有AEO制度国家的42.4%,力争到2020年底前完成与"一带一路"所有已建立AEO制度且有合作意愿国家的互认。三是加强与沿边地区"一带一路"沿线国家口岸执法机构的机制化合作。推进"安智贸"(中欧安全智能贸易航线试点计划)、"关铁通"项目("海关—铁路运营商推动中欧班列安全和快速通关伙伴合作计划")合作,推进中欧班列沿线海关数据交换和监管互认合作,不断提高中欧班列的全程通关效率和便利化水平。积极与越南开展跨境有害生物联合监测工作,推进与吉尔吉斯斯坦、塔吉克斯坦在疫情疫病监测领域的合作。

(五) 完善海关服务沿边开放开发的有力保障

一是支持边境地区海关机构设置和干部队伍建设。根据边境地区开放型经济发展需要,结合机构改革,重点加大对边境省区海关机构设置支持力度。出台进一步加大对艰苦地区边关支持保障力度的22条措施,激发边关干部队伍的积极性。二是加大对边境地区海关资金和项目支持力度。在资金和项目安排上,坚持向边境地区海关倾斜。针对边境地区边境线长、监管难度大、反恐维稳任务重等特点,加大对边境地区海关监管查验设备和配套生活保障设施的配备力度。三是强化对沿边海关的对口支援。形成沿海与沿边海关"结对子"支援模式,实行沿边海关与中心城市海关、沿边海关与沿海海关人才交流制度,定期安排专家骨干和优秀人才到沿边海关进行业务指导,切实提升沿边地区海关建设水平。

全面履行把关服务职责,促进互联互通,服务沿边开发开放建设,是海关职责所在、使命所系。面对新形势、新要求和新挑战,海关将更加积极主动地参与和融入到沿边开发开放建设中去,以更加开放的意识、更加积极的姿态、更加务实的合作,凝聚合作共识,共同推进沿边开发开放工作迈向新台阶。

云南瑞丽、广西东兴国家重点开发开放试验区考察报告

刘让群[①]

为加快推进塔城、阿拉山口申报国家重点开发开放试验区、阿勒泰申报国家跨境旅游合作区工作，加强喀什、霍尔果斯经济开发区等重点对外开放平台建设，积极探索全区沿边开发开放新思路、新办法、新路径，报经自治区党委常委、常务副主席张春林同意，经国家发展改革委西部司推介，自治区发展改革委于2018年3月4~10日，组织塔城、博州、阿勒泰、喀什和霍尔果斯经济开发区有关人员，中咨公司、商务部研究院有关专家，赴云南瑞丽、广西东兴等国家重点开发开放试验区学习考察。

一、学习考察总体情况

此次学习考察，历时7天，行程万里，采取多种方式，对云南、广西两个国家第一批（2012年7月）批复设立的重点开发开放试验区的申报、建设和发展情况进行了全面深入的学习考察。

（一）提前多方沟通对接，学习考察准备充分

学习考察前，自治区发展改革委与国家发展改革委西部司就申报国家重点开发开放试验区（合作区），进行了多次汇报沟通；经西部司推介，并与云南、广西发展改革委充分沟通对接，制定了《学习考察方案》；按照"谁去学、谁来干"的原则，报经委领导同意，精心确定了学习考察组人员。

[①] 此次新疆自治区发展改革系统调研组的成员包括：组长为新疆自治区发展改革委西部处主持工作的刘让群副处长，成员包括：中国国际工程咨询公司农村经济与地区业务部区域经济处吴金友处长，商务部研究院外贸所竺彩华副所长，塔城地区发改委马福忠主任，博州发展改革委皮履屏主任，阿勒泰地区发改委康卫东主任，塔城边境经济合作区管委会肖祖文主任，阿拉山口市委常委廖新刚副市长，霍尔果斯经济开发区发展促进局刘智燕局长，喀什经济开发区发展促进局王金鹏副局长，阿拉山口市发改委蔡虎主任，阿勒泰地区清河县发改委宫海涛主任，塔城地区发改委李坚科长等。

(二) 开展全面深入交流，学习考察形式多样

在学习考察中，学习考察组先后与云南、广西发展改革委、瑞丽和东兴试验区召开座谈会4场；实地观摩了瑞丽联检中心、试验区规划馆、东兴国门口岸、互市贸易区等20余个考察点，与200余名试验区工作人员、有关企业负责人、边民、外籍经商户（务工人员）等进行了广泛交流。学习考察组坚持边学习、边思考、边讨论，召开学习考察组内部讨论会议5次。

(三) 坚持问题导向，学习考察针对性强

学习考察前，专门下发通知，要求各地认真梳理在申报试验区（合作区）、推进沿边开发开放等方面存在的问题和困惑。学习考察中，学习考察组坚持问题导向，本着学习经验、解决问题、促进工作的目的，充分利用交流座谈、现场观摩每一次机会，开门见山提问题、学经验、找对策，增强学习考察的实效。

二、瑞丽、东兴推进沿边开发开放的主要做法和经验

云南瑞丽、广西东兴试验区经过短短5年时间的探索创新和建设发展，已经成为我国沿边开发开放的一张金字招牌，探索出了一系列获得国家层面充分肯定的开发开放模式和先行先试经验，呈现出了活力强劲、蓬勃发展的良好态势。值得我们认真思考和学习借鉴的经验主要有以下几个方面：

(一) 勇于解放思想、善于改革创新

在推进开发开放试验区建设的实践中，云南、广西牢牢把握："先行先试"是国家赋予的最大"特权"和最大扶持政策的历史性机遇，解放思想、敢闯敢试，着力破解制约开发开放的各种思想障碍和制度瓶颈，已经成为推动沿边开发开放最宝贵的经验之一。

一是在思想上凝聚共识。云南省提出了"开放就是放开"的理念，要求全省各级各部门各行各业各级干部为试验区建设开绿灯、让大路、找出路，形成了全省上下服从和服务于试验区建设的高度思想共识。广西大力履行沿边开发开放先行者、试验田的使命，提出并形成了"敢闯敢创、善做善成"的东兴试验区精神。两省区和试验区均制定了干部容错机制和容错免责办法，有力地提升了各级干部解放思想、先行先试、创新突破的积极性和创造力。

二是在政策上集聚吸引力。在用好用活用足国家特殊优惠政策的基础上，云南省、

广西壮族自治区人民政府分别出台试验区建设28条、34条特殊政策。两地牢牢把握"先行先试"这个最大"特权",先后向国家有关部委申请了单独批准异地办理《出入境通行证》、"两国一检"通关模式、商事制度改革"一照通"、外籍自然人经营登记管理、个人跨境贸易人民币结算试点、人民币与缅元、越南盾特许兑换业务试点、进境种苗(景观树)指定口岸、进境粮食指定口岸、海港进境水果指定口岸、境外边民劳务合作、旅游和公务直通车、游客免税购物、边境自驾游等30多项先行先试政策,极大地集聚了沿边开发开放的活力。

三是在体制机制上释放动力。云南、广西始终坚持试验区建设"一把手工程",要求各级"一把手"亲自抓、负总责、带头跑。按照"试验区的发展就是找寻更多源头活水"的工作思路,坚持要资金不如要项目、要项目不如要政策、要政策不如要开放、要开放不如要先行先试权利的理念,理顺体制、健全机制,形成了聚焦发展的强大动力。在试验区申报建设过程中,当地党委、政府"一把手"先后数十次赴国家有关部委汇报对接,争取先行先试权限;分别建立了与州市合署办公的正厅级架构的试验区工管委,从全国范围高薪选聘试验区专职领导和特殊人才;分别在周边国家重点城市建立了商务代表处。

(二)始终保持创先立标发展定力,强力推进区域"联动发展"和"共享发展"

建设试验区,目的是立标杆、树典型,重点是推进合作与共赢。云南、广西在推进试验区建设进程中,敢为天下先、勇当排头兵的魄力和强力推进区域"联动发展""共享发展"的胸襟,为全国试验区建设做出了重要示范,也充分落实了国家设立试验区的顶层设计。

广西东兴试验区努力争当"全国沿边开发开放排头兵"。为此,提出并坚持以建设"边境特区、海陆门户"为目标,以实现"广西领先、全国瞩目"为标杆,聚集区域各种资源优势,大力发展港口经济、海洋经济、口岸经济、旅游经济、生态经济、互联网经济"六大经济业态",全力推进周边生产要素的聚集,相关产业的联动发展。东兴试验区自成立以来,人均地区生产总值、港口货物吞吐量等持续位居广西第一;地区生产总值、固定资产投资、规模以上工业总产值、外贸进出口等增速位居广西前列。2017年,东兴试验区实现地区生产总值583.33亿元,增长7.1%;工业总产值1570.55亿元,增长19.5%;固定资产投资完成552.06亿元,增长11.3%;外贸进出口总额103.35亿美元,增长44.8%。目前,东兴试验区已经成为广西北部湾经济区的强大引擎。

云南瑞丽试验区全力打造"中国沿边特区、开放前沿"。为此,突出通道枢纽、产业基地、交流平台三大功能定位,抓实基础设施建设、招商引资、政策引领、对外交往合作、改革创新"五大工程",全力把试验区建设成为"一带一路"重要一环、面向南亚东南亚辐射中心的关键节点、孟中印缅经济走廊建设的先行区。几年来,瑞丽试验区按照"一核两翼、联动发展,一区多园、政策叠加"的工作思路,实施瑞丽畹町姐告同城化、芒市瑞丽陇川一体化发展,政策项目覆盖德宏州所有县市,带动了区域协调和中缅共享发展,由市场自发培育形成了以瑞丽口岸为核心枢纽的"中国—缅甸—孟加拉国—印度"货物通道、资源通道、人员通道、信息通道。5年多来,瑞丽试验区进出口贸易总额占云南省对缅贸易60%以上,占全国对缅贸易的30%;出口商品连续15年保持2位数高增长,远高于全国、全省平均增长速度。2012~2017年,瑞丽试验区地区生产总值、固定资产投资、外贸进出口分别平均增长12.45%、24.99%、30.47%,仅试验区核心区——瑞丽市,2017年实现生产总值103.6亿元,同比增长16%,增速排全省第4位。外贸进出口总额达407.7亿元,同比增长34%,保持占全省总量1/3的态势。

(三)全力推进优势资源转换,实现"通道经济"向"产业经济"提档升级

1. 彰显通道优势,优先推进基础设施互联互通

通道是制约和影响沿边开发开放最主要的因素。为切实解决通道不通、通而不畅的问题,云南、广西在积极争取国家加大重点交通、能源等通道项目建设投入的同时,不等不靠,创新投融资模式,广泛筹集近千亿元资金,着力推进与周边国家基础设施互联互通建设。目前,瑞丽试验区所在的德宏州已有1条输油气管道、1条通讯光缆、9条输电线路、12条公路、28个渡口、64条通道与缅甸联通;本土企业瑞丽航空、南亚通用航空公司投入运营,芒市机场开通了11条国内航线。试验区还自筹资金上亿元,援建了中国畹町至缅甸105码二级公路、缅甸木姐105码货、改造升级缅甸木姐至腊成公路。

2. 彰显资源优势,跨境加工业异军突起

瑞丽试验区:立足国际国内两种资源、两个市场,加快推进外向型产业基地建设。北汽、银翔摩托、华侨城集团、修正药业、富士康集团等大企业纷纷落户。以"两车一机一电"为代表,面向南亚东南亚的进出口加工制造业从无到有、快速发展,"瑞丽制造"的摩托车、手机成为出口生力军,2017年出口摩托车86万辆、手机716万部、电视机40.8万台。以能源资源深加工为主的进出口加工业逐步壮大,缅甸翡翠玉石毛料加工、交易形成"一都三城、三个中心、五大基地"布局;红木产业、肉牛、水果、蔬菜、粮食等食品加工业蓬勃发展,产业附加值不断提升。中缅贸易方式从边境贸易为主转变为一般贸易为主,出口结构从日用百货为主转变为机械电子产品为主,现代产业体系初具规模,产业基地建设卓有成效。

东兴试验区:依托防城港深水码头,大力发展码头经济。2017年进口资源加工业实现工业总产值1570.55亿元,连续多年保持两位数增长。专门出台《推进互市商品

落地加工加快发展东兴跨境加工产业的意见》，推动"边境贸易+跨境加工制造业"良性发展，已形成海产品、特色果蔬和饮料食品、药品等十大类年产值10亿元以上的跨境加工制造产业集群，有力地促进了"通道经济"向"口岸经济""产业经济"转型升级。

3. 彰显区位优势，边民互市蓬勃发展

一是在全国首创边民互市"三级市场"发展模式。东兴试验区按照"宽进严出、兼顾效率和管理"的思路，实施"三级市场"联动发展模式。在一级市场（互市市场）：创新建立边民合作社，以集装箱运货，每天边民到现场签字盖指纹，简化通关程序，确保货物来源合法、货物交易合法、货物资金流向合法。二级市场（收购市场）：按照"一人一车一证"、每人不超过8000元的限额，在流通环节做到完税销售。三级市场（加工市场）：鼓励企业进口互市商品落地加工，打造品牌，实现商品增值。二是探索建立边民互市贸易统一结算模式。东兴试验区专门设立了中越边民互市贸易交易结算中心，实行边民交易统一结算、跨境支付，有力地促进了市场交易额逐年攀升，也有效遏制了街头"地摊银行"一度盛行的局面。三是探索实行越南自然人经营登记管理工作。东兴试验区、瑞丽试验区分别对越南、缅甸自然人发放"跨国经营证"，并集中在互市贸易区统一经营和结算，既促进了贸易便利化，又加强了互市贸易的准确把握和有效监管。

4. 彰显政策优势，边境（跨境）旅游业如火如荼

云南瑞丽、广西东兴充分利用试验区允许先行先试旅游购物、人员往来便利化等政策优势，大力创新中缅、中越双边人员往来便利化机制，边境（跨境）旅游逐步成为当地重要产业。一是积极推进落地签证、办证便利化。实行中国游客无须护照签证，凭身份证即可异地办理从东兴、瑞丽到越南、缅甸指定区域3~4天的出境旅游出入境手续；开通了跨境自驾游和边境游网上预约办证系统，跨境自驾游成为边境旅游新的增长点。二是用足用好用活跨境旅游免税购物政策。东兴、瑞丽都在边贸中心、边境口岸建成了互市商品购物一条街、免税商城（店）等项目，形成了吃、住、行、游、购、娱融为一体的跨境旅游特色品牌。2017年底，瑞丽试验区共接待国内外游客506.6万人次（是当地常住人口的23倍），同比增长50.4%，实现旅游总收入98.8亿元，同比增长45.1%。三是大力发展跨境电商。东兴试验区大力实施"互联网+"行动计划，创建了东起沉香、万诚农业、中一商行等一批电商品牌，促进跨境电商与跨境贸易共赢发展；大力发展多式联运，打造外接东盟、内联我国西南、中南的出海出边国际物流大通道，推动百岸电子等跨境物流电子商务平台和一批物流企业发展，实现跨境电商线下实物无缝交付。瑞丽试验区针对缅甸丰富的西瓜、柠檬等农副产品资源，建立了基于电子商务模式带动下的全国最大的专业化物流市场。

(四) 善于改革创新,通关便利化水平国内领先

东兴、瑞丽试验区大力先行先试国家赋予的通关便利化政策,着力从加强工作协调、争取权限下放和先行先试等方面入手,大力推进通关便利化改革创新,探索了一整套行之有效的措施和办法。

东兴试验区:一是实行"一线(人)放开、自由流动、二线(物)管住、高效运行"的通关改革。按照"该放放开、该管管住"的原则,对入境车辆按照一线打封条,进入海关货场联合检验的办法,提高了通关效率。二是建立中越双边人员自动通关系统和出入境"绿色通道"。对双边边民、有关企业进行大数据管理,持合法证件实现了5~10秒钟通关。

瑞丽试验区:采取措施,强化通关便利化改革和先行先试,实现了出入境人员5~8秒钟通关;货物每辆车5~8分钟通关。一是先行先试"两国一检"模式。积极推动中缅关检合作,推行监管互认,变"一国一检"为"两国一检"。二是先行先试跨国检验。针对中方每年从缅甸大量进口西瓜、柠檬等特色农产品的实际,中方检疫检验人员和进口贸易公司提前对缅方订单种植基地进行检验。三是探索"三一"验放模式。探索实施了海关和检验检疫部门"一次申报、一次查验、一次放行"。同时积极实施长江经济带海关区域通关一体化改革。四是大力推行"一口岸备案、多口岸通关"管理模式。启动建设了瑞丽进口水产品"关检"合作试验区,通过抽检(2%~6%)的方法,提高货物贸易通关速度。实施关检合一、联合查验,缩短了查验时间,提高了通关效率。五是大力推行边民通关改革。探索实施"一证通两国",两国边民持边民证件快速通关;缅甸人持临时通行证(蓝书)可入境7天;边民持务工证(红书),可以申请居留3个月,允许延期2次,最长可以居留9个月。

(五) 积极推进沿边金融改革,沿边开发开放活力强劲

金融是经济发展、促进交流的血脉。云南、广西大力实施沿边金融改革创新,为加快试验区建设发挥了重要作用。

瑞丽试验区:率先在全省、全国实施了6项金融改革创新措施。一是率先在全省取得"民营金融创新试点先行州"授牌。二是率先在全省成立州小额贷款行业协会并建立小额贷款公司分类评级制度。三是率先在全省取得私募股权投资基金设立审批授权。四是率先在全省挂牌成立外籍人员金融消费权益保护投诉站。五是率先获全国首推特许机构人民币与缅币经常项目兑换的试点政策。六是率先在全国首创并发布"瑞丽"指数。经常项下人民币兑缅币特许兑换业务在指定地点双向试点,实现了缅甸境内人民币跨境支付和中缅银行间电子直汇,在缅甸木姐服务点提供POS跨行转账和EATM小额取现。七是在全国首推人民币专户出口结算退税试点。这一创新做法,成为享誉全国的"德宏模式"。2017年人民币跨境结算量突破200亿元,连续多年稳居全省

第一。

东兴试验区：一是于2013年获人民银行总行批准开展个人跨境贸易人民币结算试点工作，成为继浙江义乌之后全国第二个个人跨境人民币结算试点地区，境内外自然人凭个人身份证即可办理个人边境贸易人民币结算。二是探索形成了可复制的人民币对越南盾"抱团定价"（一周一次）、"轮值定价"（工、农、中、建四大行）的"东兴模式"，实现人民币对越南盾的直接报价兑换。截至2017年底，该中心业务量折合人民币达260亿余元。三是争取个人本外币特许兑换业务试点政策。针对越南盾项下个人本外币兑换特许业务，实现了客户范围、业务范围、兑换额度、备付金账户四项突破，属全国独有。四是开展人民币和越南盾现钞跨境调运业务，有效解决了双方金融机构、兑换公司资金现钞需求问题。其中：人民币与越南盾特许兑换业务试点、东盟货币服务平台、跨境保险服务中心3项金融改革属于"全国第一"。

（六）全面搭建交流平台，厚植各领域合作基础

云南、广西下大力气全方位搭建多层次交流平台，广泛开展务实的交流活动，不断深化了人文交流，有力地促进了试验区双边边境贸易、互联互通、跨境旅游、跨境经济合作区建设等领域的合作。

1. 建立实施双边定期会晤机制，推进高层合作交流

广西推动建立了中国—东盟合作组织、越南边境四省交流合作及联工委会晤、跨境经济协调领导小组联席会议等机制。瑞丽试验区与缅甸商务部、旅游部建等机构立了定期会晤机制，形成了跨境农业、边境打拐、禁毒、疫病防控、跨境旅游等十多项合作机制。

2. 创新设立驻外商务代表处，加强日常合作交流

瑞丽试验区采取民间商会的形式，在缅甸曼德勒、密支那、腊戌、内比都设立了4个商务代表处，每年为每个商务代表处拨付工作经费200万元。该做法已上升为云南经验，被国务院第四次大督查树为典型。

3. 深入开展重点领域交流合作，促进人文交流

通过创建国际医院、国际学校、国际论坛、友好城市等形式，广泛开展教育、医疗、智库、城市间等领域的交流合作。瑞丽试验区对缅籍边民子女在我方接受义务教育实行应收尽收，并同等享受我方政策；挂牌国际医疗机构10余所；坚持为境内缅籍人员定期发放自主创办的缅文报刊。瑞丽市与缅甸木姐市结为友好城市，每年定期举行中缅胞波狂欢节、中缅边境商品交易会。创办了跨喜马拉雅发展论坛、孟中印缅科技卫生畜牧合作系列论坛、中缅智库高端论坛、澜湄六国大学生友好交流活动周等系列国际性交流活动。成立了中缅边境地区民生基金，在边境村寨、口岸通道成立了边

防小学、国门书社等交流窗口。

（七）创新边境往来管理和服务，实现边疆稳定可控

1. 大力先行先试出入境管控措施

瑞丽市先后成立了外籍人员服务管理中心、外籍人员职业介绍中心、边民矛盾纠纷调解中心。率先开展边境管理改革试点，出台外籍车辆出入境管理办法、缅籍边民入境通婚登记备案制。

2. 大力开展边境联合执法

云南先后设立了国际执法安全合作大队、瑞丽—木姐打拐联络官办公室、章凤—雷基打拐联络官办公室、中缅边境瑞丽禁毒联络官办公室，切实加强联合执法。

3. 创新外籍"三非"人员管理

摸索出"一馆二站三中心"的外籍流动人员"梯次式"社会管理创新模式。规范外籍流动人员临时居留管理；全面推行"外籍流动人员管理服务站"和"外籍三非人员管理中转站"两站建设，强化对外籍流动人员的服务和管理；建立"跨境婚姻登记备案管理中心""涉外矛盾纠纷调处中心""外籍流动人员劳动就业服务中心"三个中心，保障外籍流动人员合法权益。

三、对推进新疆维吾尔自治区沿边开发开放的建议

沿边地区是我国深化与周边国家和地区合作的重要平台，是确保边境和国土安全的重要屏障。沿边重点地区开发开放事关全国改革发展大局，对于促进"一带一路"建设和构建繁荣稳定的祖国边疆意义重大。在习近平新时代中国特色社会主义思想的指引下，重点开发开放平台正逐步成为"一带一路"建设的"先手棋"和"排头兵"。

党中央、国务院历来重视高度沿边开发开放工作，先后出台《国务院关于支持沿边重点地区开发开放若干政策措施的意见》《关于加大边民支持力度促进守边固边的指导意见》等特殊政策，支持边沿地区发展。截至目前，国家围绕构建全方位对外开放格局，已经批复沿边特殊经济开发区、重点开发开放试验区、沿边国家级口岸、边境城市、边境经济合作区、跨境经济合作区125个，其中批复设立新疆各类重点沿边开发开放平台29个（目录附后），占全国总数的23.2%。

近年来，特别是自治区九次党代会以来，自治区党委、政府高度重视沿边发展和安全稳定，29个各类国家重点沿边开发开放平台建设取得显著成效，为引领区域发展，促进全区社会稳定和长治久安发挥了重要作用。通过此次学习考察，也清晰地认识到，

相对于其他国家重点开发开放平台，各地州市、有关职能部门、各重点平台管理机构在解放思想的程度、改革创新的力度、经济社会发展的速度等方面，尚有不小差距。为此，提出如下几点建议。

（一）建立自治区层面统筹协调的领导体制和工作机制

一是建议将区内29个各类国家重点沿边开发开放平台建设管理，纳入自治区即将成立的推进实施"一带一路"建设工作领导小组办公室的职能范畴，成立自治区重点沿边开发开放平台建设专项协调推进组，由自治区人民政府领导担任协调推进组组长，切实解决管理缺位、统筹乏力的问题。建立专项协调推进组议事规则，及时协调解决建设发展中的问题和困难。二是建立自治区统筹的重点开发开放平台建设督促检查、定期形势分析、年底考核等工作机制，形成比学赶超、争先创优的浓厚氛围。三是大力实施人才改革，吸引高素质人才参与重点平台建设。

（二）研究编制自治区沿边开发开放专项规划

一是坚持规划引领，根据各重点开发开放平台的综合优势，科学谋划、统筹规划各自发展定位、产业布局、建设重点、先行先试突破口，以顶层设计推进全局统筹发展、差异化错位发展、良性互动发展，避免同质化发展，尽快培育一批沿边开发开放的典型和示范。二是坚持规划引领项目建设，适时编制《自治区沿边开发开放重点项目清单》，优先推进设施联通、边民互市、跨境金融、边境（跨境）旅游等重点项目，并予以大力支持。三是大力实施优势资源转换，加快"通道经济"向"产业经济""口岸经济"转型升级。充分利用国际国内两个市场、两种资源，按照特色鲜明、重点突出的原则，大力发展进出口资源加工基地、特色产业基地、边境（跨境）旅游、边民互市贸易+跨境加工、互联网+电子商务、综合保税+等产业经济。

（三）完善政策体系，支持重点开发开放平台建设

一是引导各行各业各级干部树牢"先行先试"是最大"特权"和最大"机遇""开放就是放开""敢闯敢创、善做善成"等先进理念，建立干部容错纠错免责机制，鼓励改革创新，倡导先行先试，用好用活用足国家赋予的特殊政策。在一些重点领域和关键环节大力争取国家和有关部委的先行先试改革试点，为国家实施沿边开放战略发挥示范作用。二是研究出台《自治区促进重点沿边开发开放平台建设若干政策措施的意见》，从边境管理、财税金融体系、土地管理、行政管理、人才队伍建设、简政放权、要素流动便利化、加强与周边国家与地区交流合作等方面制定系列支持政策措施。

（四）高位推进重点开发开放平台申报工作

《国务院关于支持沿边重点地区开发开放若干政策措施的意见》赋予阿勒泰研究设立跨境旅游合作区，《关于加大边民支持力度促进守边固边的指导意见》赋予塔城研究设立国家重点开发开放试验区。自治区和两个地区要高度重视、高位推进；各厅局要加强与国家部委的衔接，全力支持配合，确保2018年成功申报塔城重点开发开放试验区；跨境旅游合作区申报工作取得实质性进展。加快推进乌鲁木齐、喀什、霍尔果斯等电子商务综合试验区建设。全力推进阿拉山口先行先试重点开发开放试验区工作。

（五）落实总目标，统筹抓好边境稳定和加快发展

边境稳定，是扩大沿边开发开放的前提。要按照"该管管住、该放放开"的原则，正确处理沿边稳定与发展的关系。一是着力解决通关、人员往来便利化方面存在的突出问题。利用现代科技手段，努力提升通关查验效率，切实维护安全稳定。积极推行AEO认证、免检资质认证、提前介入、延伸管控、落地签证、"两国一检"等创新措施，提高通关管控能力和通关效率。二是创新和先行先试出入境和来疆外籍人员管理服务措施，实现因公、商务、旅游等出入境人员能够快速进得来、管得住，适应边民互市、边境（跨境）旅游、交流访问等需要。三是加强与相邻国家和地区在反恐维稳、打击犯罪、国际联合执法、特殊人员管控等领域的交流合作，建立机制、加强合作，及时解决和处置边境稳控中的各类问题。

以上如有不妥之处，敬请批评指正。

附件：新疆主要开放平台

一、特殊经济开发区（2个）
喀什经济开发区、霍尔果斯经济开发区

二、沿边国家级口岸（16个）
铁路口岸（2个）：霍尔果斯、阿拉山口

公路口岸（14个）：红其拉甫、卡拉苏、伊尔克什坦、吐尔尕特、木扎尔特、都拉塔、霍尔果斯、巴克图、吉木乃、阿黑土别克、红嘴山、塔克什肯、乌拉斯台、老爷庙

三、重点边境城市（6个）
阿图什市、伊宁市、博乐市、塔城市、阿勒泰市、哈密市

四、边境经济合作区（4个）

伊宁边境经济合作区、博乐边境经济合作区、塔城边境经济合作区、吉木乃边境经济合作区

五、跨境经济合作区（1个，全国2个）

中哈霍尔果斯国际边境合作中心

第三篇

地　方　篇

　　为了更好交流和分享沿边地区开放发展经验，《年度报告》专辟了地方专题，本年度将分享广西东兴经验。

　　近年来，东兴市深入贯彻习近平总书记视察广西重要讲话精神，牢记国家赋予东兴对接国家"一带一路"建设、安边稳边兴边富边、巩固中越传统友谊"三大使命和任务"，发挥"沿海沿边"和"两个市场、两种资源"地缘优势及国家重点开发开放试验区等"六大国家级开放合作平台"，全方位、多层次、宽领域扩大开放合作，互市贸易模式、反走私综合治理等"东兴经验""东兴模式"得到中央、国务院和各级高度肯定，成为全国全区学习样板。荣获"中国最具竞争力百强县""中国电子商务百强县""全国双拥模范城""中国十佳特色文化旅游名县""广西科学发展十佳县（市）""自治区文明城市"等荣誉，跻身全国县级市全面小康指数百强，成为广西唯一上榜的县级市。东兴从昔日贫穷落后、萧条冷清的边陲小镇发展成为贸易繁荣、商贾云集、人民安居乐业的开放城市，其经验值得分享，其做法值得推广。

写好向边向海文章　开拓创新先行先试：
构建东兴全方位开放发展格局

周世军

东兴地处我国最西南端、沿海沿边，肩负国家赋予的面向东盟开放合作的重要战略任务。近年来，东兴市深入贯彻习近平总书记视察广西重要讲话精神，牢记国家赋予东兴对接国家"一带一路"建设、安边稳边兴边富边、巩固中越传统友谊"三大使命和任务"，发挥"沿海沿边"和"两个市场、两种资源"地缘优势及国家重点开发开放试验区等"六大国家级开放合作平台"，全面构建贸易、加工、旅游、金融、电商、物流"六大跨境产业"体系，全方位、多层次、宽领域扩大开放合作，互市贸易模式、反走私综合治理等"东兴经验""东兴模式"得到中央、国务院和各级高度肯定，成为全国全区学习样板，荣获"中国最具竞争力百强县""中国电子商务百强县""全国双拥模范城""中国十佳特色文化旅游名县""广西科学发展十佳县（市）""自治区文明城市"等荣誉，跻身全国县级市全面小康指数百强，成为广西唯一上榜的县级市，东兴从昔日贫穷落后、萧条冷清的边陲小镇发展成为贸易繁荣、商贾云集、人民安居乐业的开放城市。

一、创新"跨境贸易+"模式，打造沿边向海开放型经济

我们坚持"边海联动、全域开放"发展思路，按照"前岸中区后城"城市空间布局，全面构建"跨境贸易+加工、旅游、金融、电商物流"转型升级发展和政策先行先试的新模式，推动"通道型经济"向"口岸经济""产业经济"转型升级，成功实现了新一轮发展的转型升级，形成了引领沿边发展的跨境产业体系，推动了东兴全方位、多层次、宽领域对外开放和经济发展。

（一）创新"跨境贸易+落地加工"的新模式

我们从机制上健全了与越南芒街市定期会晤工作机制、两市边境贸易主管部门的定期会晤工作机制、口岸管理部门联席会议机制，强化中越双方经贸合作，边境贸易成交额增长到了1996年建市时的40多倍；通过创新"越南自然人入驻互市区经营管

理、互市贸易结算、边民组建互助组参与互市贸易"三大方式，提高"通关便利化、互市边民服务中心、互市贸易商事法庭、互市中心工会党建青年中心""四大服务水平"，强化互市贸易服务、监督管理等措施，规范、便捷、高效的互市贸易模式成为全国示范，作为国务院第三次大督查发现典型经验做法向全国推广。通过实施互市商品落地加工的"落地加工合法化、通关便利化、成本最低化、落地加工企业优先化、贸工互动效益最大化"等"五化"措施，推进"农副产品、建材、海产品、机电、红木"等10大类专业市场建设，打造工业经济"6+6"（即以跨境经济合作区为核心的六大专业化产业园区、以海产品、红木加工等为重点的六大产业集群）发展模式。

（二）创新"跨境贸易+旅游"的新模式

我们主要通过打造互市商品购物街、东兴试验区免税商城等平台，为国内外广大商家、游客提供边境贸易结算、物流、仓储、智能化信息安保、售后等综合服务；推进全域旅游示范区、边境旅游试验区东兴辖区等建设，常态化开通跨境自驾游，构建"联合打造旅游线路、联合打造旅游景区、联合开展旅游宣传推广、联合做好旅游演艺交流、联合开展旅游领域市场执法、联合开展跨境旅游培训"中越旅游"六联合"携手合作新模式，开通广西桂林、东兴与越南芒街、下龙"中越两国四地"黄金旅游线路，打造"陆上桂林"至"海上桂林"的"两国四地"黄金旅游线路，促进四地乃至中越两国旅游合作、人员往来和经贸发展，实现资源共享、市场共拓、信息互通、客源互送、互利共赢，推动"跨境贸易+旅游"良性发展。

（三）创新"跨境贸易+金融"的新模式

我们重点推进沿边金融综合改革试验区的各项措施落地，引导金融机构创新对跨境贸易的信贷产品和服务方式，包括创新互市贸易结算方式，探索形成"边民互市商品交易结算、边民互市商品经营户结算和边民互市商品游客结算""三种运作模式"，把以往相对分散和无序混乱的边民互市交易转变为相对集中和有序规范的市场化互市交易，解决了"地下钱庄"、人民币越南盾结算难等问题，实现了两国边民互市商品的现场交易和交易结算规范管理；2017年10月12日启动中越人民币与越南盾现钞跨境双向调运业务，在全国第一个真正意义上实现中越两国银行点对点完成双币现钞跨境双向调运，解决了越南盾和人民币现钞来源及头寸消化问题，推动了人民币国际化进程，创造了"人民币和越南盾特许兑换、东盟货币服务平台、跨境保险、人民币和越南盾现钞跨境调运、跨境反假货币合作机制"等5项"全国第一"，实现"跨境贸易+金融"的良性循环。

（四）创新"跨境贸易+电商物流"的新模式

主要是按照"党政推动、市场运作、基础配套、协会（企业）引导、试点示范带动"的总体思路，推进"互联网＋"行动计划，搭建"跨境金融结算平台、电商平台、手机 App 电商销售""三大平台"，推动东兴跨境电商"品牌化、规模化""两化"发展；运用互联网技术，拓宽销售渠道，推动电商平台、电商团队和边民互助组强强联合、抱团经营，通过搭建八找网等网上互市信息化系统，解决边民跟越南商户信息不对称问题，提高互市贸易交易和通关效率；建设物流园区项目，加快跨境物流和跨境贸易实现融合发展，推动跨境电商线上线下无缝对接，最终实现"边民增收入、企业得发展、政府创税收""三赢"局面，东兴电子商务发展指数进入全国县域20强，位居西部第一，连续4年获得"全国电子商务百佳县"称号。

（五）创新政策先行先试的新模式

其他领域我们也先行先试，进行了探索：建立中越跨境劳务管理服务中心来办理试验区范围内的跨境劳务合作业务，试验"一站办证，全域用工"，实行"四证两险一中心"的管理模式，解决企业用工的问题；推进互市贸易区信息化管理工作，建成广西互市"一指通"系统，率先在广西互市区（点）实行海关信息化管理，实现无纸化通关作业；推行口岸分类通关改革，推进"一次申报、一次查验、一次放行"机制，推动通关便利化发展。全面实施商事登记制度改革，出台实施外国籍自然人经营户登记管理办法，发放广西首张外国籍自然人经营户执照；推行"先照后证""三证合一、一照一码""六证合一"登记制度，经验做法走在全国前列，获国家工商总局通报表扬。创新"一个部门管市场、一个窗口办审批、一个平台理投诉、一支队伍抓执法、一个中心控检测""五个一"模式，成立城市管理和综合执法局、市场监督管理局，成为全国180多个试点城市中唯一接受中央电视台采访的典型。

二、创新"稳边固防"机制，确保东兴"边境稳、国门安、边民富"

特殊的地理位置，给东兴带来经济繁荣的同时，涉恐、贩毒、偷越国（边）境、流窜作案、走私等违法犯罪也给东兴发展带来巨大压力，我们坚持把维护边境地区和谐稳定、增进民生福祉作为根本目的，创新工作机制，建立"三大体系"，致力南疆国门安宁富强。

（一）创新反走私综合治理体系

探索建立大协同多锁链的反走私防控体系，成立以党政主要领导为组长，各相关单位为成员的打击走私综合治理工作领导小组，设立以市长任主任的口岸合作和反走私综合治理办公室；建立反走私联合指挥中心联席会议制度，每月指挥长主持召开一次联席会议,每周副指挥长召开一次联席会议,专题研究部署反走私综合治理工作;在全国首创"分段值守、段长负责、联动执法"的"段长负责制"模式,统筹海关(缉私)、公安、边防、海警、烟草、边海防和打私办力量(500多人),把东兴89公里边境线分成4个责任段,实行段长负责制,落实入境、运输、储存、销售、源头"五个环节"措施,实施一线设防、二线封堵,快速发现、精准打击和有效治理;提升边境一线物理防控设施,在北仑河沿岸建成约11公里的国防栏和多座缉私哨塔等设施,配置全天候监控摄像头2300多个,形成高密度、全方位、多维度的"天网"视频监控体系,实现边境"打、防、管、控"工作的可视化;强化"清、拆、堵、扣"举措,强化群防群治,发动群众当好"三员一长",在广西率先将扫黑除恶与反走私工作相结合、率先开展创建"无走私村(社区)"活动,反走私综合治理取得东兴开放20多年来最好局面,经验做法得到了现任全国政协汪洋主席的高度肯定。

(二) 创新管边控边治理体系

主要是通过建设"现代指挥警务一体化平台"、构建"情指行"一体化工作模式,发挥无人机"移动天眼"的优势,形成"边境巡逻信息化、案件侦查远程化、预警响应实时化、灾害事故应急化"的"四化"管控治理体系;结合东兴边境实际情况,在边境一线建设了具备自动识别、自动报警的"智慧国防栏",将多批企图外逃的涉恐人员成功拦截在国境内;将反走私综合治理与"群众安全感提升年""平安东兴"等工作相结合,开展扫黑除恶、打击贩毒、矛盾纠纷化解等工作,成功"摘帽"全国毒品犯罪问题重点关注地区,群众安全感满意度2018年第一季度名列广西111个县(市、区)第二位。

(三) 创新兴边富民产业体系

重拳出击,堵住邪门,用足政策,开好正门,服务边民,畅通国门。我们在打击走私活动同时,致力边民致富巩固国防边境,主要是发挥各级党组织的政治优势和组织优势,用好边贸、电商扶持、产业扶持、基础设施建设等一系列兴边富民政策,深入开展"党旗领航 电商扶贫",打造"电商+特色农业、品牌创建、互市贸易、乡村旅游"模式;深入推进"跨境贸易+互助组"新模式,利用国家给予边民"每人每天交易8000元货物全免关税和环节税"的优惠政策,建立"1+5+N"模式(即1个边民,带动货物装卸、门店经营、运输、专业市场和落地加工5个方面就业,引进N个东部产业落地),促进产业发展,边民就业创业致富,贫困户边民融资委托经营每年收入7000多元,互市商品销售利润每人每年多达1万元,互市商品销售利润+加工每人每年收入4万多元,互市商品销售利润+运输每人每年收入高达6万元,互市商品销售利润+装卸每人每年收入高达7万元,互助组抱团经营全链条每人每年收入近2万元;建立"1+N+20"的模式,即"1个党支部领航,n个边民互助组、每组成员20

人以上，每组吸纳1户贫困户"为内容的"边境贸易+互助组"扶贫模式，突出"党政推动、市场运作、基础配套、协会（企业）引导、试点示范带动"为总体思路的"党旗领航·电商扶贫"模式，该模式入选了第四届全国基层党建创新案例的优秀案例。通过"党旗领航·电商扶贫"，带动贫困人员650人脱贫致富，贫困户年收入增加2.5万元以上；完善村级综合服务中心，抓实基层就业、社保、教育、卫生、文体、法律等服务，扎实有效推进"服务惠民"工作，率先实现村级综合服务全覆盖，成为全国美丽乡村建设示范县，服务惠民"1+6+N"模式受到上级高度肯定。持续改善边境地区生产生活条件，提高边民生活水平，让产业从城市向边境发展，让群众向边境聚焦，让"每一个边民都成为一个哨兵"，进而实现长远守边、富边固边。

三、创新参与"一带一路"建设模式，打造睦邻安邻示范区

我们主动作为，面向东盟，放眼世界。

（一）全面打造"一带一路"南向通道的出海出边国际通道重要枢纽

开通防东高速公路和互市便民临时浮桥，推进中越北仑河公路二桥、防东铁路等建设，改造提升中小港口，大力发展公路、铁路、水路等多式联运。加快连接越南的跨境桥梁、高速公路铁路，以及连接国内的高速公路、沿边高等级公路、铁路和通用机场建设，形成外接东盟、内联我国西南、中南的出海出边国际大通道。

（二）全面打造面向东盟开放的跨境合作发展新模式

不等不靠，积极参与推进中国东兴—越南芒街跨境经济合作经济区（东兴、芒街在边境各拿出10平方公里的地方建设连片的境内关外的特殊园区）建设，重点打造集特殊监管区、财税金融、投融资、产业贸易、土地资源、口岸通关与旅游管理、"人才特区"等多领域一体的优惠政策洼地，推进调整东兴边境经济合作区，努力建成面向东盟的集加工制造、边境贸易、金融服务和物流配送为一体的经济合作区。

（三）首创中越两国两党地方党际交流合作新模式

东兴市委与芒街市委率先落实中越两国两党、广西广宁两省区党际交流要求，于2016年签订两市党委交流合作协议，共同推进"深化双方党建和政府部门治党理政经验交流、实施两市干部培训交流计划、引导双方社会政治团体开展友好交流活动、挖掘和拓展传统教育合作、加强商贸旅游合作交流、签订边境接壤友好乡镇（社坊）交流协议"6大方面双边友好交流；双方建立党际交流热线，定期通报重要工作，组团参

加双方举行的重大活动、节庆活动和纪念日活动；双方纪检、组织、宣传、群团、公安、法院、司法、教育、医院、镇村等定期交流；以党际交流推动建立跨境劳务便捷通道、消防救灾救难等应急援助便捷机制、互市浮桥通关便捷机制、界河防汛和环境保护机制等一系列合作机制；两市外事部门全天24小时开通热线电话，特别是2018年4月4日应越南芒街政府请求，东兴市跨国救援，连续奋战24小时扑灭越方发生的大火灾，得到了越方和中国驻越大使馆的高度赞扬。

（四）全面推进建设民间交流新载体

升级中越（东兴—芒街）商贸·旅游博览会（一年一度，由东兴或芒街在本市轮流举办），面向东盟国家地区联谊缔结更多友好城市，拓展面向欧美国家地区更深层次的开放合作；建立与韩国、越南、印度尼西亚教育文化交流机制，建立中越医疗"1369生命直通车"；承办中国—东盟重大体育赛事，形成了中国东兴越南芒街元宵节足球友谊赛、中越边民大联欢、中越青年界河对歌等品牌，逐步成为中国—东盟文化产业合作新高地；开创与越南芒街市跨境联合招商模式，引进中国—东盟进出口百强企业落户东兴。探索在越南芒街建立工业园区、农业园区，支持企业产业走出去，服务走出国门的中国企业，落实"一带一路"倡议。

面对新时代，东兴市将坚决担起党中央赋予东兴的历史责任，坚决落实习近平总书记视察广西作出的：释放"海"的潜力，激发"江"的活力，做足"边"的文章重要指示精神，抢抓机遇、创新先试，勇于担当、攻坚开拓，确保率先全面建成小康社会的同时，努力在沿边开放先行上多创亮点、在沿海深化拓展上快速升级、在沿江沿线布局发展上打基础谋长远，努力建成沿边开发开放引领区、中国—东盟战略合作示范区，建成"一带一路"上"富强、开放、魅力、幸福、和谐"的边海宜居国门城市。

发挥一带一路五大支点作用
争当沿边开发开放排头兵

陈建林

自治区2018年政府工作报告提出"要深度融入'一带一路'建设，推进中新互联互通南向通道建设"，东兴作为中国唯一与东盟国家海陆相连的国门口岸城市，如何抢抓难得机遇，积极主动融入国家倡议，推动地方经济社会加速发展、争当沿边开发开放排头兵，是东兴市一个现实而紧迫的重大任务、重要课题。

一、东兴市融入"一带一路"南向通道建设，加快开发开放基础良好

近年来，东兴市牢记国家赋予的有机衔接"一带一路"、巩固中越传统友谊、安边稳边兴边富边等"三大政治使命"，充分发挥东兴独特的区位和资源优势，用好用足用活国家赋予的重大战略和政策，大胆探索发展六大跨境产业，开创性构建开放型经济新体制模式，实现了后发超车，多项经验做法走在全区、全国前列，形成一批可复制推广的"东兴经验和模式"，走出了一条沿边后进地区跨越式发展的新路子，为沿边城市探索改革开放新模式，为增强国家影响力知名度树大国形象，为国家开辟睦邻安邻富邻的新路子提供了新经验。

（一）经济社会综合实力迈上新台阶

近年来，东兴市从实际出发，充分发挥沿海沿边沿江和"两种资源、两个市场"的独特优势，提出用好六大国家级战略平台，大力发展跨境贸易、跨境旅游、跨境加工、跨境金融、跨境电商、跨境物流等六大跨境产业的工作思路，积极探索，不断改革创新，促进了全市经济社会又好又快发展。东兴市多项主要经济指标呈两位数增长，互市贸易进出口总额、个人跨境人民币结算量、东兴口岸出入境人数等部分指标或数据与2015年相比均实现翻番。人均GDP、人均财政收入、人均存款余额、城镇居民人均可支配收入和农民人均纯收入等经济指标保持全区前列。东兴市多项工作得到上级的高度肯定，获得国家表彰23项、自治区表彰11项，反走私综合治理段长负责制、

"边贸+扶贫"、"互市+"、跨境劳务、宜居乡村·服务惠民"1+6+N"、跨境旅游"六联合"、国土资源执法监管"四级联动"、义务教育均衡发展、侨务工作等"东兴经验""东兴模式"在全区、全国复制推广，成为学习样板，其中跨境贸易转型升级经验做法在全国复制推广，成为广西唯一获得国务院办公厅表彰的县（市）；先后荣获"中国电子商务百强县（第七名）""全国双拥模范城""广西科学发展进步县""广西特色旅游名县"等荣誉称号。据《中国城市全面建成小康社会监测报告2017》显示，东兴市跻身全国县级市全面小康指数百强，位列全国82名，成为广西唯一上榜的县级市。

（二）改革开放呈现新局面

一是口岸扩大开放取得新突破。防东高铁开工建设，中越北仑河公路二桥建成，边民互市便民浮桥、进境水果指定口岸、进口冰鲜水产品口岸等开通运营。国际贸易"单一窗口"改革稳步推进，进口通关时间居全区首位。二是机制体制不断创新。市场监管改革"四局合一"模式在央视热播，成为区内外学习的范本。跨境劳务工作成为全区试点，为97家企业办理用工资格，受理跨境务工人员61856人次。开创反走私综合治理"段长负责制"新模式，成为全国全区学习的样板，全国重点地区打私现场会在东兴召开。三是对外友好交流开创新局面。成功与越南芒街市共同举办3届元宵节足球友谊赛、中越国际商贸·旅游博览会、中越青年大联欢界河对歌活动，经贸文化体育交流成果丰硕。中越人民友好医院加快建设。开通"1369跨国医疗救治绿色通道"，先后救治300多名中越两国危重病人，成为中越首个跨国医疗救助品牌。与越南芒街市、印尼东勿里洞县、韩国高兴郡、柬埔寨吴哥通县等7个城市缔结为国际友好城市；联合越南芒街市赴哈尔滨市、满洲里市等口岸城市开展联合招商和跨境旅游推介会，积极推动中、越、俄"三国四市"开展城市互助、商品互销、游客互送、物流互通、文化互鉴、领导互访等"六互"合作，努力构建"一带一路"上有机衔接东欧与东盟发展的区域合作典范。

（三）县域经济开创新模式

近年来，东兴市为改变产业结构单一、发展滞后的现状，经过深入调查研究，提出了大力发展六大跨境产业，推动了东兴由"通道经济"向"产业经济""口岸经济"转型升级，开创了独具特色的县域经济发展新模式。一是跨境贸易转型升级模式获得国务院表彰。实施建机制、搭平台、争政策、拓通道、建市场、增品种、强通关、降成本八大措施，东兴边民互市贸易区从260亩扩建至1500亩，"快牛"红木保税仓建成使用，"一口岸多通道"发展模式初步形成。率先在全国启用边民互市"一指通"系统。建成城北农贸市场、兴东农贸市场等20个专业市场80万平方米。2018年互市贸易日均交易5838人次、日均交易额4600万元、日均交易量4277

吨，分别是2015年的3.14倍、3.29倍、3.1倍。二是跨境旅游"六联合"模式得到国家旅游部门高度肯定。发挥中越边关风情游重要节点优势，全面打造边海国际旅游目的地。与越南芒街市开创了全域旅游的联合打造线路、景区、宣传、演艺、执法、培训"六联合"新模式，得到国家旅游局的高度肯定。常态化开通"陆上桂林"经东兴—越南芒街至"海上桂林"的"两国四地"跨境黄金旅游和自驾游线路。旅游服务配套设施不断完善，建成国家AAA级景区2个和20个星级乡村旅游示范点。建成东兴口岸智能化通关管理系统，成为我国首个启用自助查验通道的边境口岸，过境游客查验提速至8秒/人。2018年1月1日至11月6日经东兴口岸出入境人数突破1000万人次（2015年609.1万人次）。先后荣获"中国十大养老胜地""中国十佳特色文化旅游名县"等荣誉称号。三是跨境加工发展模式在广西边境城市复制推广。针对中越贸易的海产品、红木、坚果等10大类大宗商品，创新发展互市商品落地加工产业发展模式。落地加工企业由最初5家发展到28家，工业产值80亿元，增长100%，实现了东兴市由"通道经济"向"口岸经济"转型升级。四是跨境金融创造了5项"全国第一"。先后创造了全国第一个建立东盟货币服务平台、全国第一个开展人民币与越南盾特许兑换业务试点、全国第一家建立跨境保险服务中心、全国第一个建立跨境反假币合作机制、全国第一个开展人民币和越南盾现钞跨境调运业务等5项"全国第一"。开创"边境贸易+金融服务"发展新模式，边境贸易人民币结算占比达98%，是全国平均水平的6倍多。2017年个人跨境人民币结算264.8亿元，是2015年118.71亿元的2.2倍。五是跨境电商跃居全国前列。电商企业发展到2547家，直接就业人数超过1万人，成为全国首批电子商务进农村综合示范县。荣获"2017~2018年中国电商示范百佳县"称号，位居排行榜第七名。六是跨境物流加速发展。跨境物流内联外通设施日趋完善，冷链物流企业发展到20多家，全市物流企业达140余家；成功入选首批城乡交通运输一体化示范县创建名单。2017年，公路客货运周转量达6.3亿吨公里，出入境车辆3.6万辆次，是2015年2.3万辆次的1.6倍。

（四）民生事业再上新水平

近年来，东兴市把增进人民福祉作为改革发展的出发点和落脚点，让发展成果更多更公平惠及民生，群众生活质量明显提高。一是脱贫攻坚扎实推进。4个贫困村全部通过自治区脱贫摘帽评估。全市730户2780贫困人口已脱贫353户1520人，全市所有村（社区）集体经济收入达到上级要求，其中村（社区）集体经济10万元以上的有9个。二是科教文卫事业不断进步。全面实施12年免费教育，义务教育均衡发展高标准通过自治区评估验收。2018年高考本科上线率达62.4%，取得了20年来最好成绩。投入1.5亿元，打造中越友好医院。京族"醬·琴·韵"在北京成功展演，京族"一台戏"《京岛人家》的创作演出获得空前成功，荣获"广西特色文艺之乡"称号；东兴成为新一批国家知识产权强县工程试点县。三是社会保障体系不断完善。提供就业岗位 2 万多个，城镇新增就业 7810 人，农村劳动力转移就业 5363 人。所有行政村（社区）综合服务中心达到"八有"标准，80% 以上行政村开设"桂盛通"刷卡机。完成保障性住房建设和农村危房改造 1240 套（户）。

二、东兴市融入"一带一路"南向通道建设，加快开发开放面临的主要问题

东兴市融入"一带一路"南向通道建设、加快开发开放有不可替代的区位优势，有比较良好的发展基础，但制约因素也不容忽视，具体表现在以下几方面。

（一）人才稀缺

开发开放的关键在干部，成败在人才，但东兴市作为边境后发展地区，教育比较落后，吸引人才的能力不强，构建开放型经济急需的国际贸易、国际金融、国际物流等开放型高层次人才十分短缺。具有全球战略眼光、市场开拓精神、创新管理能力和熟悉国际商务规则的开放型干部人才更是凤毛麟角。

（二）产业单一

东兴市传统的商贸、旅游、加工"三大支柱产业"经济总量不大。跨境贸易、旅游、加工、金融、电商、物流"六大跨境产业"刚刚起步，开放型经济发展水平不高，新的经济增长点没有真正形成。

（三）资金不足

东兴市承载着东兴试验区、沿边金融综合改革试验区、跨境经济合作区、跨境旅游合作区、边境经济合作区、边民互市贸易区等诸多国家赋予的先行先试战略，地方财力显得十分有限。

（四）体制不畅

东兴市作为一个县级市，也不同程度地存在管理体制不畅、职能权限不清、政策不到位、人事制度不活等问题。

三、东兴市融入"一带一路"南向通道建设,加快开发开放的对策建议

党的十九大对我们的工作提出了新要求,东兴市应以十九大精神和自治区决策部署为指引,把人民对美好生活的向往作为奋斗目标,更加主动融入国家"一带一路"南向通道建设,抢抓中央赋予广西"三大定位"的重大机遇,充分发挥五大支点作用,着力把东兴建设成为安边稳边富边、睦邻安邻富邻和沿边开发开放的排头兵。

(一)发挥政策沟通支点的作用,在构建对东盟开放合作的"东兴渠道"上下功夫

采取论坛会议、官方互访、定期不定期会晤、人员交流、技术培训、党际交流等形式,进一步加强与越南等东盟国家不同层次、不同层面的政策沟通,深化与沿线国家在各领域的交流与合作。依托东兴试验区、东兴边境经济合作区、构建开放型经济新体制综合试点试验地区等六大国家级改革开放平台,在继续深化行政体制改革、互市贸易转型升级改革、跨境劳务合作改革、沿边金融综合改革、跨境旅游体制改革、跨境合作体制改革等"六大改革"和探索开放型经济运行管理新模式、探索推进国际投资合作新方式、探索质量效益导向型外贸促进新体系、探索金融服务开放型经济新举措等"六项探索"的基础上,进一步加大先行先试力度,力争形成一批可推广、可复制的"东兴经验"。

(二)发挥设施联通支点的作用,在提升互联互通水平上下功夫

基础设施互联互通是"一带一路"建设的优先领域,也是提高贸易便利化水平、建设高标准自由贸易网络的重要依托。下一步,我们应进一步加大力度,着力推动铁路、公路等基础设施建设。对外,将不断完善北仑河一桥、二桥及互市便民临时浮桥等口岸基础设施,并推动东兴铁路口岸加快规划建设;对内,将加快推进防城港全东兴高铁、国门大道和东兴经峒中至凭祥沿边高等级公路建设,形成外联东盟国家,内联我国西南、中南的出边大通道。

(三)发挥贸易畅通支点的作用,在实现"通道经济"向"口岸经济"转变上下功夫

加快"一口岸多通道"监管模式发展,建成使用二桥口岸综合服务区和东兴边贸中心(互市二期),开通进境水果指定口岸和互市便民临时浮桥。加快推进互市贸易转

型升级步伐，做大做强互市商品落地加工产业，着力打造跨合区产业园、江平工业园、冲榄工业园、牛轭岭产业园、北投边贸中心特色产业园、海峡两岸（防城港东兴）产业合作示范区等6个百亿元互市商品加工园区；在这个基础上，着力推动中越大宗商品交易中的十大类商品落地加工，重点打造红木、果类（水果、坚果）、海产品、建材电子和新能源、轻纺制造等6个百亿元产业；着力推进"贸易+跨境旅游""贸易+跨境加工""贸易+跨境金融""贸易+跨境电商""贸易+跨境物流"五个"贸易+"模式，打造互市贸易5.0版本，推动"通道经济"向"产业经济"和"口岸经济"转型升级。

（四）发挥资金融通支点的作用，在打造中国东盟人民币跨境金融服务中心上下功夫

在巩固沿边金融综合改革成果基础上，完善与东盟国家在金融合作、金融同业定期会晤和金融信息交流及人民币兑越南盾汇率等方面的合作机制，积极推进中国与东盟国家支付清算中心、人民币与东盟国家货币的市场交易中心、人民币与越南盾国际区域交易信息服务平台、跨境电子商务交易平台建设，积极引导保险企业开办六大跨境产业的保险业务，着力推动东盟和南亚金融机构在东兴市设立机构，打造中国—东盟跨境金融中心，把东兴建设成为面向东盟国家的区域性国际金融服务基地。

（五）发挥民心相通支点的作用，在深化东盟人文交流上下功夫

加强与越南芒街市、印度尼西亚东勿里洞县、韩国高兴郡、柬埔寨吴哥通县等友好城市的交流合作，积极推进党建、教育、科技、文化、卫生、跨境旅游等领域的交流，进一步深化双方传统友谊。进一步联合越南芒街市赴哈尔滨市、满洲里市等口岸城市开展联合招商和跨境旅游推介会，积极推动中、越、俄"三国四市"，开展城市互助、商品互销、游客互送、物流互通、文化互鉴、领导互访"六互"合作，努力构建"一带一路"上有机衔接东欧与东盟发展的区域合作典范。探索与东盟国家共建职业学校，促进双方教育领域往来，建立教育合作机制。开展跨国医疗合作，建好中越友好医院，推进中国—东盟医疗保健合作。积极开展对外人文交流合作，办好中越青年界河对歌、中越边民大联欢、中越（东兴—芒街）元宵节足球友谊赛、网球和高尔夫球公开赛。密切与华侨华人的联系，建设南洋华侨陈列馆，借助海外华商各项资源，引进外资龙头企业落户东兴，推动东兴产品"走出去"。

新思想领航　开启东兴口岸经济新征程

——东兴模式六大特色产业发展设想

李　健

近年来，东兴市紧紧抓住国家的历史发展机遇，以习近平新时代思想为指引，充分利用好东兴国家重点开发开放试验区、沿边金融综合改革试验区、东兴边民互市贸易区、东兴边境经济合作区、构建开放型经济新体制综合试点试验地区、边境旅游试验区等六大开放合作平台，坚持立足中央赋予广西的"三大定位"，特别是习总书记视察广西时要求在四方面下功夫精神，释放"海"的潜力，激发"江"的活力，做足"边"的文章，以敢闯敢干、先行先试精神，大力发展口岸经济，探索闯出一条适合东兴发展的新路子。

一、东兴模式特色产业发展的探索历程

东兴市 1996 年成立县级市，当时纯属是一个贫穷落后的边陲小镇，而且肩负着国家赋予的巩固中越传统友谊、安边稳边兴边富边的伟大政治使命，任务艰巨。东兴市依托独特的优势，做了大量卓有成效的工作。一是率先试点了食品加工、红木加工等落地加工产业。成功引进了规模以上的食品加工企业 19 家；培育发展了红木企业 600 多家，加工、生产厂家 100 多家，成规模以上能够自主开料生产、销售、展示及收藏的达 20 多家，建成了东兴文化中心、驰风红木批发城、百业东兴红木文化街和北投红木博览城等多个大型商城。二是规划建设了江平工业园、冲榄工业园和牛轭岭产业园三大工业园区。三是初步发展了上山下海又出国特色旅游品牌，成为中国最佳生态旅游城市。四是建设了以中越贸易十大类商品为基础的十大类专业市场。五是兴起了电商物流和金融产业。成功推动了"边民互市贸易东兴模式 1.0 版"向"互市贸易＋全产业链发展东兴模式 3.0 版"，成为全国边境城市学习和效仿的典范，正在全力打造互市改革升级东兴模式 5.0 版。

二、东兴模式特色产业发展面临的问题

（一）落地加工产业尚未形成规模效应

东兴模式下的落地加工是以互市贸易为基础进行的，由于互市贸易的进口量太小，从根本上限制了东兴市落地加工企业的规模。通过互市贸易进口的大量海产品、水果及农副产品都在第一时间运往全国各地，只有少部分留在本地，特别是水产品等加工过程中的头、内脏、鳞、骨等废弃物没有得到更深层次的利用和开发，造成精深加工、高附加值产品少，技术含量低。

（二）加工产业的原材料缺乏问题

一是落地加工原材料的问题。从实际情况来看，单一的原材料供应渠道，已不能适应落地加工产业发展需要，原产于越南的原材料也不足以支撑目前的落地加工企业进行生产活动，禁止"第三国"商品进行互市贸易，这对东兴市刚刚起步的"互市商品＋落地加工"的企业造成严重影响。二是出口型企业原材料问题。建材管业、机电产品，以及纺织服装等产业所需要的原材料在东兴本地基本没有，原材料和半成品都是向内地采购的，从而增加了企业生产加工的成本。

（三）产业园区的建设未完成到位

红木产业园区虽有规划，但资金等多方面的原因导致园区建设处于停顿状态，红木企业不进驻园区，就不能够进行规范性的管理，从而导致红木方面的发展规划完全无法实施，从而限制了企业数量的增加和规模的扩大。

（四）缺乏品牌和质量意识

由于红木企业数量多、单个企业规模小，以及各企业单独采购原材料并独立加工等原因，以及东兴红木产业缺少统一的地区性品牌，导致在全国的知名度相对较低。而养生健康长寿产业方面，虽然有一定发展基础，但"长寿之乡"的招牌，并没有得到有效利用，尚未形成结合"长寿之乡"的产业品牌。

（五）缺乏吸引企业落地东兴的优势

就税收成本而言，东兴市与国内发达地区和边境地区虽享受同一进口环节税收政

策，但无税收优势，特别是跨境经济合作区，到目前为止政策、规划尚未真正落实。就经营成本而言，边境地区没有资源优势、人才优势、没有上下游产业链的支持，企业将产品送往国内市场，还需增加运输成本，相对国内发达地区的企业成本更高。就生产成本而言，目前越南务工人员居留时间只有1个月，停留到期后要返回越南重新办理相关出入境证才能再次入境务工。

（六）企业进驻落地面临融资难

目前，东兴金融服务业发展不够完善，相对于发达地区来说，东兴的金融机构较少，融资渠道不多，使企业在投资办厂和运营过程中的经营稳定性和承担风险的能力不足。同时，跨境经济合作区等的融资优惠政策也尚未落实，如有企业进驻东兴，会面临融资难题。

三、东兴模式六大特色产业发展设想

面对东兴当前的问题，如何顺应潮流，开篇谋局？笔者认为要从思想理论开始转化，把不足转变为动力，以新思想为引领，推进新一轮的大开放、大交流、大整合，培育贸易新业态新模式，支持引进来，走出去并重。在供应链和物流链上下功夫，促产业升级，提升实体落地发展，在提质增效上做文章，形成全面开放的新格局。

（一）转型升级互市贸易落地加工产业

一是主推"互市贸易+落地加工"。充分发挥口岸和边境贸易的优势，强力推行互市商品落地加工政策，全面实施"落地加工合法化、通关便利化、成本最低化、落地加工企业优先化、贸工互动效益最大化""五化"措施，激发贸工互动活力，大力发展东兴"互市贸易+落地加工"的"跨境特色加工产业"，力争全市50%以上的互市贸易进口商品落户东兴企业加工。二是构建互市贸易、落地加工合作体系。通过与试点加工企业签订互市贸易商品购销协议，确定加工企业所需原材料的种类、数量，以及购销价格，从而保障边民与落地加工企业双方的利益。通过与越南边民或企业的沟通，建议重点生产、种植、培养东兴市落地加工企业所需各种原材料，以解决东兴市加工贸易企业的原材料供应问题。三是改善落地加工的生产技术及工艺。重点抓好企业的技术改造，加快利用信息化、新技术、新工艺、新成果提升产业发展水平。改善产品生产工艺，不再局限于农副、海产品的粗加工，而是创造性地生产新类型的食品类产品。四是推动边民互助组的合法化。以边民互助组的形式创造性地解决了边民单个贸易不成规模，无法组织落地加工的问题。五是推动落地加工产业化。扩大落地加工试点企业及商品品种，争取试点商品由原来的海产品及坚果两种商品，增加花生、芝麻、茶油果、木薯粉等商品。同时落实互市商品落地加工扶持政策。

（二）打造铸造红木产业品质品牌

一是加快推进红木产业园区建设。红木产业园区应集红木生产加工、展示交易、仓储物流和文化旅游于一身，以便打造一个专业化、规范化的红木产业。改变传统自产自销的短期经营模式，发挥规模优势，打造完整的红木产业链，将东兴红木产业规范为一个共同进退的利益整体。二是规范红木产品质量。加大对红木行业的规范力度，严格要求企业按照相关技术要求以及国家标准进行生产，要求每件进入市场的红木家具都符合产品质量的要求。同时，转变粗浅加工，以量代质的旧思想，重视红木产品的文化蕴意、产品工艺及结构、样式的创新，打造蕴意深、工艺好、造型美的高品质红木产品。三是塑造产品形象。提高产品影响力与知名度，打造知名品牌。在保证产品质量的前提下，将红木文化与东兴的本土文化、民族文化、本地特色、红木发展历史等因素相结合，塑造东兴红木专有产品形象及红木文化。通过举办红木文化节、建立文化展览馆等相关手段，着力提高东兴红木在国内外红木市场上影响力和知名度。通过突出东兴红木在文化上、质量上、样式上、产品配套服务上的独特性和创造性，打造专属于东兴的红木品牌形象。四是设立红木产业管理机构。由政府设立专门的红木产业管理机构，由企业联合建立红木企业联合会。红木管理机构专门负责红木企业的规范管理、红木产品的质量监管；联合会负责市场调研、生产研发、红木品牌的塑造与宣传、统一物流系统的建立、专业人才的培训和培养，以及完善的售后服务系统的建立等，从而进一步维护东兴红木的品牌形象。

（三）满足越南和东盟需求的出口产业

一是建材管业。企业以建材新材料研发、建材管业产品设计为主，在跨合区越方区域投资建厂，发挥越南劳动力及资源、能源优势，加工、生产建材及管业产品，发展境外加工。二是机电产品。在跨境经济合作区越方区域建厂进行加工、组装、贴牌，发展境外加工，通过跨合区中方区域加工生产或通过我国市场采购等模式，重点为越方提供相应的产业配套，为越方区域提供通信设备、计算机零部件、工程机械零部件等，发展出口加工。三是纺织服装。利用越南劳动力及原料原产地优势，发展面向越南以及东盟其他国家的成衣加工企业，或者以服装设计、品牌营销为重点，在跨境经济合作区越方区域投资建厂。

（四）加快发展旅游和文创产品产业

一是做好旅游大产业。发挥东兴作为中越通道的枢纽作用，转变东兴传统的旅行社主导的单一旅游产业生态，从旅游者"吃、住、行、游、购、娱"出发，改进产业链各环节的服务和衔接,顺应"绿色旅游""个性化旅游""文化旅游""深度旅游""休闲旅游"等新兴旅游方式,打造涵盖旅游供应商、开发商、旅行社和城市的全产业链条。二是突出旅游产业中的历史文化元素。深入挖掘和弘扬历史文化,提升、提炼和包装东兴民俗文化,利用东兴的物质文化遗产和非物质文化遗产,打造提升虾灯旅游文化、白鹭山旅游文化、金滩荷花、京族风味小吃的旅游文化、体育旅游文化、"渔村乐"、独弦琴、天灯舞等品牌。三是发展旅游周边产品的加工制造业。发展与东兴旅游资源有关的红木工艺品、海产工艺品的设计加工,延长产业链条,以红木材料粗加工和海产工艺品简单加工衔接东兴旅游工艺品的下游产业。

(五)用"好山好水"培育长寿健康产业

发展健康长寿产业的首要任务是打造特色养生长寿健康品牌。东兴当务之急就是要以资源换产业、以品牌促发展的思路,围绕长寿之乡的品牌优势,引进龙头企业来实现特色产品深加工,实现东兴长寿产品的产业化和规模化,打造东兴具有长寿特色的产品品牌。一是大力发展以"饮"为主的水资源利用的健康饮品产业。利用东兴优质水资源,开发长寿饮用水,如利用当地水源生产山泉水;利用东兴绿茶提神醒脑、健胃消食、延年益寿的功效,研发出东兴养生茶;利用动植物药材资源,开发长寿健康饮品等。二是大力发展以"食"为主的健康食品、保健饮品产业。以特色食品物联网云销平台和健康食品生产基地建设为重点,利用当地或进口的优质的农副产品及海产品,培育和发展健康食品、保健食品产业。三是大力发展以"健"为主的医疗器械、健身器材产业。重点发展医疗器械、健身器材产业,做优做精先进医疗设备、高质医用耗材等装备制造。四是大力发展以"疗"为主的生物医药和中药贸易产业。利用当地及东南亚国家出产的各种动植物产品发展生物制药产业;建立购销平台,向内地输送热带及亚热带地区特有的中药材。五是大力发展以"美"为主的观光型、产出型,及民营创业园现代农业项目。丰富的长寿养生旅游的文化内涵,可以放松游客的身心。依托文化活动,可以打造一系列文化养生项目,如养生会所、户外运动会所、艺术主题民宿、农耕文化体验园等。

(六)以特殊区位优势谋划新兴战略产业

一是生物医药产业。发展中药材饮片及提取物,培育发展海洋医药;建立收储、加工中心。二是生态食品产业。发展越南水果种植基地,建立水果收储中心,进行去核、脱皮等初加工;发展果汁、果干等下游产业,延长水果产业链条。争取设立进境肉类指定口岸,发展冷却肉、低温肉和发酵肉制品加工;建设粮油精深加工企业,加强粮油产品领域的贸易便利化。三是金融服务业。建立符合跨合区项目建设资金需求的资金池,建设"金融一条街",把物流通道变成金融通道;培育发展地方金融新业态组织,支持企业利用各种方式直接融资,满足企业多元化融资需求。四是海洋新兴产业。充分利用中越濒临北部湾海洋资源丰富的优势，突出打造海洋经济产业发展平台，重点发展三大海洋产业。第一，加强中越海洋渔业合作，重点发展海洋渔业、海水养殖、海产品精深加工贸易、海洋生物技术、海洋装备等现代海洋新兴产业，打造北部湾海上渔场。第二，发展海洋生物初级加工、精深加工、海洋药品、海洋功能性食品、化妆品，适时开展海洋藻类生物能源与非粮燃料乙醇等项目开发。第三，发展海洋运输物流、涉海商务服务等产业，建设国际游艇码头、邮轮码头，拓展北投海产品市场建设，建设水产品加工物流园，发展海洋旅游。五是电子装配业。利用中国相对于越南等国家的技术优势和越南的劳动力优势，引进面向东盟国家的电子装配出口产业。向广东、深圳等电子生产基地统一购进各种电子器件，并根据越南及东盟国家的需求及技术要求装配出适应出口的手机、计算机等电子产品。

四、几点建议

新时代开启新征程，新作为谋取真福祉！我们要坚定不移把发展作为执政兴国的第一要务。以人民为中心，让老百姓过上好日子、特别是有质量的好日子作为出发点和落脚点，上项目、搞建设、抓改革，在东兴大力发展口岸经济，形成政策稳定、开放便利、产业持续循环发展格局才能真正为在东兴生活、创业的人民谋幸福，保证他们在共建共享发展中有更多的获得感。在此，提几点意见建议。

（一）思想引导、国际视野

以总书记新时代思想的世界性引领东兴口岸经济，不要只盯着代理、保货，要引进来走出去，要国际贸易理念在东兴生根发芽。

（二）多点开放、多贸并存

浮桥、二桥、杨屋、东兴港，一般贸易与互贸并存，保税+原产地经济与加贸并存，专业市场与加工产业共同发展。

（三）产业落地、持续发展

顺供应链和物流链的脉向，培育市场，掌握话语权，加工落地形成真产业发展后劲。

总之，幸福是奋斗出来的，新时代有新气象，更要有新作为，让我们一起为防城港、东兴口岸经济的增量提质发展，为老百姓真真正正过上有质量、有尊严，幸福安康的美好生活开启新征程，鼓足勇气，撸起袖子加油干！

提升通关效率　助力东兴口岸经济发展

陈　晓

为贯彻落实国家、自治区、防城港市和东兴市"一带一路"建设的战略部署，用好用活中越"两廊一圈"特别是北部湾经济区的相关政策，积极拓展与"一带一路"沿线国家和周边地区的交流合作，参与南向通道建设，口岸办着力推进口岸通关便利化，深化"三互"大通关合作，加强口岸基础设施建设，积极探索与越南"两国一检"通关新模式，助力东兴口岸经济发展。

一、东兴口岸运行情况

2017年经东兴口岸出入境人员996.5万人次，同比增加39%；出入境车辆36070辆次，同比增加0.48%；进出境货物38.01万吨，同比减少5.71%。2018年1~9月，经东兴口岸出入境人员875.07万人次，同比增加22.81%；出入境车辆34150辆次，同比增加31.85%；进出境货物31.92万吨，同比增加14.95%。经东兴口岸进口的货物主要有棉纱、干果、红木家具半成品等，经东兴口岸出口的商品主要有机械设备、轻工产品、建材、钢铁等。随着中国—东盟自由贸易区的建立和北部湾经济圈的开发，广西同东南亚各国贸易、旅游的不断发展，经东兴口岸出入境的车辆和人员大幅增加，东兴口岸在我国对外开放中发挥着越来越重要的作用。

二、开创口岸工作新局面，维护通关良好秩序，实现拥而不堵

（一）加快口岸基础设施建设，保障口岸通关能力

一是推进二桥口岸基础设施建设。《国务院关于同意广西东兴公路口岸扩大开发的批复》，同意东兴公路口岸扩大开放至北仑河二桥通道，东兴市正全力配合推进二桥口岸基础设施建设。目前，北仑河二桥口岸综合服务区项目一期工程（旅检区）国门楼主楼及附属工程楼宇已完成主体建设，正进行外部装修、内部及智能化设备安装工程；

二期工程（验货场区）已开工建设；三期工程（国门配套服务区）正在开展规划设计等前期工作。二是完成口岸入境通道改造。该项目工程已于2016年底竣工投入使用，消除了口岸入境通道每年夏季遇洪水不能正常使用的隐患，为"两国一检"创造便捷规范的管理格局，便利了人员的入境通关。三是建成口岸信息指挥中心。该项目已于2016年5月竣工投入使用，并顺利接入公安机关平台实现实时监控，对进一步提升口岸的监管能力，更好地完善口岸视频监控管理平台、存储中心平台和联合协调管理体系，及时有效地处置口岸各类突发事件起到了重要作用。四是优化口岸服务环境。投入37万元，扩建了口岸入境旅客候检长廊遮阳棚，同时增设了入境旅客等候椅、自助饮水机、喷雾降温系统、卫生间等设施，进一步完善了候检的人性化设施配备，最大限度优化了口岸服务环境。五是更新和添置一批联检部门监管查验设施设备。在出入境大厅各增设一套可移动的边检临时查验台，以应对旅客出入境高峰期；海关增购增开一套X光机；升级检验检疫的红外测温系统，提高对出入境人员的体温检测效率；对现有的东兴口岸自助查验通道完成升级，该通道升级后，原人工验证需平均40秒/人提速至使用自助通道的8秒/人，大大提升了入境通关的效率。

（二）提高通关便利化水平，提升口岸通关效率

一是建立"一站式"通关模式。目前东兴口岸"一站式"通关模式一期工程已竣工并投入使用。东兴海关、东兴边检站、东兴检验检疫与东兴口岸运管处等单位在口岸查验现场实行联合办公，开展"一站式"办理运输企业全部进出境验放的相关手续业务，有效缓解了东兴口岸车辆拥堵情况。据统计，东兴口岸车辆报关报检验放大厅启用以来，平均每辆货运车辆可节约通关时间近20分钟。二是推行通关一体化改革。自2015年7月1日通关一体化模式实施以来，企业可以选择在广西区内任一海关办理申报手续，在办理货物进出口时可自主选择企业所在地或货物实际进出境地海关（广西区内）办理申报、纳税和查验放行手续，形成通关全流程的一体化管理机制和运行模式，为进出口企业带来了更大的通关便利，得到广大企业一致好评。三是探索"两国一检"模式。按照"因地制宜、突出特色，先易后难，分步实施"等原则，借鉴国际国内现行做法，市口岸办正积极与口岸各查验部门以及越南芒街口岸办多次沟通，共同探索可行的"两国一检"模式。目前，市口岸办已制定了《关于"两国一检"的探索实施方案》，下一步将继续加强与越方对接，争取尽快拟订联合工作方案，并逐级上报，共同把这一创新性合作变为现实。

（三）加强联动及交流建设，完善口岸功能配备

一是建立交流合作机制。目前，东兴边检站与越南芒街口岸边防屯建立了出入境信息交流、口岸热线电话、设置"提前加开通道"、开通"紧急通道"及预检预录、分组编号团队快速查验通关模式等6项制度。东兴检验检疫局与越南广宁省卫生检疫中

心签订了《合作备忘录》。东兴海关、市口岸办与芒街口岸对应部门也相应建立定期会晤制度，积极推动了中越双边合作建设。二是启动外国人口岸签证业务。2013年10月东兴口岸正式启动外国人口岸签证业务，成为广西第一个陆路口岸签证处。这是国家支持东兴国家重点开发开放试验区先行先试政策以来推行的又一新政策，意味着外国人可以更方便地通过东兴口岸出入中国，对推动东兴市实现边境地区经济又好又快发展具有重要的意义。

（四）加强口岸协调管理，解决出入境拥堵问题，营造良好的通关秩序和环境

一是及时调整和适当延长通关时间。根据中越陆地边境口岸管理合作委员会第二次会议纪要精神，东兴口岸自2015年7月1日起东兴口岸—芒街口岸的人员通关时间从目前的8：00～20：00延长至8：00～21：00（北京时间）。同时，加强与越南芒街口岸委的沟通协调，在口岸通关人流高峰时段对出入境货运车辆进行有效管控，实现车流高峰与人流高峰错峰放行。二是强化服务管理机制。在口岸出境排队长廊增设旅客排号机；增设口岸旅客指引牌。制定完善的口岸突发事件联合应急处置预案、口岸应急管理机制、通关疏导方案，以及大批劳工入境的预案等。健全旅客通关联动应急保障机制，建立健全《出入境超大旅游团预约通关机制》《出入境高峰期预警协助机制》《旅游出入境紧急救助机制》等；对出入境团队实行错峰验放管理模式，同时加强对旅行团领队及导游管理。开发App出入境旅游团自助排号平台，设置排号机，推行出入境旅客排号制度，为出入境旅游团队提供更便捷的人性化服务。三是整合人力资源。为了科学、有效、及时地防范和应对东兴口岸可能出现的人流、车流拥堵，由口岸办牵头整合各查验部门现场执勤人员及边检监护中队，明确分工，统一指挥，统一调配，有效强化了口岸管控调度能力，维持出入境旅客排队候检秩序，有效管控出入境车辆。四是加强口岸疫情防控工作。口岸办加强与检验检疫部门的协调与沟通，采取有效措施做好口岸疫情的应对准备和应急处置工作，加强宣传和口岸区域的保洁工作，确保各项措施落到实处。特别是对于H7N9等传播性强的病毒，在检验检疫部门的指导下，积极配合做好病毒预防，在口岸区全面开展灭蚊灭鼠工作，通过微信、电子显示屏等方式广泛进行N7N9病毒的预防宣传，确保各项防治措施落实到位。五是加强安全防控建设。随着反恐维稳工作形势日趋复杂严峻，为了确保口岸的安全畅通，维护国家安全和出入境秩序，东兴口岸制定了口岸应急联动机制，加装了安全预检系统，2017年为边检配置了30多万元的橡胶枪、防弹衣、警棍等一批警用装备。同时建立完善的口岸信息上报制度，各查验部门都强化报告意识，做到重大突发事件第一时间向上级报告，为全面提升新形势下边境管控能力和水平，及时有效处置各类突发事件，确保口岸畅通和出入境人员的安全提供了有效保障。

三、制约口岸通关效率提升的主要问题

（一）口岸监管场所面积不足

随着口岸出入境旅客的持续增长，口岸的查验候检场所以及设施设备急需进一步改造和升级完善。

（二）口岸通道不足

进出境车辆与进出境人员共用北仑河大桥通道，容易造成拥堵，同时存在很大的安全隐患。

（三）没有先进的科技信息平台，没有实现"三互"通关

由于没有智能通关信息系统建设，出入境人员尚未能实现高峰时段的错峰分隔，以及人车分离。

四、提升口岸通关便利化水平的措施

（一）升级口岸自助查验通道系统

东兴口岸的自助查验通道2018年第一季度已完成软件升级，实现持护照的出入境人员可使用自助查验通道，大大提升了出入境团队通关的效率，缓解了口岸通关压力。同年9月底完成新增建28条自助查验通道，自助查验通道增加后，进一步加快了中方旅客及边民的自助通关速度，达到了国家对出入境旅客候检不超30分钟的最新要求。

由于目前自助查验通道的使用仅限中方旅客及边民，东兴市口岸办与边检正积极争取扩大自助通道的使用范围，极力推动越南芒街口岸启用自助查验通道，以进一步提升口岸的出入境通关效率。

（二）进行东兴口岸出入境大厅改扩建

该项目于2018年8月底已竣工投入使用。建设内容具体包括：改造出入境查验现

场布局，扩建入境查验场所（土建约300平方米），拓宽边检候检区域；拆除部分配套设施；更新完善部分查验设施设备以及完善大厅灯光、空调等配套设施的安装。该项目竣工后大大拓宽了口岸入境的查验场所，进一步提升口岸的通关效率。

（三）开发建设智能通关信息系统，推进"三互"大通关改革

开发建设智能通关信息系统的指导原则为"三融合"，即口岸通关与信息化的融合、商贸业与信息化的融合、旅游业与信息化的融合。核心内容包括"三合一""三互""三分"，"三合一"即一次申报、一次查验、一次通关；"三互"即信息互换、监管互认、执法互助；"三分"，即出入境人员两点分流，出入境人员高峰时段的错峰分隔，人车分离。

该项建设将确保口岸管理相关部门做到信息互换、监管互认、执法互助，降低通关成本，提高通关效率，有效解决口岸拥堵；通过智能通关信息系统的建设，口岸通关便利化可实现"三预""三有"，即预知、预告、预警，让口岸通关有大提速，安全稳定有更大保障，口岸经济有跨越式的发展。

目前，该项目已开展前期工作，资金到位即可开始建设。

（四）加快推进二桥口岸综合服务区建设

加快推进北仑河二桥口岸区建设。截至2018年9月，北仑河二桥口岸区一期工程（旅检区）的联检楼主楼及附属工程楼宇已基本完成外部装修、内部及智能化设备安装；二期工程（验货场区）已开工建设，报关报检综合楼已主体封顶，正进行外部装修，海关仓库、办公用房、控制配药房、卡口等正在装修；三期工程（国门配套服务区）正在开展前期工作。该项目竣工后将进一步满足口岸通关便利化的需要，提高车辆运输效率，改善口岸物流发展环境。

目前北仑河二桥通道口岸区的建设已能够满足临时开放的各项要求，并征得了各联检部门同意，现东兴市政府正积极配合试验区管委会向上申请北仑河二桥通道的临时开放。二桥口岸临时开放后，货物、运输车辆、司乘人员将在二桥通行，可大大减轻东兴口岸人车混合通行的安全隐患，提升口岸通关的便利化。

东兴市经济社会发展概况

东兴市发展和改革局

2017年，东兴市依托沿边沿海区位优势，做好互联互通、开放经济、改革创新、统筹发展四篇文章，充分发挥东兴边境经济合作区、东兴边贸互市贸易区、东兴国家重点开发开放试验区、沿边金融综合改革试验区、构建开放型经济新体制试点试验区"五大国家级开放合作平台"作用，大力发展跨境贸易、跨境加工、跨境旅游、跨境电商、跨境金融、跨境物流六大跨境产业，经济呈现稳中向好的发展态势。

一、稳增长，经济建设稳步发展

农业、工业、投资、消费持续平稳增长，外贸、招商引资实现较快增长。2017年全市生产总值104亿元，增长7%；财政收入13.2亿元；固定资产投资129.5亿元，增长7.4%；规模以上工业总产值158.1亿元，增长11.1%；外贸进出口总额36亿美元，增长16.6%；社会消费品零售总额27.6亿元，增长10.6%；城镇居民人均可支配收入37652元，增长7.6%；农村居民人均可支配收入16471元，增长10.1%。

二、抓特色，"三农"工作成绩斐然

2017年农村经济稳步发展，农林牧渔总产值实现30.84亿元，增长3.9%；农村居民收入快速增长，农村居民人均可支配收入16471元，增长10.1%。总量和增速位居全区前列。京岛海洋渔业（核心）示范区、鑫宇金花茶产业（核心）示范区分别获评广西四星级和三星级现代特色农业（核心）示范区。东兴市高效农民专业合作社获自治区农业厅、旅发委授予"自治区休闲农业与乡村旅游示范点"荣誉。竹山村、长湖村等8个行政村被自治区列入打造乡土特色示范点，巫头村、交东村、万尾村、横隘村荣获"全国首批绿色村庄"称号，巫头村被命名为第二批"中国少数民族特色村寨"，万尾村获国家农业部授予"全国休闲农业与乡村旅游示范村"荣誉称号。

三、促融合，跨境产业硕果累累

跨境贸易再创佳绩。"快牛"红木保税仓建成使用，互市（二期）码头、围网工程等项目进展顺利，"一口岸多通道"建设加快推进。边民互市"三合一"综合服务平台正式上线运行，贸易便利化水平不断提升。东兴进境水果指定口岸、进口冰鲜水产品口岸通过国家质检总局验收。跨境旅游加快发展。成功开通中国东兴、桂林和越南芒街、下龙"两国四地"黄金旅游线路，国家全域旅游示范区通过自治区初审，东兴—芒街跨境旅游合作区列入"十三五"国家重点项目。跨境加工不断壮大。"金滩"牌塑管、"仑河"牌大米、"东缙荷塘"牌海鸭蛋成为"广西名牌产品"；跨境金融、跨境电商、跨境物流加速发展。网信集团、圆通速递等大型企业成功落户，新增电商企业近200家。电子商务发展指数进入全国县域20强，位居西部第一，四次获"全国电子商务百佳县"称号。

四、促投资，项目建设扎实推进

精准招商成效显著，开创了与越南芒街市跨境联合招商的先河，外出招商回访率和落户率创历年新高，新引进快牛供应链等项目58个。重大项目加快建设，纬六路等54个项目开工建设，华美达广场等47个项目竣工投产，全市重点项目完成投资四十多亿元。

五、优环境，改革开放成效显著

构建开放型经济新体制加快推进，四大项8小项核心突破和七大项28小项重点探索的改革事项成效显著。综合行政执法体制改革试点工作扎实推进，市场监管"四局合一"改革实现"三个一"融合。中越人民币/越南盾现钞跨境双向调运业务正式启动，成为中国首个实现两国银行点对点双向调运的城市。外国籍自然人经营户登记管理办法出台实施，发放广西首张外国籍自然人经营户执照。中越北仑河二桥建成，友好大道、界河大道等一批主干道投入使用，跨境经济合作区"两纵一横一环"路网初步成型，与高速公路实现贯通。中国东兴—越南芒街互市边民临时浮桥建成（试通车），极大提升了开放合作水平。

六、强基础，城乡发展亮点纷呈

常住人口城镇化率高达70.63%。县城供水普及率、燃气普及率、生活垃圾无害化处理率和环境空气质量优良率均达100%。东兴镇、江平镇入选全国千强镇。"产业富民""服务富民""基础富民"三个专项活动全面开展，行政村生活垃圾治理率达100%，无害化卫生厕所覆盖率达95.63%。成功打造了防城港市首家边海民宿旅馆，全区"美丽广西·宜居乡村"服务惠民工作现场会暨业务培训会在东兴市举行。万尾村成为首批全国农村幸福社区建设示范单位。

七、惠民生，民生福祉持续增进

坚定不移地把增进人民福祉作为改革发展的出发点和落脚点，让发展成果更多更公平惠及民生，群众生活质量明显提高。脱贫攻坚扎实有效，全市脱贫双认定的有255户1027人。4个贫困村全部通过自治区脱贫摘帽评估。创新"边境贸易+互助组""边境贸易+金融服务""边境贸易+落地加工""边境贸易+专业市场""边境贸易+电子商务"扶贫模式，解决贫困人口就业问题。探索"党旗领航·电商扶贫"工作实践获评全国优秀案例；社会保障体系不断完善；科技创新成效良好，南美白对虾健康养殖技术集成及产业化示范项目通过国家验收，每万人口发明拥有量首超全区平均水平，成为新一批国家知识产权强县工程试点县。教育事业提质增效，义务教育均衡发展高标准通过自治区评估验收；文体事业繁荣发展，京族博物馆等文化场馆设施升级改造加快推进，村级文化活动中心、"国门文化大院"等46个项目建成使用。医疗卫生水平大幅提高，东兴市人民医院门诊综合楼（中越友好医院）与中山大学附属第一医院和南方医科大学的医疗服务合作全面加强，名医培育工程深入实施，社会治理成效明显，全市安全生产形势总体稳定，全年无较大以上安全事故发生。

八、创典型，多项工作成新经验

反走私综合治理、边贸+扶贫、宜居乡村·服务惠民"1+6+N"、跨境旅游"六联合"、国土资源执法监管"四级联动"、义务教育均衡发展、侨务工作等"东兴经验""东兴模式"得到上级的高度肯定和认可，成为全区乃至全国学习的样板。

贸工互动　促进产业聚集发展

东兴市工业和信息化局

近年来，东兴市依托优越的区域优势，利用国家赋予边境地区的贸易政策及具备"两个市场、两种资源"的资源禀赋，按照自治区和防城港市"十三五"工业转型升级的总体思路，以加快推进边海经济带建设、工业转型升级和壮大县域经济为重点，实施贸工互动战略，推进互市商品落地加工，大力发展跨境加工产业，推动海产品、红木加工、农产品（坚果、水果等）跨境加工产业的聚集发展，取得了明显的效果。据统计，2013~2017年，全市工业总产值从98亿元增长到161亿元，年均增长16%。其中规模以上工业总产值从95.3亿元增长到157亿元，年均增长18.3%，拉动GDP增长4.8个百分点。2018年1~9月，全市规模以上工业总产值累计完成96.68亿元，较上年同期减少18.6亿元，但仍增长21.6%（主要是统计基数调整和企业退库影响），全市规模以上工业增加值完成18.5亿元，同比增长11.4%。新增规模工业企业4家，全市规模工业企业总数达29家。互市商品落地加工试点企业发展到30家（其中海产品加工11家，坚果水果加工8家），工业产值22.8亿元。

一、贸工互动促进产业聚集发展具有重要的意义

（一）有利于东兴聚焦边海经济带建设，实现沿边开发开放新跨越

新形势下，紧紧抓住东兴国家重点开发开放试验区、中越跨境经济合作区、沿边金融综合改革试验区"三区"建设机遇，发挥"沿边、沿海"优势，推进边境贸易转型升级，实施互市商品落地加工，发展跨境加工产业，使之成为新时期沿边对外开放和实施兴边富民的一项新政策，不断提升东兴对外开放水平。

（二）有利于东兴边民互市贸易健康持续发展

随着"两沿三区"的深入，东兴沿边开发开放步伐加快，改变边民互市的发展模式已成为提升沿边对外开放，促进地方经济社会发展，提高边民生活水平的重要力量。

通过边境贸易转型升级，推进互市商品落地加工发展跨境加工产业，采取成立边民合作社（互助组），规范企业收购边民带进的互市商品等措施，充分创造促进边民参与互市贸易条件和环境，引导边民利用互市贸易政策，推动互市贸易健康持续发展。

（三）有利于东兴市深化经济体制改革

东兴市主动适应经济新常态，以处理好政府和市场关系为核心，充分发挥经济体制改革的引导作用，推动传统式的通道式边境贸易向落地加工转型，实现和推进了口岸经济的发展，边民得到了真正的实惠，杜绝了参与通道式贸易衍生的变相走私活动，维护了边境地区繁荣稳定，不断推进深化经济体制改革。

（四）有利于边民互市贸易与跨境加工产业联动发展

边民互市贸易的发展，极大促进了跨境特色加工产业的发展。如红木产业得益于东盟国家丰富的红木原材料资源，从单纯进口红木变身为"中国红木旅游之都"和"中国红木原材料及半成品家具采购批发基地"；农副产品加工充分依托东盟海产品和坚果类资源，发展边境加工产业集群，打造了面向东盟的坚果类、海产品类"两个百亿"产业。通过边境贸易转型升级，推进互市商品落地加工发展跨境加工产业工作，稳固了互市贸易基础，解决了加工原材料问题，促进了互市贸易产业链延长，实现了边民互市贸易与跨境加工业的联动发展。

二、东兴市跨境加工产业聚集发展面临的制约因素

（一）基础薄弱，工业起步较晚，产业聚集没能形成规模

东兴市属边境地区，工业起步较晚，工业基础相对薄弱。目前全市规模以上工业企业只有29家，且多为劳动密集型企业，产品技术含量低，工业经济总量偏小，工业结构不合理，多为一般材料加工业，没有起支撑作用的龙头制造企业集团。特别是2015年9月实施互市商品落地加工工作以来，全市的工业以发展互市商品落地加工为主线，农副产品、海产品等成为工业的主导，互市商品落地加工产业虽已形成了一定的集群，但并没有形成较大的规模，其他如新能源、高科技、医药制造等战略性新兴产业集群并没有形成或处于空白状态。

（二）产业承载平台基础设施不够完善

承载产业发展的园区基础设施及配套服务不完善，制约园区经济的快速健康发展。

包括园区水、电、路、污水处理等基础设施；园区宾馆、酒店、商业网点、文化娱乐场所等生活服务设施；园区治安、医疗、教育银行、邮政等社会公用事业配套设施以及交通等问题，都有待进一步完善。

（三）地理环境影响，对企业落地缺乏吸引力

边境地区受制于经济欠发达、基础设施相对落后、人才、原材料缺乏、上下游产业链不完善、边疆稳定等因素影响，对内地企业到东兴落户办厂缺少足够的吸引力。在目前的贸易政策下，东兴只适合以进口的海产品、农副产品、红木等货物落地加工产业发展，其他高、新、尖产业与内地相比并没有优势。就税收而言，国内发达地区和边境地区享受的是同一进口环节税收政策，边境地区并无税收优势。就人才引进而言，边境地区属于欠发达地区，受地理环境、教育基础、工资水平等因素影响，高素质企业管理人才、专业技术人才、技能人才等都倾向于长三角、珠三角等发达地区，边境地区难以引进具备高素质的人才。

（四）土地集约利用水平有待提高

由于园区在产业规划、管理及企业用地设置条件等方面不够完善，出现了对一些项目不计成本供地、不按投资强度供地，造成了一边是企业土地用少占多、闲置荒废，一边是没有指标，项目无地可落现象。以江平工业园区为例，入园项目49个，建成投产项目30个，但目前真正投产运营正常的项目只有不到20家，大部分都处于停产或荒废情况。

（五）边境贸易政策调整制约了贸工互动的发展

贸工互动是以互市贸易政策为前提条件的，在受到海关等部门对互市贸易政策的调整问题，影响了互市商品落地加工产业的发展。如海关总署办公厅2018年3月7日、南宁海于2018年9月14日分别下发《关于明确边民互市税收政策有关问题的通知》和《关于进一步规范互市贸易的通知》，分别明确规定边民互市贸易税收政策不适用于非毗邻"第三国"商品和严格互市进口海产品等的监管，造成了大部分坚果加工企业无原材料处于停产半停产状态，部分海产品加工企业原材料受影响。

（六）跨境劳务合作机制尚不够健全

目前越南务工人员居留时间只有1个月，停留到期后要返回越南重新办理相关出入境证才能再次入境务工。自治区同意将跨境劳工入境居留时间延长到6个月，但此政策尚未落地，导致边境地区企业用工难、用工荒等现象没有得到有效解决。

三、对以贸工互动促进产业聚集发展的建议

(一) 科学谋划,搭建产业聚集发展的承载平台

谋划"3+3"产业平台,以江平工业园、东盟商品加工贸易中心、冲榄工业园为龙头,构建农副食品、红木与轻工、战略性新兴产业三大产业承载平台,推动传统产业二次创业,新兴产业集聚发展。一是打造农副食品加工产业平台。立足江平工业园,重点发展海产品、坚果、粮食等农副产品精深加工,做大做强怡诚、长瀛、京港、七彩云果等加工企业。打造防城港市首个海洋产品加工示范区。二是打造红木与轻工产业平台。打造占地2600亩的东盟商品加工贸易中心,重点发展红木保税加工、轻纺皮具、国际物流与电商,建成全国有较高影响力的红木文化和轻工制造产业基地。三是打造战略性新兴产业平台。立足冲榄工业园,重点培育发展新一代信息技术、新材料、新能源汽车等战略性新兴产业。做大做强中越泰、硒美、亿源等加工制造业。

(二) 化解难题,提升企业落地吸引力

一是着力解决企业落地难题。加大园区征地力度,清理闲置工业项目用地,解决企业用地问题;优化项目审批流程,推行"一枚公章管审批模式",大幅度减少项目前期和办证时间,为企业进驻开辟绿色通道。二是着力完善园区基础设施和配套设施建设,满足企业落地需求以及工人日常生活出行等需要,促进产城融合。三是着力解决企业生产要素难题。落实水价电价优惠政策,重点落实好自治区新出台的工业园区电力市场交易政策,降低用电成本;解决原材料供应问题,针对边民互市贸易税收政策不适用非毗邻"第三国"商品的政策问题,向有关部委争取政策,研究出台税收扶持政策,降低原材料进口成本,鼓励企业转向一般贸易和边境小额贸易进口原材料;深化跨境劳务合作,全方位满足企业用工需求,重点解决越南务工人员的"质"和"量"问题,畅通沟通渠道,解决企业用工难题。

(三) 聚焦重点,促进产业聚集发展

一是聚焦工业项目建设,促进产业聚集。科学谋划工业项目储备,围绕园区功能、资源优势促进产业聚集,推进海产品加工、红木加工二次创业,促进海产品由粗加工向精深加工转型、由小散向规模化转型,红木加工由小散乱向园区聚集、由低端向打造品牌转型,提升东兴的品牌影响力。二是聚焦创新驱动,激发高质量发展动力。加快产业改造提升,促进技术改造和两化融合,统筹两化融合专项、技术改造专项和中

小企业发展等财政专项资金，重点支持企业研发设计、数字化、网络化、智能化。三是聚焦人才战略，建立产业发展人才保障。建立完善工业领域引人用人和育人机制，集聚、培养一批中高端人才和创新团队。健全企业家成长激励机制，提高企业家和经营管理队伍水平。

（四）实施精准招商，为产业聚集发展提供后劲

以承接东部产业转移为契机，组成强有力的招商工作组，到广东、福建、浙江等长三角、珠三角等发达地区实施精准招商，重点引进海产品加工、红木加工、坚果加工等龙头企业落户。对引进的企业实行全方位的跟踪服务，在企业准入、土地供应、项目建设、环保审批、竣工验收、生产许可证办理、税收、产品出口通关等进行保姆式跟踪服务。

加强跨境金融工作创新 推动沿边金融改革

——中越（人民币与越盾）跨境金融结算现状分析和建议

东兴市金融办

2013年7月，中国人民银行南宁中支制定实施《广西边境个人跨境贸易人民币结算业务管理办法》，并在东兴试验区先试先行，东兴成为继浙江义乌之后全国第二个开展个人跨境贸易人民币结算的试点地区。截至2018年9月，跨境人民币结算222.9亿元，其中个人跨境人民币结算196.9亿元。

一、中越跨境金融结算的基本情况

（一）以个人跨境的人民币结算业务增长较快，占广西全区较大比例

东兴市跨境人民币结算金额2015年为260亿元，同比增长6%。2016年为283亿元，同比增长9%，占广西全区跨境人民币结算的17%。2017年为362亿元，同比增长28%，占广西全区的29%。跨境人民币结算业务由最初单一的边境贸易人民币结算，拓展为一般贸易和服务贸易的人民币结算，但目前仍以小额结算为主，呈现"大额冷，小额热"的特点。

（二）人民币跨境结算的境外区域主要是越南

因为享有互市政策的优惠，东兴市的互市贸易近年来发展迅速，成为东兴对外贸易的支柱部分。由于目前互市贸易的商品仅限于第三方毗邻国家，边民只能在互市区内的越南商家进行免税购买，因此，东兴市跨境结算的境外区域基本集中于越南。

（三）跨境人民币结算业务主要以进口为主

越南是农业国家，其农产品具有价格和质量等方面优势，对我国有大量出口。而越南国内有庞大的对于制造业产品的需求市场，尤其是轻工业产品，其产品往往从广

东等地通过海路进口,并没有从邻近的东兴进口工业制品。主要原因是东兴市制造企业较少,且缺乏针对越南市场的产品出口。在产业集中度上不及广东等制造业发展成熟的地区,因此,与其他地区相比不具备对越南出口的优势,出口规模较小,对应的跨境人民币结算业务有待发展。

(四) 参与跨境结算业务的机构数量稳步增长

自试点工作展开以来,获得批准的办理跨境结算业务的机构数量逐渐增加。除国有四大银行之外,桂林银行积极跟进人民币结算业务的发展,与越南商业银行合作,通过"互开账户,自理资金,自担风险"的形式,共同推进发展以互市贸易为主的跨境贸易人民币结算业务。

二、中越跨境金融结算取得的成效

近年来,东兴市积极开展沿边金融改革创新,大力推动跨境金融开放合作,形成了人民币对越南盾"抱团定价"的"东兴模式"。

(一) 开展外币特许兑换试点,本外币兑换实现了"四项突破"

2014年5月,国家外汇管理局批复在东兴试验区试点个人本外币特许兑换业务政策,该政策针对越南盾项下个人本外币兑换特许业务实现了"四项突破",当时属于"全国首次":一是放宽了客户范围限制,范围从个人扩大到个人和注册地在东兴试验区的境内企业和个体工商户;二是放宽业务范围,特许机构可办理真实交易背景的经常项下兑入兑出业务;三是放宽兑换额度限制,特许机构为具有合法资格的个人办理边境贸易项下的兑换业务不受个人结算年度5万美元和单日5000美元额度限制;四是放宽备付金账户开立限制,特许机构可根据需要在中越两国边境银行开立人民币和越南盾账户办理兑换业务。目前,东兴市共有4家本外币特许兑换机构。2018年前三季度,4家个人本外币兑换特许机构共办理货币兑换业务7932笔,金额合计29723.47万元人民币。其中越南盾兑换业务7885笔,合计29711.89万元人民币。越南盾兑入415笔,合计714.31万元人民币;越南盾兑出7470笔,合计28997.58万元人民币。

(二) 创建运行货币服务平台,形成"抱团定价"的"东兴模式"

2014年4月农行中国(东兴试验区)东盟货币业务中心正式揭牌成立,成为目前云南、广西两省区唯一一家专门为推进沿边金融综合改革试验区在边境一线设立的银行业务中心,并探索形成了可复制、可推广的人民币对越南盾"抱团定价"(一周一次)、"轮值定价"(工、农、中、建四大行)的"东兴模式",实现人民币对越南盾的直接报价兑换。上海外汇交易中心已挂牌建立越南盾交易子系统,将该平台形成的汇率作为上海外汇交易中心的官方汇率。截至目前,东兴试验区各商业银行依托服务平台实现人民币越南盾交易共计 61717 笔,交易金额合计 1074 亿元人民币(折合 368 万亿越南盾)。

(三)开展人民币和越南盾现钞跨境调运,推动人民币结算国际化

2016 年 10 月 12 日,中越人民币/越南盾现钞跨境双向调运业务正式启动,中国农业银行东兴支行与越南农业与农村发展银行芒街市分行完成首批 50 亿越南盾(约合人民币 145 万元)现钞调运业务,在全国第一个真正意义上实现中越两国银行点对点完成双币现钞跨境双向调运。2017 年 12 月 21 日,桂林银行在邕举行了沿边金融发布会,发布会的重头便是桂林银行越南盾现钞跨境调运启动仪式。这是第一家城市商业银行开展越南盾现钞跨境调运,标志着广西城商行的实力又迈向了一个新台阶。2018 年 10 月 26 日中国东兴—越南芒街人民币越南盾现钞双币跨境调运业务启正式动,一辆跨境押运车从东兴口岸缓缓驶入,桂林银行同时将 188 万元人民币和 38 亿越南盾现钞从越南芒街运回国内。截至目前,全市两家银行机构与越南合作行完成 6 次"点对点"跨境现钞通关调运,金额合计 299 亿越南盾(折合 927 万元人民币)。

(四)大力做强跨境保险业务,推动落实和服务"一带一路"倡议

2014 年 10 月,中国平安财产保险中国东盟(东兴试验区)跨境保险服务中心在东兴市挂牌成立,成为全国首家跨境保险服务中心,并于 2015 年 3 月出台了外国务工人员意外保险方案。2016 年,引导中国平安财产保险东兴支公司针对跨境自驾游开发了跨境车险产品,针对外来务工人员开发了外来务工人身意外险。截至 2018 年 9 月底,中国平安财产保险东兴支公司跨境保险业务共实现保费合计 131 万元,其中跨境车险 91 万元,跨境旅游人身意外险 40 万元。

总之,《广西边境个人跨境贸易人民币结算业务管理办法》实施以来,东兴市金融跨境结算试点工作成效明显:一是个人跨境业务开展有章可循,实现了规范与发展协调统一;二是结算手续简易明了,促进贸易与投资便利化;三是金融秩序得到规范,减少了地下灰色跨境结算风险;四是金融服务效率提升,推动个人结算业务快速增长,促进银政企合作进一步加强。

三、中越跨境金融结算的问题和不足

通过近年来的试点创新,东兴市的沿边金融综合改革,虽然取得了突出成效,但

也存在不足之处。

（一）人民币业务创新不足

主要体现在人民币海外投资基金还处于初步发展阶段，未能拉动面向东盟、南亚地区的人民币投融资活动全面发展。人民币回流机制不够成熟，且在东盟、南亚地区以人民币直接投资试验区内企业股权的投资活动也较少。

（二）金融组织体系和多层次金融市场的培育和建立尚未完善

金融组织体系方面，试验区内的金融机构在东盟、南亚地区设置分点，或东盟、南亚地区等国的金融机构进入试验区内设点的活动目前较少。金融产品和业务方面，金融机构的货款业务发展尚未成规模，导致进一步的信托、金融租赁等业务发展受到制约。由于东兴的跨境并购活动较少，因此，金融机构为跨境并购提供相关服务的业务也较少。金融市场方面，除了基本的资金和货币市场外，商品期货市场和债券市场的活跃程度不高。

（三）金融管理体制和金融改革风险防范机制尚未健全

目前的互市贸易结算方式尚且处于探索阶段，并未得到统一，也无针对性的管理办法，加上贸易市场主体复杂，无法对跨境资金和公司能力进行有效的监测预警。现行的结算模式处于监管盲区，为地推银行的发展提供了存在的土壤和套利空间，且部分结算中心采取的结算方式可能使不法分子有可乘之机，借以进行走私、洗钱等违法行为。

（四）金融基础建设的跨境合作较为缺乏

尤其跨境征信合作不足，与周边国家的跨境支付清算系统还不够完善。

四、推动中越跨境金融结算的工作意见和建议

（一）通过互市贸易结算进一步推动人民币国际化

跨境贸易结算和直接投资是我国推动人民币国际化的基础性方式。随着人民币跨境使用规模的逐步扩大，以及我国金融市场的进一步开放，人民币在国际计价和结算

活动中的使用日益广泛。目前人民币计价仍处于起步阶段，但在跨境贸易和投融资活动中使用人民币作为计价货币的逐步增加。人民币现钞跨境流动是人民币国际使用的主要方式之一。包括个人携带现钞出入境，以及银行跨境调运现钞。其中银行的跨境现钞调运的渠道之一，就是以我国和毗邻国家中央银行签订的边贸本币结算协定为基础，由边境地区商业银行与对方国家商业银行合作，跨境调运人民币现钞。东兴模式中的边贸互市＋跨境结算和金融，是国家在推动人民币国际化过程中实施的重要政策中的一环，已经上升为国家金融发展的顶层设计和宏观战略。

（二）建立完善金融市场体系，促进人民币循环流动

作为具有沿边沿海地理优势的东兴市，应当积极发展对外贸易，拓展人民币金融资产跨境流通（回流）渠道，建设形成以跨境贸易和人民币金融市场为支撑、人民币出境与入境协调、人民币经济循环和金融循环相互强化的境外人民币需求与供给的循环流通机制。结合东兴市目前发展形势，以互市为主体的跨境贸易发展迅速，但与其相关联的跨境直接投资和跨境金融交易等环节还相对薄弱，金融市场体系建立不够完善，人民币金融产品的供给相对不足，人民币境内外流通渠道也受到一定限制。因此，人民币国际化需要跨境经济循环和跨境金融循环的协调建设发展作为支撑。

东兴市边境贸易发展现状及对策

东兴市商务局

一、基本情况

东兴位于我国大陆海岸线最西南端，海陆边境线长89公里，是我国唯一与东盟国家海陆相连的口岸城市。1996年成立县级市，区域总面积590平方公里，全市辖3镇10个社区31个行政村，常住人口30万人。边境地区共同肩负着对接国家"一带一路"建设、巩固中越传统友谊和安边稳边兴边富边三大政治任务，引领边民脱贫致富也是我们的共同目标。国家赋予边境地区许多优惠政策，东兴市拥有国家重点开发开放试验区、沿边金融综合改革试验区、东兴边境经济合作区、东兴边民互市贸易区、构建开放型经济新体制综合试点试验地区、边境旅游试验区六大开放合作平台，以及共同的边贸政策。近几年来，在各级党委政府的正确领导以及联检部门的大力支持下，东兴边境贸易得到了可持续健康发展，特别是东兴边民互市贸易从肩挑手提开始，坚持立足中央赋予广西的"三大定位"，坚持以习总书记视察广西时要求在四方面下功夫精神，做足"边"的文章，以敢闯敢干、先行先试精神，经过20多年的不断探索、创新，闯出了一条适合东兴发展的新路子，在全国率先实施"互市+"东兴模式，形成我国沿边地区可复制可推广的"东兴经验"，得到时任国务院副总理汪洋的高度肯定。

二、近几年边境贸易运行情况

（1）2016年东兴市外贸进出口总额212.79亿元人民币，同比增长9%。其中，一般贸易进出口总额5.36亿元，同比下降49.8%；边境小额贸易进出口总额82.41亿元，同比下降28.6%；互市贸易进出口总额125.02亿元，同比增长50%。

（2）2017年东兴市外贸进出口总额241.40亿元，同比增长16.6%。其中，一般贸易进出口总额4.36亿元，同比下降17.6%；边境小额贸易进出口总额89.78亿元，同比增长8.9%；互市贸易进出口总额147.26亿元，同比增长23.5%。

（3）2018年1~9月，东兴市外贸进出口总额185.76亿元，同比增长6.3%。其中,一般贸易进出口总额7.36亿元,同比增长128.5%;边境小额贸易进出口总额37.4亿,同比下降46.5%;互市贸易进出口总额141亿元,同比增长38.6%。

三、边境贸易商品种类情况

(1)边境小额贸易主要进口货物品种为棉纱、干果(波萝蜜等)、腰果、夏威夷果、开心果、咖啡、椰子糖等。主要出口货物品种:自卸车、机械设备、鞋类产品、日用杂货、瓜子、纺织品等。

(2)边民互市贸易进口商品主要分为农副产品、海产品、坚果、越南副食品及水果五大类。其中海产品主要是冰杂鱼、带鱼、海蜇、青蟹、海螺、龙虾等;农副产品主要是木薯淀粉、芝麻、花生、茶叶等商品,坚果类主要是开心果、核桃、腰果等,副食品是椰子糖、绿豆糕、波萝蜜干、香蕉片、综合果蔬、咖啡等;水果主要是火龙果、西瓜、芒果、木菠萝、红毛丹。互市出口商品主要是布匹、成衣、床上用品等轻纺产品、瓷砖等建材、五金配件、玩具及其他日常用品。

四、东兴边民互市贸易的发展历程

东兴边民互市贸易发展历经了三个转型阶段。

(一)"东兴模式"1.0版:开正门、堵邪门

我们紧紧抓住国家批复东兴成为沿边重点开发开放试验区的历史发展机遇,顾全国家发展,保持打击走私的高压态势,坚持开好正门,堵住邪门,积极探索,一手抓打击走私,一手抓改革发展,积极把边民引导到互市做生意,全力维护边境和谐稳定,促进了互市贸易的合法性,形成的"东兴模式"1.0版。参与互市贸易的边民人数逐步增多,边民互市贸易每天收入20~30元不等,每月大约收入600~900元。

(二)"东兴模式"2.0版:互市贸易+金融结算

我们在"东兴模式"1.0版的基础上,坚持"两个不变"(不改变现行政策体系、不改变现行互市贸易免税额度),聚焦"四个优化"(优化组织形式、优化监管模式、优化增收环节、优化金融服务),重点做好六项任务(建立边民互助组、强化金融服务、创新海关监管方式、优化检验检疫流程、支持加工企业发展、实施关检"三个一"监管),严格按照互市相关规定,进一步规范互市贸易管理,创新结算环节,大力发展互市贸易,达到真交易、真结算、真互市的目标。"守疆固土"和边境经济发展的"东

兴模式"2.0版蔚然成型，2016年12月，东兴市创新边民互市贸易结算模式大力发展跨境贸易的经验获得了国务院第三次大督查的通报表扬，成为广西唯一获得国务院办公厅表彰的城市，成为全国边境地区各兄弟市县学习和效仿的榜样。

（三）"东兴模式"3.0版：互市贸易+全产业链发展

2017年，东兴市在"东兴模式"2.0版的基础上，以"互市贸易"为核心，以党、政、企、民多方参与的、多种产业、多种经济和社会形式叠加互动，探索推出"互市贸易+"的全产业链发展模式，通过组织边民参与互市交易，全力推动贫困户边民融资委托经营、互市商品销售赢取利润、互市商品销售利润+加工、互市商品销售利润+运输、互市商品销售利润+装卸、互助组抱团发展等模式发展，增加边民就业，提高边民收入，成功打造成型的"东兴模式"3.0版。通过延长互市产业链，让边民在互市产业各个环节受益。目前，边民收入由原来1.0版的每年约7200元左右增加到互助组抱团发展的最多每年170000元。

五、创新互市贸易的主要做法

（一）创新"互市+党建+互助组+扶贫"发展模式

组建了以1个党支部领航，n个边民互助组、每组成员20人以上，每组吸纳1户贫困户的边境贸易"1+n20+1"扶贫模式，帮助边民特别是贫困户增加经营性收益，实现边境贸易稳边安边兴边富民。目前，通过党员干部和致富带头人引领，边民互助组由2015年的19个1416人增加到目前的128个3334人，其中带动贫困人员650人脱贫致富，贫困户年收入增加2.5万元以上。

（二）创新"互市+金融"发展模式

东兴以建设沿边金融综合改革试验区和农村金融改革为契机，在深化改革上下功夫，创新边民互市贸易结算模式，获得国务院第三次大督查的通报表扬。试行农村边民融资模式，由财政按基准利率贴息在指定金融机构，给予每个边民互助组成员2万元授信资金，每个边民互助组100万元的信用贷款；对具备有能力的贫困户，由指定银行提供5万元以下、3年内免抵押、免担保的小额信用贷款。2016年以来，为边民解决创业资金2.66亿元。

（三）创新"互市+专业市场"发展模式

为充分发挥东兴沿海沿边和国内国外"两个市场、两种资源"优势，推动互市贸易做大做强。东兴市结合实际，大力培育海产品、木薯粉、坚果、水果、红木家具和工艺品等具有"东兴特色"的互市商品专业市场，先后建成专业市场30多个，面积达200多万平方米，为边民提供10000多个就业岗位。

（四）创新"互市+落地加工"发展模式

贸易是经济增长的重要引擎，而产业是经济发展之本。我们实施"贸工互动"，大力发展加工产业，为边民提供就地就近就业机会，从根本上解决边民生产生活的后顾之忧，增加边民对国家对社会的认同感和自豪感，促进边民安心生活、定心守边，对边境兴产、以产兴边，以及边境地区的经济和社会发展起到积极作用。正是东兴人不断地积极探索，与时俱进地调整和升级"以产兴边"的"东兴模式"的发展内涵，边境经济才得到不断发展，发展速度和发展质量都得到显著提升，边境地区更具有活力和发展潜力；边民也过上了更好的日子，幸福指数大为提高，"守疆固土"也就成为其必然选择。目前，我们依托边民互市贸易区平台，在推动产业优化升级上下功夫，理顺了互助组和加工试点企业的"两个关系"，推动互市贸易的部分海产品、水果、木薯粉、芝麻和坚果等农产品落地加工，增值再销售。互市商品落地加工企业从2015年的6家发展到2018年的28家。2017年，互市商品落地加工完成产值40亿元，增长120%；2018年1~6月，互市商品落地加工完成工业产值15.8亿元，占全市工业总产值的18%。

（五）创新"互市+电商"发展模式

运用互联网技术，拓宽销售渠道，推动电商平台、电商团队和边民互助组强强联合、抱团经营。通过搭建八找网等网上互市信息化系统，有效解决边民跟越南商户信息不对称问题，提高互市贸易交易和通关效率，最终实现边民增收入、企业得发展、政府创税收的三赢局面。电子商务企业由2015年1905家增加到2017年2511家。据阿里研究院发布的2013~2016年度中国县域电子商务发展指数报告，东兴连续4年进入全国县域30强，均居广西第一，2016年居西部第一，四次获"全国电子商务百佳县"称号。

六、取得的成效

总之，我们充分利用国家给予边民"每人每天交易8000元货物免关税和环节税"

的优惠政策,"1+5+N"的互市+全产业链成效明显。即 1 个边民,带动货物装卸、线上线下经营、运输、专业市场和落地加工 5 个方面的就业岗位,引进广东、浙江、福建等 N 个东部产业落地,实现边民发展致富。目前,贫困户边民融资委托经营每年收入 7600 元,互市商品销售利润每人每年多达 11000 元,互市商品销售利润+加工每人每年收入 46800 元,互市商品销售利润+运输每人每年收入高达 64800 元,互市商品销售利润+装卸每人每年收入高达 71800 元,互助组抱团经营全链条每人每年收入 170000 元。呈现以下几个特点:一是互市贸易总量扩大。互市贸易量由 2012 年的 30 亿元增加到 2017 年的 147.26 亿元。二是就业岗位明显增多。截至目前,互市+全产业链模式累计提供边民就业岗位 6 万多个,其中互市 32000 个,电商 10000 多个,专业市场 10000 多个,物流 3000 多个,落地加工 6000 多个,等等。三是边民收入明显增加。由原来的每年 7200 元增加到现在抱团发展的最高每年 170000 元。四是脱贫边民明显增多。累计带动贫困人员 650 人脱贫致富。

七、存在问题及困难

在取得成绩的同时,我们也清醒地认识到,东兴在发展边境贸易的过程中,遇到了不少问题和困难,主要体现在:一是海关部门关于边境贸易的税收政策不适用于非毗邻"第三国"商品导致落地加工企业的原材料供应难以保障;二是互市商品进入内地市场流通缺乏合法性政策支持;三是口岸基础设施落后、互市贸易通道少;四是跨合区政策不确定,影响对企业的吸引力,特别是对高端人才吸引力不足,制约了产业发展。

八、请求事项

2018 年 7 月,中央领导同志在商务部上报的《关于促进边境城市发展政策考虑的报告》上作出重要批示,指出:边贸占比不大,但是对周边国家和边境地区经济社会发展影响很大。要制定切实可行的方案,推动边贸转型升级;要分类研究、注重差异、突出重点,针对实际情况精准施策,发展符合地方实际需要,又对接国家发展战略和安全要求的边境贸易。要跳出过去边贸老路,根据毗邻国家特色和边境地区禀赋,明确新时代边贸功能定位,研究依托大的口岸,形成加工基地、商贸中心、开放通道等各具特色、错位发展的边贸布局。

(一)建议把互市贸易的税收政策放宽适用于非毗邻"第三国"商品

针对落地加工缺少原料无法开展的现状,建议放宽把互市贸易的税收政策放宽至毗邻"第三国"商品,以突破目前落地加工企业的原材料来源限制,利用东盟自贸区优势,保护当地竞争优势。因此,特请求财政部、海关总署取消或者放宽2018年3月7日《海关总署办公厅关于明确边民互市税收政策有关问题的通知》的第二款"边民互市贸易税收政策仅适用于毗邻国商品,不适用非毗邻'第三国'商品"的规定;允许东盟各国以及"一带一路"沿线友好贸易国家商品享受边民互市贸易税收优惠政策或享受专门的口岸通道税收优惠。同时,鉴于现行政策法规没有明确限制,中国—东盟自贸区建成不断深化,互市贸易总量规模不大等因素,建议将广西互市贸易商品原产地放宽至东盟十国。

(二) 建议尽快确定互市贸易商品的合法地位

针对互市商品无法内销流通的问题,建议海关总署尽快制定、发布相关通知,确定互市进口商品进入内地流通的合法地位。边民按每人每日8000元的互市免税额度买进商品,已远远超出边民自用所需,销售成为边民从事互市贸易脱贫增收的主要渠道,要规范互市商品销售、确保合法合规性。同时进一步完善互市贸易定义等内容。重点完善互市贸易定义、贸易主体、商品性质、商品及运输工具监管等内容。同时,在办法中增加名词解释部分,明确能够从事互市贸易的"边民"和"边民证"的定义范围、管理部门、申领程序等。

(三) 建议尽快修订负面清单以扩大边民互市贸易商品类别

2010年,财政部、海关总署、国家税务总局《关于边民互市进出口商品不予免税清单的通知》列出了生活用品中不予免税的商品清单。建议国务院有关部门应当充分考虑边境地区发展情况和愿景,适当放宽仅限生活用品的政策,同时修订不予免税清单。

(四) 建议进一步支持东兴扩大对外开放

东兴口岸属于老口岸,建设和使用时间长,配套设施相对落后,特别是作为口岸配套的罗浮海关监管货场,面积仅有35亩,且距离口岸约5公里,属于后置货场,一定程度上制约了口岸的通关效率,影响口岸功能的整体发挥。东兴市区位优势明显,但现仅开放一个边民互市贸易区两个互市贸易通道互市码头和浮桥,另有杨屋互市贸易区虽完成施工建设,但由于南宁海关不通过开放验收,未能开通运营;原有的潭吉边地贸码头、竹山边地贸码头和京岛港边地贸码头也因多方面原因于多年前关闭停运。建议尽快开通营运中越二桥,实现东兴口岸人货分离通关,进一步提高通关效率。建议国家相关部委、海关总署以及自治区人民政府尽快支持东兴市开通杨屋边民互市贸易点,改扩建潭吉边地贸码头,申报建设、开通潭吉边民互市贸易点。推动竹山港、京岛码头建设，解决东兴市互市通道少问题，进一步提高东兴市对外开放水平，实现东兴市一口岸多通道、一互市多码头的发展模式。

（五）建议尽快商签中越跨境经济合作区协议，增加对产业的吸引力

针对跨境经济合作区政策滞后的现状，建议签订中越跨境经济合作区更高层次的协议，才能使东兴更好地利用区位优势，才能利用原产地原则等有利条件，提升东兴落地加工优势。请求国家层面尽快签订中越跨境经济合作区相关协议，以便给予跨境经济合作区配套的优惠政策，促进产业转型升级。

东兴市的"互市+"经验模式，让过去的"通道经济"逐渐转变为"口岸经济""产业经济"，有效地促进了互市贸易转型升级。它也让东兴的边民真正成为边贸的主人，增加了收入，得到了实惠；使边民变商人，农民变工人；实现了一户群众就是一个哨所、一个边民就是一名哨兵的美好愿景，达到了富民、兴边、稳边、安边目标。

东兴市旅游产业发展现状及对策

东兴市旅游局

一、东兴市旅游业现状

（一）旅游业业态丰富

东兴旅游资源集山、海、边、少数民族特色于一体，有美丽的山海风光、浓郁的京族民俗风情、旖旎的中越界河风景、便捷的跨国旅游。近年来，东兴市积极发挥沿边靠海的区位和资源优势，紧扣"一村一品"的布局理念，由点串线，由线带面，全面投入，全域覆盖，着力打造东兴市边海乡村旅游示范带。目前，全市拥有国家 AAAA 级旅游景区 2 个、国家 AAA 级景区 4 个，四星级旅游饭店 6 家，三星级旅游饭店 8 家，广西特色景观旅游名村 1 个，广西五星级乡村旅游区 1 个，广西四星级乡村旅游区 4 个，四星级农家乐 5 家，三星级农家乐 7 家，全国休闲农业与乡村旅游示范区 2 个，各类旅行社 29 家，旅游精品线路 8 条，旅游重点项目 12 个。东兴国门国家 AAAA 级旅游景区创建工作正按既定目标和时间节点有序推进中。

（二）旅游业全域发展

近年来，东兴市积极融入"一带一路"南向通道建设，充分发挥中越边关风情游优势，突出"边"的文章，兼顾做好"海"的文章，加快推进边境旅游转型升级。2014 年以来，整合各类资金 60 亿元，着力推进旅游交通、厕所等配套基础设施和旅游公共服务体系的建设。实现全市主要景区均连通二级以上公路，提前完成了旅游厕所革命 3 年计划，基本实现了主要景区公共汽车、旅游服务中心、旅游厕所、旅游停车场全覆盖。积极推进"智慧旅游"建设，在全国首创开通了边境游网上预约办证服务平台，全市重要路口、旅游景区均设立东兴旅游导览牌，实现了全市所有星级酒店、农家乐和 A 级景区的 WIFI、视频监控全覆盖。强化融资平台建设，加大旅游项目招商引资力度，引进了中国东盟自驾游总部（东兴）基地、东兴昊兴露营地、音乐小镇、航天小镇等项目。东兴国门演艺剧场和东兴国门大剧院建成使用,大型旅游演艺精品《百鸟衣》《秘境·东南亚》实现常态化演出,日均接待游客400多人。先后获得"中国最佳生态旅游城市""中国十佳特色文化旅游名县"。2017年底,东兴市创建国家全域旅游示范区成功通过了自治区初审。2018年1~10月,全市接待游客人数987.75万人次,同比增长18.35%;旅游总消费88.1亿元,同比增长26.05%。2018年4月,国务院批准设立防城港边境旅游试验区,意味着东兴边境旅游将迎来新一轮改革发展良机。

(三) 旅游业跨境合作创新发展

东兴地理位置特殊,是我国大陆海岸线的零起点(终点辽宁丹东鸭绿江口,总长1.8万多公里),是我国唯一沿边、沿海又沿江的边关滨海国门城市,陆地边境线长39公里,海岸线长50公里,与越南规划的"越南深圳"——广宁省芒街市经济特区仅一河之隔,"跨一步便出国",是名副其实的"两国一城"。近年来,中国东兴与越南芒街不断推进跨境旅游向纵深发展。充分发挥东兴—芒街"两国一城"的区位优势,积极探索发展独具特色的边境旅游与全域旅游协同发展新路子,共同推进"两国一城"发展全域旅游的联合打造旅游线路、联合打造旅游景区、联合开展旅游宣传推广、联合做好旅游演艺交流、联合开展跨境旅游执法、联合开展跨境旅游培训"六联合"模式向纵深发展,促进了中越跨境旅游人数逐年大幅度增长。在各方通力合作及共同努力下,2016年11月,常态化开通中国东兴—越南芒街跨境自驾游。2018年6月,跨境自驾游线路范围成功扩大至中国桂林、越南下龙。从开通之日至今,已有自驾车272辆从东兴口岸出境,出境人数895人,入境自驾车35辆,入境人数110人。2018年9月,东兴市、芒街市主要领导共赴哈尔滨、黑河、内蒙古开展跨境旅游宣传推介。期间,中国东兴市、满洲里市与越南芒街市和俄罗斯赤塔市建立了"三国四市"城市互助、商品互销、游客互送、物流互通、文化互鉴、领导互访六个合作共识。2018年11月6日,经东兴口岸出入境人数首次突破1000万人次,全年有望达到1200万人次。

二、存在问题

(一) 不断增长的旅游用地需求和相对紧缺的建设用地之间的矛盾突出

受用地、林地指标限制,存在一些旅游项目因无法获得土地指标而无法开工,制约了全城旅游项目的开发建设。

(二) 跨境自驾游仍存在不够便利的因素

入境车辆人员不能享受入境团队（不是自驾车团队）人员同等落地签证待遇，而且实行的是人车分开查验，驾驶人员要进行体检，还未能实行单一窗口查验等。出境自驾游受过境车辆检测签证费用偏高、旅游线路景点单一、游览内容单调等因素影响，跨境自驾游不温不火。

(三) 旅游基础设施和配套设施有待完善

作为旅游城市的城区基础设施不完善，城内没有大型停车场，旅游休闲设施不足，没有吸引游客的娱乐项目，旅游景区景点档次不高。

(四) 跨境合作不畅

由于边境旅游工作涉及中越两国的特殊性，沟通协调和推进困难较多。目前策划的中越合作旅游项目及线路打造还比较缓慢。

三、相关政策建议

(一) 探索旅游通关便利化新举措方面

目前越南入境自驾游需要办理临时牌照和临时驾照，就需要越南司机提供健康证明、学习中国交通法规等手续，耗费时间、人力和物力。而我国自驾游团队出境越南并不需要办理临时牌照和临时驾照。中越签订《广西—广宁跨境运输自驾车辆牌证互认协议》，入境自驾游取消办理临时牌照和临时驾照，将极大提高入境自驾游团队办证效率，进一步促进和扩大入境旅游市场。

目前跨境自驾游办证方面，边检、海关、交通运管、公安等各部门等未能实现单一窗口受理和验放，要旅行社按照各部门的要求分别提供纸质材料，各自受理和办证。恳请自治区在现在的口岸国际贸易"单一窗口"中增加"跨境自驾游"申办功能，实现跨境自驾游车辆一次申报录入、公安、交通运管、联检部门间共享数据审批、审批结果反馈及放行全流程无纸化等"单一窗口"功能，努力实现让"数字多跑路，群众少跑腿"的政务改革目标，进一步优化跨境自驾游申办手续，提高申办速度。目前入境自驾车旅游团只能到中国驻越南大（领）使馆提前办理签证，需要10天时间且只能办理个人签证，时间和人力成本较高，造成很多越南游客不愿意自驾入境游。恳请自治区给予普通入境旅游团办理口岸落地签证同等政策，为入境自驾车团队办理口岸落地签证。

（二）探索全域旅游发展新路径方面

建议国家有关部门尽快批复中国东兴—越南芒街跨境旅游合作区实施方案，并推动中越两国政府层面将合作区建设列入议事日程，尽早签署合作区建设框架协议，以便东兴与芒街市发展"两国一城"全域旅游。积极争取自治区、国家层面对东兴市创建国家全域旅游示范区，在创建指导和资金支持，尤其是旅游项目落地方面给予更大力度的支持。

（三）探索产业发展引导新机制方面

建议国家、自治区层面出台支持边境旅游试验区开发文化旅游项目的土地、财政、打造边境旅游新产品等方面的政策，并下放有关审批权限。

（1）在文化旅游项目落地方面，争取国家、自治区将用地、用林许可审批权限下放到试验区，由试验区县级及其以上人民政府自主审批和调配用地、用林指标。出台支持乡村旅游基础设施建设用地作为公共设施和公益事业用地的政策，改报批为报备。

（2）争取国家、自治区将国外文化旅游演艺许可下放到县级及以上人民政府审批。

（3）在保护好生态环境的基础上，争取国家、自治区自然资源保护部门允许在试验区范围内建设红树林观光栈桥。

（4）出台海外资本投资试验区文化旅游产业的支持政策，允许外国籍人员在试验区范围内投资房产。

（5）出台支持文化旅游产业发展的财税政策，允许地方留存部分实行10年免税。

（6）在旅游导览标识建设方面，根据实际需要，允许县级文旅部门试行报备制，在重点交通沿线自主设计建设旅游导览标示标牌。

（7）在人才引进方面，充分考虑东兴在试验区建设过程中的特殊作用，争取自治区同意增加一定比例的人员编制。

（四）探索边境旅游转型升级新动能方面

（1）每年安排一定额度的中央资金支持试验区设立文化旅游产业发展金，并纳入年度预算。

（2）争取将东兴港、金滩国际旅游码头、东兴—凭祥和沿海沿边高等级旅游观光大道、吴圩机场穿越十万大山直达东兴的高速公路、东兴通用机场、东兴铁路口岸等交通基础设施项目列入国家"十三五"重点项目开工计划，打造面向东盟国家便捷顺畅的国际陆海旅游南向出边大通道。

（3）争取国家允许试验区建设文化旅游项目试行 PPP 模式。不设置限制条款，鼓励民营资本参与文化旅游 PPP 项目建设。

（4）争取国家允许在试验区范围内试办一些国际通行的旅游体育娱乐项目，探索发展竞猜型体育彩票和大型国际赛事即开彩票。

（5）争取国家允许在试验区范围内的互市贸易区、跨境经济合作区、跨境旅游合作区内试行旅客享受 5 万元额度的免税购物政策。

（6）为贯彻落实"一带一路"倡议，加强与东盟国家交流发展，吸引更多的东盟国家游客从东兴口岸进入我国旅游，进一步扩大入境游市场，恳请自治区积极争取国家批准边境旅游试验区对东盟十国持普通护照人员的旅游团实施 144 小时入境免办签证，进一步促进边境旅游试验区发展。

（五）探索扩大边境旅游合作新模式方面

从 2016 年 8 月 8 日起，越南停止办理持《中华人民共和国出入境通行证（边境旅游专用）》的中国公民赴越南下龙、河内旅游，只允许赴越南芒街一日游。因目前到东兴市旅游的人员随身携带护照的人数不多，禁止持通行证人员赴越南下龙、河内旅游对东兴市的边境旅游造成一定影响。恳请自治区与越南签订协议，明确两国游客使用《中华人民共和国出入境通行证（边境旅游专用）》进行旅游的线路、适用范围及停留期限，恢复持通行证的中国公民赴越南下龙等地旅游。

附录：2013~2016年沿边9省区边境县（市、旗）经济发展情况表

附录1-1　　内蒙古边境县（市、旗）经济发展情况：2016年

地区＼指标	地区生产总值（亿元）	第一产业（亿元）	第二产业（亿元）	其中：工业（亿元）	第三产业（亿元）	人均生产总值（元）	地方财政收入（亿元）	全社会消费品零售总额（亿元）	全社会固定资产投资（亿元）
内蒙古自治区	18632.57	1628.65	9078.87	7758.24	7925.05	74069	2016.43	6700.76	15469.5
达尔罕茂明安联合旗	212.83	14.48	128.6	112.8	69.75	219187	16.58	23.18	222.89
四子王旗	57.4	14.99	19.18	16.39	23.22	26929	21.74	22.52	46.58
二连浩特市	109.66	0.71	38.18	33.58	70.78	150732	5.81	33.78	42.08
阿巴嘎旗	64.3	8.30	44.40	39.10	11.60	152374	2.20	10.96	34.83
东乌珠穆沁旗	137.63	22.03	87.48	76.96	28.12	14.47	8.22	28.45	93.36
苏尼特左旗	49.78	6.42	32.04	26.24	11.33	152937	2.62	71.18	37.25
苏尼特右旗	65.00	5.68	42.89	38.99	16.44	93195	3.34	17.17	37.67
满洲里市	24.16	3.56	59.36	51.73	178.63	97400	16.01	145.14	125.01
额尔古纳市	47.78	14.51	13.36	10.55	19.90	58922	2.60	16.14	32.62
陈巴尔虎旗	94.24	9.32	62.48	58.72	22.45	166557	4.55	6.21	29.32
新巴尔虎左旗	28.68	6.43	9.71	2.9	12.53	68159	0.96	7.00	30.05
新巴尔虎右旗	80.77	4.10	62.23	60.79	14.44	230356	5.52	6.63	36.07
乌拉特中旗	101.76	15.32	73.83	61.33	12.61	72686	8.81	16.01	150.19
乌拉特后旗	64.58	3.32	50.09	43.03	11.17	99354	8.10	8.61	100.44
阿拉善左旗	269.52	8.64	194.71	176.06	66.17	135002	16.76	53.65	311.54
阿拉善右旗	29.21	2.26	17.4	15.82	9.56	109910	1.23	7.29	41.23
额济纳旗	43.91	1.78	18.03	14.94	24.1	160646	4.56	13.50	72.31
阿尔山市	17.48	2.73	4.22	0.67	10.53	25749	1.12	7.44	43.7
科尔沁右翼前旗	100.47	34.83	37.46	30.74	28.19	33908	3.20	28.44	105.47
本省边境地区合计	1599.16	179.41	995.65	871.34	641.52	—	133.93	523.3	1592.61
占本省比值（%）	8.58	11.02	10.97	11.23	8.09	—	6.64	7.8	10.3

资料来源：根据内蒙古自治区2017年统计年鉴整理。

附录1-2　　　内蒙古边境县（市、旗）经济发展情况：2015年

指标 地区	地区生产总值（亿元）	第一产业（亿元）	第二产业（亿元）	其中：工业（亿元）	第三产业（亿元）	人均生产总值（元）	地方财政收入（亿元）	全社会消费品零售总额（亿元）	全社会固定资产投资（亿元）
内蒙古自治区	17831.51	1617.42	9000.58	7739.18	7213.51	71100.54	1964.40	6107.70	13824.76
达尔罕茂明安联合旗	208.78	15.38	127.91	112.41	65.49	214133.00	15.42	21.16	194.58
四子王旗	56.23	15.35	18.52	15.79	22.35	26440.00	1.85	20.62	41.57
二连浩特市	100.73	0.63	35.80	31.30	64.30	137610.00	5.20	30.91	38.82
阿巴嘎旗	67.36	7.76	49.31	44.01	10.29	158669.00	1.98	10.12	41.11
东乌珠穆沁旗	136.20	20.49	91.40	79.90	24.31	143213.00	12.29	26.16	84.53
苏尼特左旗	49.82	5.97	33.83	28.62	10.02	151884.00	2.22	6.57	31.04
苏尼特右旗	59.54	5.11	39.85	36.15	14.58	85117.00	2.96	15.83	30.64
满洲里市	225.79	3.81	58.02	50.65	163.96	90314.00	14.96	131.64	110.13
额尔古纳市	46.12	15.41	13.02	10.30	17.69	56128.00	2.44	14.64	28.66
陈巴尔虎旗	90.92	9.91	61.00	57.31	20.01	157466.00	5.90	5.65	25.96
新巴尔虎左旗	35.91	6.81	17.94	11.35	11.16	84393.00	1.99	6.35	26.22
新巴尔虎右旗	78.03	4.35	60.99	59.60	12.69	220921.00	5.14	6.02	31.87
乌拉特中旗	99.57	16.22	71.89	60.03	11.46	71114.00	8.78	14.60	136.42
乌拉特后旗	63.04	3.51	49.25	42.58	10.28	96244.00	7.50	7.86	91.25
阿拉善左旗	252.64	8.19	184.08	166.79	60.37	128264.00	16.43	49.05	264.88
阿拉善右旗	27.52	2.15	16.65	15.32	8.72	103444.00	1.20	6.66	32.20
额济纳旗	41.10	1.69	17.41	14.60	22.00	157100.00	4.20	12.35	51.13
阿尔山市	16.81	2.73	4.01	0.78	10.08	24627.00	1.01	6.79	37.00
科尔沁右翼前旗	96.60	34.69	35.10	29.00	26.81	32625.00	2.91	25.84	88.51
本省边境地区合计	1752.68	180.14	985.97	866.49	586.58	—	114.38	418.82	1386.50
占本省比值（%）	9.83	11.14	10.95	11.20	8.13	—	5.82	6.86	10.03

资料来源：根据内蒙古自治区2016年统计年鉴整理。

附录1-3　　　　　内蒙古边境县（市、旗）经济发展情况：2014年

指标 地区	地区生产总值（亿元）	第一产业（亿元）	第二产业（亿元）	其中：工业（亿元）	第三产业（亿元）	人均生产总值（元）	地方财政收入（亿元）	全社会消费品零售总额（亿元）	全社会固定资产投资（亿元）
内蒙古自治区	17770.19	1627.85	9119.79	7904.40	7022.55	71046.00	1843.20	5619.90	12074.24
达尔罕茂明安联合旗	202.39	15.22	142.85	127.80	44.32	205785.00	14.41	19.59	169.03
四子王旗	53.58	15.55	19.47	16.88	18.56	24911.00	1.69	19.13	33.10
二连浩特市	88.40	0.60	32.88	28.48	54.92	119132.00	4.38	28.73	32.84
阿巴嘎旗	61.02	7.40	44.85	39.88	8.76	141566.00	1.84	9.46	38.03
东乌珠穆沁旗	140.80	19.70	100.68	88.64	20.42	147437.00	12.79	24.39	73.88
苏尼特左旗	44.84	5.71	30.45	26.15	8.68	134866.00	2.02	6.13	26.82
苏尼特右旗	54.26	4.88	36.40	32.70	12.98	76746.00	2.72	14.77	26.19
满洲里市	212.44	3.79	57.20	50.35	151.45	84976.00	13.93	122.73	94.35
额尔古纳市	44.27	15.57	12.78	10.26	15.92	53159.00	2.29	12.92	24.00
陈巴尔虎旗	89.04	10.23	60.53	57.13	18.28	151626.00	5.54	5.23	17.60
新巴尔虎左旗	34.97	7.36	17.49	11.34	10.12	81663.00	1.30	5.87	23.00
新巴尔虎右旗	77.16	4.81	60.84	59.53	11.51	217796.00	4.80	5.57	24.21
乌拉特中旗	98.07	16.74	71.21	59.79	10.11	73371.00	8.43	13.24	120.19
乌拉特后旗	66.07	3.69	52.68	46.26	9.70	100947.00	6.94	7.11	80.00
阿拉善左旗	371.48	7.92	311.68	295.18	51.88	193352.00	20.31	44.54	238.30
阿拉善右旗	37.20	2.34	27.07	25.84	7.79	140539.00	1.04	6.21	25.14
额济纳旗	49.19	1.68	28.45	25.81	19.06	269148.00	4.65	11.60	49.24
阿尔山市	15.14	2.59	3.74	0.72	8.81	77050.00	0.90	6.26	30.81
科尔沁右翼前旗	88.82	33.99	30.07	24.38	24.76	29964.00	2.51	23.76	87.57
本省边境地区合计	1829.13	179.78	1141.32	1027.12	508.04	—	112.49	387.24	1214.32
占本省比值（%）	10.29	11.04	12.51	12.99	7.23	—	6.10	6.89	10.06

资料来源：根据内蒙古自治区2015年统计年鉴整理。

附录1-4　　　内蒙古边境县（市、旗）经济发展情况：2013年

指标 地区	地区生产总值（亿元）	第一产业（亿元）	第二产业（亿元）	其中：工业（亿元）	第三产业（亿元）	人均生产总值（元）	地方财政收入（亿元）	全社会消费品零售总额（亿元）	全社会固定资产投资（亿元）
内蒙古自治区	16832.38	1599.41	9084.19	7944.4	6148.78	67498	2658.42	5075.2	15520.72
达尔罕茂明安联合旗	189.51	15.05	135.43	120.43	39.03	190459	13.36	17.93	224.33
四子王旗	49.74	15.19	17.62	15.32	16.94	23183	1.81	17.33	32.03
二连浩特市	79.04	0.5	31.06	26.69	47.48	104967	4.02	25.71	43.08
阿巴嘎旗	53.81	6.65	39.4	34.6	7.76	123706	1.68	8.49	43.39
东乌珠穆沁旗	147.68	18.33	111.28	99.57	18.08	121351	11.69	21.83	135.2
苏尼特左旗	40.31	4.9	27.44	23.33	7.96	119963	1.85	5.51	33.25
苏尼特右旗	49.29	4.51	33.15	29.66	11.64	69185	2.54	13.24	41.6
满洲里市	194.97	3.62	53.89	47.37	137.46	77989	12.81	110.21	135.56
额尔古纳市	40.92	14.54	11.83	9.51	14.55	49010	2.16	11.58	29.26
陈巴尔虎旗	83.67	9.68	56.94	53.37	17.05	142616	4.89	4.69	42.34
新巴尔虎左旗	32.76	7.02	16.38	10.89	9.36	77282	1.31	5.25	20.26
新巴尔虎右旗	72.94	4.6	57.93	56.7	10.41	206798	4.64	5.02	27.95
乌拉特中旗	91.23	16	65.93	54.82	9.29	68283	8.21	11.9	141.14
乌拉特后旗	61.48	3.52	49.22	43.01	8.74	94010	6.35	6.39	105.04
阿拉善左旗	361.35	7.70	305.13	289.12	48.51	192588	23.90	40.10	243.84
阿拉善右旗	35.96	2.31	26.48	25.35	7.17	136934	1.04	5.60	20.11
额济纳旗	47.13	1.64	27.61	25.03	17.88	261405	5.83	10.49	39.22
阿尔山市	13.82	2.71	3.51	0.62	7.60	28445	1.01	5.54	44.19
科尔沁右翼前旗	81.37	34.87	26.49	21.16	20.01	24020	2.85	21.21	108.51
本省边境地区合计	1726.98	173.34	1096.72	986.57	456.92	—	111.95	348.03	1510.29
占本省比值（%）	10.26	10.84	12.07	12.42	7.43	—	4.21	6.86	9.73

资料来源：根据内蒙古自治区2014年统计年鉴整理。

附录2-1　　　辽宁边境县（市、旗）经济发展情况：2016年

地区＼指标	地区生产总值（亿元）	第一产业（亿元）	第二产业（亿元）	其中：工业（亿元）	第三产业（亿元）	人均生产总值（元）	地方财政收入（亿元）	全社会消费品零售总额（亿元）	全社会固定资产投资（亿元）
辽宁省	22246.9	2173.1	8606.5	6818.32	11467.3	50791	2200.5	13414.1	6692.2
丹东市振安区	46.68	5.61	26.19	—	14.87	27458	3.52	20.47	12.64
丹东市元宝区	55.47	0.66	14.76	—	40.05	30437	4.42	97.74	234.26
丹东市振兴区	111.62	2.23	29.83	—	79.59	26271	22.18	120.44	16.52
东港市	223.88	67.79	68.77	—	87.32	36945	11.77	134.26	77.79
宽甸满族自治县	80.30	22.58	20.07	—	37.64	16421	4.92	71.70	13.95
边境地区合计	517.95	98.87	159.62	—	259.47	—	46.81	444.61	355.16
占本省比值（%）	2.33	4.55	1.85	—	2.26	—	2.13	—	5.31

资料来源：根据辽宁省2017年统计年鉴整理。

附录2-2　　　辽宁边境县（市、旗）经济发展情况：2015年

地区＼指标	地区生产总值（亿元）	第一产业（亿元）	第二产业（亿元）	其中：工业（亿元）	第三产业（亿元）	人均生产总值（元）	地方财政收入（亿元）	全社会消费品零售总额（亿元）	全社会固定资产投资（亿元）
辽宁省	28669.02	2384.03	13041.97	11270.82	13243.02	65354.41	2127.39	12773.80	17917.89
丹东市振安区	45.10	6.88	23.90	58.24	14.32	23735.32	3.39	18.98	41.91
丹东市元宝区	60.26	1.33	16.91	21.68	42.01	27897.18	3.85	90.40	47.77
丹东市振兴区	127.70	2.26	44.52	149.51	80.93	26682.70	19.57	116.01	147.71
东港市	334.72	77.59	132.54	103.03	124.59	50714.71	13.22	125.05	147.22
宽甸满族自治县	140.36	30.97	53.39	24.05	56.01	32414.62	4.71	68.88	57.38
边境地区合计	708.13	119.03	271.23	356.51	317.86	—	44.74	419.32	441.98
占本省比值（%）	2.47	4.99	2.08	3.16	2.40	—	2.10	3.28	2.47

资料来源：根据辽宁省2016年统计年鉴整理。

附录2-3　　　辽宁边境县（市、旗）经济发展情况：2014年

地区＼指标	地区生产总值（亿元）	第一产业（亿元）	第二产业（亿元）	其中：工业（亿元）	第三产业（亿元）	人均生产总值（元）	地方财政收入（亿元）	全社会消费品零售总额（亿元）	全社会固定资产投资（亿元）
辽宁省	28626.60	2285.80	14384.60	50090.56	11956.20	65201.00	7235.10	11793.11	24730.80
丹东市振安区	46.74	6.67	25.05	14.10	15.02	23369.15	4.70	18.04	86.13
丹东市元宝区	58.59	1.23	17.89	—	39.47	31789.09	4.97	85.25	79.22

续表

地区＼指标	地区生产总值（亿元）	第一产业（亿元）	第二产业（亿元）	其中：工业（亿元）	第三产业（亿元）	人均生产总值（元）	地方财政收入（亿元）	全社会消费品零售总额（亿元）	全社会固定资产投资（亿元）
丹东市振兴区	125.13	2.10	45.24	—	77.79	33528.05	12.51	106.28	115.17
东港市	348.90	71.54	158.31	135.85	119.05	52863.88	33.55	117.85	212.50
宽甸满族自治县	152.26	28.25	65.85	59.97	58.17	35196.93	16.22	65.20	152.62
边境地区合计	731.62	109.78	312.34	209.92	309.49	—	71.95	392.63	645.64
占本省比值（%）	2.56	4.80	2.17	0.42	2.59	—	0.99	3.33	2.61

资料来源：根据辽宁省2015年统计年鉴整理。

附录2-4　辽宁边境县（市、旗）经济发展情况：2013年

地区＼指标	地区生产总值（亿元）	第一产业（亿元）	第二产业（亿元）	其中：工业（亿元）	第三产业（亿元）	人均生产总值（元）	地方财政收入（亿元）	全社会消费品零售总额（亿元）	全社会固定资产投资（亿元）
辽宁省	27077.7	2321.6	14269.5	12510.3	10486.6	61686.00	8289	10524.4	25107.7
丹东市振安区	84.53	6.64	54.07	47.80	23.82	42266.30	6.01	16.14	83.06
丹东市元宝区	56.98	1.27	22.42	18	33.29	30886.00	5.85	75.38	80.51
丹东市振兴区	196.86	2.11	76.06	—	118.68	52833.47	16.71	86.94	113.08
东港市	511.57	71.25	243.33	222.28	196.98	78703.17	35.85	104.25	210.08
宽甸满族自治县	211.32	28.16	110.47	97.71	72.69	48703.16	23.58	58.22	159.24
边境地区合计	1061.27	109.45	506.36	385.78	445.46	—	88.00	340.94	645.97
占本省比值（%）	3.92	4.71	3.55	3.08	4.25	—	1.06	3.24	2.57

资料来源：根据辽宁省2014年统计年鉴整理。

附录3-1　吉林边境县（市、旗）经济发展情况：2016年

地区＼指标	地区生产总值（亿元）	第一产业（亿元）	第二产业（亿元）	其中：工业（亿元）	第三产业（亿元）	人均生产总值（元）	地方财政收入（亿元）	全社会消费品零售总额（亿元）	全社会固定资产投资（亿元）
吉林省	14776.80	1498.52	7004.95	6070.07	6273.33	53868	1263.78	7310.42	13773.32
集安市	106.03	9.95	41.00	35.22	55.08	49155	7.31	52.66	122.04
白山市浑江区（仅有白山市）	696.62	58.69	379.15	355.60	258.79	56411	47.03	292.74	662.72
临江市	98.83	7.61	51.52	50.02	39.70	60800	6.34	39.67	98.88
抚松县	180.22	21.88	86.01	84.29	72.33	61381	12.32	55.75	142.98

续表

指标 地区	地区生产总值（亿元）	第一产业（亿元）	第二产业（亿元）	其中：工业（亿元）	第三产业（亿元）	人均生产总值（元）	地方财政收入（亿元）	全社会消费品零售总额（亿元）	全社会固定资产投资（亿元）
长白朝鲜族自治县	41.65	5.21	19.26	18.81	17.18	51737	3.31	11.62	60.77
图们市	43.70	1.66	22.81	19.28	19.23	37157	2.11	28.95	47.57
龙井市	39.60	4.49	13.71	11.09	21.41	24416	2.90	16.01	49.71
珲春市	140.97	5.38	95.47	89.85	40.12	61802	19.53	58.26	146.98
和龙市	55.56	5.70	31.83	28.64	18.04	31271	3.39	20.40	61.40
安图县	69.76	6.47	21.94	18.27	41.35	34212	5.06	17.44	76.41
边境地区合计	1472.94	127.04	762.70	711.07	583.23	46834	109.30	593.50	1469.46
占本省比值（%）	9.97	8.48	10.89	11.71	9.30	86.94	8.65	8.12	10.67

资料来源：根据吉林省2017年统计年鉴整理。

附录3-2　吉林边境县（市、旗）经济发展情况：2015年

指标 地区	地区生产总值（亿元）	第一产业（亿元）	第二产业（亿元）	其中：工业（亿元）	第三产业（亿元）	人均生产总值（元）	地方财政收入（亿元）	全社会消费品零售总额（亿元）	全社会固定资产投资（亿元）
吉林省	14063.13	1596.28	7005.71	6112.05	5461.14	51086.00	1229.35	6646.46	12705.30
集安市	102.08	9.58	42.60	36.64	49.90	47087.00	6.44	47.88	110.81
白山市浑江区	668.55	62.40	379.11	359.18	227.04	53136.00	7.42	109.14	277.54
临江市	97.87	8.21	52.90	52.10	36.76	58990.00	6.23	36.24	94.00
抚松县	176.99	23.51	88.79	86.78	64.68	59193.00	11.85	54.85	135.84
长白朝鲜族自治县	38.67	5.04	18.55	18.00	15.08	47452.00	3.21	10.54	58.10
图们市	43.74	1.84	24.86	21.68	17.04	36511.00	2.36	26.06	43.17
龙井市	38.97	4.89	15.09	11.99	18.99	23534.00	3.29	14.56	45.03
珲春市	141.26	5.75	99.71	93.92	35.80	62639.00	20.38	52.72	131.93
和龙市	55.60	6.32	33.61	30.37	15.67	30695.00	4.73	18.59	55.67
安图县	68.25	7.93	23.62	19.92	36.70	33003.00	4.81	15.88	69.40
边境地区合计	1431.99	135.48	778.85	730.59	517.66	—	70.72	386.44	1021.48
占本省比值（%）	10.18	8.49	11.12	11.95	9.48	—	5.75	5.81	8.04

资料来源：根据吉林省2016年统计年鉴整理。

附录3-3　　　吉林边境县（市、旗）经济发展情况：2014年

地区＼指标	地区生产总值（亿元）	第一产业（亿元）	第二产业（亿元）	其中：工业（亿元）	第三产业（亿元）	人均生产总值（元）	地方财政收入（亿元）	全社会消费品零售总额（亿元）	全社会固定资产投资（亿元）
吉林省	13803.10	1524.00	7286.60	6424.00	4992.50	50160.00	1203.40	6080.90	11339.60
集安市	95.37	9.37	40.32	33.77	45.68	43687.00	7.57	43.40	97.68
白山市浑江区	675.29	59.88	398.98	375.30	216.43	53298.00	44.25	244.21	560.80
临江市	93.82	7.85	52.62	49.43	33.35	56012.00	6.02	33.26	82.36
抚松县	169.97	22.15	87.08	83.86	60.74	56582.00	11.24	46.21	126.87
长白朝鲜族自治县	37.13	5.66	16.83	16.25	14.64	45175.00	3.31	9.70	51.11
图们市	41.95	1.80	24.43	21.28	15.72	34555.00	2.48	21.87	38.23
龙井市	37.15	4.78	14.84	11.77	17.53	22062.00	3.24	13.20	38.23
珲春市	135.81	5.63	97.55	91.35	32.63	60039.00	17.70	48.93	133.08
和龙市	50.66	6.14	29.05	26.20	15.48	27584.00	3.52	17.19	47.54
安图县	64.65	7.74	22.89	19.19	34.02	30946.00	5.06	17.43	60.31
边境地区合计	1401.80	130.99	784.59	728.39	486.22	—	104.38	495.41	1236.20
占本省比值（%）	10.16	8.60	10.77	11.34	9.74	—	8.67	8.15	10.90

资料来源：根据吉林省2015年统计年鉴整理。

附录3-4　　　吉林边境县（市、旗）经济发展情况：2013年

地区＼指标	地区生产总值（亿元）	第一产业（亿元）	第二产业（亿元）	其中：工业（亿元）	第三产业（亿元）	人均生产总值（元）	地方财政收入（亿元）	全社会消费品零售总额（亿元）	全社会固定资产投资（亿元）
吉林省	12981.46	1466.74	6856.09	6059.28	4658.63	47192	1156.96	5426.43	9979.3
集安市	91.74	9.35	38.90	26.83	43.49	52831	7.94	38.24	93.87
白山市浑江区	673.64	59.14	400.51	377.38	214	56527	10.57	94.26	218.24
临江市	95.14	7.77	52.90	49.74	34.47	60749	5.82	29.67	74.34
抚松县	170.32	21.65	90.49	87.25	58.17	56565	11.00	41.08	114.09
长白朝鲜族自治县	38.03	5.74	16.81	15.95	15.48	41986	3.27	8.66	46.20
图们市	43.08	1.79	25.29	21.82	15.99	31147	2.86	14.81	35.41
龙井市	38.58	4.75	15.62	11.97	18.21	29331	3.17	11.68	35.41
珲春市	137.29	5.60	97.70	93.31	33.99	35078	13.40	43.55	107.51
和龙市	54.17	6.07	34.33	32.15	13.77	22547	4.12	15.05	45.41
安图县	65.10	7.62	22.98	19.35	34.50	45542	4.70	15.35	56.19
边境地区合计	1407.08	129.48	795.54	735.67	482.08	—	66.84	312.35	826.67
占本省比值（%）	10.84	8.83	11.60	12.14	10.35	—	5.78	5.76	8.28

资料来源：根据吉林省2014年统计年鉴整理。

附录4-1　　黑龙江边境县（市、旗）经济发展情况：2016年

指标\地区	地区生产总值（亿元）	第一产业（亿元）	第二产业（亿元）	第三产业（亿元）	人均生产总值（元）	地方财政收入（亿元）	全社会固定资产投资（亿元）
黑龙江省	15386.1	2670.5	4400.7	8314.9	40432	1148.4	10648.4
萝北县	82.58	44.02	12.10	26.46	37564	3.30	7.74
绥滨县	50.54	35.61	22.73	12.65	27673	1.42	13.63
饶河县	48.52	33.37	4.53	10.61	34244	3.01	41.48
密山市	129.96	56.47	21.94	51.55	31676	4.17	41.20
虎林市	131.87	79.84	17.10	34.93	46779	5.21	40.55
鸡东县	91.77	33.50	23.42	34.86	31678	2.26	25.66
嘉荫县	24.06	13.42	3.02	7.62	33241	1.35	4.25
绥芬河市	136.91	1.11	14.73	121.06	134695	4.54	85.38
东宁县	168.38	38.92	43.49	85.96	84224	5.44	117.44
穆棱市	187.99	30.12	95.44	62.43	65401	6.72	194.90
同江市	114.03	79.98	9.50	24.55	53896	2.49	50.84
抚远县	50.69	34.13	3.20	13.35	42886	2.07	23.00
黑河市爱辉区	22.25	6.74	6.94	8.57	27185	1.78	39.49
逊克县	25.90	15.38	3.76	6.75	26316	2.36	15.54
孙吴县	15.08	7.38	2.09	5.61	15237	1.48	12.33
呼玛县	16.32	10.40	1.26	4.67	34291	0.97	4.43
塔河县	21.17	13.07	1.18	6.93	26610	0.97	7.73
漠河县	30.91	7.44	3.48	19.99	40639	1.78	27.64
边境地区合计	1348.93	540.90	289.91	538.55	—	51.32	753.23
占本省比值（%）	8.94	20.54	6.04	7.04	—	4.40	7.40

资料来源：根据黑龙江省2017年统计年鉴整理。

附录4-2　　黑龙江边境县（市、旗）经济发展情况：2015年

指标\地区	地区生产总值（亿元）	第一产业（亿元）	第二产业（亿元）	第三产业（亿元）	人均生产总值（元）	地方财政收入（亿元）	全社会固定资产投资（亿元）
黑龙江省	15083.7	2633.5	4798.1	7652.1	39462	1165.9	10182.9
萝北县	83.15	45.87	12.72	24.56	58990.00	3.54	12.79
绥滨县	50.08	34.87	2.65	12.56	59193.00	1.31	12.01
饶河县	49.79	35.64	4.47	9.67	47201.00	1.02	8.90
密山市	130.38	57.38	23.71	49.29	53136.00	4.02	38.47

续表

指标 地区	地区生产总值（亿元）	第一产业（亿元）	第二产业（亿元）	第三产业（亿元）	人均生产总值（元）	地方财政收入（亿元）	全社会固定资产投资（亿元）
虎林市	131.72	81.64	17.42	32.66	25411.00	5.00	37.90
鸡东县	90.03	33.85	24.18	32.00	29533.00	2.04	23.53
嘉荫县	26.73	16.27	3.15	7.31	49333.00	1.38	9.12
绥芬河市	132.12	1.01	14.77	116.35	27250.39	4.45	90.00
东宁县	160.08	36.74	42.09	81.24	28919.87	5.09	105.37
穆棱市	182.09	30.57	91.49	60.03	33003.00	6.42	176.46
同江市	107.30	75.73	9.48	22.09	23534.00	2.44	70.12
抚远县	50.52	35.04	3.16	12.33	37330.00	2.07	22.31
黑河市爱辉区	21.32	6.63	6.38	8.31	61242.63	1.71	36.51
逊克县	25.63	15.67	3.57	6.39	65481.22	2.02	13.97
孙吴县	14.73	7.51	1.95	5.26	53560.50	1.25	11.40
呼玛县	15.32	9.68	1.23	4.41	23885.77	0.87	6.92
塔河县	20.24	12.22	1.40	6.62	26159.93	1.14	8.34
漠河县	29.41	13.16	3.42	12.84	29179.83	2.46	20.57
边境地区合计	1320.62	549.49	267.22	503.92	—	48.23	704.71
占本省比值（%）	8.76	20.87	5.57	6.59	—	4.14	6.92

资料来源：根据黑龙江省2016年统计年鉴整理。

附录4－3　黑龙江边境县（市、旗）经济发展情况：2014年

指标 地区	地区生产总值（亿元）	第一产业（亿元）	第二产业（亿元）	第三产业（亿元）	人均生产总值（元）	地方财政收入（亿元）	全社会固定资产投资（亿元）
黑龙江省	15039.40	2611.40	5544.40	6883.60	39226.00	1301.31	512761.00
萝北县	86.90	51.95	12.76	22.19	39092.46	3.04	10.77
绥滨县	48.13	34.43	2.55	11.14	25675.84	1.18	8.45
饶河县	48.02	34.49	3.65	9.88	33536.82	0.92	22.17
密山市	131.85	55.73	29.51	46.61	31717.29	3.90	38.15
虎林市	129.14	79.29	19.62	30.23	45322.50	4.53	35.42
鸡东县	90.91	30.30	29.45	31.16	31425.00	2.55	21.97
嘉荫县	24.78	14.74	2.82	7.21	33823.77	1.11	4.39
绥芬河市	125.58	0.94	15.54	109.11	180647.74	5.67	125.35
东宁县	150.95	32.32	42.66	75.96	71878.62	7.24	94.68

续表

指标\地区	地区生产总值（亿元）	第一产业（亿元）	第二产业（亿元）	第三产业（亿元）	人均生产总值（元）	地方财政收入（亿元）	全社会固定资产投资（亿元）
穆棱市	175.70	28.29	92.68	54.74	60378.59	9.48	158.26
同江市	100.38	71.21	9.80	19.38	56898.73	2.13	60.43
抚远县	47.89	33.58	3.15	11.17	56264.23	1.84	18.08
黑河市爱辉区	21.14	6.51	6.56	8.07	11186.19	1.65	32.04
逊克县	24.52	15.31	3.52	5.69	24362.18	1.67	12.42
孙吴县	13.86	6.74	1.35	5.77	13519.02	0.93	8.86
呼玛县	14.99	9.59	1.32	4.08	4615.38	0.81	4.61
塔河县	20.73	13.12	1.43	6.19	22929.88	1.27	9.73
漠河县	29.27	13.00	4.62	11.66	34929.96	2.23	22.70
边境地区合计	1284.74	531.53	282.97	470.23	—	52.15	688.48
占本省比值（%）	8.54	20.35	5.10	6.83	—	4.01	0.13

资料来源：根据黑龙江省2015年统计年鉴整理。

附录4-4　黑龙江边境县（市、旗）经济发展情况：2013年

指标\地区	地区生产总值（亿元）	第一产业（亿元）	第二产业（亿元）	第三产业（亿元）	人均生产总值（元）	地方财政收入（亿元）	全社会固定资产投资（亿元）
黑龙江省	14382.9	2516.8	5918.2	5947.9	37509.30	1277.4	11453.1
萝北县	80.97	48.77	12.88	19.32	36310.31	3.07	25.86
绥滨县	50.79	37.16	2.93	10.70	27015.48	1.26	9.43
饶河县	47.16	35.03	5.42	6.72	32980.77	0.87	39.50
密山市	137.69	52.28	39.89	45.53	32474.34	3.67	45.60
虎林市	137.98	74.49	25.96	37.53	48077.80	3.69	39.59
鸡东县	105.98	28.65	42.04	35.29	34977.13	2.81	34.15
嘉荫县	25.10	14.18	4.63	6.29	34175.95	2.14	20.94
绥芬河市	123.44	0.94	15.66	106.84	178441.76	10.38	102.29
东宁县	144.00	34.16	39.76	70.08	68544.79	8.04	90.12
穆棱市	165.40	27.31	97.04	41.05	56741.36	8.96	139.83
同江市	95.43	65.76	9.80	19.87	54167.83	1.67	50.91
抚远县	9.06	3.01	1.42	4.64	10333.09	1.63	17.41
黑河市爱辉区	19.18	6.29	7.43	5.45	10147.96	1.54	26.70
逊克县	22.42	13.69	3.32	5.42	21876.96	1.39	10.96

续表

指标\地区	地区生产总值（亿元）	第一产业（亿元）	第二产业（亿元）	第三产业（亿元）	人均生产总值（元）	地方财政收入（亿元）	全社会固定资产投资（亿元）
孙吴县	12.69	6.42	1.74	4.53	12173.32	0.73	7.13
呼玛县	18.49	10.56	4.40	3.52	35554.23	1.06	16.68
塔河县	26.90	13.80	5.15	7.95	29297.12	1.37	10.67
漠河县	45.59	14.10	11.67	19.83	53683.70	4.02	29.81
边境地区合计	1268.28	486.60	331.12	450.56	—	58.29	717.56
占本省比值（%）	8.82	19.33	5.59	7.58	—	4.56	6.27

资料来源：根据黑龙江省2014年统计年鉴整理。

附录5-1　广西边境县（市、旗）经济发展情况：2016年

指标\地区	地区生产总值（亿元）	第一产业（亿元）	第二产业（亿元）	其中：工业（亿元）	第三产业（亿元）	人均生产总值（元）	地方财政收入（亿元）	全社会消费品零售总额（亿元）	全社会固定资产投资（亿元）
广西	18317.64	2796.80	8273.66	6816.64	7247.18	38027.00	15562359.00	7027.31	18236.78
东兴市	92.99	17.04	38.41	30.42	37.55	59513	12.51	24.90	120.61
防城港市防城区	138.85	29.44	59.75	48.11	49.66	35963	8.70	44.66	119.06
宁明县	116.91	31.00	48.91	41.44	37.00	33464	5.27	15.27	120.92
凭祥市	65.35	5.31	18.72	10.14	41.32	55974	6.68	23.14	112.51
龙州县	103.91	24.65	42.02	33.59	37.24	46149	4.75	19.16	105.97
大新县	109.38	23.17	48.76	42.60	37.45	35916	3.27	12.93	118.12
靖西县	158.59	15.81	109.95	103.28	32.83	30610	13.07	28.24	104.27
那坡县	2.47	7.09	6.15	4.43	11.45	15555	2.04	8.27	24.82
边境地区合计	788.45	153.51	372.66	314.02	284.50	—	56.30	176.58	826.29
占本省比值（%）	0.04	0.05	0.05	0.05	0.04	0.00	0.02	0.03	0.05

资料来源：根据广西壮族自治区2017年统计年鉴整理。

附录5-2　广西边境县（市、旗）经济发展情况：2015年

指标\地区	地区生产总值（亿元）	第一产业（亿元）	第二产业（亿元）	其中：工业（亿元）	第三产业（亿元）	人均生产总值（元）	地方财政收入（亿元）	全社会消费品零售总额（亿元）	全社会固定资产投资（亿元）
广西	16803.12	2565.45	7717.52	6359.82	6520.15	35190.00	1515.16	6348.06	16227.78
东兴市	85.44	15.44	36.23	28.99	33.76	55441.00	11.85	22.37	116.78

续表

地区 \ 指标	地区生产总值（亿元）	第一产业（亿元）	第二产业（亿元）	其中：工业（亿元）	第三产业（亿元）	人均生产总值（元）	地方财政收入（亿元）	全社会消费品零售总额（亿元）	全社会固定资产投资（亿元）
防城港市防城区	127.13	27.12	55.02	45.48	44.99	33258.00	11.05	40.30	113.89
宁明县	108.34	29.16	46.25	39.98	32.93	31270.00	8.67	13.90	96.64
凭祥市	56.93	4.99	16.42	8.92	35.52	49330.00	7.47	20.99	92.72
龙州县	92.60	22.74	36.59	28.68	33.27	41332.00	6.24	17.42	88.78
大新县	99.44	21.22	45.25	39.55	32.98	32775.00	5.00	11.79	98.01
靖西县	127.45	15.07	82.33	76.29	30.05	24745.00	10.16	25.51	148.18
那坡县	22.69	6.85	5.27	3.36	10.56	14413.00	1.97	12.23	28.02
边境地区合计	720.01	142.59	323.35	271.25	254.06	—	62.41	164.51	783.02
占本省比值（%）	4.28	5.56	4.19	4.27	3.90	—	4.12	2.59	4.83

资料来源：根据广西壮族自治区2016年统计年鉴整理。

附录5-3　广西边境县（市、旗）经济发展情况：2014年

地区 \ 指标	地区生产总值（亿元）	第一产业（亿元）	第二产业（亿元）	其中：工业（亿元）	第三产业（亿元）	人均生产总值（元）	地方财政收入（亿元）	全社会消费品零售总额（亿元）	全社会固定资产投资（亿元）
广西	15672.89	2413.44	7324.96	6065.34	5934.49	33090.00	2162.54	5772.83	13843.21
东兴市	80.98	13.79	34.95	27.80	32.24	53309.00	10.73	20.19	105.37
防城港市防城区	110.91	24.44	49.98	40.44	36.50	29276.00	7.84	36.76	96.68
宁明县	95.08	27.69	45.30	39.31	22.09	27620.00	8.52	12.66	77.01
凭祥市	45.24	4.80	15.57	8.48	24.87	39479.00	8.64	19.03	73.02
龙州县	78.03	21.24	33.63	26.44	23.16	34953.00	5.97	15.71	68.51
大新县	93.90	19.85	51.71	46.29	22.34	31087.00	5.58	10.68	78.11
靖西县	129.92	14.48	91.04	85.62	24.40	25402.00	9.48	23.19	130.01
那坡县	19.73	6.64	5.53	3.67	7.56	12613.00	1.89	6.80	21.00
边境地区合计	653.79	132.93	327.70	278.07	193.15		58.64	145.01	649.71
占本省比值（%）	4.17	5.51	4.47	4.58	3.25		2.71	2.51	4.69

资料来源：根据广西壮族自治区2015年统计年鉴整理。

附录5-4　　广西边境县（市、旗）经济发展情况：2013年

指标\地区	地区生产总值（亿元）	第一产业（亿元）	第二产业（亿元）	其中：工业（亿元）	第三产业（亿元）	人均生产总值（元）	地方财政收入（亿元）	全社会消费品零售总额（亿元）	全社会固定资产投资（亿元）
广西	14378	2343.57	6863.04	5749.65	5171.39	30588	2001.26	5133.1	11907.67
东兴市	72.86	12.58	30.88	24.66	29.41	48579	11.51	17.87	91.48
防城港市防城区	89.7	21.2	38.3	30	30.1	26491	5	32.66	52.8
宁明县	86	27.95	38.25	33.51	19.83	25118	8.4	11.28	28.3
凭祥市	40.4	4.64	13.35	7.17	22.41	35376	8.6	16.91	46.9
龙州县	70.6	20.53	28.55	22.65	21.48	31700	7.6	13.82	42.9
大新县	90.7	19.92	50.78	46.32	19.99	30172	10.4	9.53	68.84
靖西县	110.8	13.8	74.9	70.3	22.1	21835	13.06	22.35	119.1
那坡县	16.28	6.29	3.09	1.6	6.89	10453	2.03	6.05	26.43
边境地区合计	577.34	126.91	278.1	236.21	172.21	—	66.6	130.47	476.75
占本省比值（%）	4.02	5.42	4.05	4.11	3.33	—	3.33	2.54	4.00

资料来源：根据广西壮族自治区2014年统计年鉴整理。

附录6-1　　云南边境县（市、旗）经济发展情况：2016年

指标\地区	地区生产总值（亿元）	第一产业（亿元）	第二产业（亿元）	第三产业（亿元）	人均生产总值（元）	地方财政收入（亿元）	全社会消费品零售总额（亿元）	全社会固定资产投资（亿元）
云南省	14719.95	2195.11	5649.34	6875.50	23714.00	1812.29	5722.90	15662.49
澜沧拉祜族自治县	64.59	18.65	24.49	21.45	12924.00	5.16	17.97	52.33
西盟佤族自治县	12.21	2.82	2.59	6.80	26355.00	0.72	18.99	14.22
江城哈尼族彝族自治县	26.55	8.97	9.35	8.23	20935.00	1.70	6.43	26.14
孟连傣族拉祜族佤族自治县	26.05	9.97	5.22	10.86	21317.00	1.52	8.86	91.67
镇康县	39.09	8.98	12.33	17.78	19911.00	3.19	9.76	85.20
沧源佤族自治县	80.96	29.13	24.38	27.45	20335.00	3.62	18.99	107.27
耿马傣族佤族自治县	37.29	9.40	12.59	15.30	20935.00	2.37	6.43	85.20
龙陵县	68.11	19.51	27.78	20.82	12923.00	5.37	2.72	14.22
腾冲县	160.03	33.66	57.32	69.05	24047.00	16.57	39.21	169.11
麻栗坡县	53.77	11.20	21.20	21.37	18839.00	2.90	19.74	46.64
马关县	78.61	17.92	31.17	29.52	20835.00	5.40	33.46	44.02
富宁县	77.72	20.95	25.22	31.55	18536.00	2.80	38.19	82.31

续表

地区＼指标	地区生产总值（亿元）	第一产业（亿元）	第二产业（亿元）	第三产业（亿元）	人均生产总值（元）	地方财政收入（亿元）	全社会消费品零售总额（亿元）	全社会固定资产投资（亿元）
绿春县	29.64	7.99	11.74	9.91	12739.00	2.24	8.81	86.51
金平苗族瑶族傣族自治县	47.23	11.18	22.22	13.83	12693.00	2.01	10.32	84.13
河口瑶族自治县	41.97	9.52	9.55	22.90	38829.00	2.76	6.83	68.64
景洪市	192.00	34.62	56.76	100.62	35881.00	11.59	73.41	264.73
勐海县	92.53	25.55	29.76	37.22	27047.00	4.75	20.34	44.22
勐腊县	81.51	32.05	12.09	37.37	28028.00	3.64	22.66	106.12
芒市	96.28	22.35	19.76	54.17	23307	5.81	44.14	92.97
瑞丽市	89.20	9.78	19.98	59.44	43811.00	7.41	35.14	98.70
盈江市	78.46	23.99	28.44	26.03	24632.00	4.48	30.31	82.75
陇川县	39.74	15.37	7.96	16.41	20677.00	1.88	8.92	25.74
泸水县	46.88	6.98	16.49	23.41	24963.00	2.55	15.15	51.42
福贡县	13.07	3.06	1.83	8.18	13040.00	0.84	3.63	9.74
贡山独龙族怒族自治县	11.04	2.42	2.29	6.33	28658.00	0.79	2.74	8.94
边境地区合计	1584.53	396.02	492.51	696.00	—	102.07	503.11	1842.94
占本省比值（%）	10.76	18.04	8.72	10.12	—	5.63	8.79	11.77

资料来源：根据云南省2017年统计年鉴整理。

附录6－2　云南边境县（市、旗）经济发展情况：2015年

地区＼指标	地区生产总值（亿元）	第一产业（亿元）	第二产业（亿元）	第三产业（亿元）	人均生产总值（元）	地方财政收入（亿元）	全社会消费品零售总额（亿元）	全社会固定资产投资（亿元）
云南省	13619.17	2055.78	5416.12	6147.27	28806.00	1808.15	5103.15	13500.62
澜沧拉祜族自治县	56.45	16.34	21.05	19.06	20077	4.87	16.19	36.91
西盟佤族自治县	10.83	2.62	2.33	5.88	11535	0.67	2.44	12.25
江城哈尼族彝族自治县	24.43	8.45	8.84	7.14	19385	1.60	5.74	23.33
孟连傣族拉祜族佤族自治县	23.54	9.39	4.76	9.39	16923	1.43	8.5	16.84
镇康县	35.14	8.43	11.1	15.61	19286	3.01	8.57	73.11
沧源佤族自治县	34.05	8.85	11.66	13.54	18288	2.23	8.75	67.38
耿马傣族佤族自治县	73.77	27.36	22.08	24.33	24060	3.61	16.8	84.76
龙陵县	61.96	18.58	25.34	18.04	21709	4.85	34.96	63.01

续表

指标 地区	地区生产总值（亿元）	第一产业（亿元）	第二产业（亿元）	第三产业（亿元）	人均生产总值（元）	地方财政收入（亿元）	全社会消费品零售总额（亿元）	全社会固定资产投资（亿元）
腾冲县	145.9	32.17	52.25	61.48	22049	15.94	15.49	152.37
麻栗坡县	49.92	10.89	19.75	19.28	17558	2.8	17.76	40.18
马关县	71.3	16.47	28.16	26.67	18972	5.25	29.86	36.91
富宁县	72.78	19.6	24.94	28.24	17424	3.8	34.35	70.07
绿春县	26.31	7.39	10.07	8.85	11428	1.86	7.84	69.38
金平苗族瑶族傣族自治县	42.24	10.39	19.19	12.66	11414	2.5	9.22	67.14
河口瑶族自治县	37.12	8.87	7.9	20.35	34530	2.55	6.07	54.74
景洪市	176.82	31.98	54.53	90.31	33255	12.1	65.5	237.06
勐海县	86.58	23.79	29.96	32.83	25465	4.64	18.19	42.61
勐腊县	72.51	29.77	10.15	32.59	25108	3.71	20.28	81.13
芒市	84.27	21.1	17.33	45.84	20645	5.8	39.2	84.31
瑞丽市	77.14	9.22	14.12	52.8	38628	7.3	32.18	74.18
盈江市	75.33	25.52	28.81	24	23877	5.59	27.06	65.73
陇川县	36.79	14.44	7.86	14.49	19355	1.73	8.02	20.00
泸水县	41.87	6.63	14.61	20.63	22354	2.46	13.58	42.54
福贡县	11.53	2.79	1.75	6.99	11540	0.76	3.27	8.03
贡山独龙族怒族自治县	9.68	2.27	1.71	5.7	25211	0.68	2.46	7.1
边境地区合计	1438.26	373.31	450.25	616.7	—	101.74	452.28	1531.07
占本省比值（%）	11	18	8	10	—	6	9	11

资料来源：根据云南省2016年统计年鉴整理。

附录6-3　云南边境县（市、旗）经济发展情况：2014年

指标 地区	地区生产总值（亿元）	第一产业（亿元）	第二产业（亿元）	第三产业（亿元）	人均生产总值（元）	地方财政收入（亿元）	全社会消费品零售总额（亿元）	全社会固定资产投资（亿元）
云南省	12814.59	1990.07	5281.82	5542.70	27264.00	1698.06	4632.86	11073.86
澜沧拉祜族自治县	53.42	15.91	20.24	17.27	10746.00	4.63	14.67	36.09
西盟佤族自治县	9.85	2.65	2.13	5.07	10588.00	0.63	2.22	8.70
江城哈尼族彝族自治县	23.19	8.52	8.33	6.34	18520.00	1.50	5.40	23.74
孟连傣族拉祜族佤族自治县	21.17	8.43	4.33	8.41	15272.00	1.33	7.68	13.13

续表

指标 地区	地区生产总值（亿元）	第一产业（亿元）	第二产业（亿元）	第三产业（亿元）	人均生产总值（元）	地方财政收入（亿元）	全社会消费品零售总额（亿元）	全社会固定资产投资（亿元）
镇康县	32.95	8.11	11.04	11.83	7374.00	1.69	9.59	12.67
沧源佤族自治县	31.04	8.51	10.72	29.39	25843.00	3.40	19.41	36.61
耿马傣族佤族自治县	68.51	26.40	20.13	21.98	22490.00	3.54	14.68	72.09
龙陵县	56.29	18.25	23.23	14.81	19834.00	4.21	11.74	49.21
腾冲县	134.07	29.79	48.13	56.15	20369.00	15.30	31.06	145.01
麻栗坡县	45.62	10.58	17.98	17.06	16113.00	3.28	15.98	32.14
马关县	65.65	16.01	25.54	24.10	17539.00	5.25	27.03	29.43
富宁县	66.60	19.13	22.40	25.07	16010.00	4.10	34.79	59.29
绿春县	23.56	7.06	8.75	7.75	10318.00	1.63	7.00	50.31
金平苗族瑶族傣族自治县	38.01	9.98	16.61	11.42	10340.00	2.44	8.29	50.40
河口瑶族自治县	33.85	8.55	13.47	13.38	9268.00	1.36	8.24	35.24
景洪市	160.81	32.76	47.38	80.67	30376.00	11.73	59.44	191.10
勐海县	78.32	17.88	29.90	30.54	23164.00	4.21	16.64	34.06
勐腊县	66.90	27.91	9.12	29.87	23300.00	3.48	19.09	53.48
芒市	77.97	20.28	16.99	40.70	19357.00	7.11	29.20	76.54
瑞丽市	73.32	9.10	14.88	49.34	37755.00	9.13	34.84	100.40
盈江市	71.21	21.59	28.19	21.43	22788.00	5.59	24.49	57.03
陇川县	34.08	13.79	7.64	12.65	18165.00	2.13	7.09	16.63
泸水县	37.39	5.85	13.00	18.54	20016.00	2.38	12.34	35.70
福贡县	10.32	2.30	1.72	6.30	10353.00	0.67	2.97	7.81
贡山独龙族怒族自治县	8.85	1.92	1.75	5.18	23108.00	0.60	2.23	11.77
边境地区合计	1322.95	351.26	423.60	565.25		101.33	426.12	1238.58
占本省比值（％）	10.32	17.65	8.02	10.20		5.97	9.20	11.18

资料来源：根据云南省2015年统计年鉴整理。

附录6-4　云南边境县（市、旗）经济发展情况：2013年

指标 地区	地区生产总值（亿元）	第一产业（亿元）	第二产业（亿元）	第三产业（亿元）	人均生产总值（元）	地方财政收入（亿元）	全社会消费品零售总额（亿元）	全社会固定资产投资（亿元）
云南省	11720.91	1895.34	4927.82	4897.75	25083	2975.68	4036.01	9621.83
澜沧拉祜族自治县	47.85	14.9	18.91	14.04	9664	4.36	12.92	0.36

续表

指标 地区	地区生产总值（亿元）	第一产业（亿元）	第二产业（亿元）	第三产业（亿元）	人均生产总值（元）	地方财政收入（亿元）	全社会消费品零售总额（亿元）	全社会固定资产投资（亿元）
西盟佤族自治县	7.87	2.28	1.75	3.84	8515	0.54	1.95	0.01
江城哈尼族彝族自治县	22.77	8.2	9.47	5.1	18308	1.35	4.76	0.03
孟连傣族拉祜族佤族自治县	19.3	8.05	3.92	7.33	13969	1.14	6.87	0.01
镇康县	33.54	7.43	17.2	8.91	18677	3.55	6.05	0.08
沧源佤族自治县	29	7.77	12.64	8.59	15796	2.21	7.17	0.07
耿马傣族佤族自治县	62.74	23.96	20.54	18.24	20719	3.65	12.65	0.17
龙陵县	49.54	16.86	19.8	12.88	17567	3.47	10.39	0.11
腾冲县	122.28	27.08	44.05	51.15	18669	14.92	30.14	0.86
麻栗坡县	41.28	9.86	18.26	13.16	14650	3.16	14.17	0.07
马关县	55.48	14.91	21.77	18.8	14881	5.17	23.94	0.09
富宁县	59.37	17.73	20.71	20.93	14345	3.6	30.82	0.18
绿春县	20.69	6.57	8.44	5.68	9134	1.35	5.98	0.08
金平苗族瑶族傣族自治县	32.31	9.26	14.48	8.57	8872	2.33	6.9	0.12
河口瑶族自治县	30.35	7.95	7.52	14.88	28605	1.83	4.36	0.03
景洪市	144.78	31.73	48.77	64.28	27426	11.98	50.74	0.76
勐海县	70.97	17.83	24.46	28.68	21073	3.51	14.03	0.08
勐腊县	64.37	28.1	10.49	25.78	22514	3.15	16.22	0.11
芒市	72.44	18.97	22.22	31.25	18225	7.02	30.45	0.33
瑞丽市	47.12	8.52	9.74	28.86	24960	8.75	25.39	0.13
盈江市	66.21	20.06	30.43	15.72	21366	5.53	22.34	0.14
陇川县	30.68	12.78	9.17	8.73	16599	1.81	6.28	0.02
泸水县	30.46	4.54	11.83	14.09	16351	2	10.9	0.05
福贡县	7.81	1.76	2.66	3.39	7856	0.55	2.63	0.01
贡山独龙族怒族自治县	6.22	1.44	2.3	2.48	16271	0.48	1.98	0.003
边境地区合计	1175.43	328.54	411.53	435.36	—	97.41	360.03	3.89
占本省比值（%）	10.03	17.33	8.35	8.89	—	3.27	8.92	0.04

资料来源：根据云南省2014年统计年鉴整理。

附录7-1　西藏边境县（市、旗）经济发展情况：2016年（未找到相关数据）

地区＼指标	地区生产总值（亿元）	第一产业（亿元）	第二产业（亿元）	第三产业（亿元）	人均生产总值（元）	地方财政收入（亿元）	全社会消费品零售总额（亿元）	全社会固定资产投资（亿元）
西藏	1150.07	105.29	431.42	613.36	35143	206.75	459.41	1655.5
洛扎县								
错那县								
浪卡子县								
定结县								
定日县								
康马县								
聂拉木县								
吉隆县								
亚东县								
岗巴县								
仲巴县								
萨嘎县								
噶尔县								
普兰县								
日土县								
札达县								
墨脱县								
察隅县								
边境地区合计								
占本省比值（%）								

资料来源：根据西藏自治区2017年统计年鉴整理。

附录7-2　西藏边境县（市、旗）经济发展情况：2015年

地区＼指标	地区生产总值（亿元）	第一产业（亿元）	第二产业（亿元）	第三产业（亿元）	人均生产总值（元）	地方财政收入（亿元）	全社会消费品零售总额（亿元）	全社会固定资产投资（亿元）
西藏	1026.39	98.04	376.19	552.16	31999	175.83	408.49	1342.16
洛扎县		0.74	0.0974					
错那县		0.43	0.0938					

续表

地区\指标	地区生产总值（亿元）	第一产业（亿元）	第二产业（亿元）	第三产业（亿元）	人均生产总值（元）	地方财政收入（亿元）	全社会消费品零售总额（亿元）	全社会固定资产投资（亿元）
浪卡子县		0.89	0.0761					
定结县		1.00	0.0389					
定日县		2.80	0.3789					
康马县		1.30	0.0901					
聂拉木县		1.28	0.4306					
吉隆县		0.98	0.1224					
亚东县		1.07	0.1411					
岗巴县		0.47	0.2423					
仲巴县		2.15	0.263					
萨嘎县		0.99	0.0172					
噶尔县		0.64	0.7715					
普兰县		0.58	0.3035					
日土县		0.94	0.054					
札达县		0.43	0.047					
墨脱县		0.47	0.0348					
察隅县		1.79	0.0961					
边境地区合计		18.95	3.2987					
占本省比值（%）		19.33	0.88					

资料来源：根据西藏自治区2016年统计年鉴整理。

附录7-3　西藏边境县（市、旗）经济发展情况：2014年

地区\指标	地区生产总值（亿元）	第一产业（亿元）	第二产业（亿元）	第三产业（亿元）	人均生产总值（元）	地方财政收入（亿元）	全社会消费品零售总额（亿元）	全社会固定资产投资（亿元）
西藏	920.83	91.57	336.84	492.42	29252.00	164.75	364.51	1119.73
洛扎县	3.33	—	—	—	16648.50	0.18	0.68	7.00
错那县	3.75	—	—	—	24818.54	0.18	0.66	6.33
浪卡子县	4.57	—	2.10	—	14730.00	0.22	0.78	6.64
定结县	3.01	0.66	0.53	1.82	18797.50	0.06	0.16	1.47
定日县	2.34	1.90	0.29	0.15	—		0.78	
康马县	1.10	—						

续表

地区＼指标	地区生产总值（亿元）	第一产业（亿元）	第二产业（亿元）	第三产业（亿元）	人均生产总值（元）	地方财政收入（亿元）	全社会消费品零售总额（亿元）	全社会固定资产投资（亿元）
聂拉木县	5.61	0.88	1.09	3.64	34176.83	—	—	—
吉隆县	3.89	0.56	1.43	1.89	12961.13	4.23	0.53	—
亚东县	—	—	—	—	—	0.82	—	—
岗巴县	2.25	—	—	—	—	0.13	—	2.06
仲巴县	4.80	1.73	1.10	1.97	—	—	—	3.13
萨嘎县	—	—	—	—	—	—	—	—
噶尔县	2.16	—	—	—	5142.86	0.46	0.76	2.50
普兰县	2.06	0.38	0.52	1.16	21701.00	0.25	—	2.66
日土县	1.09	0.30	0.19	0.60	5434.00	—	—	—
札达县	—	—	—	—	—	—	—	—
墨脱县	4.06	—	—	—	—	0.21	0.31	12.96
察隅县	5.82	1.09	2.45	2.28	22213.74	0.30	1.10	14.42
边境地区合计	49.83	7.51	9.69	13.50	—	7.04	5.75	59.18
占本省比值（%）	5.41	8.20	2.88	2.74	—	4.27	1.58	5.29

资料来源：根据西藏自治区2015年统计年鉴整理。

附录7-4　　西藏边境县（市、旗）经济发展情况：2013年

地区＼指标	地区生产总值（亿元）	第一产业（亿元）	第二产业（亿元）	第三产业（亿元）	人均生产总值（元）	地方财政收入（亿元）	全社会消费品零售总额（亿元）	全社会固定资产投资（亿元）
西藏	807.67	86.82	292.92	427.93	26068.00	110.4	293.22	918.48
洛扎县	2.94	0.4	1.34	1.19	14718.00	0.13	—	5.2
错那县	3.56	0.2	1.74	1.62	23733.33	0.22	0.53	5.28
浪卡子县	3.68	—	—	—	11870.97	0.19	0.66	4.86
定结县	2.69	—	—	—	16812.50	0.06	—	—
定日县	6.38	3.39	1.15	1.84	10290.32	—	—	—
康马县	2.97	—	—	—	8735.29	11.7	—	120
聂拉木县	4.98	—	—	—	41500.00	—	—	—
吉隆县	2.14	—	—	—	16461.54	0.03	—	—
亚东县	4.00	—	—	—	30769.23	0.4	1.01	4.4
岗巴县	2.25	—	—	—	24456.52	0.09	—	2.06

续表

地区 \ 指标	地区生产总值（亿元）	第一产业（亿元）	第二产业（亿元）	第三产业（亿元）	人均生产总值（元）	地方财政收入（亿元）	全社会消费品零售总额（亿元）	全社会固定资产投资（亿元）
仲巴县	4.27	—	—	—	21350.00	0.36	—	105
萨嘎县	2.34	—	—	—	23400.00	—	—	—
噶尔县	1.96	0.41	0.61	0.94	4666.67	0.36	—	0.63
普兰县	1.47	—	—	—	14700.00	0.1	—	—
日土县	1.43	—	—	—	22698.41	—	—	—
札达县	1.03	0.11	0.39	0.53	10300.00	—	—	—
墨脱县	3.09	0.27	1.59	1.23	30900.00	0.22	—	—
察隅县	5.15	1.03	2.07	2.05	19961.24	0.26	0.89	13.24
边境地区合计	56.33	5.81	8.89	9.40		14.12	3.09	260.67
占本省比值（%）	6.97	6.69	3.03	2.20		12.79	1.05	28.38

资料来源：根据西藏自治区2014年统计年鉴整理。

附录8-1　甘肃边境县（市、旗）经济发展情况：2016年

地区 \ 指标	地区生产总值（亿元）	工业增加值（亿元）	人均生产总值（元）	地方财政收入（亿元）	全社会消费品零售总额（亿元）	全社会固定资产投资（亿元）
甘肃省	7200.37	1757.53	27643.00	1440.68	3184.39	9534.10
肃北蒙古族自治县	18.82	10.61	123014.00		2.06	70.55
边境地区合计	18.82	10.61			2.06	70.55
占本省比值（%）	0.26	0.60			0.06	0.74

资料来源：根据甘肃省2017年统计年鉴整理。

附录8-2　甘肃边境县（市、旗）经济发展情况：2015年

地区 \ 指标	地区生产总值（亿元）	工业增加值（亿元）	人均生产总值（元）	地方财政收入（亿元）	全社会消费品零售总额（亿元）	全社会固定资产投资（亿元）
甘肃省	7152.04	1729.00	27458.00	1386.28	2907.22	9534.1
肃北蒙古族自治县	20.23	12.83	133538.00	36.62	1.89	83.60
边境地区合计	20.23	12.83		36.62	1.89	83.60
占本省比值（%）	0.28	0.74		2.64	0.07	0.88

资料来源：根据甘肃省2016年统计年鉴整理。

附录8-3　　　甘肃边境县（市、旗）经济发展情况：2014年

指标 地区	地区生产总值（亿元）	工业增加值（亿元）	人均生产总值（元）	地方财政收入（亿元）	全社会消费品零售总额（亿元）	全社会固定资产投资（亿元）
甘肃省	6836.82	2070.00	26433.00	1234.24	2668.33	7759.62
肃北蒙古族自治县	34.15	26.33	226156.00	36.17	1.75	74.83
边境地区合计	34.15	26.33		36.17	1.75	74.83
占本省比值（%）	0.50	1.27		2.93	0.07	0.96

资料来源：根据甘肃省2015年统计年鉴整理。

附录8-4　　　甘肃边境县（市、旗）经济发展情况：2013年

指标 地区	地区生产总值（亿元）	工业增加值（亿元）	人均生产总值（元）	地方财政收入（亿元）	全社会消费品零售总额（亿元）	全社会固定资产投资（亿元）
甘肃省	6268	2225.2	24297	1144.01	2139.83	6407.2
肃北蒙古族自治县	43.53	36.82	288330	6.38	1.5	55.81
边境地区合计	43.53	36.82		6.38	1.5	55.81
占本省比值（%）	0.69	1.65		0.56	0.07	0.87

资料来源：根据甘肃省2014年统计年鉴整理。

附录9-1　　　新疆边境县（市、旗）经济发展情况：2016年

指标 地区	地区生产总值（亿元）	第一产业（亿元）	第二产业（亿元）	其中：工业（亿元）	第三产业（亿元）	人均生产总值（元）	地方财政收入（亿元）	全社会消费品零售总额（亿元）	全社会固定资产投资（亿元）
新疆维吾尔自治区	9649.70	1648.97	3647.01	2677.63	4353.72	40564		2825.90	9983.86
哈密市	403.68	38.84	215.16	133.86	149.68	65298		85.96	
伊吾县	44.56	5.42	31.46	20.11	7.68	200647		2.34	
巴里坤哈萨克自治县	49.27	10.39	23.02	13.79	15.85	46565		6.93	
和田县	30.18	9.93	7.17	3.48	13.08	8878		2.34	
皮山县	23.31	9.13	2.57	1.17	11.61	7719		2.31	
温宿县	51.64	20.26	12.43	5.18	18.96	20551		12.21	
乌什县	25.53	8.89	4.14	1.70	12.50	11078		2.04	
叶城县	83.34	37.11	20.67	11.09	25.57	15909		15.12	

续表

指标 地区	地区生产总值（亿元）	第一产业（亿元）	第二产业（亿元）	其中：工业（亿元）	第三产业（亿元）	人均生产总值（元）	地方财政收入（亿元）	全社会消费品零售总额（亿元）	全社会固定资产投资（亿元）
塔什库尔干塔吉克自治县	12.32	1.60	6.04	0.58	4.69	30431		1.87	
阿图什市	43.56	6.76	9.59	4.44	27.22	22238		12.27	
阿合奇县	8.82	1.02	2.67	1.54	5.12	19603		1.22	
乌恰县	20.11	1.08	11.75	7.46	7.28	33009		2.06	
阿克陶县	27.87	6.15	9.73	5.08	11.99	12520		4.53	
奇台县	135.63	44.97	54.22	34.25	36.45	56731		27.39	
木垒哈萨克自治县	28.03	11.25	5.42	2.09	11.36	31756		7.91	
博乐市	135.22	29.36	42.32	22.60	63.53	52375		30.62	
温泉县	22.32	7.46	4.20	1.60	10.66	29849		2.95	
昭苏县	41.68	17.50	9.75	7.34	14.43	22433		6.27	
霍城县	71.48	24.02	18.41	15.32	29.05	20694		17.24	
察布查尔锡伯自治县	48.10	23.32	11.00	7.76	13.78	24497		3.42	
塔城市	80.25	21.12	15.11	2.23	44.01	47792		21.67	
额敏县	75.77	25.28	22.82	10.78	27.67	36538		14.84	
裕民县	16.71	6.27	2.70	0.58	7.74	28820		2.74	
托里县	32.87	7.66	14.75	9.62	10.47	35516		3.47	
和布克赛尔蒙古自治县	34.04	7.02	17.66	10.38	9.36	52639		2.78	
阿勒泰市	63.84	9.20	11.60	3.66	43.04	32574		27.34	
青河县	15.01	3.99	4.60	2.22	6.41	21529		3.41	
吉木乃县	10.87	1.42	4.74	3.09	4.71	27651		1.39	
富蕴县	36.18	6.59	15.84	10.44	13.74	37487		7.59	
布尔津县	20.12	3.70	7.99	3.94	8.43	28463		14.82	
福海县	39.45	13.33	12.95	8.92	13.17	48684		6.99	
哈巴河县	34.02	7.47	17.47	13.75	9.07	38563		6.76	
边境地区合计	1765.78	427.51	649.95	380.05	688.31			360.80	
占本省比值（%）	18.30	25.93	17.82	14.19	15.81			12.77	

资料来源：根据新疆自治区2017年统计年鉴整理。

附录9-2　　新疆边境县（市、旗）经济发展情况：2015年

地区 \ 指标	地区生产总值（亿元）	第一产业（亿元）	第二产业（亿元）	其中：工业（亿元）	第三产业（亿元）	人均生产总值（元）	地方财政收入（亿元）	全社会消费品零售总额（亿元）	全社会固定资产投资（亿元）
新疆维吾尔自治区	9324.80	1559.08	3596.40	2740.71	4169.32	40036.00	1130.85	2605.96	10729.32
哈密市	330.74	24.36	172.56	116.05	133.81	68252.00	41.87	75.62	626.09
伊吾县	44.33	4.98	32.17	21.19	7.17	189679.00	3.91	2.30	78.68
巴里坤哈萨克自治县	48.58	10.13	23.65	14.47	14.79	46262.00	3.81	6.80	178.29
和田县	29.89	3.88	6.81	3.42	13.47	9500.00	1.60	2.26	73.04
皮山县	23.08	9.01	2.41	1.03	11.65	7797.00	1.38	2.23	36.04
温宿县	53.78	20.41	11.77	6.35	21.60	20660.00	4.35	11.30	40.65
乌什县	25.89	8.83	3.39	1.58	13.67	11156.00	1.09	1.89	78.38
叶城县	83.03	34.10	22.16	13.45	26.76	16005.00	5.12	14.51	77.84
塔什库尔干塔吉克自治县	11.06	1.48	5.66	0.82	3.93	27403.00	1.62	1.78	30.94
阿图什市	45.12	6.43	11.49	7.20	27.20	16732.00	3.07	11.34	40.06
阿合奇县	8.81	0.94	2.37	1.46	5.50	19996.00	0.78	1.22	6.93
乌恰县	20.08	1.00	8.46	4.45	10.62	32983.00	2.14	1.94	32.74
阿克陶县	26.09	5.79	7.73	3.85	12.57	11833.00	2.44	4.28	46.66
奇台县	130.41	46.49	49.67	33.15	34.26	54474.00	9.04	26.63	326.31
木垒哈萨克自治县	27.87	12.11	5.34	2.18	10.41	31313.00	3.33	7.72	84.04
博乐市	144.86	30.20	45.83	28.87	45.83	55841.00	9.06	34.15	180.80
温泉县	23.00	7.91	5.03	2.45	10.07	30448.00	1.15	2.87	20.83
昭苏县	44.10	18.05	10.68	8.37	15.36	23200.00	1.46	5.71	26.42
霍城县	119.58	33.60	35.78	30.90	50.18	28767.00	4.31	17.4	120.80
察布查尔锡伯自治县	47.64	22.99	9.69	6.42	14.95	24130.00	2.67	3.2	55.59
塔城市	82.59	21.61	14.62	4.41	46.36	49491.00	5.05	18.65	55.31
额敏县	74.00	23.63	22.04	11.44	28.32	34419.00	3.85	13.78	59.87
裕民县	15.56	5.75	2.5	0.69	7.31	26032.00	0.77	3.07	8.90
托里县	38.95	6.59	21.73	15.71	10.62	43807.00	2.00	4.21	45.62

续表

指标 地区	地区生产总值（亿元）	第一产业（亿元）	第二产业（亿元）	其中：工业（亿元）	第三产业（亿元）	人均生产总值（元）	地方财政收入（亿元）	全社会消费品零售总额（亿元）	全社会固定资产投资（亿元）
和布克赛尔蒙古自治县	34.62	6.85	17.36	9.39	10.4	53219.00	5.23	3.39	38.65
阿勒泰市	60.79	8.84	11.00	4.12	40.94	31255.00	6.2	24.8	79.16
青河县	14.33	3.72	4.91	2.93	5.69	20867.00	2.00	3.13	15.09
吉木乃县	11.24	1.30	6.90	5.20	3.07	28905.00	1.05	1.24	20.42
富蕴县	42.65	6.24	26.16	20.97	10.24	50661.00	7.70	6.83	39.02
布尔津县	21.03	3.48	8.99	4.94	8.56	30095.00	2.96	13.10	46.18
福海县	40.68	13.86	13.66	9.89	13.60	50661.00	2.56	6.36	26.78
哈巴河县	34.07	7.56	17.41	14.05	9.09	39027.00	5.00	5.14	23.27
边境地区合计	1758.45	412.12	639.93	411.40	678.00	—	148.57	338.85	2619.40
占本省比值（%）	18.86	26.43	17.79	15.01	16.26	—	13.14	13.00	24.41

资料来源：根据新疆维吾尔自治区2016年统计年鉴整理。

附录9-3　　新疆边境县（市、旗）经济发展情况：2014年

指标 地区	地区生产总值（亿元）	第一产业（亿元）	第二产业（亿元）	其中：工业（亿元）	第三产业（亿元）	人均生产总值（元）	地方财政收入（亿元）	全社会消费品零售总额（亿元）	全社会固定资产投资（亿元）
新疆维吾尔自治区	9273.46	1538.60	3948.96	3179.60	3785.90	40648.00	1710.25	2436.50	9744.79
哈密市	308.94	23.58	166.15	108.05	119.20	65335.00	36.35	67.33	386.32
伊吾县	45.37	4.70	34.72	27.95	5.95	195004.00	4.42	1.99	113.50
巴里坤哈萨克自治县	47.71	9.75	24.57	18.45	13.39	45308.00	4.01	6.02	87.34
和田县	25.61	9.14	5.76	2.65	10.71	8721.00	1.41	2.02	21.98
皮山县	19.40	8.98	1.91	0.59	8.50	6967.00	1.24	1.97	20.19
温宿县	65.19	27.84	16.10	7.56	21.25	24950.00	3.60	9.58	40.65
乌什县	26.30	9.94	3.32	1.87	13.04	11495.00	0.85	1.70	10.48
叶城县	70.20	31.93	17.37	9.84	20.90	14210.00	4.35	12.51	49.22
塔什库尔干塔吉克自治县	10.02	1.22	5.15	2.41	3.64	25296.00	1.47	1.59	26.81

续表

地区\指标	地区生产总值（亿元）	第一产业（亿元）	第二产业（亿元）	其中：工业（亿元）	第三产业（亿元）	人均生产总值（元）	地方财政收入（亿元）	全社会消费品零售总额（亿元）	全社会固定资产投资（亿元）
阿图什市	38.95	5.91	9.99	6.22	23.05	14583.00	3.36	9.90	36.26
阿合奇县	7.77	0.97	1.89	1.09	4.90	17577.00	0.77	1.08	4.84
乌恰县	18.72	0.98	9.12	5.46	8.62	30917.00	2.45	1.69	24.10
阿克陶县	23.80	5.33	8.30	4.84	10.17	11067.00	2.30	3.75	35.05
奇台县	115.64	44.28	41.42	26.46	29.94	47588.00	8.12	23.93	270.82
木垒哈萨克自治县	26.15	12.19	4.45	2.21	9.51	29381.00	2.96	6.98	32.89
博乐市	129.72	29.00	40.55	25.92	60.17	49513.00	8.09	26.07	125.61
温泉县	21.07	7.69	4.68	2.25	8.70	27887.00	1.03	2.51	15.79
昭苏县	39.46	17.12	8.55	6.40	13.79	20535.00	1.43	5.10	15.12
霍城县	102.23	32.59	27.34	22.84	42.30	24618.00	4.18	15.53	108.20
察布查尔锡伯自治县	45.93	21.28	11.22	8.15	13.42	23236.00	3.80	3.04	12.75
塔城市	73.38	19.75	15.08	5.20	38.56	44074.00	4.58	16.25	24.86
额敏县	65.43	22.83	17.95	11.50	24.65	30081.00	3.82	13.78	20.99
裕民县	14.74	5.95	2.62	0.69	6.16	24607.00	0.70	2.78	9.64
托里县	41.63	4.30	26.27	20.46	11.06	41562.00	2.86	3.93	23.42
和布克赛尔蒙古自治县	35.23	7.40	18.42	9.61	9.41	53788.00	9.46	3.22	24.86
阿勒泰市	55.17	8.61	9.84	3.46	36.72	28612.00	6.17	23.09	80.02
青河县	13.95	3.68	4.96	3.01	5.32	20612.00	2.29	2.79	23.94
吉木乃县	10.26	1.32	6.04	4.79	2.89	26642.00	0.77	1.11	19.81
富蕴县	54.12	5.98	38.97	34.07	9.17	57698.00	10.26	5.95	43.25
布尔津县	18.82	3.26	7.88	4.52	7.67	27231.00	2.87	11.54	40.82
福海县	37.19	12.84	12.97	9.40	11.38	46782.00	2.84	5.63	22.57
哈巴河县	35.49	7.12	20.37	17.13	8.00	41046.00	5.85	4.55	28.53
边境地区合计	1643.57	407.48	623.96	415.02	612.13	—	148.66	298.88	1800.63
占本省比值（%）	17.72	26.48	15.80	13.05	16.17	—	8.69	12.27	18.48

资料来源：根据新疆维吾尔自治区2015年统计年鉴整理。

附录9-4　　　　新疆边境县（市、旗）经济发展情况：2013年

地区 \ 指标	地区生产总值（亿元）	第一产业（亿元）	第二产业（亿元）	其中：工业（亿元）	第三产业（亿元）	人均生产总值（元）	地方财政收入（亿元）	全社会消费品零售总额（亿元）	全社会固定资产投资（亿元）
新疆维吾尔自治区	8360.24	1468.3	3776.98	3035.28	3114.96	37181	1556.5	2039.15	8148.41
哈密市	263.54	23.31	134.50	87.37	105.73	55734	28.91	58.08	265.09
伊吾县	31.21	4.39	20.38	14.71	6.44	136290	3.57	1.69	80.93
巴里坤哈萨克自治县	39.19	9.61	17.49	12.28	12.10	37472	3.62	5.15	56.99
和田县	22.09	8.14	4.96	2.33	8.99	7730	4.67	14.09	51.05
皮山县	17.00	8.01	1.61	0.50	7.38	6347	1.22	1.78	19.14
温宿县	51.02	22.82	14.54	7.50	13.65	20337	3.56	6.93	42.26
乌什县	23.72	9.27	2.99	1.41	11.46	10813	1.08	1.43	13.46
叶城县	60.07	29.30	13.75	8.17	17.02	12574	3.90	11.02	44.35
塔什库尔干塔吉克自治县	7.85	1.10	3.93	1.53	2.82	19790	1.30	1.32	21.95
阿图什市	34.40	5.39	8.52	5.78	20.48	13292	2.88	8.50	24.06
阿合奇县	6.86	0.97	1.82	1.26	4.07	15933	0.72	0.94	4.94
乌恰县	15.65	0.91	7.73	5.07	7.01	26384	2.31	1.40	17.69
阿克陶县	20.57	5.11	7.42	4.27	8.03	9926	2.11	3.02	29.15
奇台县	97.69	41.19	32.93	25.34	23.56	45498	6.17	20.60	146.44
木垒哈萨克自治县	23.78	11.25	4.44	2.94	8.09	26867	2.44	6.02	18.49
博乐市	151.56	31.05	39.73	25.95	80.79	56455	7.23	22.33	104.24
温泉县	18.49	7.90	3.75	1.71	6.84	24663	0.79	2.20	11.70
昭苏县	36.40	16.94	7.22	5.16	12.25	19199	1.23	4.54	12.20
霍城县	89.77	29.66	23.11	18.96	36.99	21883	3.86	16.96	87.54
察布查尔锡伯自治县	39.89	19.30	9.84	7.27	10.74	20414	3.25	2.62	36.37
塔城市	64.64	16.06	15.04	7.03	33.53	38939	4.10	14.08	27.66
额敏县	62.49	21.22	19.18	13.10	22.09	28516	3.21	12.06	38.89
裕民县	13.94	5.55	2.96	0.68	5.43	23379	0.66	2.51	5.70
托里县	41.78	5.40	28.72	22.23	7.66	41347	3.15	3.53	27.44

续表

地区 \ 指标	地区生产总值（亿元）	第一产业（亿元）	第二产业（亿元）	其中：工业（亿元）	第三产业（亿元）	人均生产总值（元）	地方财政收入（亿元）	全社会消费品零售总额（亿元）	全社会固定资产投资（亿元）
和布克赛尔蒙古自治县	40.18	6.58	25.78	11.67	7.83	62302	8.31	2.86	60.56
阿勒泰市	51.93	7.94	11.01	6.15	32.99	27147	4.66	20.78	57.72
青河县	12.39	3.33	4.00	1.95	5.06	18583	1.83	2.50	27.25
吉木乃县	7.34	1.40	3.38	2.22	2.56	19265	0.57	0.99	16.99
富蕴县	48.37	6.44	33.25	27.15	8.68	52295	11.13	5.35	58.31
布尔津县	16.67	3.16	6.54	4.08	6.98	24342	2.30	10.36	30.52
福海县	32.64	12.13	11.19	8.23	9.33	41479	2.64	5.02	18.33
哈巴河县	36.98	6.95	22.95	19.03	7.08	43187	5.50	4.06	33.28
边境地区合计	1480.10	381.78	544.64	363.01	553.68	—	132.87	274.73	1490.67
占本省比值（%）	17.70	26.00	14.42	11.96	17.77	—	8.54	13.47	18.29

资料来源：根据新疆维吾尔自治区2014年统计年鉴整理。

后　　记

亲爱的读者，经过我们这个团队的共同努力，按计划完成了2018年中国沿边开放发展年度报告，这是第一个以沿边开发开放为题材的年度报告。出版《中国沿边开放发展年度报告》（以下简称《年度报告》）是笔者一直以来的愿望，其主要想法是通过《年度报告》的出版，推动沿边地区的经济发展、促进边境地区的开发开放。特别是通过《年度报告》的出版、论坛的举办，将中央决策和地方的发展需求有机地结合起来，使中央的决策部门了解沿边地区开发开放的需求，并通过我们的《年度报告》为中央决策部门提供决策依据，为地方的经济发展、改革开放提供指导。回忆起二十多年来对沿边地区开发开放的研究，可以说自己已经融入到沿边地区经济发展的进程中。在这个过程中，既亲身经历了沿边地区经济快速发展给边民带来的喜悦和快乐，也体验到了沿边地区经济下滑时边民们的痛苦和期待。进入新时代，沿边地区的经济发展迎来了难得的发展机遇，如何抓住机遇，实现沿边地区的快速发展，变改革开放的末梢为前沿，是摆在我们面前的重大课题。这不仅需要沿边地区人们的努力，也需要中央政府的大力支持，特别是在"一带一路"建设过程中，要以沿边地区经济发展、扩大开放、构建开放型经济体系等为重点，在沿边地区建立起"一带一路"的战略支点、枢纽等，进而推动"一带一路"建设。这需要我们研究工作者，进行前瞻性、战略性的研究，同时使我们的政策建议更具有可操作性，从而用来指导沿边地区的开发开放，推动开放型经济发展。

摆在读者面前的这本《年度报告》是编写团队协作的结晶，是大家共同的成果。其中，总报告第一、第二部分的作者为桑百川教授、李计广教授以及钊阳、鲁雁南、林佳欣、赵家羚、张尧和郑育礼；总报告第三、第四、第五部分的作者为竺彩华教授和江瑞平教授；总报告第六、第七、第八、第九、第十部分的作者为李光辉博士和章海源博士。潘怡辰、唐洋、于梦雪、郭紫明、王潇曼、胡超元参与了第三、第四、第五部分的数据资料搜集工作。全书由李光辉、竺彩华、李计广负责统稿。

本报告在编写过程中，查阅了很多参考材料，还吸收了诸多同仁的研究成果，在此一并表示感谢。由于撰写时间仓促和水平有限，不足之处在所难免，敬请广大读者不吝指教。

最后，由衷感谢经济科学出版社吕萍社长以及她的团队的一贯大力支持。

编　者

2018年11月11日